세계교육론 총서 제3권

교육의
위대한 실행

세계교육론 각론

세계교육론 총서 제3권

교육의 위대한 실행

세계교육론 각론

염기식 지음

교육은 어떻게 생계를 유지할 것인가와 형식적인 직업 세계를 선택할 것인가에 관한 것이 아니다. 어떻게 인생을 설계해 나가는가에 관한 것이다. 어떻게 삶의 의미를 궁구하고 인생적 가치를 추구할 수 있도록 할 것인가에 집중해야 한다. 그 긴 성장과 교육 동안 학교는 인간 삶에 대한 진정한 이해와 인생의 가치 추구 방향에 대해 무엇을 가르쳤는가? 장대한 대하 드라마를 계획할 수 있게 해야 한다.

그러기 위해서는 진리를 추구하고, 세계를 알며, 하나님과 교감해야 한다. 과거 시절에는 스승과 제자 간에 진리적으로 공감하고 하늘과 교감하고자 한 인생의 목적이 있었다. 그런데도 이런 전통을 계승해서 발전시켜야 할 지금의 교육 현장에서는 오히려 진리라는 단어가 사라지고, 진리적 가치를 추구하고 天命을 따르고자 한 전통이 사라진 지 오래전이다. 그 자리를 온통 지식이 차지해 버렸다.

거듭 강조해, 학교 교육은 원대한 교육 목적 실현의 현장임과 동시에 궁극적으로는 하나님이 바라마지 않은 창조 목적 실현의 실질적인 역사 현장이 되어야 한다.

머리말

인류 구원에 공헌할 교육의 보편적 목적

교육은 하늘의 준엄한 명령이다. 왜 명령인지 이유를 알아야 우리는 교육을 통해 인류를 구원할 위대한 사명을 일깨울 수 있다. 『중용』에서 말하길, "교육의 첫걸음은 天命, 즉 하늘의 명령이다(天命之謂性)"[1]라고 하였다. 우리는 어떤 교육에 관한 논의와 실천을 하기 이전에 하늘로부터 뜻을 구하고, 부여된 命을 알고, 받드는 것이 중요하다. 그렇지 못하면 인간을 가르치고자 한 모든 교육적 행위가 天命과 어긋나 인류의 영혼을 선도할 수 없다.[2]

본 교육론, 아니 현대 교육론은 지금까지 교육이 지닌 문제점으로부터 출발해야 하는 만큼, 그 요지는 과연 무엇인가? 오늘날 교육이 인간 죄악과 인간성의 황폐화를 저지하지 못하고 세계의 심판과 종말을 촉발한 것은 하늘의 뜻을 알지 못해서이다. 하나님이 인간을 어떻게 창조하고, 命한 것인지를 알아야 했다. 교육과 天命은 밀접하게 연관되어 있고, 주체는 天命에 있어, 天命을 받드는 데 **"교육의 위대한 실행"**이 있다. 교육은 하나님의 대명령이나니, 고래로부터 교육에는 준엄한 天命이 숨어있다. 이것을 동서양의 지성들

---

[1] 『실패한 교육과 거짓말』, 노암 촘스키 저, 강주헌 역, 아침이슬, 2001, p.5.
[2] 『중용』은 그러나 선천의 교육관인 만큼, 왜 교육이 하늘의 명령인지에 대해서는 밝히지 못했다. 명령의 주체와 목적을 알아야 함에, 절대적 이유는 오직 한 가지, 하나님이 천지를 창조해서이며, 그래서 교육의 궁극적 목적은 창조 목적(뜻=命)을 밝히고, 구현하는 데 초점을 두어야 한다. 그리해야 인간이 본연의 길을 갈 수 있고, 이루게 됨.

이 줄기차게 사상으로 피력하고 천명(闡明)하였다. 그 뜻이 무엇이든 뜻을 이루는 데 있어 이상적인 수단은 교육이었다. 먼저 하늘의 뜻을 어떻게 알 것인가에 학문하는 목적과 배움의 가치를 두었고, 뜻을 어떻게 전달하는가에 교육자적 사명과 원리의 적용이 있으며, 뜻을 어떻게 구현하는가에 구도자적 실천과 방법이 있었다. 돌이킬 수 없게 된 인간성과 문명 역사를 어떻게 회복할 것인가? 여기에 **"인류 구원에 공헌할 교육의 보편적 목적"**이 있다.

하나님은 종국에 교육을 통한 가르침과 일깨움 역사를 통해 만백성을 구원하고 그 나라를 건설하길 원하였다. 하나님은 일찍이 모세를 앞세워 이스라엘 백성을 바로의 압제로부터 구원하여 젖과 꿀이 흐르는 가나안 땅으로 인도하였듯, 오늘날은 피폐한 인류를 치유와 화평의 땅으로 인도하리라. 정비공은 고장 난 차를 수리하여 새 차처럼 만들 수도 있듯, 하나님은 능히 창조 권능을 교육력으로 승화시켜 인간성을 회복하리라. 알고 보면 교육은 인류를 구원할 수 있는 가장 객관적인 방법이고, 가장 확실한 결과를 기대할 수 있는 구원 수단이다. 나아가 현실적인 제도 안에서 인류를 빠짐없이 구원할 수 있는 사도(使徒=스승) 육성이 가능한 길이다. 위대한 메시지와 가르침과 인격 도야를 병행해야 하나니, 가르침과 깨달음으로 만 영혼 위에 미칠 교육의 보편적 구원 역사를 기대할 수 있다. 교육을 통한 가치 일굼과 목적 설정과 방법의 모색으로 인간성을 회복하는 것이 현실적으로 인류를 구원하는 길이다. 이전에는 교역자들이 하나님을 믿고 신앙하게 하는 것이 인류를 하나님에게로 인도하는 주된 방법이었지만, 그렇게 해서 거둔 성과로서는 인류 영혼을 1/3도 구원하지 못했다. 그래서 지금은 방법적인 면에서 만인을 빠짐없이 구원할 수 있는 새로운 길을 마련해야 했는데, 그것이 바로 인류사에서 보편적, 객관적, 합리적으로 확대된 교육이란 제도와 방법을 통해서이다. 교육은 실로 인류를 하나님에게로 인도하고, 하나님과 함께해서 교감할 수 있게 하는 최선의 방법이고, 이런 뜻과 목적을 자각해서 구체화하는 것이 **"교육의 위대한 실행"**이다. 교직은 천직임에, 하나님의 보편적인 구원 뜻을 자각한다면 교직은 그야말로 天命으로서, 하늘의 명령을 따르는 온전한 직업이라고 할 수 있다. 장차 만 인류를 구원하고, 이 땅에서 하나님과 함께하는 이상적인 나라를 건설하기 위해서는(지상 천국) 특정 종교들이 표방한 교리의 이념화 실현을 통해서가 아니다. 교육을 통해야 하고, 교역자가 아닌 교육자가 구원 역사의 전면에 나서 하늘의 명령을 충실히 수행하는 사역자 역할을 담당해야 한다.

하나님이 창조한 인간성의 성장과 변화와 개화 과정을 낱낱이 살피고 판단해서 올바른 방향으로 이끌 자란 이 대지 위에 부모도 그 무엇도 아닌, 가르침의 자격을 지닌 선생님밖에 없다. 이분들이 天命을 자각하고 교육적 사명을 수행하는 스승의 역할을 다할진대, 그 직분은 온전히 부름을 입은 "구원의 사도"로서 승화되리라.3) 지구상에는 곳곳에서 무지하고 차별받고 소외된 하나님의 백성이 있다. 이들이 한 영혼도 빠짐없이 구원되어야 하는 것은 하나님이 이들 백성을 사랑으로 창조했기 때문이고, 그들이 마저 구원되어야 그들과 함께하는 나라를 건설할 수 있다. 그러기 위해서는 먼저 인류가 하나님을 바르게 알고, 창조된 본의를 깨달아야 하며, 참된 가

---

3) 교육의 위대한 사명은 하늘의 명령, 곧 하나님이 인류를 구원하고자 한 보편적 목적을 수행하는 데 있고, 명령의 소리를 자각하고 직분을 수행하는 자가 교사이다. 그래서 교육은 하늘의 명령(天命)이고, 교직은 천직이며, 교사는 사도(使徒)를 넘어선 천도(天徒)임.

치관으로 삶을 헌신할 수 있도록 이끌어야 한다. 그리해야 하나님의 품 안에 안기는 위대한 가르침의 역사, 위대한 교육의 역사, 위대한 구원의 역사가 보편화할 수 있다. 인류가 일군 존재의 역사와 전통과 문화를 한결같이 길이길이 보전하고 계승해야 하는 창조 목적이고, 만개한 꽃으로서 가치 있는 결정체란 사실을 일깨워야 한다. 이 땅과 하늘과 山下와 인간성은 장차 하나님이 건설할 지상천국의 밑거름이다. 이런 의식의 자각과 지킴과 선도 역할을 무엇이 담당할 것인가? 교육이다. 죄악과 타락을 막고, 환경오염과 자연의 파괴를 막고, 멸망의 자초 요인을 제거하는 데 교육이 앞장 서야 한다. 구원의 진리적 불씨를 지피는 데 **"교육의 위대한 실행"**이 있다.

그래서 이 연구는 과거에 시도한 구원적 방법을 일소하고, 밝힌 본의와 말씀의 역사를 통해 인류의 영혼을 깨우치리라. 교육을 통해 만백성을 하나님의 품 안으로 인도할 대구원 프로젝트를 마련하리라. 이를 위해 이 연구는 "세계교육론"을 공통된 주제로 하고, 제1권 제호를 『교육의 위대한 사명』-세계교육론 서론, 제2권을 『교육의 위대한 원리』-세계교육론 본론, 제3권을 『교육의 위대한 실행』-세계교육론 각론, 제4권을 『교육의 위대한 지침』-세계교육론 세부각론, 제5, 6, 7, 8권을 『교육의 위대한 말씀』-세계교육론 결론(전편 1, 2)·(후편 1, 2), 제9권을 『길을 가며 가르치며 생각하며』-세계교육론 부록(교육수상집)으로 구성하였다.

일찍이 동서양의 선현들이 한결같이 이루고자 한 인류의 이상은 언제 어떻게 실현될 것인가? 지난날은 어떤 방법으로도 목적의 달성이 요원했다는 사실을 지적하면서, 기대하건대 교육이 바로 인류가 품은 그 이상적인 꿈을 종합적으로 이룰 실질적인 길이라는 것을 거듭 확인하고자 한다. 이 연구는 "세계교육론"을 통해 인류를 하나님에게로 인도할 수 있도록 최선을 다해 완성된 길을 펼치고자 한다. 이 교육적인 대사명을 과연 누가 부여하고, 누가 알리고, 누가 수행할 것인가? 하나님이 부여하고, 이 연구가 뜻을 받들며, 사명을 자각한 우리가 모두 실행해야 하리라. 『중용』에서는 "대덕자 필수명",[4] 곧 대덕(大德)을 구현하는 자는 반드시 命을 받는다고 하였다. 그 대덕이 지금은 모든 면에서 종말을 맞이한 인류를 구원할 보편적인 목적이 되어야 함에, 교육 위에 하나님이 命한 창조목적과 합치된 인류를 빠짐없이 구원할 진리력이 내포되어 있다는 사실을 알고, 천직 사명을 중점적으로 수행하는 이 땅의 교직자들은 자나 깨나 하늘이 命한 명령의 소리를 귀담아듣고 새겨, 교육으로 이상 세계 건설과 인류 구원 역사에 동참해야 하리라. 지대한 교육적 명령을 행동으로 실천할 수 있길 바라면서…… 천직 수행, 그것이 곧 하나님의 명령 수행 과정이자, 자신과 만 인류를 구원하는 길이라는 사실을 확신하길 바라면서……

2023년 4월
경남 진주에서
염기식

---

4) 『중용』, 17장.

차 례

제6편 수행 교육론

제7편 통합 교육론

제1편

실행 개설

근세 들어 과학이란 학문이 발달하자 形而上學은 그때까지 장악했던
문화적 권위를 다시는 지탱할 수 없을 만큼 진부한 학문이 되어 버렸다.
자연적인 지식이 성함으로써 정신적인 가치는 쇠하고 말았다. 하지만 교
육이 지닌 작용 요소와 미친 작용 영역만큼은 포괄적이고 보편적이어서,
그렇게 갖춘 실행력이 인류 사회와 문화를 이끈 사실상의 작용 원동력이
되었다. 기독교, 불교, 철학, 신학, 학문 등, 어떤 영역도 종말에 처한 오
늘날의 인류 문명을 새롭게 창달할 수 있는 추진 에너지를 공급하기 어
렵지만, 교육 영역만큼은 분열한 문화 영역들을 포괄할 수 있는 통합적
인 실행력을 갖추었다.

교육 작용론

인류 역사는 다양한 요인에 의해 추진되었고, 인류 문명도 다양한 영역에 의해 구축되었지만, 중추적인 작용 요소와 영역의 중심에는 교육이 있다. 교육은 과거의 인류 사회를 이끈 중심에 있었고, 지금도 그렇게 해서 인류 사회를 이끌고 있으며, 미래도 그렇게 해서 인류 사회를 선도해 나갈 것이다. **교육은 인류의 이상적인 목적을 실현할 위대한 실행력을 갖추었다.** 왜 실행력이 위대한 것인가 하면, 다른 영역은 한 영역이 드러나면 반대급부에 있는 영역이 퇴각하지만, 교육은 문명사회에서 그렇게 작용하지 않았다. 종교 영역은 그 기력이 성하게 되니까 다른 문화 요소들을 잠식하였다. 왜 서양의 중세 기간을 암흑 시대라고 부른 것인지가 그러하다. 근세 들어 과학이란 학문이 발달하자 形而上學은 그때까지 장악했던 문화적 권위를 다시는 지탱할 수 없을 만큼 진부한 학문이 되어 버렸다.[1] 자연적인 지식이 성함으로써 정신적인 가치는 쇠하고 말았다. 하지만 교육이 지닌 작용 요소와 미친 작용 영역만큼은 포괄적이고 보편적이어서, 그렇게 갖춘 실행력이 인류 사회와 문화를 이끈 사실상의 작용 원동력이 되었다. 기독교, 불교, 철학, 신학, 학문 등, 어떤 영역도 종말에 처한 오늘날의 인류 문명을 새롭게 창달할 수 있는 추진 에너지를 공급하기 어렵지만, 교육 영역만큼은 분열한

---

[1] 『교육 철학이란 무엇인가』, G. F. 넬러 저, 정희숙 역, 서광사, 2008, p.19.

문화 영역들을 포괄할 수 있는 통합적인 실행력을 갖추었다. 이런 가능 요소와 작용 에너지를 갖춘 탓에, 다른 영역은 어렵지만 교육을 통해서는 만 인류를 보편적으로 구원할 하나님의 본의 뜻을 실현할 수 있다. 인류의 이상적인 목적을 이루는 방법에 "교육의 위대한 사명", "교육의 위대한 원리"에 이은 **교육의 위대한 실행** 과정이 있다. 교육의 위대한 실행은 미래의 인류 역사를 선도적으로 작동시킬 추진 에너지이나니, 앞의 저술 과정이 교육적 이념과 이치에 맞은 원리성을 규정한 작업이었다면, 본 과정은 현실 사회에서의 문제점을 해결하면서 실제로 작용할 수 있게 한 행동 지침이다.

거리 이동에 제한을 가진 인류는 그것을 극복하기 위한 다양한 이동수단을 발명하였는데, 그중 자동차는 여러 에너지원을 사용하여 바퀴를 구동하는 엔진을 장착함으로써 실용화되었다. 그런 사용 목적과 원리를 적용해서 자동차를 제조하는 과정이 바로 지금의 저술과 같은 단계라고 할까? 새로운 문명 건설로 인류를 이상적인 세계로 이끌기 위해서는 제반 문화 요소와 영역을 연결해서 활성화해야 함에, 그렇게 작용할 주된 에너지 공급에 이 연구의 역할이 있다. 선현들은 "실천이 수반되지 않는 학문은 가치가 없다고 보고 敬義를 실천함으로써"[2] 知行合一을 이루고자 하였다. 즉, "퇴계는 수기(修己)를 불가결의 조건이라고 보았다. 일하려면 반드시 뜻을 세움으로써 근본으로 삼아야 하는데, 그 이유는 뜻이 서지 않으면 일을 할 수 없고, 세웠다 해도 진실로 거경(居敬)해서 대지(大志)로 착실하게 정진해야 한다"[3]라고 하였다.[4] 인간의 목적적인 행동을

---

2) 『남명 조식의 교육 사상』, 한상규 저, 세종출판사, 1990, p.152.
3) 「퇴계의 교학관 연구」, 임광규 저, 한양대학교 교육대학원, 석사, 1989, p.6.

유발할 실행력은 입지, 곧 뜻을 세우는 동기유발로부터 발현된다고 한 것처럼, 이 연구도 앞서 펼친 제 교육론을 통하여 인류의 보편적인 구원 목적을 달성할 뜻의 실행력을 촉발하고자 한다. 그것을 이 연구는 학문 교육론, 발달 교육론, 도덕 교육론, 요소 교육론, 수행 교육론, 통합 교육론 등, 총 6개 영역으로 나누었다.

그 요지를 밝힌다면, 제2편 **"학문 교육론"**은 대다수 인류가 평생 정열을 바친 학문 탐구의 진정한 추구 목적과 방향을 교육으로 실행할 보편적 구원 목적과 연관시키고자 한다. 제기한 교육 목적에 대해 그것을 추진할 실행력을 연결하는 첫 번째 작업이다. 선천의 지성들이 과제로 남긴 참으로 어려운 지적 작업인데, 色(물질)의 세계와 空(본질)의 세계를 연결해 초점을 맞추고 동력을 전달해서 정체된 인류 문명을 새로운 차원 세계로 진입할 수 있게 하리라. 허상을 좇지 않고 엉뚱한 방향으로 가지 않도록 학문이 차지한 제반 영역을 점검하고자 한다. "形而上學은 실재의 본질을 다루는 철학의 한 분야로서, 궁극적으로 실재하는 것은 무엇인가"5) 하는 것은 形而上學의 연구에서 주어진 근본적인 질문인데도 왜 세계의 궁극적 실재가 形而上學적(본질적)인지에 대해서는 이유를 말한 자가 없다(神의 존재 본체=창조 본체). "神은 과연 존재할까요? 神은 우리의 의식이 만들어 낸 하나의 허상에 불과합니다."6) 만연한 이 같은 관념적 허상을 무너뜨리고, 실질적인 참상을 볼 수 있게 하는 데 교육의 실행 달성 목표가 있다. 스콜라철학의 창시자로서 이탈

---

4) "퇴계는 사람이 사람다워지는 것은 입지에 있다고 함. 입지는 뜻을 세운다는 것으로, 이는 心氣를 고무하여 향학의 정신을 일으켜 세운다는 것임."-위의 논문, p.63. "율곡도 입지를 최우선으로 강조하고, 그의 저서마다 입지 장을 맨 앞에 둠."-「율곡의 격몽요결에 나타난 교육 사상」, 오정출 저, 이화여자대학교 교육대학원, 교육학, 석사, 1977, p.19.
5) 『교육 철학』, George R. Knight 저, 김병길 역, 교육과학사, 1993, p.23.
6) 『철학 에세이』, 조성호 저, 동녘, 2003, p.218.

리아의 기독교 신학자이자 철학자인 캔터베리의 안셀무스(1093~1109)는 "교회의 신앙은 절대적인 진리이므로 조금도 의심할 여지가 없다. 그러나 신앙은 학문에 의하여 기초 놓일 수 있다. 사람은 무엇보다도 먼저 기독교의 비의(祕義)를 믿어야 하겠지만, 나아가 신앙한 바를 이성에 의하여 이해하도록 노력해야 한다. 신앙을 앞세우지 않고 이론만 캔다는 것은 교만이다. 그러나 신앙한 바를 이성에 호소하여 이해하려 하지 않는 것은 태만이다. 그래서 '알기 위하여 믿는다'라고 한 견해를 밝혔다."7) 그렇다면 절대적 신앙과 진리(이성) 사이에서 오늘날의 학문이 해결해야 할 과제란? 주관적인 진리 인식 체제와 객관적인 진리 인식 체제를 통합할 제3의 학문 추구 가치와 방향을 제시해야 했다.

제3편 **"발달 교육론"**은 교육을 인간의 발달적 특성에 따라 교육 원리를 적용해서 교육 목적을 달성하고자 했다. 하지만 기존 발달론은 관점이 다양하여 종잡기 어려운 실정이고, 발달은 어디까지나 내외적으로 드러난 심리적 변화와 신체의 성장에 초점을 두다 보니 정작 중요한 인생의 본질적 측면은 간과하였다. 이것을 이 연구는 자아 목적을 실현하는 인생 삶의 단계적 추구 과제로서 접근하고자 한다. 인간의 본성을 정립하고, 바람직한 인격성을 완성하며, 자타가 원한 사회적 꿈을 이루기 위해서는 교육이 인생의 단계마다 어떤 삶의 추구 과제와 목표를 제시해야 하는가? 이런 문제를 개개인의 삶의 과정에서 직접 구사하고 적용할 수 있게 해야 교육의 보편적인 구원 목적을 달성하는 실질적인 원동력으로서 작동한다.

제4편 **"도덕 교육론"**은 오늘날 인류가 당면한 종말적 상황에서

---

7) 『학문과 예술』, 현대인 강좌 편찬회, 박영사, 1962, p.68.

볼 때 반드시 해결해야 할 막중한 과제를 지녔다. 먼저 "세계교육론"의 저술 과제에는 교육의 궁극적 목적 제시, 교육 원리 밝힘, 교육 방법 구안, 교육 과정의 구축만으로 되지 않는다. 교육을 통해 인류의 궁극적인 가치를 구현해야 하는데, 그것이 무엇도 아닌 "도덕 교육론"이 독자적으로 감당할 수 있어야 한다. 객관적인 지식은 각자의 목적에 따라 이것도 저것도 배울 수 있지만, 한 인간이 태어나 무엇을 위해 살고, 어떻게 살아갈 것인가 하는 것은 반드시 확정해야 하는 필수적인 인생 과제이다. 이 중대한 가치관, 인생관, 구원관이 이 연구가 진리로서 정립할 저술 목표이고, 인류가 공유해야 할 과제이다. 道는 얻는 것이고, 德은 세우는 것이다. 지금은 말세라 인류는 道를 잃었고, 德은 삶의 달성 목표에서 멀어졌다. 인류 사회가 도덕적 가치를 드높여야 하는 것이 절실하다. 도덕성을 회복하지 못하면 인류가 바란 이상적인 사회는 영원히 도래할 수 없다. 道를 구하는 방법으로써 德을 세우는 것은 하나님이 이룰 지상 천국 건설의 기본 조건이다. 이것이 이 연구가 도덕론을 재정립해야 하는 이유이다.

제5편 **"요소 교육론"**은 특별한 교육적 영역을 의미하는 것은 아니지만 많은 사람이 중요성을 인지해서 거론하였고, 혹은 필요한데도 간과된 요소에 대해 네 가지 영역으로 묶어서 논거를 두고자 한다.

먼저 "가정교육"에서는 가정의 소중함과 가정교육의 중요성, 그리고 부모 교육의 역할에 대해서 말했다. "자녀를 훌륭하게 교육하는 것은 부모의 중대한 의무이자 관심사이며, 한 국가의 복지와 번영은 가정교육에 달린 영향이 크다."[8] 교육의 근원적인 터전은 가

---

8) 『존 로크 교육론』, 존 로크 저, 박혜원 역, 비봉출판사, 2011, p.15.

정이다. 가정은 인간 교육의 원류적인 正本이다. 가정교육이 바르게 실행되어야 인류 교육이 바르게 실행되며, 반대로 가정교육이 무너지면 학교 교육, 사회 교육, 민족 교육, 인류 교육이 연쇄적으로 무너진다.

현대 사회에서 학교 교육이 지향하는 바는 학생들이 학교에서 민주적인 공동체 삶을 경험하며, 시민 정신과 지식과 기술을 배우도록 가르친다. 하지만 자본주의 사회에서는 평등주의 교육, 전인 교육 같은 교육 목표까지 일괄해서 적용하기 어려운 한계성이 엄존한 실정이므로, 이런 학교 교육의 기능적 역할을 비판하고 교육이 가진 본래의 사명감을 진작하고자 한다.

문명 역사에서 인류 활동은 민족, 혹은 국가를 단위로 해서 이루어지는 경우가 대부분이므로, 이런 특성을 반영해서 교육의 국가적 목표와 민족 단위 교육의 문제점과 대책도 시사하고자 한다.

영성 교육은 교육 사상가들이 미처 착안하지 못한 탓에 미개척 분야로 남은 요소로서, 개척해 나가야 하는 새로운 교육 영역이다. 왜 그렇게 해야 하는지에 대한 당위 이유와 해결 과제를 제시하리라.

제6편 **"수행 교육론"**에서는 영성 교육의 필요성과 연관 지어 인간성 교육이 왜 지적 영역만으로는 해결할 수 없는 것인지를 화두로 제시하였다. 인간은 또 다른 측면에서 본능을 가지고 있고, 심원한 욕구에 사로잡혀 있는 탓에, 인간 본성은 이성적인 교육 수단만으로서는 조절이 어렵다. 그래서 몸과 마음을 아울러서 인간성을 완성하고, 인간 교육의 궁극적 목적을 실현하고자 하는 것이 "수행 교육론"의 해결 과제이다. 단언컨대, 논거할 "수행 교육론"은 만인을 궁극적인 길에 이르게 할 가장 실질적인 길이다. 그도 그럴 것

이 인간의 인생적 추구 노력은 결국 수행이란 과정을 거쳐야 완수된다. 수행 원리의 교육적 적용은 교육 목적 실행의 중추 수단이자 핵심 된 에너지 공급원이다.

제7편 **"통합 교육론"**은 이 연구의 결론에 해당하는 논거이다. 판단컨대, 모든 시대를 통해서 달성하고자 한 교육이념(목적)은 그 시대에서 간절히 요청되었고 유효하였다. 하지만 앞으로 맞이할 미래의 인류 사회까지 그대로 지속할 수는 없다. 분열한 제 이념과 요구를 통합해야 피폐한 인간성을 회복하고, 만 영혼을 차원 세계로 인도하여 이 땅에 강림한 하나님과 인류가 함께할 수 있는 제3의 영성 문명을 건설할 수 있다. 천지 만물이 그러하듯, 교육도 인류가 본연의 하나님 품 안과 창조 본향으로 귀의할 수 있도록 선도해야 한다. 교육이 인류 사회의 문명 통합 역사를 주도해야 한다.

이를 위해 이 연구는 눈만 뜨면 지성들이 밤낮을 가리지 않고 해결하고자 한 진리적 과제들에 직면해 있고, 산적한 교육적 과제 앞에 당면하고 있다. 인류의 정신적인 고뇌로서 험난한 지적 작업이기는 하지만, 교육으로 인류 영혼을 구원하는 기반 구축 작업이고, 이 땅에 강림한 보혜사 하나님이 진리의 성령으로서 이룬 "지상 강림 역사"의 증거 일환이다. 부족함은 있지만, 부여된 저술 사명을 재차 확인하고자 하는 것이니, 이를 위해 혼신을 바치고, 늘 깨어서 하늘의 지혜를 구하리라.

제2편

학문 교육론

知의 추구 역사에 근원을 둔 학문의 탐구 역사는 한계가 있나니, 하나님이 창조 본의를 드러낸 오늘날은 교육의 방향을 창조의 근원 뿌리를 파헤치는 데로 전환해야 한다. 인류가 학문을 탐구한 것은 세계의 구조를 엿본 창구 기능으로서, 그런 구조를 통하면 창조를 알고, 하나님을 아는 길이 열린다. 세계를 알면 그를 통해 창조를 알고, 창조를 알면 그를 통해 하나님을 안다. 그래서 세계를 안 지식=세계를 안 구조=세계를 안 본질=세계를 안 진리로 연결되어 세계 안의 존재자인 인간이 세계의 진리와 교감하고 본질과 상통한다.

그래서 학문 탐구 목적이 교육적인 삶의 가치와 일치되어 인생을 구원하는 길로까지 나갈 수 있다.

제1장 개관

인간은 유독 존재하는 것 자체만으로서는 만족하지 못하는 존재자이다. 그래서 자신은 물론이고 사물과 자연과 삼라만상 우주에 대해 그들이 어떻게 존재하고, 그렇게 존재할 수 있었는가에 관해 의문을 가졌다. 인간은 뭇 존재를 확실하게 인식하고자 하였고, 그렇게 하기 위해서는 자신과 우주가 자체만으로서는 존재할 수 없다고 생각했다. 자신이 존재하기 위해서는 여기에 대해 타당한 근거가 있어야 하듯, 우주가 존재하기 위해서도 합리적인 근거와 이유를 알고자 했다. 학문은 이렇게 인간이 지닌 근본적인 의문과 무관하지 않다. 왜 인류는 학문을 탐구하였는가? 예를 들어 학문의 한 영역에 속한 "과학이 발달한 것은 인간이 가진 지적인 의문과 호기심의 결과이다. 인간은 나면서부터 둘러싸고 있는 자연환경에 대해서 외경(畏敬)심을 갖는 동시에 자연이 무엇인가에 관한 호기심과, 그것의 궁극적인 본질이 무엇인가를 알려고 노력했다. 자연에 대한 외경이 신앙을 낳았고, 자연에 대한 의혹과 그것을 파헤치려는 호기심이 과학을 낳았다."[1] 이런 "학문하는 대상을 크게 나누면, 하나는 사실(事實)의 문제와 다른 하나는 본질(本質), 당위(當爲), 가치 등, 규범의 문제를 탐구하는 영역이다. 사실 분야는 존재의 영역으로 경험적·실증적 방법에 따라 연구하는 과학 등이 있고, 후자

---

[1] 『한국인 상의 탐구(교육이념의 정립을 위하여)』, 한국교육개발원 저, 교육출판사, 1974, p.61.

분야는 논리학·윤리학·미학·形而上學(존재론) 등, 철학 영역이 있다."2) 여기에 더해서 인류가 자신과 우주의 본질, 당위 가치 등에 대해 의문을 가지고 탐구한 앎의 역사는 통틀어 절대적인 본체를 지향한 의식의 개명 역사라고도 할 수 있다. 제자리를 차지하지 못하고 있는 깨달음과 믿음 등은 절대적인 본체에 대해 접근한 방법상의 문제이지 대다수 인류가 쏟은 학문 탐구 방향이 다른 것은 아니다. 깨달음은 차원이 다른 본체에 대하여 제약을 지닌 현실적 조건을 극복하고자 한 방법이고, 믿음은 이런 조건을 초월한 접근 방법이다. 특히 사실의 문제에 대한 탐구 영역을 주도한 과학적 방법과는 차이가 분명한데, 이런 과학적 탐구도 본체를 지향한 앎의 목적과 개명 본질이 다른 것은 아니었다. 그런데도 그런 학문의 목적과 본질을 모른 지난날은 접근한 방법이 다른 만큼이나 바라본 목표도 달랐고, 제각각 다른 길을 걷는 것처럼 믿었다. 그렇게 해서 초래된 선천 하늘의 분열적인 실태를 지적해서 교육의 보편적인 구원 목적 안에서 통합하고자 하는 것이 본 편의 저술 과제이다.

학문 탐구 목적을 교육적 목적으로 접근해야 함에, 그것은 먼저 지식 교육과 인간 교육과의 차이를 분별하는 것으로부터이고, 그리해야 특정한 '학문 탐구 목적'을 인류가 모두 추구할 수 있는 보편적인 '학문 교육 목적'으로 전환할 수 있다. 그것이 곧 학문 탐구론이 아닌 **"학문 교육론"**이다. 단적으로 "우리나라 교육은 지식을 가르치기는 했지만, 인간을 가르치는 데는 실패했다"3)라고 개탄하는데, 이 말이 무슨 뜻인가? 지식 교육의 목적과 인간 교육의 목적이 따로 놀았다는 말이다. 지식과 인간을 조화시킬 수 있는 제3의 매

---

2) 『인간의 이해』, 이석호 저, 철학과 현실사, 2001, p.15.
3) 『지식의 구조와 교과』, 이홍우 저, 교육과학사, 1999, p.57.

개체를 찾고(세계관), 지식 교육의 목적과 인간 교육의 목적을 연결해야 하는데 지식 교육에 국한한 것이 학문 탐구론이라면, 후자의 과제에 집중하고자 하는 것이 본 **"학문 교육론"**이다. 知의 추구 역사에 근원을 둔 학문의 탐구 역사는 한계가 있나니, 하나님이 창조 본의를 드러낸 오늘날은 교육의 방향을 창조의 근원 뿌리를 파헤치는 데로 전환해야 한다. 인류가 학문을 탐구한 것은 세계의 구조를 엿본 창구 기능으로서, 그런 구조를 통하면 창조를 알고 하나님을 아는 길이 열린다. 세계를 알면 그를 통해 창조를 알고, 창조를 알면 그를 통해 하나님을 안다. 그래서 세계를 안 지식=세계를 안 구조=세계를 안 본질=세계를 안 진리로 연결되어 세계 안의 존재자인 인간이 세계의 진리와 교감하고 본질과 상통한다. 지식과 진리와 인간이 그냥 보면 독자적인 것처럼 보이지만, 본의 루트를 정확히 따르면 학문 탐구 목적→진리 탐구 목적→학문 교육 목적화된다. 학문 탐구 목적이 교육적인 삶의 가치와 일치하여 인생을 구원하는 길로까지 나갈 수 있다. 지식→학문→세계→진리→본질→창조→교육→인간→인생→가치→영혼→구원→하나님. 하나님의 창조 뜻(본의)으로 천지 만물이 창조된 만큼, 그 뜻에 근거하면 소통하고 연결하지 못할 대상이 하나도 없다.

이렇듯 교육 안에서 차지하는 학문의 위치와 역할을 정확히 하기 위해서는 학문의 추구와 성취가 인생과 배움의 주된 목적이 아니란 사실을 자각해야 한다. 주된 목적은 그런 것이 아닌데도 그런 것이라고 오판한 탓에 인류는 학문을 탐구하면 할수록, 그리고 지성을 개명시키면 시킬수록 근원 된 진리를 버리고, 神이 존재한 사실을 부정하는 무신론자만 대거 양산했다. 학문 탐구는 세계를 아는 데 그치지 않고, 그를 기반으로 지고한 창조 원리와 창조 뜻을 아는 데로까지 나가야 한다. 정열을 바쳐 학문을 탐구하는 것만이 목적이 될 수 없는, 뭇 인생과 영혼을 하나님에게로 안내할 수 있도록 하는 수단이자 방법이라는 사실을 알아야 함에, 이 연구가 그 같은 학문의 교육적 본의 방향을 제시하고, 학문 교육의 추구 가치와 원리와 방법을 통합하고자 한다.

제2장 서양 학문의 한계

　서양인들이 탐구한 학문적 성향과 특성은 서양인들이 가진 관심 분야와 사고방식과 그로써 형성한 서양 문명의 본질에 기인한다. 이 연구의 앞 권인 "서양 인식론 한계성"에서도 논거를 둔 바 있거니와, 그 같은 제한 조건 탓에 탐구한 학문 영역에서도 그들은 보아야 할 것을 보지 못한 그림자를 드리우고 말았다. 그렇게 원인을 알고 어둠을 밝혀야 향후의 인류가 교육을 목적으로 한 학문의 통합적 과제를 제시할 수 있다. "교육은 역사적으로 학문의 세계가 출현하기 이전부터 있은 만큼",[1] 교육이 학문 영역을 주도해서 목적을 달성하기 위한 수단으로 활용해야 한다. 그런데도 자칫 학문이 교육의 전적인 목적인 것처럼 여긴 것은 잘못이다. 그것은 학문의 근거를 지식에 둔 탓이므로, 원천을 진리에 두면 교육의 원천과도 일치하여 함께 난관을 극복하는 방향으로 나갈 수 있다. 진리 아닌 지식에 근거를 둔 지난날의 "학문적 경향은 지식 일변도 현상을 초래하였고, 그에 따라 교육 현실에 있어서 여러 가지 부정적인 현상이 나타났다. 학문에서 행동들은 아무런 상관이 없는 것처럼 되고 말았으며, 배움이란 단지 경쟁력을 갖추어 출세하기 위한 수단으로 전락하여 버렸다."[2] 학문과 교육이 따로 놀았다. 왜 이런

---

1) 『학문과 교육(상)』, 장상호 저, 서울대학교 출판부, 2006, p.18.
2) 『장재』, 함현찬 저, 성균관대학교 출판부, 2003, p.209.

현상을 낳았는가를 알기 위해서는 서양 학문의 특성과 벗어나지 못한 한계성 본질을 아는 것이 필요하다.

서양인들은 그들이 탐구한 학문의 시작으로부터 보나 과정을 통해서 보나 진리의 시원, 세계의 시원, 우주의 시원을 가정, 추정, 상정한 탓에 근본이 뜨인 상태라고 할까? 그러니까 서양 학문은 어떤 영역에서도 세계의 시원에 해당한 神, 창조, 알파 문제를 푸는 데 실패했고 결과로서 유물론, 진화론, 과학주의 같은 무신론적 세계관을 양산하였다. 다시 말하면, 차원이 다른 본질 세계를 볼 수 있는 눈을 가지지 못했다. 그들에게는 기독교가 말한 창조론이 있지만(헤브라이즘), 이것은 유입된 사상이다. 서양 문명의 원류는 고대의 그리스·로마가 이룩한 헬레니즘 문명이 기반이다. 그들은 이성적 사고로 자연 세계에 관해 관심을 가져, 이런 사고적 특성은 역설적으로 시원에 해당한 形而上學적인 본질 차원과는 거리가 멀었다. "통상 서양 학문 역사의 시초는 아르케를 탐구한 탈레스로부터 잡는다. 여기서 아르케는 시원, 원리, 원질 등의 의미가 있다."3) 하지만 첫 출발점으로 잡은 아르케란 사물의 원질적 시원이지 본질적 시원이 아니다. 그래서 후세인들은 그를 자연 철학자라고 불렀다. 우주의 진정한 창조적 시원을 알지 못한 것이다. 이후 등장한 "플라톤은 설립한 아카데미아 입구에 '기하학을 모르는 사람은 들어오지 말라'란 문구를 붙였다고 하는데, 곧 수학을 모든 학문의 기본 원리로 삼은 것이다(『국가론』)."4) 수학적 질서는 생성하는 분열 질서를 인식하는 데 적합한 사고방식이고, 형식적인 틀이다. 이것은

---

3) 「플라톤 우주론에서 지성으로서의 신(티마이오스를 중심으로)」, 김정두 저, 연세대학교 대학원, 철학, 석사, 1999, p.8.
4) 『교육사 교육 철학 연구』, 손인수 저, 문음사, 1992, p.60.

현상계의 분열 질서를 파고드는 학문적 수단으로서는 기본 원리가 될지 모르지만, 그렇지 못한 본질 세계에 대해서는 파고들 수단을 강구하지 못했다는 뜻이다. 18세기 계몽주의 시대의 사상가인 루소만 보더라도, 그는 "자연은 소유의 개념도 주지 않았고, 지배의 개념도 주지 않았다. 자연의 질서 속에서는 모두가 평등한 것이다"[5]라고 말하였다. 인위적인 법의 통제가 없는 자연 상태에서의 인류가 지금보다도 더 평등하였다는 역설, 법이 없다면 무법천지가 되어야 하는데, 루소는 자연 상태인 그대로를 더 이상적인 것으로 상정한 것인가? 이유는 바로 하늘의 질서와 믿음 탓에 세상이 질서정연했다. 문명 이전인 자연 상태에서의 인류가 문명화된 지금보다 더 순수하게 하늘을 신뢰[天理]했기 때문이다. 이런 사실을 알지 못하고 자연 상태 그 자체를 이상화한 데 무리수가 있었다. 어린아이를 부모가 양육하는 것처럼, 원시 사회 단계에서는 하나님이 인류를 보호한 것인데, 그런 사실을 간과하였다. 그러니까 하나님의 유구한 보살핌 세월이 부모님 없이 자란 천애 고아로서의 성장처럼 되었다. 서양 학문 전체가 이렇게 추정한 가설로부터 출발하였을진대, 그로써 구축한 학문적 관점은 지극히 편협할 수밖에 없다.

먼저 서양은 기독교 신앙을 통해 하나님에 대한 믿음은 돈독했다고 하더라도 뒷받침한 신학은 끝내 살아 역사한 하나님의 존재를 증명하지 못했다. 신학은 인간이 하나님에게 도달하는 데 있어 가로 놓인 장벽을 허물어야 했는데, 그렇지 못했다. 세상 위에 가로 놓인 창조란 장벽을 보지 못한 이유 탓이다. 철학은 유구한 세월 동안 세계의 形而上學적인 실타래를 풀기 위해 고심하였지만, 결국

---

5) 「에밀을 통한 루소의 교육론 연구」, 조무숙 저, 창원대학교 교육대학원, 교육학, 석사, 1998, p.12.

본체계를 둘러싼 차원성의 장벽을 뚫지 못해 학문의 제왕 자리를 내려놓아야 했다. 오늘날의 사회 과학이 다윈이 세운 진화론에 현혹되어 인간의 근원 된 창조 본향을 파괴했고, 뭇 영혼을 방황하게 했다. 특히 자연과학 영역은 인류 사회에 미친 폐해가 너무나도 심각해 서양 학문의 전면적인 반성과 함께 탐구 방향에 있어서 재정립이 필요하다. 17세기 영국의 철학자 프랜시스 베이컨은 "종래의 학문이 단지 神의 본질이 무엇인가, 어떻게 하면 하나님에게 몸을 바쳐 저세상의 행복을 얻을 수 있을까 하는 데 그쳤다는 점에 불만을 느꼈다. 그래서 그는 학문이란 인간 생활에 실익을 주는 참된 지식을 탐구하는 일이요, 그곳에 바로 학문의 목적과 임무가 있다고 생각하였다. 하나님의 나라보다는 인간의 나라를 이루는 것을 더욱 중요시하였다. 이런 생각에 대해 후세인들은 르네상스로부터 발단하여 근대 문명을 일으킨 학문의 목적에 관한 새로운 사상이고, 방법에 관한 새로운 연구를 이룩한 것이라고 평가하였다(『신기관-Novum Organum』)."6) 하지만 오늘날은 그렇게 세운 학문의 추구 방향에 대해 무엇을 보지 못해 그 같은 결론에 도달한 것인지 알아야 한다. 창조된 세계를 본의 안에서 볼 수 있는 안목을 가지지 못한 탓에 약속된 하나님의 나라가 아닌 인간의 나라를 이 땅에 세우려고 하였다. 자연과학도 예외 없이 창조된 본의에 근거해서 탐구해야 했는데, 그렇지 못한 결과는 처참하였다. 즉, 베이컨은 "교육은 자연을 알고 자연을 이용하는 것에만 이바지해야 하며, 인간의 지성에서 形而上學적 부분을 말살하는 것이 사명이라고 여겼다. 다시 말해, 그가 학문을 통해 이루고자 한 교육 목적은 인간이

6) 『교육사 교육 철학 연구』, 앞의 책, p.133.

사물에 대해 지배력을 가지도록 하고, 과학적인 지식을 이용하여 인간의 힘을 증진하는 데 있었다. 인간의 이익을 위해 자연의 법칙을 배우고 자연을 조정하는 데 둔 것이다. 그러므로 그는 形而上學적인 영역보다는 실제적인 과학적 탐구를 목표로 하였다. 자연에 대한 인간의 조정을 발전시키는 사물의 지배를 목적으로 하는 것이 학문이라고 믿었다."7) 이런 혁신적인 주장 탓에 "과학의 권위는 점차 교회의 권위를 대신하였고, 과거에 지배적인 교회의 통치적 권위를 대신하여 과학의 지성적 권위가 존중되는 시대를 맞이하였다."8) 하지만 그렇게 形而上學적인 영역을 말살하고 채택한 학문 탐구 방법은 서양 문명 전체가 본질 영역에 무지한 知的 안목을 그대로 드러낸 것이다. 이런 이유로 이 연구는 서양 학문이 총체적으로 근본으로부터 동떨어져 있다고 하였다. 이것은 잘못 들어선 학문 탐구의 길이기 때문에 원인이 세계본질의 미분화에 있다고 하더라도 이후부터는 학문의 교육적 목적을 정확히 설정해야 한다.

그렇다면 서양은 도대체 무엇을 알지 못한 탓에 학문의 탐구 방향을 잘못 설정한 것인가? 여기에 대해 유교의 『중용』은 "희로애락의 미발(未發)을 中이라 하고, 발하여 절도에 맞는 것을 和라고 하였다. 그리고 이 미발인 中이 천하의 大本이요, 發하여 절도에 맞는 化는 천하의 達道인데, 중화(中和)의 실현으로 천지가 제자리[位]를 찾고, 만물이 육성되리라고 보증했다."9) 이 大本과 達道를 통한 中和의 실현이 바로 진리일진대, 서양 학문이 무엇을 보지 못한 것인가가 한눈에 드러난다. 세계의 근원이자 첫 출발은 바로 미발인 상

---

7) 위의 책, p.127.
8) 『루소의 교육론 에밀』, 안인희 저, 서원, 1993, p.14.
9) 『조선 유학의 거장들』, 한형조 저, 문학동네, 2008, p.231.

태이다. 생성 이전이다. 미발인 본질 상태는 존재하지 않는 것이 아니다. 만유 안에 편재하여 만물의 達道를 실현한 창조 본체이다. 그런데도 서양 학문은 미발 상태를 존재로서 인정하지 않고 제거하였다. 하지만 동양은 지적했듯, 본체계는 미발의 中으로서 천하의 大本이고, 發하여 절도에 맞는 和란 미발의 본체계가 발현되어 和된 것인 탓에(현상계) 천하의 達道이다. 천지는 中和가 완전하게 실현되었을 때 제자리를 찾고, 그 같은 생성 원리로서 만물이 육성되었다고 보았다. 그런데 어찌하여 서양은 發하여 절도에 맞게 된 和된 질서만 학문 탐구와 교육의 영역으로 인정하였는가? 그 잘못을 알고 中和를 실현하는 방향으로 전환해야 천지가 비로소 제자리를 찾고, 만물은 물론이고 학문이 인간성을 바르게 육성하는 방향으로 나갈 수 있다. 더 이상 과학적 진리만을 표방해서 인류 영혼을 종말의 구렁텅이로 몰아넣어서는 안 된다.[10] 학문과 교육은 뿌리 깊은 진리를 추구해야 하나니, 실재적 본질을 담지 않은 논리, 명제, 지식은 진리가 아니다. 참 진리는 세계 의지와 본질과 합일, 그리고 본체성을 간직해야 한다. 이런 판단을 통해 우리는 맹목적인 학문 탐구(과학 등)로 인한 지식 추구의 문제점을 직시하고, 그로 인해 깊숙하게 곪아 버린 현대 문명의 병폐를 도려내어야 한다. 교육은 中和의 道를 앞장 서 선도할 수 있는 위대한 사명감의 발휘로 천지의 본성을 회복하고, 만 생명이 본연의 창조 자리로 돌아갈 수 있도록 해야 하리라.

---

10) 『서양과 동양이 127일간 e-mail을 주고받다』, 김용석·이승환 저, 휴머니스트, 2001, p.284.

제3장 학문 교육의 본의 방향

학문의 영역은 다양하고 학문을 탐구하는 목적도 다양하지만, 인류가 다 함께 궁극적으로 탐구해야 할 정당한 방향이 **"학문 교육의 본의 방향"**이다. 우리는 노력하여 학문을 쌓는다, 배운다, 추구한다고 표현하는데, 인간이 세상에 태어나 두 번 몰입하기 어려운 학문의 세계에 바친 정열이 헛되지 않기 위해서는 그렇게 바친 뜻이 학문을 탐구하는 합당한 목적과 맞아떨어져야 한다. 그런 탐구 영역을 세 가지로 구분하면, 자연 세계의 탐구는 과학이, 정신 세계의 탐구는 철학이, 영혼 세계의 탐구는 종교가 맡았다. 그리고 이런 영역을 탐구하는 공통적인 목적으로서는 사회적인 지위와 명예를 얻으려고 하는 데 있어 조선 시대에는 과거제도라는 문화 속에 길들여져 지금도 대다수 학생은 졸업 후 사회에서 자신의 지위를 향상하기 위해 열심히 공부한다. 하지만 선현들 가운데는 더욱 고상한 데 뜻을 두기도 하였는데, "학문은 반드시 성품을 닦아서 행위를 바르게 하고",[1] 인격을 갖추고자 한 위성지학(爲聖之學)에 두었다. 학문하는 보편적인 목적은 역시 진리를 탐구하는 것이겠지만,[2] 정당한 본의 방향을 살피기 위해서는 여러 목적 중 선택하는 것이 아니라, 창조된 본의에 합당한 조건과 이유를 고려해야 한다. 그래서

---

[1] 『중국철학 개론』, 이강수 외 3인 공저, 한국방송통신대학, 1987, p.125.
[2] 『학문과 예술』, 앞의 책, p.184.

포착되는 것이 공자가 천명한 "學의 궁극적인 목적은 天命을 아는 데 있다"3)이다. 우리가 학문하는 일차적 목적은 자신의 존재 본성과 가치와 특성과 재능을 그렇게 부여한 천지 본성과 일치시키는 데 인생과 학문의 추구 대의가 있다. 초점을 그렇게 맞추면 어떤 결과를 얻는가? "故大德者 必受命(『중용』, 17장)"이라, 大德을 구현한 자는 반드시 하늘의 命을 받는다. 하늘이 응답함으로써 자체 존재 가치를 확인받는다는 뜻이다. 얼마나 감격하고 영광스러운 순간인가? 天命을 아는 그것이 우리 모두의 존재 이유인 동시에 누구에게 있어서도 예외가 있을 수 없는 보편적인 존재 목적이다. 본의 초점이 이러할진대, 이로부터 학문을 추구하는 목적과 방향을 바르게 설정할 수 있다. 우리를 있게 한 天命을 알기 위해서는 세계를 알아야 하고, 세계를 알아야 세계 안에 처한 인간의 부족함을 알고 그것을 하늘을 향해 구하면 하늘이 응답한 命을 내린다. 그래서 동양의 "주자가 설정한 학문의 마지막 목적도 마음[吾心]의 전체 대용(全體 大用)을 밝히는 데 있었다."4) 吾心의 전체 대용을 밝히기 위해서는 吾心만 바라보면 안 된다. 학문은 吾心을 밝히는 수단이고, 학문하는 것은 세계를 알기 위해서이다. 나아가 교육은 학문이란 창구를 통해서 "우주 내에 있어서 인간의 참된 자기 위치와 참된 자기 과업을 발견하도록 인도할 수 있다."5)

그런 의미 안에서 세계와 통하는 학문은 종교적인 경전과 함께 세계의 본질을 드러내는 데 이바지하였다. 인간은 물론이고 천지까지도 하나님이 창조한 탓에 어떤 대상을 통해서도 하나님과는 통함

---

3) 「역사이해에 관한 기론적 고찰」, 김도종 저, 원광대학교 대학원, 불교학, 박사, 1987, p.60.
4) 『중국 근세 철학사』, 유명종 저, 이문출판사, 1994, p.187.
5) 『남명 철학과 교학 사상』, 최혜갑 저, 교육출판사, 1986, p.92.

이 가능한 길이 있다. 단지 거기에는 소통할 진리라는 길이 있는데, 지식을 통한 탓에 단절이 불가피하였다. 하나님이 천지를 창조한 그것이 바로 하나님에게로 나아갈 수 있는 길임에, 곧 세계를 통해 판단이 가능한 창조 진리, 창조 원리, 창조 의지, 창조 법칙이다. 동양의 선현들이 추구한 학문의 목적이 겉으로 보면 爲聖之學에 있는 것 같아도 정확한 초점은 하나님이 천지를 지은 창조 원리를 진리적으로 탐구하는 데 있다. 그리고 서양의 지성들이 자연을 탐구한 목적 역시 하나님의 창조 원리, 곧 결정된 창조 법칙과 구조를 파고든 데 있다. 학문으로 세계적인 모습과 특성과 구조를 밝힌 것은 하나도 헛됨이 없어, 하나님의 창조 본질을 밝히고자 한 섭리 역정의 일환이다. 하늘의 뜻을 알고 창조된 본의를 알아야 세계를 알고 자신을 알고자 한 학문 탐구의 본의와 합치한다. 세계를 알고 자신을 알아야 그를 기반으로 하늘의 뜻을 안다. 학문을 통해 하늘의 뜻을 알아야 하는 이유는 분명하다. 인간은 그 하늘에 근거해 창조되었다. 이것을 동서양의 선현들이 학문을 통해 밝혔다. "유학에서의 학문은 天理로부터 부여된 무한 신성성의 仁을 궁구하여 밝히는 것을 최고의 목적으로 삼았다. 유학이 인간의 신비적 무한 가치인 本然之性이 天에 근원 한다고 한 것은"[6] 기독교가 인간을 하나님이 창조하였다는 말과 같다. "사실 존재의 본연성에 대하여 근거를 天에 둔 것은 유학 사상에서의 일반적인 특성이다."[7] 특히 "성리학은 유교의 기본이 되는 天道와 人道의 합일 근거를 명백히 밝힌 학문으로서 우주의 근본과 인간의 심성 문제를 形而上學적으로 설명하였다."[8]

6) 『한국 전통 철학사상』, 김종문·장윤수 저, 소강, 1997, p.92.
7) 『주돈이』, 함현찬 저, 성균관대학교 출판부, 2007, p.56.

하지만 이 같은 학문 탐구의 방향과 목적은 창조된 뜻을 자각하는 것만으로 끝나지 않는다. 더 나아가서 도달해야 할 목표가 있는데, 이것을 중국 고대의 심성론이 합당하게 밝혔다. 곧, 천인합일(天人合一) 목적이 그것이다. 하늘의 뜻과 인간의 뜻을 일치시키는데 학문의 완성 道가 있다. 지난날은 人性이 天道에 근원 한다고 선언한 상태였지만, 이제는 그런 사실을 창조 진리로써 증거 해야 하고, 그것이 창조된 본의에 합당한 미래 지향적인 학문 탐구의 과제이고 방향이다. 인간이 학문을 통해 쏟은 노력은 모두가 하나님의 창조 뜻에 근거했을 때 최고의 결실을 거둔다. 그렇게 하지 못한 노력은 결국 헛되고 말리라.

---

8) 『교육사 신강』, 송승석 저, 교육과학사, 1994, p.55.

제4장 학문 교육의 통합 과제

1. 추구 가치 통합

인류가 학문을 탐구하고자 하는 목적과 교육을 통해 이루고자 하는 목적과는 다를 수 있다. 따라서 학문 탐구를 통해 교육적인 목적을 달성하기 위해서는 다시 학문의 추구 가치와 추구 원리와 추구 방법을 통합해야 한다. 그리해야 학문 자체로 완성된 道를 이룬다. 인류가 지금까지 학문을 통해 진리를 탐구한 내력을 살펴보면, 안으로 내면을 파고든 본성 탐구와, 밖으로 외면을 파고든 자연 탐구로 크게 나눌 수 있다. 이것은 학문의 객관적인 탐구 방향이고, 세계에 가로 놓인 진리를 일군 정당한 목표이다. 순수한 학문적 측면에서 본다면 나무랄 것이 없지만, 인간이 한평생 정열을 바친 가치적인 측면에서는 문제점이 있고, 교육적인 측면에서는 인류 사회에 큰 손해를 끼치기 때문에 학문의 제반 추구 가치를 통합해야 하는 작업이 필요하다. 근대 들어 서양인이 몰입한 자연 탐구 방향은 인간성을 황폐화하고, 자연환경을 심각하게 파괴하며, 동양인이 표방한 聖人 지향 목표를 흔적도 없이 소멸시켰다. 그런 탐구 결과를 고스란히 안게 된 현대 사회는 시식이 만연한 지식 일변도 교육과 상식이 일상의 밑바탕을 이루고 있다. 사실적인 대상을 탐구해서 새로운 것을 발견한 것이 권위를 이루고, 그렇게 하는 것이 추구의 평생 목표가 되었다. 더하여 자본주의라는 제도는 온통 일반 대중의 생활 의식을 신성한 삶의 가치에서 이탈시켜 버렸다. 증권, 이자, 투기 등, 삶의 수단인 경제적인 활동에 일상의 관심사를 집단으로 몰입시켰다. 하지만 선현들의 학문 추구 목적은 삶의 가치가 곧 진리 추구요, 인격 완성이며, 생활의 관심사인, 생애 전체가 궁극에 이르는 가치관을 차지했던 예도 있다. 즉, 전통 유교 사회에서 조상들이 학문한 것은 그 자체가 진리를 일구어 삼라만상의 이치를 이해하는 길이고, 삶의 가치와 인생 목표와의 일치로 평생을 수련한 인격 도야의 길이었다. 죽음 이후의 내세도 현세의 삶을 완수함으로써 하늘 아래 떳떳한 성실함으로써 죽음의 불안과 공포를 극복한 내세적 신념을 가졌다. 참으로 학문을 탐구한다는 것은 현세적인 삶의 가치와 추구하는 길이 일치해야 하고, 궁극적인 안위와 위로를 얻을 수 있어야 한다. 본질적 진리와 현실적 진리와의 사이가 멀어지면 안 된다. 각박한 생활 속에서도 신성한 학문 탐구 목적이 전 삶의 과정에 팽배해야 한다. 이를 위해서는 일단 동양인의 학문 추구 목적을 기준으로 삼고, 올곧았던 길이 왜 오늘날에 이르러 실행력을 상실한 것인지 확인하고, 동서양의 학문 추구 가치를 통합해야 한다. 그것이 인류의 보편적인 구원 목적을 달성하는 위대한 교육의 역할이다. 정열을 바쳤다면 인생이 참 열매를 맺고 영혼이 구원되어야 한다. 따로 놀면 헛된 추구가 모두의 삶을 헛되게 하고 만다.

혹자는 말하길, "현대인에게 있어서는 학문과 생활, 곧 앎과 삶이 본질과의 관계를 단절해 버리고, 지식과 학문이 생활의 방편에 지나지 않게 된 것은 지식과 행동 과학과 인간 교육이 동떨어져 앎과 삶이 분리된 탓이라고 했다."[1] 그것이 정말 주된 이유라면 따로 논 앎과 삶을 어떻게 일치시켜야 하는가? 이런 문제에 대해 고민해서 몸소 실천을 통해 추구 가치를 이루고자 한 것은 서양보다는 주로 동양의 선현들이었다. 특히 조선조의 남명 조식 선생은 "학문을 배우면서 실천하는 과정에서 논리적인 측면보다는 학문 자체를 삶과 일치시키는 가운데서 가르치고자 한 교학상장(敎學相長)의 모범을 보인 삶이었다."[2] 그가 삶과 학문의 추구 길을 일치시키고자 한 것은 교육의 지고한 가치이다. 하지만 그 목표를 전적으로 내면적인 본성을 일구고 덕성을 함양하는 데만 두면 세계를 통해 진리를 일구고, 그를 통해 자신과 天의 뜻을 알고자 한 학문 추구 본연의 목적과 어긋난다. 이것이 사실은 동양인이 추구한 聖人 지향의 문제점이라면 문제점이다. 동양에서 "학문하는 목적이 마음속의 天理를 밝히고 욕망을 버리는 공부"[3]라고 한 것은 합당하지만, 문제는 天理는 마음(본성)속에만 있는 것이 아니라는 데 있다. 학문은 진리 세계를 두루 포괄하며, 天理는 하나님이 세상을 지은 창조 진리로서 세상 가운데 편만해 있다. 학문은 진리적으로나 섭리적으로나 가치적으로나 창조된 세계와 진리 일체를 포괄하는 것이 기본적인 목표이다. 그래서 학문의 완성 도달치는 色(물질, 자연)과 空(본질, 본성)의 세계를 연결하는 것이다. 覺者는 말하길, 色은 곧 空이라 空과 色은 다를 바 없다고 하였다. 이렇게 갈파한 창조 방정식을 지혜를 다해 풀어내는 것이 학문의 지대한 과제이다. 이런 측면에서 본다면 동양이든 서양이든 문제를 해결하지 못한 선천 학문으로

---

1) 『앎과 삶』, 이규호 저, 연세대학교 출판부, 1985, p.13.
2) 『남명 철학과 교학 사상』, 앞의 책, p.150.
3) 『전습록(권상)』, 김학주 역, 대양서적, 1984, p.237.

서의 한계를 벗어날 수 없고, 한 영역만 파고들었다는 측면에서는 편파성을 면할 수 없다. 이것이 학문을 추구하는 가치적인 측면에서 볼 때 우선하여 통합을 시도하지 않을 수 없는 이유이다. 한쪽으로만 추구하면 창조된 본의를 알 수 없고, 궁극적인 목표에도 도달할 수 없다. 色空의 세계를 아울러야 내면적으로는 인간성을 완성하고, 외면적으로는 학문의 道를 완성하며, 그렇게 해서 하나님의 존안을 뵐 수 있다. 선현과 覺者와 지성들이 학문 탐구를 통해서 창조주 하나님을 보지 못한 것은 色空의 진리 세계를 통합하지 못해서이다. 오늘날 이 땅에 강림한 보혜사 하나님은 진리의 전모자로 드러난 진리의 성령이라, 세상의 제약을 물리치고 학문의 가치를 통합할 지혜를 계시할 수 있다.

이런 기준을 가지고 학문의 추구 가치를 통합하기 위해서는 지난날 실행한 잘못된 가치를 버리고, 고칠 것을 고쳐야 한다. 중국의 육상산이 "학문의 본령은 심외(心外)의 일을 번쇄(煩瑣)하게 찾아 헤매는 것이 아니라, 자신의 心을 알아서 조금도 방심하지 않는 것이 공부라고 하였다."[4][5] 또한, 왕양명은 "학문의 목적을 실천에 의한 良知의 실현(致良知)에 있다고 보고(知行合一), 절대지선(絕對至善)한 良知는 바로 인간의 마음속에 갖추어져 있다고 했다(心卽理)."[6] 하지만 이런 절대적 유심론은 정반대 입장에 있는 절대적 유물론과 대립하는 문제를 일으켰다. 통합이 아닌 분열을 조장한 데 선천 학문의 한계가 있다. 객관적인 학문으로 心外를 잘라버리고 내심 속에서만 절대적인 진리를 구한 것은 추구 가치의 통합 방

---

4) 『유학원론』, 성균관대학교 유학과 교재편찬위원회, 성균관대학교 출판부, 1995, p.220.
5) "학문이라는 것은 안에서 찾는 것이다. 안에서 찾지 않고 밖에서 찾는 것은 성인(聖人)의 학문이 아니다(程子)."- 『선인들의 공부법』, 박희병 저, 창작과 비평사, 2000, p.32.
6) 『개관 동양사』, 동양사학회 편, 지식산업사, 1987, p.236.

향과 배치된다. 그러므로 오랜 세월을 지배한 聖人을 목표로 한 동양의 학문 추구 가치는 뒷받침한 본체 문명답게 천지 만상을 이룬 뿌리 문명으로서 개명한 서양의 현상(가지) 문명을 수용해야 했고, 色의 진리 세계를 주도적으로 포괄해야 했다. 그런 통합 노력이 어떻게 가능한가 하면, 色의 진리는 空의 진리이고, 空의 진리는 결국 色의 진리와 같기 때문이다.

이 같은 조건은 자연 세계를 탐구하는 데 주력한 서양 문명도 마찬가지이다. 근대 들어 동양 문명은 서양의 물질문명에 침식되어 有耶無耶 되었지만, 서양 학문은 현대 문명을 주도한 탓에 더한 지성적 개오와 각성이 필요하다. 자연 탐구와 지식 추구는 인생 삶과 어긋남이 심각하다. 세인들이 추구해서 완성할 수 있는 인생 가치와 동떨어져 정열을 바치고도 뭇 영혼을 방황하게 하였고, 인간성은 인간성대로 황폐해졌다. 자연과 우주를 탐구하는 것이 하늘로 통하는 구원의 동아줄인 줄 알았지만, 알고 보니 썩은 동아줄이었다. 진정 하늘로 향한 참 동아줄이 되게 하기 위해서는 동서양이 걸은 학문 추구 가치를 통합해야 하고, 학문 탐구 목적과 삶의 추구 가치를 일치시켜 인생 전체를 구원하는 방향으로 나가야 한다. 이것을 과연 어떻게 정당하게 실행할 수 있다고 생각하는가? 무엇이 합당한 조건을 갖추었는가? 학문도 종교도 그 무엇도 아닌, 교육이다. 교육이 잠재 역량을 발휘하여 피폐한 인간 본성을 內外 合一(진리+세계=인생 가치)의 진리로서 회복하고, 뭇 영혼을 하나님이 거한 본향(창조) 세계로 인도해야 하리라.

2. 추구 원리 통합

장자끄 루소(1712~1778)는 그의 교육적 소설인 『에밀』에서 "만물은 조물주의 손에서 났을 때는 善하였으나 인간의 손으로 넘어오면서 타락한다"라고 하였다. 인간이 인위적으로 쌓은 일체의 문명과 제도를 비판하고 자연 상태대로의 인류 사회를 이상적으로 여긴 그는 나름대로 판단 기준을 가지고 혁신적인 교육 사상을 펼쳤다. 그런데도 루소가 개탄한 문명사회가 지금까지도 크게 달라진 것이 없다는 것은 무엇을 뜻하는가? 지금은 루소 때보다 교육의 기회가 더욱 확대되었고, 제도로서 기회를 보장하는 여건인데도 인간성이 더욱 황폐화되어 가는 이유는 무엇인가? 과학이 발전하여 인체와 자연과 우주에 관한 지식은 하루가 다르게 쌓여 가는데, 하나뿐인 지구 환경은 우려할 정도로 훼손되고, 타락한 인간성은 회복할 기미가 없다. 이 모든 현상이 인간 교육과 무관하지 않는다면 그 원인은 도대체 무엇인가? 18세기의 루소 이래 인류 사회는 무슨 문제를 해결하지 못한 것인가? 그것을 이 연구는 동서양의 지성들이 오랜 세월을 두고 고민한 과제, 곧 자연 진리와 본질 진리를 일치시키고자 한 학문의 **"추구 원리 통합"** 노력으로 진단하고자 한다.

"인문주의자 에라스뮈스(1466~1469)는 평생 진리를 추구하면서 살았으며, 그가 추구한 진리는 종교 진리였다. 독실한 가톨릭 교인으로서 기독교의 참된 진리가 무엇인가에 관해 물음을 던지고 답을 찾고자 하였다. 세속 사회에서의 책임 있는 인간으로서 살아가는 기반인 정신 진리를 추구하였다. 그는 자연 진리와 본질 진리가 구분되거나 대립한 것으로 보지 않고 통합하는 것이 주된 관심사였다. 즉, 어떻게 하면 신앙과 지식을 통합할 수 있는가? 어떻게 하면 종교적 신념과 학문적 진리를 통합할 수 있는가?"[7] 과연 가능한 과제인가? "철학과 종교를 철저히 곡해하여 철학은 엄격한 논리일 뿐이며, 종교는 조건 없는 믿음일 뿐이라는 풍토가 만연된 현실 속에서"[8] 에라스뮈스가 정신이 아닌 자연을 대상으로 한 진리까지 통합 영역을 넓히는 것은 쉬운 일이 아니었다. "종교는 아주 오랜 옛날부터 인간의 삶에서 매우 중요한 것으로 간주했다. 반면에 과학이란 학문은 16세기에 이르러 갑자기 중요성을 갖기 시작했고, 그 뒤로 차차 인간의 삶을 형성하는 조건이 되었다. 그만큼 자연을 대상으로 한 과학은 이성, 합리성과 같은 것으로 여겼지만, 종교는 비과학적인 것, 즉 비이성적이고 비합리적인 것으로 여겼다. 그래서 과학의 발생과 함께 종교적 진리관이 위협받게 되었고, 이런 상황은 16세기 이후로 종교와 과학이 투쟁하는 양상으로 나타났다. 과학 없이는 인간의 생존 자체가 불가능하다는 인식을 팽배시켰다. 과학의 승리로 확정되었다."[9] 통합이 웬 말인가? 에라스뮈스의 노력이 이런 결과 탓에 무색해졌다. 문제를 제대로 풀 수 없었다. 풀기 위해서는 종교 진리(본질 진리)와 과학 진리(자연 진리)를 연결할 수 있는 보다 큰 틀인 창조적 관점이 필요했다. 드러난 진리를 탐구한 것이 과학이고, 드러날 수 있게 한 진리를 신앙한 것이 종교인데, 창조 메커니즘은 온데간데없고, 종교와 과학을 곧바로 대비시키니까 각자의 진리성이 옳다고 고집한 투쟁사만 난발 되었다. 한쪽의 패배를 재촉하고, 그렇게 해서 다른 한쪽이 승리를 자축하

---

7) 『인본주의 교육 사상』, 김창환 저, 학지사, 2007, p.176.
8) 『종교철학 에세이』, 황필호 저, 철학과 현실사, 2002, p.머리말.
9) 『내가 아는 것이 진리인가』, 김창호 엮음, 웅진닷컴, 2004.

는 결과를 통해서는 진리 세계를 완성하고 창조 목적을 달성할 수 없다. 그래서는 안 된다. 이런 이유 탓에 에라스뮈스는 노력은 했지만, 접근은 잘못되었다. 세계적인 여건상 시기상조적인 여건도 작용했다. 이런 여건이 선천 하늘을 지배했다고 할 수 있다. 구분된 세계를 연결할 창조란 작용 매개체를 찾지 못해 진리 영역이 따로 놀았다.

대륙의 합리론자인 데카르트(1596~1650)는 "정신과 물체(육신)가 서로 독립된 실체라고 주장한 이원론을 내세웠다."[10] 창조를 모른 탓에 문명이 개명할수록 지성들은 하늘과 神에 대해 가진 관심을 땅과 인간에 관한 관심으로 끌어내리는 것이 학문의 정당한 추구 행위인 것으로 여겼다."[11] 애써 끌어내릴 것이 아니라 하늘과 땅 사이를 연결해야 했다. 교육학자 중에서는 자연과학의 지식으로 교육에 이바지할 수 있는 길을 모색하기도 했지만, 창조를 모르는 한 연결하기 어려운 거리를 실감하였다. 왜 우리는 자연을 알아야 하고, 자연 지식을 통해 교육의 고귀한 가치를 발견해야 하는가? 여기에 인간을 중심에 둔 통합 과제가 도사렸다.[12]

창조를 모른 탓에 통합 과제에 대해 역행한 지성들도 있었지만, 에라스뮈스처럼 문제성을 자각하고 긍정적인 방향에서 실마리를 풀고자 한 시도도 있었다. 유교는 수십 세기 동안 동양 사회를 지배하였고, 중심된 사상은 공자가 역설한 仁에 있다. 그러니까 선진 유학을 거쳐 신유학에 이르러서도 "자연의 질서와 법칙이 윤리적 규범이나 도덕 법칙처럼 도덕적 원리라고 믿는 仁에 근거해 있다는

10) 『체육 철학』, 김대식 외 2인 공저, 나남출판, 1996, p.44.
11) 『고대 그리스의 교육 사상』, 오인탁 저, 종로서적, 1994, p.68.
12) 『우리 교육의 혁신과 전망』, 이규호 저, 배영사, 1982, p.35.

발상을 가졌다. 즉, 객관적인 자연법칙도 근본적으로 도덕적 가치와 연결되어 있다"[13]라고 본 것은, 발상의 타당성 여부를 떠나 자연적인 질서 원리와 인문적인 질서 원리를 통합하고자 한 일대 노력이다. 동양이든 서양이든 문화적 차이를 불문하고 당면한 진리적 과제는 본질이 같다. 하지만 에라스뮈스처럼 유교는 "모든 자연법칙이 도덕적이고 윤리적인 성격을 띠는 仁이란 본체에 근거해 있다"[14]라고 하면서도, 왜 자연법칙이 仁에 근거한 것인지에 대한 이유는 제시하지 못했다. 자연법칙이 仁에 근거한 상태를 누구나가 인증(人證)할 수 있으려면 이 연구가 지속해서 강조한 창조 본의, 곧 천지 만물이 어떻게 하나님으로부터 창조된 것인가 한 메커니즘을 알아야 했다. 일체 현상과 존재와 원인 세계에 적용되는 보편적인 작용 원리를 간과한 탓에 창조 방정식을 성립시키는 필수 요소를 빠트린 세계는 창조 섭리를 완성할 수 없었다. 그래서 자연법칙=仁에 근거함=하나님과 연관되어 있다고 주장하는 것만으로는 완전한 인증이 될 수 없다. 그런데도 선천에서는 그 같은 등식을 난발만 한 우주론적 한계를 벗어나지 못했다. 아무리 추구해도 학문만으로서는 진리 세계를 완성하지 못했다. 완성하기 위해서는 빠트린 창조를 대입해야 했나니, 창조는 진리 세계와 창조 섭리는 물론이고, 학문의 추구 원리까지도 통합할 수 있는 근원 된 작용성이다.

이런 관점에서 仁의 창조적 본의를 살핀다면, 유교인들이 자연 질서를 도덕적 원리인 仁에 근거한 것이라고 한 것은, 仁이란 본체를 통합적인 본체로 여길 만큼 사실상 모든 것을 창조한 하나님의

<hr>

13) 「주자의 교육사상에 관한 고찰」, 최도형 저, 공주대학교 교육대학원, 중국어 교육, 석사, 2014, p.39.
14) 위의 논문, p.39.

본체를 仁으로 인식해서이다. 진리의 성령으로서 화신한 창조 본체가 유교인들에게 있어서는 仁으로 각인될 수 있다. 이런 의미라면 仁의 작용 원리를 통해 자연 질서의 통합 시도도 가능하다. 천지 만물은 태초에 어떤 과정을 거쳐 하나님으로부터 창조되었는가? 사랑을 다 해 천지와 인간을 창조하고자 한 뜻의 결정이 몸 된 본체 의지를 변화시켜 법칙이 되고 원리로 化했다. 주관적인 뜻의 원리화 탓에 仁(마음)이 객관적인 사물과 통하고 도달하고 일체 될 수 있다. 心卽理가 그것이다. 하나님이 말씀으로 천지를 창조했다는 성경 기록의 동양식 표현이다. 말씀과 창조를 표면적으로 연결하기는 어렵다. 오직 본의를 알아야 하나니, 본의란 곧 하나님이 태초에 천지를 창조한 과정이고 단계이며 뜻이다. 그래서 다시 살펴보면, 성리학이 말한 心卽理는 자연과학 진리와 形而上學적 본체 진리와의 일치 노력이다. 천지 만물이 몸 된 본체 의지에 근거한 탓에 하나님의 창조 의지가 자연법칙화 되었듯, 연유를 모른 상태에서도 자연법칙[理]의 인간 품성화가 가능하였다. 인륜 질서의 근거로 내세운 삼강오륜(三綱五倫) 등은(유교) 바로 우주적 질서를 바탕으로 한 것이다. 질서를 현실적으로 규정한 것이 예(禮)라, 장유유서(長幼有序)는 존현장자(尊賢長者)에 대한 禮이다.15) 격물치지(格物致知)론과 함께 동양의 선현들은 통상 자연적인 질서를 인격적, 본질적, 관념적으로 이해하였는데, 그것은 본의를 모른 한계적 측면과 이유를 안 섭리적 측면이 동시에 공존한 상태이다. 동양의 노자는 도법자연(道法自然)이라고 하였고, 서양의 루소는 교육의 기준 원리로서 "인간이 자연을 깨달아 자연을 본받는 것이다"16)라고 외

---

15) 『한국 유학 사상과 교육』, 한국교육학회 교육사연구회 편, 삼일각, 1976, p.202.
16) 『교육의 역사 및 철학적 기초』, 조영일 저, 형설출판사, 1993, p.159.

쳤다. 자연, 혹은 자연 질서를 따르고 본받는다는 것은 이유를 모른 섭리적 안목이고, 현 단계에서 시도는 하였지만 해결하지 못한 진리적 과제란 바로 자연 질서와 인문 질서를 연결할 통합 원리를 구하는 것이다. 자연을 본받고 자연으로 돌아가는 것을 넘어 자연에는 엄존한 창조 본의와 天意(창조 뜻)가 있다는 사실을 알고, 자연의 엄밀한 질서를 통해서도 하나님의 창조 뜻을 확인하여 하나님에게로 나아가야 했나니, 그 모든 길을 이 연구가 선도적으로 틔우리라.

현대인은 물질문명, 기계 문명에 매몰된 인간성 상실 시대를 살고 있다. 왜 그런가? 그 이유를 이 연구는 인류의 영원한 진리적 과제인 자연 진리를 인간의 정신 진리와 연결하지 못한 탓에 두고 싶다. 하지만 유교의 격물치지론은 해결할 실마리를 지녔고, 길을 열 지혜를 함축했다. 그들이 해결했다는 뜻이 아니고 본의를 알 때 가능하며, 그것이 **"학문의 추구 통합 원리"**로서 작용한다. 격물치지, 즉 物로서 도달하고자 하는 궁극적인 목표는 물아일리(物我一理)이다. 그런데도 동서양의 지성들이 추구는 했지만 구현하지 못한 관계로 오늘날은 집중한 지식 교육으로 인간성 몰락이란 결과를 초래했다. 극복하기 위해서는 동양의 선현들이 고심한 격물치지론에 대해 관심을 가져야 한다. 중국의 "明道 선생은 物・我一理이기 때문에 一者를 알면 자연히 타자도 알게 되어 양자, 즉 內外가 합일하여 道를 이룬다"[17]라고 하였다. 여기서 저 유명한 '格物致知'와 '誠意正心'의 선후 관계에 대한 논쟁이 시작된다.[18] 왜 物我一理인가? 物과 我가 그렇게 하여 존재한 창조 원리 탓이 아닌가? 왜 창조 원리 탓인가를 알기 위해서는 다시 격물치지론으로 돌아가야

---

17) 『유서』, 18 : 8b.
18) 『인간의 본질』, 신오현 저, 형설출판사, 1989, p.62.

한다. 物을 格한다는 것은 객관적인 事物之理에 도달한다, 사물의 궁극적인 이치에 도달한다, 또는 안다는 뜻이다. 하지만 그곳에 이르는 인식의 주체자는 어디까지나 인간 자체이다. 物은 오거나 가거나 할 수 없는 객관적 상태이다. 주자에게 있어서 物은 理의 담지자이다. 객체가 주체로 오는 것이 아니고, 주체가 객체로 가는 것이다. 인간의 마음이 사물의 법칙에 이르는 것이라고 하였다.[19] 그래서 우리는 物이 담지하고 있는 理에 대해 무엇을 알아내고, 마음이 이르도록 해야 하는가? 지식? 원리? 법칙? 이치……? 아니다. 천고에 상식화되었지만, 미처 풀지 못한 비밀로서 간직한 그 무엇? 속담에 낫 놓고 기역 자도 모른다는 말처럼 창조된 자연, 사물, 존재, 物을 보고 탐구하고, 格하고도 창조성을 구하지 않았다. 격물치지의 궁극은 결국 창조에 있다. 이것을 선천의 지성들이 알지 못했고, 격물치지를 말한 동양의 선현들도 사물의 이치를 주관적으로 받아들였다. 때가 되어야 했나니 格物하면 致知하지만, 物(세계)의 본질이 분열을 완료하지 못한 지난날은 누구도 궁극적인 致知, 곧 창조된 본의를 알 수 없었다.

하지만 보혜사 하나님이 진리의 성령으로 강림한 오늘날은 『대학』의 격물치지론도 창조론으로서 완성될 수 있는 여건을 확보했다. 사물을 끝까지 궁구하면 창조된 본의에 도달할 수 있다. 그것이 무엇인가? 格物한 致知의 궁극적 결실은 창조 원리 곧, 하나님이 천지 만물을 지은 원리와 뜻과 의지 작용을 알 수 있다는 것이다. 선현들이 갈파하길, "萬古를 꿰뚫어 일생으로 삼고 만물과 더불어 일체가 된다면, 후세의 이목을 열어주고 천하의 학문을 통일할 수 있

---

19)「주자의 교육사상에 관한 고찰」, 앞의 논문, p.57.

다"20)라고 하였다. 격물치지하여 物我一理를 깨치는 것이 천하 학문을 통일하는 길이고, 진리 세계를 완성하는 길이며, 창조 목적을 실현하는 길이다. 세상 학문의 추구 목적과 교육의 지향 목적과도 일치한다. 우리 자신이 만물과 더불어 일체 됨이니, 그리하면 하늘의 뜻을 알고(창조 본의) 內外 합일하여 보편적인 구원 목적을 이루는 **"교육의 위대한 실행"**력을 발휘할 수 있다. 천지가 창조된 원리를 알면 천하의 학문을 통합한다. 더 나아가 격물치지…… 치국평천하의 결론은 서양 문명과 동양 문명이 일군 제 이론, 지식, 사회, 제도, 문화, 역사를 연관시키고 하나 되게 하는, 인류 사회가 일찍이 경험하지 못한 문명 통합의 길이다. 대자연은 무한한 심경을 일깨우는 경전이다. 만물일체, 物我一理, 天人合一, 동서양 문명, 그리고 학문의 **"추구 원리 통합"**이 창조된 바탕 원리를 밝힌 창조 본의에 의해 실현된다.

때가 이른 지금은 진정으로 物我一理에 도달한 경지 상태에서 분열할 대로 분열한 학문 추구 원리를 통합할 수 있는 실행력을 발휘해야 한다. 物我一理=內外合一=학문을 통해 교육 목적을 달성할 수 있는 추구 과정이다. 그리고 그것이 가능한 창조 원리는 일찍이 선현들이 갈파한 梵我一如, 色卽是空, 物我一理 등이다. 이런 각성 인식에 본의를 더할 때 창조 방정식으로서 성립된다.

스피노자는 자연과 神을 동일시한 범신론자이다(神卽自然).21) 神=자연이란 등식은 바로 유교의 物我一理 인식과 같다. 왜 그런가? 神卽自然은 色卽是空처럼 선천의 본질상 생성을 제한 초월 등식일 뿐이고 실상은 自然, 色, 物이 하나님의 본체에 근거해서 이행

---

20) 『선인들의 공부법』, 앞의 책, p.222.
21) 『체육 철학』, 김대식 외 2인 공저, 앞의 책, p.45.

으로 化한 탓에 생성한 과정만 제하면 결국은 그것이 그것이다. 또한, 생성 과정을 더한다 해도 도달하는 결론은 같다. 格物하여 궁극에 이르면 결국 하나 된다. 動함이 정점에 이르면(생성 완료) 太極도 극에 달해서 음양이 교차한다. 생성의 첫 출발점과 변화의 귀일점은 무엇인가? 천지를 창조한 바탕 본체이다. 여기에 근거하지 않은 천지 만물은 하나도 없다. 이것이 格物을 통해서 物我一理 경지에 도달할 가능성 원리이다. 하나님은 인간을 창조하였지만, 천지도 창조한 것처럼, 본성을 궁구하면 하나님의 본의를 알 듯, 物을 格하면 하나님의 창조 원리를 간파할 수 있다. 만인은 학문을 탐구하여 천지가 창조된 뜻과 원리를 알아야 할 의무가 있다. "하늘과 사람은 그 근본됨이 하나입니다. 하늘이 사람에 대하여 도리에 맞지 않은 일을 한 적이 없습니다(조광조)."22) 하늘과 사람뿐만이겠는가? 자연과 만상도 그러하다. 근본은 같은데 뜻한 목적에 따라 인간이 특별하게 만상과 구분된 것이다. 이런 창조 원리 탓에 "인간의 내면에 존재하는 아트만은 우주의 근본 원리인 브라만과 같다(梵=我=一如)."23) 物과 我가 창조 본체에 근거한 탓에 인간의 我가 학문을 추구해서 格物하면 창조 원리를 알고, 창조된 역사를 알며, 살아 역사한 하나님을 알게 되어 학문 추구 목적과 인생 추구 목적이 일치한다. 心卽理란 결국 세계와 하나님과 인간과의 일체화 노력이고, 心과 理를 연결한 세계의 존재화 노력이다. 기독교는 탄압했지만 神卽自然, 즉 스피노자의 범신론 사상은 결코 틀린 명제가 아니다. 본의를 모른 탓에 기독교가 物我의 소통을 가로막은 잘못을 저질렀다. 실상은 천지자연 전체가 창조 본체에 근거했다. 하나

22) 『유림(1)』, 최인호 저, 열림원, 2007, p.128.
23) 『칸트와 불교』, 김진 저, 철학과 현실사, 2000, p.215.

님의 본질 일색이다. 유일한 근본은 하나님의 몸 된 본체뿐이다. 그래서 격물치지이다. 마음이 사물의 理에 다다라 하나로서 일체 된다고 함에, 선현들이 도달한 道적 경지 세계를 이해할 수 있다. 주체적인 인간이 사물의 理와 하나 되는 길＝인간의 마음이 居敬 窮理함으로써 격물치지, 곧 사물의 궁극적 理로 나아가 닿음으로써 달성된다. 아울러 자연 탐구, 자연의 이치와 인간성 형성과의 연관성 문제에서도 사물의 이치를 궁구한 그곳에(학문 추구) 세상의 지어진 창조 원리와 뜻이 있다. 그 원리로 천지가 지어졌나니, 교육원리에 적용할 인간 형성의 보편적 원리이기도 하다. 致知의 궁극적 도달점에 창조란 비밀 원리가 있다. 학문과 인생 추구의 합일점에 자연 진리와 본성(본질) 진리와의 일치점이 가로 놓여있고, 이것은 결국 너와 나, 만물이 한 근원, 하나인 바탕 원리로부터 창조되었다는 뜻이다.

교육은 학문의 추구 목적을 인생 추구의 성취 목적과 일치시켰을 때 인류를 빠짐없이 구원할 보편적인 목적을 달성할 수 있다. 가능하게 하는 그것이 바로 학문을 추구하는 원리를 통합하는 것이고, 그 한가운데 창조 원리와 의지와 사랑을 다 한 하나님의 창조 뜻이 있다. **"학문의 추구 원리 통합"**이 교육의 위대한 목적을 이룰 실행력을 발휘하리라.

3. 추구 방법 통합

선천에서는 창조된 본의가 드러나지 못한 관계로 학문을 추구하는 방법도 제각각이었다면, 밝혀진 지금은 한 목적 안에서 통합할 수 있어야 한다. 왜 통합해야 하는지에 대한 이유는 학문의 道를 완성하는 길을 통해 인생의 道도 완성해야 하기 때문이다. 이전에는 따로 추구한 탓에 학문의 道는 세계에 대하여 새로운 사실을 발견하고자 한 데 그쳤다. 지적하였듯, 서양에서 개척한 자연 탐구 방법이 그러하다. 자연 탐구 방법 하면 베이컨이 제시한 귀납법이 일반적이다. 하지만 그것은 밝힌 바대로 지식을 일구고 세계를 아는 데 국한된 것이다. "베이컨은 관찰·실험·경험 등이 자연을 연구하는 데 중요한 방법이라고 함으로써 자연과학의 연구법에 있어 새로운 혁명을 가져왔다."24) 여기에 더해 데카르트는 "수학을 명석판명한 지식의 대표로 생각하였다. 지식을 수학적·합리적 사유에서 도출함으로써 과학적 방법에 있어 이론적 기초를 제공하였고, 그런 성과로 근대 과학이 확립되었다."25) 이것은 정말 자연을 탐구하는 데 있어서의 합당한 방법이다. 그러나 이 단계에서 알아야 할 것은 그렇게 추구한 결과성에 대한 통찰과 문제점 발견이다. 그리해야 미래 사회를 열어갈 학문 추구의 새로운 추구 방법을 모색할 수 있다. 학문을 통해 사물의 이치만 탐구하는 것이 아니고, 본질의 이치까지 탐구하여 창조 원리와 일치시킬 때 학문과 인생의 길도 일치하여 만물일체란 이상을 달성하는 새 지평을 열 수 있다. 학문을 추구함으로써 그런 인생까지 구원하기 위해서는 목적에 맞도록 방법을 통합해야 한다. 학문을 탐구한다는 것은 새로운 지식을 아는 데만 있는 것이 아니다. 본유하고 있는데도 미처 알지 못한 진리를 일구는 것이다. 이에 자연적 지식은 그런 진리를 일구는 수단

24) 『교육의 역사 및 철학적 기초』, 앞의 책, p.138.
25) 『교육사 교육 철학 연구』, 앞의 책, p.120.

일 뿐 아니라 인생을 통해 일구는 본질적 진리와 일치시켜야 그것을 기반으로 새로운 세계로 나갈 수 있다. 그러기 위해서는 학문을 사고만이 아닌 인간적, 인생적 가치까지 수렴한 전반적인 삶의 추구 과정이 되게 해야 할 필요가 있다. 지난날은 이런 방법적 과제가 분리되어 있었다. 동서양이 학문에 대해 서로가 달리 말하고 바라본 하늘이 달랐던 이유도 여기에 있다. 춘추 시대의 공자는 "인간은 배우는 존재로서 학문을 통해 도덕적 완성에 이를 수 있다고 확신하였다."26) 학문을 통해 진리와 인격을 완성하고 도덕성까지 완성해서 통합하기 위해서는 공자가 확신한 방법만으로서는 안 된다. 전혀 새로운 방법, 곧 인류의 일체 추구 목적과 인간 완성 목표를 학문이 방법적으로 통합해야 한다. 학문은 지식, 진리뿐만 아니라 생성하는 우주의 氣와도 合一해야 함에, 추구한 뜻과 길과 義가 하늘과 통하는 인격까지 더해야 생명성 있는 진리를 얻는다. 이것이 학문으로 천지 목적을 관통하는 길이고, 하나님에게로 나아가는 길이다. 만연된 주지주의(主知主義)적 추구 방법을 극복하는 길이다.

재차 확인하건대, 학문은 추구한 뜻과 義와 길이 하늘에 도달할 수 있도록 인생적인 추구 가치를 더해야 온전하게 완성된다. 학문한다고 하면서 논문 몇 편 쓰는 것으로 세계의 진의를 드러낼 수는 없다. 세계의 본질을 파고들기 위해서는 시공의 생성 경과와 함께하고, 끝까지 지켜보아야 한다. 진리를 구하기 위해서는 수행을 병행해야 한다. 그런데 선천 학문은 이런 추구 과정이 없었다. 세계의 궁극성을 집하기 위해서는 반드시 시공의 생성 경과와 함께해야 한다. 진리의 생성 전모와 뿌리를 볼 수 있는 소정의 인내와 수양과

---

26) 『선인들의 공부법』, 앞의 책, p.12.

정진 절차가 필요하다. 객관적인 사실과 정해진 법칙을 알아내는 것이 학문의 전부일 수 없다. 생성하는 시공의 운행 질서를 관통하고 통찰해야 함에, 그러기 위해서는 수행 과정을 병행해야 한다. 학문의 추구 과정과 인생의 추구 과정을 합치시켰을 때 비로소 진리의 통합적인 가치 기반이 구축된다. 학문의 입지 목적인 天人合一이 그것이다.

학문은 객관적인 추구 방법만으로서는 완성된 道에 이를 수 없나니 가치와 뜻이 함께해야 하고, 인생의 전체 과정을 철저히 관리해야 한다. 그런 학문 추구 방법론에 있어 本을 보인 선현이 있다면 바로 조선 시대의 성리학자 율곡 이이이다. 베이컨이 제창한 방법론이 아니다. 오늘날의 우리는 율곡의 입지론처럼 종합적인 인생 가치 설정의 바탕 위에 서야 한다. 그리하면 학문하는 것이 정녕 인생을 구원하는 길로 연결된다. "율곡의 교육 목적은 입지에 있고, 입지는 성현을 준칙으로 하되 학문을 통하여 조금이라도 聖人에 미치지 못하면 뜻을 굽히지 않겠다고 다짐한 데 있다. 그만큼 학문하는 데 있어 입지가 서 있지 않으면 성공을 기대할 수 없다."27) "입지란 무엇인가? 뜻을 세우는 것이다. 무슨 뜻? 율곡은 대답하길, 聖人이 되는 것을 스스로 기약하는 것이다."28) 이른바 聖學의 시작이 입지에서 출발한다는 것이다. 聖人이 되는 것이 학문하는 목적인 것은 오늘날과 다르다. 현대의 교육학적 입장에서는 동기유발의 중요성을 강조한 것 정도로 해석할 수 있다.29) 하지만 그런 해석 관점은 상식이다. "학문 수도의 자각적 태도 확립과 연관 지어야 한

---

27) 『교육사 신강』, 앞의 책, . 72~73.
28) 『도올의 교육입국론』, 김용옥 저, 통나무, 2018, p.82.
29) 「퇴계의 교학관 연구」, 앞의 논문, p.ii.

다."[30] 학문 목적을 인생 목적과 접목해서 각인하고 추구 방향을 지침하는 것이다. 율곡이 학문하는 태도를 중요하게 여긴 것은 "배움에는 뜻을 세우는 것보다 앞서는 것이 없으니, 뜻이 서지 않고서는 능히 그 공을 이룬 사람이 없다"[31]라고 생각해서이다. 뜻을 먼저 세우는 것은 그렇게 해서 추구한 학문의 道를 완성하는 것과 직결된다. 입지는 학문으로 진리 세계에 이르게 하는 인생의 추구 바탕이다. 그만큼 입지 작용은 추구한 인생의 전체적인 과정을 꿰뚫고 추구 방향까지 설정하는 사전 지적 작업이다. 뜻을 세워야 그렇게 세운 뜻대로 나아가고 목적한 곳에 도달할 수 있다. 다시 말해, 학문을 통해 진리를 구했을 때 진리가 어디에 이르고, 진리가 무엇을 말하며, 진리를 통해 자신이 어떤 세계를 획득할 것인가를 예단한다는 뜻이다. 학문의 과정을 사전에 초점 잡고 로드맵을 설정하는 작업이므로, 立志가 결국은 完志이다.

율곡은 이 같은 뜻을 통찰한 탓에 입지를 강조할 수 있었듯, 오늘날의 인류가 학문하는 목적과 방법론으로서 세워야 할 통합적 입지는 무엇인가? 자신을 알고 세계를 알아 완성의 道에 이르는 길은 바로 자신에게 주어진 본성에 합당한 길로서 내외 합일의 가치를 통합하는 추구 의지이다. 그런 완성 경지를 사전에 지침해야 함에, 그것을 이 연구는 창조 본의를 깨닫고 일치시켜 함께하는 것으로 생각한다. 天意를 알고, 하나 되고자 하는 데 인류가 빠짐없이 동참해야 할 학문의 입지 목적이 있다. 왜 본의를 알고 학문을 해야 하는가? 학문은 세계의 始와 終을 간파하고, 인생을 의구·버림·구원을 조건으로 완비해야 하기 때문이다. 학문이 시종을 모르면, 그

<hr />

30) 「율곡의 인간 교육론」, 이주영 저, 경희대학교 교육대학원, 역사교육, 석사, 1999, p.13.
31) 『전서』, 권 2.-『성학집요』, 2. 입지 장.

것은 하나만 알고 아홉을 모른 오판을 낳는다. 인생 역정이 아무리 구족하였더라도 본연인 근원을 묻고 찾고 안주하고자 한 과정이 없다면 결국 헛된 삶이 된다. 그러므로 혼신을 바친 노력으로 학문한다는 것은 끝내 이루고자 한 궁극적 목표가 있어야 하고, 도달할 세계가 있어야 한다. 그런 목표와 세계를 입지로 사전에 선지해야 한다. 입지란 학문의 틀 안에 미래 세계를 대비한 진리의 알을 채우고 길을 터야 하나님에게로 나아갈 보편적인 구원의 길이 열린다. 이를 위해 길을 출발하고 뜻을 발의해야 한다. 그렇게 학문 추구를 인생길과 연관시켰다면 시작이 반인 것처럼, 그다음은 실질적으로 학문하는 방법론을 마련해야 한다.

세운 뜻을 이루어 학문의 道를 완성하기 위해서는 구체적으로 어떻게 해야 하는가? 어떤 삶의 태도와 추구 방법으로 학문을 해야 하는가? **지식을 얻기 위해서는 자연을 탐구해야 하고, 인격을 닦기 위해서는 수양이 필요하며, 진리를 구하기 위해서는 시공의 본질과 접한 수행을 쌓아야 한다.** 그렇게 인생 가치를 성취하면서 동시에 진리를 구하고, 종국에 본성과 합일한 영혼까지 구원하는 참 학문을 하기 위해서는? 객관적인 세계와 원리만 탐구하면 안 되고, 무엇보다도 학문에 대해 뜻을 세우고(立志), 진리에 대한 신념과 세계에 대한 이해와 자아에 대해 태도를 정립하는 것이 우선된 과제이다. 세월과 인생과 진리는 물처럼 흘러갈 뿐이다. 학문하는 자가 이들에 대해 관심을 집중해 붙들어 놓지 못한다면 발견하고 이룰 것이 하나도 없다. 흐르는 물을 담기 위해서는 그릇을 준비해야 하듯, 생성으로 표출된 진리성을 포착하기 위해서는 쉼 없이 추구하고 정진하는 수행의 자세를 갖추어야 한다. 그런 자세에 있어서 필요한 것은 바로 제 法, 제 존재, 제 현상에 대해 진지하게 의문을 가지는 것이다. "종교의 힘은 신앙을 얻고 학문의 힘은 '의문'을 통해 얻는다고 하였듯",32) 의문은 세계와 우주를 향해 의미를 구하는 첫 출발이다. 안테나를 세워야 메시지를 수신할 수 있는데, 그냥 세워만 놓아서는 안 된다. 세계로부터 구하고자 하는 의미를 정확히 초점 잡아야 한다. 의문은 질문으로도 연결되는 바 의문은 막연함이 있지만, 구체적인 질문은 명확한 학문 추구의 길로 들어서게 하는 조건이다. "학문(學問)이라는 단어의 글자 뜻도 '질문을 배우는 것'이다."33) 정말 질문은 학문하는 삶의 본질을 결정 짓는다고 해도 과언이 아니다. 그렇게 해서 본궤도에 오른 추구 과정과 성취 결과는 부수적이다. 그런 의문을 가지고 질문하는 형태는 다양하다. 자연 현상에 대해서, 삶과 죽음에 대해서, 절대적인 神에 대해서…… 여기서 중요한 것은 그렇게 해서 길을 출발했을 때, 그 길이 종국에 어디에 도달할 것인가 하는 목적지를 사전에 인지하고 예측하는 것이다. 그리해야 품은 의문에 대해 세계로부터 응답을 얻는 것은 물론이고, 투신한 시험적 인생에 대해서 진리가 살아 있고 세계가 영원하다는 결론적 통찰을 얻게 된다. 그래서 학문은 발문과 함께 진리에 대한 굳은 믿음과 신뢰라고 할 수 있다.

맹자는 학문하는 방법의 하나로 心學을 강조했다. "학문의 道는 흩어진 마음을 구하여 本心을 회복하고, 그 마음을 다해 마음을 보전하는 데 있다. 능히 存心하면 마음이 바르지 아니한 바 없고, 능히 盡心하면 마음에 不仁이 없다."34) 또한, "학문이란 미치지 못하

---

32) 『박은식의 민족 교육 사상』, 노승윤 저, 양서원, 1999, p.159.
33) 『지식의 구조와 교과』, 앞의 책, p.21.
34) 「퇴계의 교학관 연구」, 앞의 논문, p.24.

는 듯 힘써야 하고, 이미 배운 것은 오히려 놓칠까 두려워해야 한다(『논어』, 태백 편)."[35] 학문하는 자 마음을 다하고(盡心) 마음을 보전하고(存心), 노심초사 세계와 진리 인식 상태로부터 끈을 놓치지 말아야 하는 것은, 진리 얻음이 끊임없는 추구와 관심사의 결과물인 탓이다. 그래서 학문하는 자로서 진리를 구하기 위해서는 편견을 버리고 제 진리성을 수용하는 자세를 가져야 한다. 흔히 종교인은 자체 신앙에 대해 절대적인 의식을 가지고 있어 고립된 편협성을 벗어나지 못하지만, 진리 자체가 그러한 것은 아니다. 主 예수는 진리가 너희를 자유롭게 하리라고 했는데도 정작 그런 진리를 받아들인 자가 더 이상 타 진리를 받아들일 문을 닫아 버린 결과 보편적인 구원의 길이 막혀 버렸다. 명리를 거부하지 않고 진리를 수용하는 데 적극적이어야 하고, 회의하지 않고 진리성에 눈 밝아야 한다.

그리고 깨어 있는 의식으로 한순간 의문을 발견하지 못하면 학문의 역사가 진척될 수 없다. 의문을 통한 자각이 진리 세계로 진입하는 초입 문이다. 그 타이밍은 지극히 순간적이다. 의문을 일으켜 세계의 문을 열어야 비로소 보장된 학문의 길을 열 수 있다. 입지→의문→수용→자각→분석→분류→구분→판별→인식→통찰→표현(선언)→진리→근본→자아→신념→구도→사랑→神. 이 같은 일련의 과정은 단번의 노력으로 확보되는 것이 아니다. 진리 설정→모순 발견→진리 정립이란 절차를 거쳐야 한다. 직관한 인식과 포착한 진리를 사고적인 정제 과정을 거쳐 정착시킨다. 이론과 경험과 인식을 종합했을 때라야 비로소 일군 진리가 진리로서 확정된다. 그 최

35)『성현들의 참 말씀』, 김린 저, 미래문화사, 1985, p.401.

종적인 절차에 창조 본의에 근거한 판단이 있다. 구한 진리를 바르게 이해해서 정착시키는데 본의 이외의 더 깊은 궁극적 통찰은 없다. 학문으로 일군 진리의 근원은 바로 하나님이 이룬 창조 역사로부터 발원하였다. 그렇게 발원된 근원을 정확히 알아야 동양의 선현들이 일군 道가 천지를 이룬 바탕 뿌리, 곧 창조 본체를 밝힌 진리로써 승화되고, 서양의 지성들이 구한 지식이 본체 뿌리로부터 만개한 가지이고 열매란 사실을 확인할 수 있다. 대우주의 운행 질서와 구조가 선천 세월을 바쳐 쌓은 학문 성과를 바탕으로 제자리를 찾게 된다.

그리하여 인류 사회는 본의를 알지 못해 얽매인 고삐를 풀고 마음껏 자유로운 본연의 세계로 나갈 수 있도록 학문의 추구 문을 개방해야 한다. 몸과 마음이 자유로워야 진리 세계를 마음껏 활보할 수 있다. 그런데 지난 세월에는 무엇이 추구 혼을 구속했던가? 본의에 무지한 상태에서의 절대적인 의식과 믿음이 진리 세계를 옥죄었고 만인의 영혼을 얽어매었다. 그 고삐를 풀고 진리를 자유롭게 탐구할 수 있도록 학문이 길을 터는 데 앞장 서야 한다. 진리를 향한 "지성은 자유를 원천으로 개발되어야 하고, 자유라는 지성의 원천을 보장해야"[36] 학문을 통해 진리와 인생의 원대한 목적을 성취할 수 있다. 학문하기 위해서는 추구 환경과 정신의 자유를 확보하는 것이 긴요하다. 루터는 "하나님의 뜻과 목적에 배치(背馳)되지 않는 한 교회는 자유로운 진리 탐구와 학구적인 연구 프로그램을 후원해야 한다"[37]라고 독려하였지만, 얼마나 개선하였는지 의문이다. 정말 하나님의 뜻과 목적에 맞기 위해서는 배치된 조건을 허물

---

36) 『존 듀이의 경험과 교육』, 엄태동 편저, 원미사, 2001, p.88.
37) 『루터의 사상』, 지원용 저, 컨콜디아사, 1964, p.238.

고 제 진리성과 접할 수 있는 자유를 확보해야 그것을 기반으로 하나님의 섭리 목적과 창조된 본의를 진리로써 정착할 수 있는 소정의 과정을 완수한다. 학문은 추구의 자유를 확보해야 하고 보장하였을 때 살아 있는 진리가 영혼 속에 머물고 무한히 영근다. **인류가 진리를 구하고 학문을 추구한 것은 인간이 인간답게 살고 자신답게 살 수 있는 영원의 세계, 자유로운 세계를 확보하기 위해서이다.** 그런 세계를 진리를 추구하고, 학문을 탐구함으로써 획득하게 된다. 진정 진리가 너희를 자유롭게 하리라고 함에, 그곳에 만 영혼이 나아가 머물 영원한 세계가 준비되어 있다.

가슴 벅찬, 인류의 이상이 서려 있는 유토피아 세계는 인간의 자유와 개성과 인간성을 마음껏 펼칠 조화로운 세계관을 건설하는 데 있다. 반대로 자유를 억압하는 제도로서의 세계관은 더 이상 인류의 꿈을 진척시킬 수 없는 희망을 저버린다. 한 톨의 씨앗에 대해 가장 의미 있는 자연적 배려는 고대광실 은밀한 곳에 깊이 보관하는 것이 아니라 땅에 뿌려 많은 열매를 맺게 하는 것이듯, 미래의 인류가 건설할 이상적인 사회라는 것도 교육이 인류의 무한한 잠재력을 일굴 수 있도록 자유로운 세계를 확보하는 데 있다. 어떻게 해야 인류가 진리 앞에서, 제도 앞에서, 神 앞에서 자유롭다고 할 것인가? 다 함께 추구함을 통해 구원될 수 있는 세계를 확보하는 데 있나니, 이를 위해 교육이 높게 쌓인 장애물을 걷어낼 제한 없는 실행력을 발휘해야 하리라.

제3편

발달 교육론

인간은 동물과 비교해서 성장 기간이 길고 덜된 인간으로 태어나지만, 한편으로는 어떤 동물보다도 교육적으로 성장 가능한 잠재력을 지닌 만큼, **"발달 교육론"**은 여러 학문의 연구 성과를 참고해야 한다. 그러나 인간의 발달에 영향을 끼치는 학문 관점과 제공한 원리성이 인간의 교육을 오도했다는 것은 문제이다. 인간이 창조된 것인가 진화한 것인가 하는 것은, 인간 본성이 불변한 것인가 변화되는 것인가 하는 것과 연관하여 발달 메커니즘에 큰 영향을 끼친다. 발달이란 개념 자체가 벌써 진화론의 영향을 받은 것이다. 전자와 후자의 대립 관점은 "발달 교육론"을 전개하는 데 있어 전혀 다른 논거와 교육적 결과를 낳는다.

제5장 개관

　인간을 바람직하게 육성하기 위해서는 인간 자체에 대한 깊은 이해가 필요하고, 근원적인 원리에 따라 교육해야 하는 것이 기본이다. 인간 교육은 다양한 측면에서 접근되었지만, 그중에서도 성장·발달적 관점은 교육에 있어서 일반적이다. 흔한 것이 발에 걸리는 돌멩이이듯, 성장 과정과 발달적인 특성에 따라 교육한 것은 고대로부터 적용된 것이다. 그것은 원리라고 할 것도 없이 상식적이고 자연스러운 현상이다. 어린아이와 청년은 행동하는 데서도 차이가 분명한 만큼, 교육 과정 구성이 일률적일 수 없다. 하지만 그 같은 구분이 인간의 성장과 발달적 특성을 얼마나 깊이 있게 이해해서 적용한 것인가 하는 것은 의문이다. 과학이 발달하고 인간의 생물학적 비밀을 밝힘에 따라 발달적인 측면에서의 교육적 접근도 세밀해졌고, 고려해야 할 영역도 확대되었다. 심리, 성격, 지능, 사회성, 도덕성 등등. 여행은 아는 것만큼 본다고 하듯, 정말 인간이란 무엇인가에 관한 이해와 통찰 여부에 따라 교육론 주장에도 차이가 있고, 어쩔 수 없는 한계도 있다. 그것을 이 연구가 **"발달 교육론"**을 통해 지적하고자 한다. 현대 교육은 과연 인간 발달에 대해 부족함 없이 이해하였는가? 잘못 적용한 원리와 근거한 관점이 있다면 무엇이고, 그 이유는? 제기된 문제를 풀기 위해서는? 선현들이 애써 추구했지만, 세계적인 여건상 풀지 못한 문제를 이 연구가 해결하고자 한다.

먼저 교육을 결정하는 데 있어서 필수 요소가 되는 인간의 성장 과정에 따른 발달 개념부터 살펴보자. "성장과 변화를 의미하는 발달(development)과 관련한 연구는 발달 심리학이라는 학문 영역 안에서 인간 발달, 아동 발달, 성인 발달, 생애 발달 등으로 구분하여 인간의 성장과 변화를 설명하는 데 초점을 두고 있다. Steuben(1994)이란 학자는 발달 심리학을 인간의 전 생애에 걸친 성장과 변화에 관한 과학적 연구로 정의했다."[1] 이런 "인간 발달에 관한 연구는 인간을 이해하고자 하는 다양한 영역의 학문인 사회학, 생물학, 인류학과 상호작용을 통하여 인간에 관한 종합적 이해를 적용하고 있다."[2] 심도 있는 학문이 발달함에 따라 전에는 알지 못한 발달적인 특성을 발견하고 확인하게 된 것이 사실이다. "지능의 성숙이 출생 후 최초의 4년간에 전체의 50%, 그다음 4년간에 전체의 30%, 그다음 9년간에 나머지 20%가 성숙한다"[3]라고 하는 연구 결과 등은 유아 교육의 중요성을 간과할 수 없게 하였다. 인간은 동물과 비교해서 성장 기간이 길고 덜된 인간으로 태어나지만, 한편으로는 어떤 동물보다도 교육적으로 성장 가능한 잠재력을 지닌 만큼, **"발달 교육론"**은 여러 학문의 연구 성과를 참고해야 한다. 그러나 인간의 발달에 영향을 끼치는 학문 관점과 제공한 원리성이 인간의 교육을 오도했다는 것은 문제이다. 인간이 창조된 것인가, 진화한 것인가 하는 것은, 인간 본성이 불변한 것인가 변화되는 것인가 하는 것과 연관하여 발달 메커니즘에 큰 영향을 끼친다. 발달이란 개념 자체

---

1) 『교육심리학』, 임규혁 저, 학지사, 2004, p.36.
2) 위의 책, p.57.
3) 『성격과 행동의 지도』, 이상노 저, 중앙적성연구소, 1979, p.145.

가 벌써 진화론의 영향을 받은 것이다. 전자와 후자의 대립 관점은 **"발달 교육론"**을 전개하는 데 있어 전혀 다른 논거와 교육적 결과를 낳는다. 현실적으로 인간이 성장함과 함께 발달적 과정을 겪는 것은 사실이지만, 작용하는 원리 메커니즘까지 그런 것은 아니다. 키는 일정 기간 성장하고 그에 따라 심리적인 요구 수준도 달라지지만, 정말 본성마저 변하여 동일성을 유지할 수 없다면 어떻게 되는가? 그런데도 진화론은 완전한 변신을 생존경쟁·적자생존 메커니즘을 담보로 보장하였다. 그래서 "행동주의 학습 이론은 인간의 발달을 연속적이고 누적적이며, 새롭고 복잡한 행동들을 점진적으로 획득해 가는 계층적인 과정으로 이해하였다."4) 프뢰벨은 교육의 중심 원리 근거로서 "만물은 불완전에서 완전으로의 부단한 연속적 발전을 함으로써 자기의 본질을 실현한다고 했다."5) 이런 원리성은 현재도 직접 교육 현장에서 적용하고 있지만, 어떤 문제점도 자각하지 못하고 있다. 옆에 차가 서서히 움직이면 자신의 차가 움직이는 것처럼 착각이 들듯, 현재의 일반적 인식은 만물이 불완전에서 완전으로 나가는 것이 부단한 연속적 발전으로 보이고(진화론), 교육도 그처럼 분열적인 추진력으로 목적을 실현할 수 있다고 믿지만, 누가 그런 원리 적용으로 본질을 실현한 자가 있는가? 실상은 본질로부터 더욱 멀어진 상태인데도 심대한 착각을 일으키고 있다. 진정 실현하였다면 그를 통해 창조된 본의를 자각하고 하나님을 보았으리라. 그래서 이 연구는 진화론의 점진적 발달 관점이 아닌, 처음부터 완전한 통합성 본질로부터의 생성 관점에서 지난날 적용한 **"발달 교육론"**의 문제점을 해결하리라.

---

4) 『교육심리학』, 앞의 책, p.124.
5) 『교육의 역사 및 철학적 기초』, 앞의 책, p.214.

이에 **"발달 교육론"**적 관점이 있다는 사실을 알고, 어떤 근거에 의해 인간 교육의 발달 시기를 나누고 구분한 것인지 살펴보고자 한다. 먼저 고대 그리스의 "스파르타라는 도시 국가에서는 오직 군사적인 효율성을 발휘할 목적으로 시민들의 교육과 훈련 체계를 대략 5단계로 나누었다. 즉, 유아기(출생~7세), 소년기(7~20세), 청년기(20~30세), 장년기(30~60세), 노년기(60~종신)."[6]

철학자 플라톤은 저술을 남긴 관계로 각 단계에서 다룬 교육 내용과 방법을 세밀하게 알 수 있다. 인간 교육을 7단계로 나누었으며, 그렇게 한 교육 이념은 멸망을 눈앞에 둔 조국 아테네를 구할 수 있는 유일한 길이 스파르타 같은 군사적 조직에다 자신의 철인 정치 이념을 결합한 국가사회주의 교육밖에 없다고 믿은 데서 나온 것이다(『국가론』, 5권).

1단계(태교) : 좋은 아이를 낳기 위해서 결혼은 사회적으로 제한·통제되어야 한다. 임신 후에는 부부 동침을 억제하고 신체적, 정서적 영양을 꾸준히 모체에 공급한다. 2단계(출생~17세-기초 도야기) : 읽기·쓰기·셈하기와 음악 및 체육을 기초적으로 다진다. 3단계(17~20세-군사 전수기) : 국가 수호에 필요한 강건한 신체력과 의지력을 도야한다. 4단계(20~30세-고등 교육기) : 산수·기하·천문학·음악 등의 수학적 사과(四科)를 익힌다. 5단계(30~35세-철학 교육기) : 문법·수사·변증의 소위 변증 3학을 익혀 영원불변한 실재(이데아)를 파악하는 자질을 연마한다. 6단계(35~50세-실천·봉사기) : 교육·군사·정치 실무에 종사하고 국가에 봉사한다. 7단계(50~죽음-은퇴·사생활기) : 정치가·원로원 의원이 되어 국가에 봉사하거나, 홀로 명상하거나, 이데아를 사모하거나, 취미를 가꾸다가 죽으면 공적에 따라 국가에서 기념비를 세워준다.[7]

---

6) 『스파르타 교육과 시민 생활』, 허승일 저, 삼영사, 1998, p.24.

이 역시 국가적 이념과 목적에 따라 인생 단계와 교육 과정을 구분한 것일 뿐, 발달적인 특성을 따른 것은 아니다.

발달에 관해 이해한 것은 중세를 지나 근대가 되어서이다. 루소는 아직 심리학이 발달하기 이전의 동물학자 헥켈이 세운 반복설을 응용해 발달 단계를 유아기, 아동기, 소년기, 청소년기, 청년기로 구분한 발달 단계론의 창시자이다. 그는 아동관을 성선설에 기초를 두었다. 어린이의 성장·발달은 자연법칙을 따르고, 인위적으로 수정할 수 없으며, 단계마다 고유한 특징과 능력이 나타난다고 하였다.[8] 교육 사상을 반영한 "『에밀』은 5부로 구성되어 있고, 600페이지에 달하는 장편 소설이다. 주인공인 에밀의 신생아에서 청년기까지의 성장 과정을 구분하여 각 단계의 발달 과정과 그에 적합한 교육을 논의한 교육론 저술이다."[9]

제1기(출생~5세) : 육체의 자연스러운 발달과 성격 습성의 형성 시기로서 영아의 정서적 발달에 유의해야 한다. 제2기(5~12세) : 외부의 물체에 눈뜨기 시작하는 시기로서 자연스러운 환경 가운데서 경험을 통해 배워야 한다. 오관(五官)의 발달과 훈련의 필요성을 역설하였다. 제3기(12~15세) : 이성의 발달과 자기 인식을 갖기 시작하는 시기이다. 물리, 지리, 천문 등의 자연과학을 비롯하여 직업에 필요한 공작을 중심으로 교육한다. 제4기(15~20세) : 이 시기는 도덕, 종교 교육을 중심으로 한 교육을 해야 한다. 에밀에게 사회관계를 이해시키기 위해 사회학, 심리학, 윤리학을 배우게 했으며, 역사를 통하여 인성의 본질을 이해하며 정신적, 도덕적 양심을 기르도록 하였다. 제5기 : 에밀이 더는 인생의 안내자가 필요하지 않은 25여 년까지로

7) 『교육 철학』, 김정환 저, 박영사, 1992, pp. 50~51.
8) 『루소의 교육론 에밀』, 앞의 책, p.42.
9) 위의 책, p.53.

서, 아내가 될 소피(Sophie)의 교육을 논하였고, 여성의 미덕은 따로 있다고 하였다.[10]

"루소는 당시의 교육 풍토와는 다르게 어린 시절을 독자적으로 인정하였고, 그것을 단계별로 나누어 나이의 발육에 따라 교육을 시도하였다. 이런 발달 단계를 존중한 사람으로서는 아리스토텔레스와 코메니우스도 있었다. 하지만 각 발달 단계에 따른 교육 방법의 원리를 적용하여 체계화한 사람은 루소이다."[11]

참고로 교육을 발달론적으로 접근한 학자를 좀 더 소개하면, 교육에서 "개성의 차이를 인정하는 것은 교육자에게 있어 중요한 착안이고, 학생들을 같이 취급해서는 안 된다고 한 코메니우스(1592~1670)가 주창한 학교 연제(年制)는 현재의 학제와 흡사한 것이었다. 1. 영아 교육(6세까지-어머니 학교) 2. 유년 교육(12세까지-모국어 학교) 3. 소년 교육(18세까지-라틴 학교) 4. 청년 교육(24세까지-대학 교육)."[12]

"프뢰벨의 역사적 공헌은 인간 발달 단계 중 출생 이후 6세까지의 유아 교육 방안을 체계화했다는 데 있다. 그는 인간의 정신이 인류 역사의 발전 단계와 같이 연속적인 과정을 통해서 진화하는 것으로 보았다. 인간은 유아기, 소년기, 청년기, 성인기를 거치지만, 각 단계는 단절이나 비약이 있는 것이 아니라 연속적이며, 앞 단계가 완성되어야 다음 단계의 발달이 가능하다고 보았다. 이렇게 볼 때, 출생 이후 첫 단계인 유아기의 발달은 후속하는 모든 단계 발

---

10) 『기독교 교육』, 심피득 저, 대한기독교 출판사, 1979, p.35.
11) 「에밀을 통한 루소의 교육론 연구」, 앞의 논문, p.35.
12) 『기독교 교육』, 앞의 책, p.33.

달의 기초가 된다는 점에서 가장 중요하다고 하였다."13) 각 인생의 발달 단계는 다음 단계의 디딤돌인 것은 맞지만, 그것이 진화적이기 때문이라고 여긴 것은 잘못이다. 하지만 "유년기 아동의 활동 특징을 '놀이'로 보고, 놀이가 아동의 마음에 들어 있는 神性을 발현시키는 가장 순수한 영적 활동"14)이라고 강조한 것은, 그 원리성의 근거가 창조된 통합성으로부터 분열한 데서 이루어진 것이다.

한편, 철학자 베르그송은 편리를 위해 인간의 일생을 유아기-아동기-청년기-장년기-노년기로 나누기는 했지만, 실제로는 이런 단계가 없고, 지속해서 변하는 한 사람(생명)으로서의 전체 시간만 존재한다고 하였다.15). 이런 판단은 베르그송이 피력한 시간관에 근거한 것이다. 그는 시간을 존재적, 통체적, 본체적으로 보았다. 왜 시간은 계속 이어져 지속하는가? 시간 전체가 한 본체인 탓이다. 시간이 지속하는 것은 시간이 연결되어 있다는 뜻이다. 이 같은 시공간 안에서의 존재자인 인간은 세계를 어떻게 보는가에 따라 적용하는 인간 발달 단계에 관한 구분이 유동적이라는 사실을 알 수 있다. 이것은 창조된 본의를 모른 상태에서의 인간 발달에 대해 더 이상의 본질을 파고들지 못한 한계성 인식이다. 반면에 하나님이 인간을 지은 창조 원리를 따른다면 능히 극복할 수 있다. 통합 본체로부터 분열한 인간 본성의 형성과 완성 과정을 발달 단계마다 직면한 교육적 과제로서 제시할 수 있다.

살펴보았듯, 교육론은 인간이 성장하고 발달하는 단계에 따라 펼칠 수도 있지만, 인간이 영위하는 삶과 인생의 과정을 통해서도 펼

13) 『교육 철학 및 교육사의 이해』, 앞의 책, p.309.
14) 『스콜라주의 교육 목적론』, 김승호 저, 성경재, 2004, p.272.
15) 『만화 최한기 기학』, 구태환 글, 이주환 그림, 김영사, 2009, p.67.

칠 수 있다. 이에 서양은 주로 외적인 발달 모습을 보고 단계별로 교육론을 펼쳤지만, 동양은 내적인 본성의 변화에 따라 과정적인 교육론을 펼쳤다. 전자는 서양의 근대 교육자들이 그러하고, 후자는 동양의 공자가 소회로서 밝힌 인생의 단계별 성취 과제와 율곡의 입지론 등이 해당한다. 이에 이 연구는 전자의 발달론적 과제를 수용하면서도 시기별로 때를 놓치지 않고 완수해야 할 인생적 측면에서의 교육론을 펼치고자 한다. 태어나면서부터 쉼 없이 걸어가는 긴 노정에서 도달할 시기마다 어떤 가치관과 신념과 사명감을 가져 정신적 자각을 얻고 환골탈태하여 자아를 성취할 것인가를 고민하고자 한다. 나는 무엇이고 어디로 가야 하는가? 세상에 임해서 수행해야 할 일은? "길은 어디에 있는가?" 궁금한 의문을 땅을 보고 묻고 하늘을 향해 물어 답을 찾을 수 있는 인생의 필수 노정을 설정해야 한다. 이렇게 인생의 길을 걸으면서 추구해야 할 삶의 과제를 단계별로 서술하고자 한다. 인류의 영원한 삶의 과제인 궁극적 가치를 실현하고, 그 나라에 도달하며, 영생을 보장받을 수 있는 구원을 얻기 위해서는 제시한 발달적 과제가 완벽해야 한다. 출생 이전부터 사후 삶에 이르기까지 온전히 안내해야 하는 만큼, 강림한 하나님이 계시한 본의에 근거하여 정초하리라. "고대 신화의 주인공으로 등장하는 영웅은 통상 출생(평범하게 태어남)→분리(초자연적인 경이의 세계로 떠남)→입문(시련의 과정을 거쳐 결국 결정적인 승리를 거둠)→회귀(모험으로 얻은 것을 동료들에게 전하기 위해 현실 세계로 되돌아옴)란"16) 이야기 틀로써 전개된다. 물론 걸출한 영웅의 성취 노정이라 사람들이 모두 그렇게 걸어갈 수는 없

---

16) 『학문과 교육(중, 1)』, 앞의 책, p.344.

다. 하지만 이 연구는 하나님이 몸 된 본체로부터 천지를 창조하였듯, 때가 된 오늘날은 그렇게 창조한 인류를 빠짐없이 구원하고자 하므로, 이 연구가 제시하고자 하는 인생의 단계별 완수 과제 역시 모두가 다 걸어가고 추구해서 완수할 수 있는 인생의 단계별 교육 과제론이다. 그런 인생 과정을 일단 3단계로 나누어서 단계마다 놓치지 않고 실행해야 할 교육적 과제를 구분해서 지침하리라.

제1 단계 : 출생 이전기(염원 공덕기-믿음 학교)→태아 잉태기(순수 창조기-모태 학교)→유아 교육기(정감 교류기-부모 학교-유치원)→아동 교육기(기본습관 형성기-초등학교)
제2 단계 : 청소년 교육기(자아 인식기-중·고등학교)
제3 단계 : 청년 교육기(사명 모색기-대학교, 군 복무)→장년기(삶의 완수기-직장, 결혼, 사회 학교)→노년기(삶의 성찰기-퇴직, 은퇴-노인 학교)→여생기(神에 관한 소명기-여생? 죽음)→사후 내세기(영혼 안주기)

출생 이전기와 사후 내세기는 현실의 삶을 초월한 차원 세계이다. 통상은 종교 영역에서 지침하고 있지만, 객관적인 진리로서 뒷받침하지 못하는 상태이므로 이 연구가 보편화하고자 한다. 그것이 가능한 것은 모든 것을 창조하고 주관하고 밝힌 하나님의 창조 본의에 근거해서이다. 하나님의 창조 권능을 확신할진대, 능히 못할 일이 없으리라(막, 9: 23).

제6장 **제1 단계**

1. 출생 이전기(염원 공덕기-믿음 학교)

인간의 첫 발달 단계로서 **"출생 이전기"**를 소급하는 것은 현 존재가 가진 모든 질서를 초월한다. 창조 원리에서 인간 자신을 기준으로 두고 보면, 차원의 문을 건넌 탓에 초월적인 것이 맞고(無→有), 현실적으로는 존재하지 않지만, 그러나 세상 인연이라는 것이 그러하듯, 결국은 존재하게 된 탓에 존재한 뿌리를 찾는다면 존재할 수 있게 한 생물학적 근원 즉, 부모님의 모든 것(몸, 마음, 뜻, 생애) 안에 이미 존재한 것이라고 할 수 있다. 이것은 태초에 하나님이 이룬 천지 창조 역사의 판박이다. 왜 하나님은 자체의 형상, 곧 닮은꼴로 인간을 창조하였다고 한 것인가? 그것을 이 연구는 몸된 "본체로부터의 창조"로서 논거하였지만, 한편으로는 그렇게 해서 창조한 법칙을 말한 것이다. 그것이 무엇인가? 한마디로 말해 티끌 하나라도 "無로부터의 창조"는 없다는 뜻이다. 그런 법칙으로 창조한 탓에 결정한 창조 법칙에는 그 무엇도 예외가 없다. 무슨 말인가 하면, 자신은 세상 가운데 존재하지 않은 상태에서도 자신을 존재하게 한 일체의 메커니즘 요인을 부모님이 가졌듯, 삼라만상 우주와 무수한 세월을 거친 시공간이 존재하기 전에도 일체를 존재할 수 있게 한 창조주 하나님이 홀로 존재했다. 그래서 비록 초월적이기는 하지만 인간의 발달 단계상 **"출생 이전기"**를 논할 수 있고, 천지 만물에 대해서도 하나님이 이룬 **"창조 이전의 역사"**를 가늠할 수 있다. 한 떨기의 국화꽃을 피우기 위해서 온 우주가 정성을 다했다고 하였듯, 인간도 **"출생 이전기"**를 소급하기 위해서는 하나님의 천지 창조 역사 원리를 동원해야 한다. 무슨 말인가 하면, 절로 된 것은 세상 어디에도 없어 하나님의 몸 된 뜻과 지혜와 작용 손길이 미친 것처럼 자신의 몸, 피와 뼈와 살, 성격, 덕성, 마음씀, 복됨도 모두 부모님의 몸과 마음과 그렇게 존재할 수 있도록 바라고 쌓은 염원과 공덕의 씨앗으로부터 발아했다. 그만큼 자식을 보고자 한 부모의 마음 작용은 천지를 있게 한 하나님의 마음 작용과 같다. 창조 원리로 하나님이 위대한 창조 역사를 이루었듯, 부부도 가정을 이루어 존재하지 않은 자식을 태어나게 함으로써 위대한 부모로 거듭난다. 절로란 결코 없다. 천지 우주는 하나님이 뜻한 사랑의 화신이듯, 자식도 부모가 이룬 사랑의 결실체이다. 본체적으로 출생 이전의 존재는 空(통합 본체)이고 인식적으로는 無하지만, 원리적으로는 無한 有로의 차원적인 이행이다. 이것이 하나님이 이룬 위대한 창조 원리인데, 이런 원리 적용으로 부모도 자식을 가지게 된 위대한 창조자가 되었다. 이런 하나님의 은혜와 부모의 사랑 탓에 이 땅의 자식들이 출생 이전과 출생 이후의 차원이 다른 창조 문을 무사히 통과하였다. 하나님의 몸 된 사랑의 품에서 부모의 몸 된 사랑의 품 안으로의 대이행 역사이다. 그래서 자식은 하늘이 점지하고 하늘이 내렸다. 하늘로부터의 건네받음 역사를 이루기 위해 지성이면 감천이라, 조상과 부모들은 새벽에 정화수(井華水) 떠 놓고 하늘을 향해 손발이 닳도록 빌고 또 빌었다. 그렇게 바친 정성과 간절한 염원과 쌓은 공덕이 태어난 자식의 인생행로를 밝힐 무후한 덕성과 복덕의 원천이 된다.

그래서 **"출생 이전기"**는 자식이 아닌 부모가 삶을 바쳐 쌓아 올린 염원과 공덕으로 이루어진 역사라고 해도 과언이 아니다. 삶 자체가 자식을 위한 준비기이고, 잠재된 뜻의 구축기이며, 삶의 에너지를 생성시키는 축적기이다. 하나님이 천지를 창조하기 위해 뜻을 정하고 몸 된 준비를 한 것처럼…… 부모가 사전에 쌓은 공덕은 고스란히 전수되어 자식이 받게 될 순수 복덕이 된다. 그래서 최상의 부모 교육은 태어난 자식에게 어떻게 좋은 것을 먹이고 입히고 가르칠까를 염려하기 전에 장차 사회와 인류를 향해 빛을 밝힐 수 있는 염원의 공덕부터 쌓아야 한다. 부모가 쌓는 공덕이 그대로 자식에게 더해지는 것은, 그것이 곧 인륜의 길을 밝힐 하늘에 쌓은 공덕인 탓이다. 프뢰벨은 발달 특성상으로 유아 교육의 중요성을 강조했다지만, 인간 교육은 그보다 더 소급하여 잉태하기 이전부터 天과 교감한 바람과 기도와 공덕을 쌓아야 하는 생애적 준비기로부터 출발해야 한다. 그런데도 지난날은 이런 사실을 제대로 인지하지 못했다. 창조 이전의 역사를 모른 인류 역사가 어떤 방향으로 나아갔고 어떤 결과에 도달했는가? 하나님의 뜻을 저버리고, 하나님의 약속을 파기하고, 하나님의 존재를 거부한 배덕한 길을 걸었다. 인간 교육도 마찬가지이다. 출생 이전에 부모가 행해야 할 염원과 공덕의 역사를 모를진대, 교육을 통해 이룰 위대한 구원 역사를 기대하기 어렵다. 부모가 자식을 위해 쌓은 **"출생 이전기"**의 염원 공덕과, 태어난 자식이 그렇게 쏟은 부모의 은혜를 알고 감득할 때 인간의 영혼은 감동되는 것이며, 그 같은 本대로 삶을 헌신할 때 최고의 교육적 에너지가 생성된다. 인류 사회를 위대하게 하는 교육의 실행력이 될 뿐 아니라, 그곳에 하나님의 은혜를 아는 길도 가로 놓여있어, 만 인류를 구원하는 탄탄대로가 되리라.

2. 태아 잉태기(순수 창조기-모태 학교)

자식을 잉태한다는 것은 인력만으로 되지 않는다. 무수한 인연과 무수한 경우의 수 가운데서 하나님이 허락하고 점지한 탓에 얻게 되는 경이로운 우주의 소식이고, 위대한 창조 역사이다. 교육론은 인간의 본질을 알고, 발달적 특성과 작용 과정을 알고 펼쳐야 하지만, 또 한 가지 더해야 할 것은 본의에 근거한 창조 원리이다. 인간은 창조된 탓에 창조 원리를 알고 그것을 교육에 적용해야 하는데, 그렇지 못한 것이 선천 교육론의 문제이다. 창조는 제 교육론 정립의 기본 바탕이다. 인간이 어떻게 창조되었는가 하는 사실을 알아야 인간을 어떻게 교육할 것인가에 관해 실마리를 풀고, 교육 과정을 정초할 수 있다. 특히 **"발달 교육론"**의 가시적 출발점인 **"태아 잉태기"**는 하나님이 지혜를 다해 구축한 창조 원리에 따라 논거를 둘 수밖에 없는 **인간의 순수 창조 역사기**이다. 왜냐하면, 우주 운행의 첫 출발이나 천지 만물과 뭇 종의 첫 출발이나 인간 생명의 첫 출발은 모두 첫 시작점인 알파의 문제이고, 알파를 있게 한 창조 원리는 같다. 그래서 100% **"순수 창조기"**이다. 모든 시스템이 완비된 상태인데, 이것은 깊은 수면에 취해 있을 때 하나님이 이룬 "창조 이전의 역사" 탓이다. 하나님이 태초에 천지를 창조할 때는 홀로 존재하였듯, **"태아 잉태기"**도 한 분뿐인 하나님의 뜻과 사랑과 의지를 반영한 창조 원리에 의해 성립되었다. 선정에 든 覺者는 이렇게 말하였다. "佛性은 항상 청정한데(佛性常淸靜) 어디에 티끌이 있겠는가(육조 혜능)?" 정말 우리를 창조한 하나님의 뜻과 본체 바탕(=佛性)은 지선(至善)하고 순수[淸靜]하다. 바탕이 된 본체는 본체이려니와 주재한 의지 작용 측면에서도 **"태아 잉태기"**는 하나님이 태초에 마련한 창조 원리가 모두 작용하였다. 자신이 이룬 가능한 일들은 자기 뜻대로 된 것 같지만, 천지 운행은 그런 것이 아니다. 부부가 뜻을 합쳐 아기를 잉태한 것 같지만, 살펴보면 그렇게 잉태할 생식적 시스템은 이미 완비된 상태이다. 뜻은 부부가 발의했지만 응답한 것은 하나님이고, 하나님이 뜻을 헤아려 과정을 준비하고 허락하였다. 부모 된 자 이 같은 하나님의 뜻을 알아야 하나니, 본의를 살피는 여기에 인간 교육의 첫 출발점이 있다. 그 처음 뜻을 깨닫지 못하면 이후의 교육 결과가 모두 어긋난다. 현대 교육의 실태와 인류 역사가 모두 그러하다. 자식을 잉태하는 것이나 역사를 이루는 것이나 착각하기 쉬운 요소가 도사렸다. 인간의 손길은 드러나 있지만, 하나님의 손길은 감추어져 있다. 이것을 구분해서 분간할 수 있어야 인간 교육과 인류 역사를 바로잡을 수 있다. 그 첫 시도를 하나님이 마련한 **"모태 학교"**와 창조 뜻을 반영한 **"태아 잉태기"**를 통해 인간 교육의 첫 터전을 마련하고자 한다.

사람은 외모만 보고 판단하면 안 된다. 얼굴 모습과 달리 마음 씀은 기대에 못 미치는 경우를 경험한다. 영국의 찰스 다윈은 남태평양의 갈라파고스 등을 탐사하면서 종은 불변한 것이 아니고 진화한다는 사실에 대해 확신을 했다. 하지만 지금은 생물학이 매우 발전하여 인체 여행으로 생명의 신비를 밝힌다는 주제가 눈에 띈다. 다윈은 그 같은 인체 여행을 경험하고 『종의 기원』을 저술하지 않았다. 무엇이 문제인가? 종의 겉모습을 관찰하고 속 모습은 문외한인 채 종의 기원에 관한 세기적 결론을 강행한 것이다. 태아가 잉태되고 모체 안에서 성장하는 일련의 과정도 마찬가지이다. 다윈이나 어떤 부모라도 초음파 기술이 발달하기 이전에는 배 속의 태아를 보면서 생명 현상을 관찰하지 못했다. 하지만 지금은 가능하다. 인류는 정말 **"태아 잉태기"**의 겉모습만 보고 판단하지 말고, **"순수 창조기"**를 통해 드러난 하나님의 역사 손길을 정확하게 인지해야 문명적 무지로 인해 저질러지는 인간 죄악을 막을 수 있다. 이하는 장문에 걸친 인용 자료이기는 하지만1) 중요한 교육적 자료이고 정보라, 이를 통해 왜 **"태아 잉태기"**는 하나님의 **"순수 창조기"**에 해당하는 것인지를 본의에 근거해서 확인할 수 있다.

　1940년대만 해도 태아 상태를 의학적으로 규명하는 태생학=발생학=태아학(Fetology)이 없었다. 그래서 태아가 인간인가 하는 문제는 개인적인 신앙이나 감각적인 영역으로 여겼다. 그러나 발전한 현대 의학은(특히 1970년대 이후) 과학적으로도 태아가 유일하고 독특한 별개의 인간이란 사실을 입증하였다. 아기를 탄생시킨 첫 생명체는 아버지가 품은 23개의 염색체를 가진 정자와 어머니가 품은 23개의 염색체를 가진 난자와의 만남으로부터 시작된다. 합쳐서 46개의 염색체를 가진 뚜렷한 인간인 수정아(授精兒)가 창조된다. 물론 46개의 염색체를 가진 동물도 있지만, 문제는 수가 아니라 염색체 형질의 정체이다. 수정아는 인간이 가진 모든 형질을 갖

---

1) 『소크라테스의 교육 단상』, 김계환 저, 나라기획, 2004, pp. 132~133.

추고 있고, 죽을 때까지 인간이 되기 위해 더할 것과 뺄 것은 하나도 없다. 단지 크기만 키워갈 뿐이다. 이런 사실을 두고 진화론은 어떻게 설명할 것인가? 단언컨대, 어떤 메커니즘을 동원한다 해도 해명하기 어렵다. 그 이유는 오직 한 가지, 하나님의 창조 원리가 작용해서이다. 잉태 자체가 하나님이 그렇게 되도록 사전에 준비하고 때가 되어 허락한 역사란 주장은 결코 빈말이 아니다. 잉태를 위한 생식적 준비는 사전에 마련되어 있었다. 부모가 관여한 것은 하나도 없다. 피 한 방울, 머리카락 하나라도 부모가 직접 창조한 것은 없다. 위대한 만남으로 거대한 분열 운동이 일어나 하나님이 사전에 마련한 창조 원리가 일사불란하게 작동하였다. 지극히 의도된 시스템이고, 지혜를 다한 완벽한 체제이다. 곧, 태극이 양의[陰陽]된 운동이다. 하나인 통합 본체가 창조와 함께 음양으로 양분되었고, 지극한 極이 양분됨에, 양극이 다시 하나 되기 위해 분열하지 않을 수 없게 되었다. 우주를 영원히 생성시키는 질서 에너지 자체이다. 음이 動하여 양이 되고, 양이 動하여 음이 되므로 부모가 바로 그렇게 합함으로써 창조 원리(잉태)가 작동하였다. 이것은 결코 "無로부터의 창조"가 아니다. 분열하는 세계에서 원인이 무한하게 소급되는 것은 세계 앞에는 선재한 有가 있기 때문이고, 그것이 곧 "有로부터의 창조"이다. 그 최초 有가 곧 창조 없이(제1 원인) 홀로 존재한 하나님이다.

잉태한 수정아는 수정한 지 5~10일 후 나팔관을 타고 자궁으로 내려가 착상한다. 이 수정아는 모체와 완전히 별개의 인간이라는 사실을 주목해야 한다. 수정아는 모체로부터 영양분과 산소를 공급받지만, 성장과 세포의 재생산은 완전히 독립적으로 이루어진다.

수정아는 모체의 자궁과 연결하는 태반의 시초를 자기 세포로부터 발생시키고, 착상 후 3일 이내에 모체에 호르몬을 보내 자신이 당신과 연결되었다는 메시지를 보내 월경을 중지시킨다. 또한, 모체의 가슴을 부풀려 달라고 요구하고, 나중에는 분만을 위해 골반을 연하게 만들라고도 부탁한다. 모체에 착상함으로부터 인간이 되기 위해서가 아니라, 이미 인간으로서의 위대한 행보를 시작한 것이다. 이 위대한 창조 원리의 작동 모습을 보라. 모든 것은 사전에 모두가 결정적이다. 그리고 완벽하다. 하나님의 창조 역사가 그러하다. 착상으로부터 이미 갖추어진 통합 본체가 거침없이 분열하기 시작한다. 태아의 잉태 과정은 창조 원리의 구체적인 작용 과정 자체이다. 그 제일 원리가 이행이다. 태아는 부모로부터 말미암았지만, 원대한 목적을 가지고 생성을 이룬 이후부터는 그야말로 완전하게 독립된 생명체이다. 대우주를 생성시킨 統體一太極(창조 본체)이 만물 가운데서 各具一太極(존재 본체)으로 이행한 것과 같은 원리 작용이다. 티끌 하나라도 바탕 본체인 태극성을 갖추지 않고서는 세상 가운데 존재할 수 없다. 수정아가 단지 부모의 유전 인자를 물려받은 것이라고만 이해하면 안 된다. 이행 창조는 만물에 공통으로 적용된 창조 원리의 근간이다. 부모와 자식 간은 겉으로 보면 (현상적) 不相雜하지만, 원리적(본체적)으로는 不相離하다. 그래서 하나님은 절대적으로 초월적인 동시에 우리 안에 내재한 하나님이다(함께 함).

호르몬 정보를 통해 18일이 되면 어머니와는 다른 혈액형(또는 같은 혈액형)의 피를 심장이 뿜어내 피를 순환시킨다. 40일이 되면 이미 뇌파가 측정된다. 뇌와 뇌간의 기능을 삶과 죽음의 기준으로 하는 현대 의학의 관점에서는 이 같은 태아 상태를 무엇으로 규정해야 할까? 6주가 되면 고통도 느끼고 몸을 움직이기 시작한다. 6주 반이 되면 젖니의 뿌리가 형성되는 것을 볼 수 있다. 8주가 되면 맨눈으로 식별할 수 있는 모든 신체 구조가 형성되고, 지문도 뚜렷하게 발견된다. 이때부터는 외부의 자극에 대해 민감하게 반응한다. 태아의 위는 굳은 음식을 먹지도 않았지만, 위액을 생산하기 시작한다. 초음파 녹음을 통해 심장 고동 소리도 들을 수 있다. 또 엄지손가락을 빠는 것을 자주 발견할 수 있다. 11주에서 12주가 되면 태아 특유의 호흡을 시작한다. 이런 운동을 통해 호흡기관을 키워간다. 또 11주에는 삼키기도 하고 손톱도 생긴다. 12주가 되면 모든 기관이 맨눈으로 볼 수 있게 존재하고 정상적으로 작동한다. 자고, 깨고, 맛보고, 듣고…… 어머니가 자신을 자궁 밖으로 내보낼 때까지 크기만을 키워갈 뿐이다.

모든 과정은 아기 자신의 성장 과정이기도 하지만, 어머니 자신의 성장 과정이기도 하고, 인류 전체가 겪어온 위대한 생명으로서의 발자취 역사이기도 하다. 그런데도 태아를 인간으로 볼 것인가 말 것인가에 대해 논란을 벌이고, 낙태 금지법 존속을 반대하는 여성 단체들이 소리쳐 주장하고 있다. 통상 태아는 8주에서 12주 사이에 가장 많이 낙태를 당한다고 하는데, 문명적으로 만연된 이 같은 무지와 자행되는 죄악을 어떻게 감당할 것인가? 마땅히 인간 자신이 책임져야 할 일이다. 인간에게는 원죄가 있다고 하지만, 낙태는 부모 된 자가 저지르는 용서를 받지 못할 영죄인 것이 분명하다. 어머니 배 속에서 참상을 당할진대, 유약한 아기로서 어떤 발버둥과 고통당함과 원망이 있을 것인가? 그러므로 인류는 하나님이 마련한 **"태아 잉태기"**의 순수한 창조 손길을 확인해서 부모로서의 생명적 책임과 교육적 사명을 다해야 한다. 자식을 잉태한 순간부터 부모는 이미 준엄한 교육자로서의 길을 출발한 것이다. 그런 인식을 가져야 하며, 부족함이 있을진대 노력해서 자질을 갖추어야 한다. 그래서 태교는 부모가 자식에게 펼치는 첫 가르침의 길이다. 하늘이 내린 귀한 생명에 대해 부모가 해야 할 일은 위대한 교육적 사명을 자각해서 진심으로 실행하는 것이다. "인간의 성격 형성은 태아기부터 시작되는 만큼, 임부는 무엇보다도 태아의 평화스러운 발육이 이루어지도록 환경 조건에 최선의 노력을 기울여야 한다."[2]

"태교라는 말은 인간 세상 안에서는 어울리지 않는 말이다. 이유로서 자궁 속에서 자라나고 있는 새로운 생명에 대해 사람이 할 수 있는 방법은 없다"[3]라는 주장도 있다. 하지만 정말 그러한가? 인간은 말 없는 우주의 메시지에 귀 기울이고, 말 없는 자연과도 대화할 수 있어야 함에, 배 속의 태아는 눈으로 볼 수 없고 언어가 지닌 약속된 의미는 전달할 수 없지만, 마음만은 의식을 통해 전달되나니, 以心傳心이라, 부모의 마음은 그대로 태아의 마음이다. 부모가 태아를 귀하게 여기고 존중하고 지키고자 하는 사랑이 태아를 포근히 감싼다. 잉태된 지 40일이 지나면 뇌파가 측정된다고 하지 않았는가? 배 속이라고 해서 교육이 불가능한 것이 결코 아니다. 따라서 태교하기 위해서는 태교가 가능한 조건과 방법을 알아야 한다. 태아는 어머니 배 속에 있지만, 태아도 의식은 지니고 있다. 바로 그 의식을 매개로 하면 배 속이란 제약 조건을 극복하고 부모와 태아가 소통, 교감하는 태교 교육이 가능해진다. 하나님으로부터

---

2) 『성격과 행동의 지도』, 앞의 책, p.148.
3) 『마음으로 만나는 태교』, 김도향 저, 프리미엄 북스, 1998, p.머리말.

창조된 인간은 원래 차원이 다른 하나님과도 소통할 수 있는 사고 기능과 교감 체제를 갖추었다. 그런 영성을 개발하는 것이 生의 중요한 과제이듯, 의사 전달과 수용 기관이 미분화된 태아 때일수록 타고난 잠재 영성이 활성화된 상태라고 할 수 있다. "태아는 거의 초능력 상태에 있다."[4] 인간의 탄생 씨앗은 가장 본질적인 존재 상태이다. 오감과 의식과 정신이 분열하기 이전인 탓에 더욱 창조 상태에 가깝고, 초월적인 무의식 상태에서 태초의 창조 원음과 교감한다. 그러므로 태교를 하기 위해서는 창조된 본의부터 알아야 한다. 언어적인 수단을 통하지 않더라도 의사를 전달하는 교감 체제는 성립할 수 있다. 의식을 통하면 눈을 감고 귀를 막고서도 만상과 소통할 수 있나니, 그런 교감 작용은 지극히 초월적이다. 이런 정신 작용이 인간의 관념 형성과 사고 작용의 원형을 이룬다. 말이 필요 없을 만큼 부모의 영혼 상태와 태아의 영혼 상태는 파장이 비슷하므로[5] 영혼적으로 거의 일치 상태에 있고, 육체적으로는 탯줄로 연결된 운명 공동체(한 몸)이다. 그래서 "유대 민족 중 삼손, 세례 요한, 예수의 어머니는 임신 중에 부정한 음식이라든지 헛된 외출을 삼갔고, 행동과 말을 아름답게 했다."[6] 아니 하나님이 그렇게 행동하라고(태교) 명하였다.

소라 땅에 단 지파의 가족 중에 마노아라 이름하는 자기 있더라. 그 아내가 잉태하지 못하므로 생산치 못하더니 여호와의 사자가 그 여인에게 나타나시고 그에게 이르시되, "보라 네가 본래 잉태하지 못하므로 생산치 못하였으나 이제 잉태하여 아들을 낳으리라. 그러므로 너

4) 위의 책, p.77.
5) 위의 책, p.16.
6) 위의 책, p.36.

는 삼가서 포도주와 독주를 마시지 말지며, 무릇 부정한 것을 먹지 말지니라. 보라 네가 잉태하여 아들을 낳으리니 그 머리에 삭도를 대지 말라."[7]

우리의 선조들도 태교를 시행하고 태교법을 전수한 지혜로운 민족인 것은 마찬가지이니, 교감 체제를 분명하게 밝히지 못해서일 뿐, 수천 년 전부터 태교의 중요성을 알고 성실히 실행해 왔다. 태교는 부모로서 태어날 자식을 사랑하는 마음과 정성이 전부이다. 부모의 지극한 마음과 정성이 태아에게 그대로 가르침으로 전달된다는 믿음이 태교의 핵심 된 교육 원리이다. 그 이상은 없다. 반대인 부정적인 스트레스는 태아에게 좋지 않은 결과를 가져온다는 연구 결과도 있는 만큼, 태교의 올바른 실행 여부가 위대한 인간 교육의 첫걸음이다. 인류는 **"태아 잉태기"**를 통해 하나님이 만유의 어버이로서 쏟은 사랑의 뜻을 자각하고, 부모로서의 고귀한 교육적 사명을 충실히 실행해야 하리라.

3. 유아 교육기(정감 교류기-부모 학교-유치원)

남녀가 부부의 연을 맺어 이룬 가정에서 아기의 첫 울음소리를 듣는 것은 참으로 기쁜 축복의 메시지이다. 복된 가정을 이루기 위해 안긴 하나님의 선물이다. 하나님이 창조하고 주재한 인류 역사도 바로 이 같은 아기의 첫 울음소리로부터 출발하였다. 발달 단계상 **"유아 교육기"**는 태어난 아기가 젖을 먹고 자라면서 엎치고, 기

---

7) 사사기, 13장 2~5절.

고, 일어서고, 첫걸음을 떼고, 부모의 사랑과 관심 속에서 성장하다
가 3～4세 때부터 유치원 교육을 받게 되는 과정까지이다. 이 연구
가 기존의 발달 특성을 참고해서 그렇게 구분하였다. 교육은 무엇
보다도 인간의 성장과 발달 특성을 정확히 이해해서 실행해야 한다
고 한 만큼, **"유아 교육기"**는 세심한 이해로 관찰이 필요한 부모
교육이 주효한 시기이다. "인간 교육은 아기가 출생함과 함께 시작
된다. 말하기 전에, 듣기 전부터 아기는 이미 배우기 시작한다."[8]
이런 시기에 주된 교육자 역할을 담당하는 것은 바로 부모이므로,
부모는 모든 면에서 아기의 첫 교사 역할을 감당해야 한다. 선생님
은 자격을 가진 다음에야 교단에 서서 학생을 가르칠 수 있지만,
부모는 그렇지 않다. 그런데도 아기가 태어나면 부모는 아기를 교
육할 자격을 의무적으로 짊어진다. 그것이 바로 **"유아 교육기"**의
발달 특성에 대한 깊은 소양과 인식이다. 부모가 가장 필요한 시기
인데도 방관과 방치로 인한 공백이 생긴다면, 그것은 그대로 성장
과정에서의 결손난 그 무엇으로 나타난다. "인품(사람 됨)은 태어나
서 학교에 갈 때까지의 사이에 거의 뼈대가 이루어지고, 이후 교육
을 받아들이는 방식이 거의 정해진다."[9] 인간의 바탕이 되는 그 짧
은 기반 형성을 부모가 책임지고 담당한다. 일정 기간을 거치면 유
치원 교육으로 전환하기는 하지만, 유아 시기만큼은 부모 교육의
영향력이 거의 지배적이다. 모든 가능성을 가지고 태어난 아기에게
있어서 본성의 분열 방향을 결정하는 근간은 부모 교육이다. 그러
므로 부모 된 자는 가정에 아기가 태어난 순간부터 아기를 어떻게
양육하고 가르칠 것인가에 대한 교육적 소양과 자격을 사전에 갖추

---

8) 『루소의 교육론 에밀』, 앞의 책, p.86.
9) 『가정교육』, 류응렬 편저, 덕문출판사, 1977, p.86.

어야 한다. 흔히 어쩌다 보니 아빠가 되고 엄마가 되었다고 하지만, 그것은 혈통적, 법적인 자격일 뿐이고, 진정한 자격은 아기를 정성껏 가르칠 수 있는 교육적 소양이다. 생물학적 부모처럼 당연하게 가지게 되는 자격이 아니라는 데 문제가 있다. 그래서 유아기 교육은 아기 자체보다는 부모가 부모다운 소양을 갖춘 교육이 대부분을 차지한다. 아기의 교육에 대한 영향력은 어머니와 아버지로서 할 역할이 100%이다. 그렇게 해서 양육된 아이가 성인이 되었을 때 지탄받는 인간이 된다면 그 원인이 누구에게 있을까? 태어난 아기의 근본 바탕은 순정 무구한 것이 맞다. 해맑은 눈동자와 고무락거리는 손가락을 보라. 그 안에는 어떤 세상의 때나 티끌도 묻어 있지 않다.

그렇지만 부모가 영향을 끼치는 **"유아 교육기"**의 발달론에 대한 이해 관점은 사상가마다 달랐고, 인식 상 오판이 있었다는 것은 문제이다. 정신분석학의 창시자인 지그문트 프로이트는 "출생으로부터 1년 또는 1년 반을 구강기 또는 구진애기라고 부르면서 입술과 입안에서 쾌감을 누리는 시기로 규정하고, 쾌를 추구하는 본성상 불쾌를 회피하는 역동이 순조롭지 못하고 굳어지면 구강적 성격, 즉 의심이 강하고, 좌절 경험에 강하게 영향을 받으며……라고 주장하였다. 하지만 이것은 그가 서양 사상사에서 차지한 명성과 달리 아주 저급한 가설일 뿐이다. 『대동서』를 쓴 중국의 강유위는 미래 사회의 교육 체계를 설계하면서 이상사회에 도달할 수 있는 중요한 방법으로서 취학 전 교육을 중요시하였다. 그런데 그는 **"유아 교육기"**의 발달적 특성을 완전히 무시한 해괴한 주장을 하였다. 인종 개량을 목적으로 '인본원'이란 집단 양육 기관을 세우고, 임산부는 모두 이곳에 들어가야 한다. 아기를 낳고 젖을 뗄 때까지는 인본원이 양육시키지만, 수육을 끊고 나서는 '육영원'으로 보내야 하며, 이때부터는 산모와 친자 관계에서 이탈시킨다. 산모는 아기의 양육에 대해 어떠한 책임이나 의무가 없게 된다"[10]라고 하였다. 하나님이 천지 만물 중 인간을 어떻게 사랑으로 창조한 것인지 몰랐고, 부모와 자녀도 그렇게 해서 맺어져야 할 사랑을 다 한 커뮤니케이션 교육, 곧 정감을 통한 양육 교육의 필연성을 무시한 무지의 소치이다.

그래서 이 연구는 하나님이 천지를 창조한 본의에 따라서 **"유아 교육기"**의 발달적 특성을 부모와의 **"정감 교류기"**로 규정해서 논거를 두고자 한다. 이 시기는 어떤 특별한 교육적 방법을 걱정하는 것보다도 부모와 자식 간에 정감을 교류하는 것이 제일이다. 개명된 교육적 수단이 미치지 못한다고 하더라도 부모가 쏟는 사랑이란 조건만 결손나지 않았다면 아기는 잠재된 교육적 가능성을 성장하는 과정에서 부족함 없이 발휘할 수 있다. 오늘날은 유아 교육에 대해 많은 이론이 세워져 제도화된 상태이다. 하지만 본인이 거친 성장 시기에는 유치원 교육이 활성화되어 있지 못한 상태라, 유치원 교육 과정을 거치지 못했지만, 결국 중요한 것은 성장 시절의 가정환경, 즉 어머니와 함께한 정서적 안정과 받은 사랑이 유아기 교육 이론과 제도적인 과정 이수를 대신했다고 자부한다.

이런 근본적인 이해를 바탕으로 **"유아 교육기"**의 발달적 특성을 살필진대, 부모는 자녀를 아기 때부터 정감의 교류로 교육해야 하지만, 그러기 위해서는 그 이전에 유아의 성장 시기가 바로 본의상

---

10) 「강유위 대동사상의 교육적 이해」, 동징 저, 성균관대학교대학원, 교육학, 석사, 2010, p.34.

"창조 본질의 발아기"란 사실을 깊게 자각해야 한다. 어릴 때의 아기는 놀라운 학습 능력을 지녔다고 하거니와, 그런 발달적 특성이 시사하는 참된 의미는? 잠재 가능성이 언제 어떻게 함축된 것인가? 타고난 것이 맞는다면 어떻게 해서? 그 이유를 알고 원인을 추적할 수 있어야 비로소 유아기에 대해 교육 방향을 바르게 설정하고, 방법을 모색할 수 있다. 인간의 본성 바탕이 백지상태로부터 출발하였다는 주장이 웬 말인가(존 로크)? 그것은 설명이 안 된다. "갓 태어난 아기는 대략 3세 때까지는 울음을 통해서 자신의 욕구를 표현하니까"11) 그렇게 볼 수도 있겠지만, 그것은 창조된 본의를 몰라서이다. 울음 이외에는 아무것도 표현할 수 없는 것 같지만, 사실은 모든 것을 표현하고 있다. 그 던져지는 의미에 대해 부모가 관심을 가지고 살펴서 이해하고 소통하기 위해서는 반드시 본의에 대한 깊은 인식을 해야 한다. 그리해야 하나님이 인간을 지은 창조 원리에 초점을 두고 자녀를 교육할 수 있고, 그리하면 하나님의 창조 손길을 확인할 수 있다. 유아의 성장 모습을 보면 잠재된 가능성이 사전에 함축되어 있다는 사실을 발견할 수 있다. 그런 사실은 유아가 사전에 교육을 받아서도 아니고 스스로 길러서도 아니다. 그 놀라운 학습 본성을 부모는 부여된 통합 본질의 생성이란 창조 원리적 관점에서 이해할 수 있어야 한다.

율곡은 『동몽선습』이란 책을 썼다. 夢은 몽매(蒙昧)한 존재를 깨우친다는 뜻도 있지만, 아직 드러나지 않은 아이의 잠재된 가능성을 깨우친다는 뜻도 있다.12) 아이의 학습 본성을 백지상태에서 보

---

11) 「라인 홀드 니버의 인간 이해」, 임동훈 저, 협성대학교 신학대학원, 사회윤리, 석사, 2007, p.24.
12) 『도올의 교육입국론』, 앞의 책, pp. 80~81.

는가 통합 상태에서 보는가의 차이이다. "신생아는 미숙아로 태어나기 때문에 종을 특징 짓는 긴 의존 기간이 있어야 하고, 그러므로 유아는 주위 사람에게 의존하여 기본적인 보호를 받아야 하며, 자신의 요구로 독립적인 사회화 과정이 일어난다고 한다."13) 하지만 그것은 통상적인 발달적 특성에 관한 이해일 뿐이다. 신생아는 결코 다른 동물과 비교해서도 그렇고, 자체로서도 그렇고, 미숙한 상태로 태어난 것이 아니다. 더할 나위 없이 완벽하게 모든 것을 갖춘 상태로 탄생했다. 단지 성장이란 분열 과정을 거치지 못한 탓에 미숙한 것처럼 보인 것이다. 유아를 미숙한 상태로부터 출발시킨 것과 완벽한 상태로부터 접근하는 것은 교육의 역할 함의가 다르다. 후자의 관점에 의한다면, 못다 한 발달 여정을 잠재된 가능성을 발현시키는 교육 여정으로 삼아 매진할 수 있다. 확실히 아이가 세상에 태어날 때는 어떤 동물보다도 열악한 생존경쟁 상태이다. 하지만 다른 동물에 비해 출발은 열악해도 성장에 대한 잠재 가능성은 추종을 불허한다. 유아기는 모든 측면에서 열린 가능성을 가진 성장의 함축기라, 모든 가능성이 충분히 발아될 수 있도록 북돋는 교육을 해야 한다. 유아 교육의 주체자인 처음 부모가 이런 인식을 하고 교육해야 한다는 뜻이다. 그 가능 에너지는 창조 본체가 본유하였는데, 창조 역사로 생성 역사를 이룬 것이 인류가 걸어 온 삶의 여정이다. 그래서 유아기의 발달 특성을 본의로써 이해하는 것은 부모 교육의 핵심이다. 아기가 세상에 태어나 자라면서 사물을 이해하는 과정을 살펴보면, 선천적인 능력의 확대가 경험을 통해 인식의 확대를 일으킨다는 사실을 확인할 수 있다. 한마디도 할

---

13) 『인간 발달과 교육』, Niel J. Salkind 저, 김남순 역, 창지사, 1992, p.43.

줄 모르던 아기가 갑자기 엄마하고 아빠를 부르는 것은 이전에도 그런 말이 아기의 귓전에 수없이 머물렀지만 아기가 엄마, 아빠란 뜻을 알아챌 수 있는 자체 능력의 확대가 의미를 자각해서 그렇게 부를 수 있게 하였다. 유아의 행동과 언어를 통한 표현들은 가감 없이 순수하다. 어른들처럼 복잡한 의도가 없다. 이때 부모는 그렇게 표현된 특성들을 놓치지 않고 북돋아야 아기의 미래를 대성하게 할 수 있다. 그것은 참으로 잠재된 가능성이며, 무한한 본성인 동시에 바탕이 된 창조 본질이다.

이처럼 부모는 유아기의 발달 특성에 대해 깊은 이해심을 가지고 아이의 소질과 덕성을 다양하게 개발하고, 함양하기에 앞서 잠재된 가능성부터 발견할 수 있도록 노력해야 한다. 부모가 갖추어야 할 유아 교육에 대한 기본적인 인식으로서는 지능적, 품성적, 재능적 측면에서의 조기 결정성에 대한 이해이다. 배움에는 때가 있다고 한 것처럼, 그것이 가장 큰 폭으로 결정되는 것이 유아기이다. 흔히 속담에 "세 살 적 버릇이 여든까지 간다"라고 하는데, 비단 버릇뿐만이겠는가? "유아의 대뇌는 점점 자라다가 만 3세 무렵이 되면 더는 자라지 않고, 크기는 죽을 때까지 그대로 유지된다. 뇌의 무게도 태어날 때 360g 정도 되던 것이 3세 때에는 약 1,400g 정도 된다. 3세 이후 19세까지 300g 정도 더 늘어간다고 할 때, 태어나 3세까지의 성장은 놀라운 것이다."[14] 그래서 학자 중에서는 조기 교육의 필요성을 자각하고 중요성을 강조하기에 이르렀다. 하지만 여기에도 자칫 잘못 접근한 음영이 존재한다. 조기 교육이란 성인들이 배우는 학습 과정을 일찍 적용한다는 뜻이 아니다. 본유한 잠재 가능

---

14) 『자녀 교육 어떻게 할 것인가』, 심경석 저, 금성출판사, 1990, p.61.

성을 일찍 일깨운다는 의미이다. 그런 뜻에서의 교육적 방향으로서는 아이가 이상적인 꿈을 이루고, 올바른 인간으로 성장할 수 있다는 가능성에 대해 부모가 희망과 기대를 하고 잠재된 품성의 씨앗을 심는 것이다. 이 기대적 씨앗은 아기가 태어난 때로부터 부모가 아기에 대해 굳세게 바라고 믿어 존귀하게 대하는 것으로부터 시작한다. 生의 초기에 학습한 것보다 깊이 있게 뿌리 내리고 견고하게 지탱되는 것은 없다.[15] 이런 이유로 권하고 싶은 부모 교육의 기대와 추구해야 할 목표로서는, 바로 인간 교육의 원대한 목적이기도 한, 자기 자식이 聖人이 될 수 있다는 기대를 하고, 聖人 교육의 씨앗을 심는 것이다. 그리해야 인류가 미래 역사에서 정말 聖人을 맞이할 수 있고, 그렇게 해서 길러진 聖人들이 이곳 가정, 저곳 가정에서 성장하여 이 땅이 그야말로 聖人들로 채워진 이상적인 지상천국이 건설된다. 사회와 민족과 인류의 부모들이 자기 자녀가 聖人이 될 수 있다는 기대를 하고 소중하게 길러야 미래 역사는 정말 종말에 처한 인류를 구원할 수 있는 聖人들을 맞이하게 되리라. 만 인류의 聖人化 목표와, 그 목표를 실현할 첫걸음을 유아기부터 적용해서 실행해야 한다.

그 방법은 어렵지 않다. 부모가 자녀에 대해 聖人이 될 자질과 가능성을 가졌다는 사실을 믿고 자녀를 존귀하게 대하되, 엄중히 가르치면 된다. 더욱 구체적인 방법으로서는 자녀와의 대화부터 높임말을 쓰고, 그것이 일상화하도록 한다. 유아는 구체적인 학습이 있어야 하는 교육 대상이 아니다. 그보다는 먼저 심성을 곧게 하고, 스스로에 대해 자긍심을 가질 수 있도록 하는 교육적인 환경을 조

---

15) 『인본주의 교육 사상』, 앞의 책, p.188.

성하는 것이 중요하다. 그것을 누가 할 수 있는가? 자녀를 소중하게 대하고 정성껏 양육하는 그것이 바로 바람직한 부모 교육이다. 불필요한 인위적 교육 수단과 의도를 보태어 강제하면 안 된다. 유아는 부모가 따뜻한 마음으로 대하고, 절도 있게 욕구를 조절해 주며, 대화를 나누면서 지적 학습이 아닌 마음이 풍성한 덕성을 함양하는 것이 우선이다. 유아는 결코 절로 성장하는 것이 아니다. 生의 본성 에너지를 발산하는 수많은 행동과 생각과 태도의 변화 순간마다 부모의 세심한 관찰과 판단과 대화가 함께해야 한다. 유아의 눈에는 현상 하나하나에 관해 관심과 궁금증이 폭증하는 만큼, 이런 발달적 특성을 알고 가정을 이룬 가족이 함께 관심을 가지고 적극적으로 응해야 한다. 나아가 대화를 할 때는 단답형으로 대답하거나 질문을 하지 말고 복선형으로 해야 사고력이 증대하고, 생각을 풍부하게 할 수 있으며, 다양한 상황에 대처할 수 있다. 이런 가정 환경 안에서 자녀는 부모에 대해 무한한 신뢰와 믿음과 정서적 안정감을 느낀다. 지식이 아닌 정감으로 교류하는 것이다. 무후한 정감과 정서를 제공해야 아이가 평생 마음의 안정과 평화를 유지해서 넘치는 인정을 이웃에게 베푸는 넉넉한 인격의 소유자가 된다. 아무리 외부의 교육 환경이 풍족하고 기계 문명이 인간의 삶을 편리하게 한다 해도 그것은 부차적이다. 무엇으로도 정감으로 교류하는 부모 교육을 대신할 수는 없다. **장차 이 땅에 지상 천국을 건설하기 위해서는 무엇보다도 모든 부모가 모든 자녀에게 어릴 때 마음의 왕국, 정서의 본향 영역을 확보하고 보장해 주어야 한다.** 인위적인 교육 시스템에 일찍부터 떠맡겨 버리고 노출되지 않도록, 사회 역시 감독 역할을 다해야 한다. 그런 인식 위에서 부모가 자녀에게 근접해서 교육적 의도를 정감으로 교류시키는 방법으로서는 함께 머리맡에서, 혹은 무릎에 앉혀서 동화책을 읽어 주고 대화를 나누는 교육이다. 그것은 부모가 충분히 교육 과정을 프로그램화할 수도 있고 단계별, 수준별로 목표를 세울 수도 있다. 이런 노력을 통해 자녀와 마음을 통하고 생각을 교류하고 부모다운 사랑과 신뢰를 안길 수 있다. 아버지는 돈 벌기 바쁘고 어머니는 외출하기 바빠 조기에 위탁 보육 기관에 떠맡기다시피 한다면, 자녀의 미래 인생과 인류 역사가 어떻게 되겠는가?

이런 보살핌과 잠재 가능성의 발아 과정을 거쳐 어느 정도 학습이 가능한 인지 능력을 갖추면, 비로소 선택적이기는 하지만 제도화된 유치원 교육 과정에 입문할 수 있다. 이 단계에서의 유아 교육 지침은 이미 교육적인 이론으로 정립되어 있다. 그중 "몬테소리란 학자는 이런 발달 단계에서는 어린이에게 무엇을 주입하는 것이 아니라 부여된 천성이 자유롭게 발달하도록 도움을 주는 수단이 되어야 한다고 하였다(자발적인 자기 활동)."[16] 프뢰벨도 "교육을 창조적 자기 발달의 과정으로 보고, 어린이가 발달하는 것은 어린이가 창조적으로 자기 활동에 임할 때이고, 속에 있는 것을 밖에 나오게 할 때 성립한다고 하였다."[17] 이런 주장은 이 연구가 잠재한 가능성을 발현시키는 것이 유아기에 적합한 발달론적 인식이라고 한 것과 상통한다. 더 나아가 몬테소리는 "발달 과정상에서 아이에게 잠재된 능력의 조짐이 나타났을 때 부모와 교사가 이것을 키워 주지 않으면 아이는 순서에 관한 능력을 잃을지도 모른다고 시사했다."[18] 교육이 때를 맞추어서 교육력을 발휘하면 인간을 위대하게

---

16) 『현대 교육고전의 이해』, 안인희 저, 이화여자대학교 출판부, 1985, p.118.
17) 『서양 교육 사상사』, 주영흠 저, 양서원, 2001, p.338.

하지만, 방치하면 인간을 무능하게 할 수도 있다. 유약한 어린이에게 어른들이 권위를 가지고 따르도록 할 것이 아니고, 잠재 능력을 자발적으로 발휘할 수 있도록 하기 위해서는 놀이만큼 적합한 교육 방법이 없다. 어린이에게 있어 놀이는 놀이 이상으로 놀이를 통해 내포된 다양한 소질 계발 곧 사회성, 집중력, 창의력, 학습 능력 등을 종합적으로 신장할 수 있다. 놀이가 어린이의 발달 단계에 맞는 학과 공부를 대신한다는 말이다.[19] 밝힌 바 프뢰벨은 운동적 놀이(술래, 달리기, 무용 등)와 작업적 놀이(은물-gifts을 가지고 여러 가지 형태를 구성하는 탁상 놀이) 등을 구상함으로써[20] 유아 교육에서 중요한 방법적 수단은 바로 놀이라고 주장하였다. "유아 교육의 중요성과 놀이를 통한 자연스러운 발달을 유아 교육의 핵심 원리로 정립한 프뢰벨의 공헌에 대해서 누구도 부정할 수 없게 되었다."[21] 이에 더하여 소파 방정한 선생은, "어린이는 세 가지 예술 세계를 통해 성장한다고 했는데 그것은 곧 이야기 세상, 노래 세상, 그림 세상이다. 즉, 동화와 동요와 그림을 통해서 어린이는 착하고 티 없는 동심을 보존해서 확충할 수 있다고 하였다."[22]

소파나 프뢰벨이나 유아 교육의 초점은 유아가 가진 성장 가능성과 함축한 잠재력을 발휘하도록 하는 데 있고, 유치원의 기본 목적도 지식을 학습하는 데 있는 것이 아니고 유아의 정서적, 품성적 발달에 중점을 두었다. 이 같은 유아기 교육 원리와 교육 방향과 교육 방법을 포괄하는 보다 상위의 원리와 근거는 정말 어디에 있

---

18) 『넬 나딩스의 교육 철학』, 넬 나딩스 저, 박찬영 역, 아카데미프레스, 2010, p.22.
19) 『니일의 인간 교육 사상』, 김은산 저, 배영사, 1982, p.94.
20) 『서양 교육 사상사』, 앞의 책, p.341.
21) 『교육 철학 및 교육사의 이해』, 앞의 책, p.311.
22) 『소파 방정환의 아동교육 운동과 사상』, 안경식 저, 학지사, 1994, p.140.

는가? 하나님의 인간 창조와 형성 과정을 있게 한 "창조 원리"이다. 그 근원적인 교육 에너지와 실행력을 알아야 부모 된 자, 혹은 유아 교육에 임하는 자, 인류의 심원한 창조 본성을 끌어내어 위대한 교육의 보편적 구원 목적을 달성할 수 있다. 교육의 기본이 창조 본의에 근거한 **"유아기 교육"**의 근본적인 실행력으로부터 정립되리라.

4. 아동 교육기(기본습관 형성기–초등학교)

루소는 인간이 말을 배우기 시작하는 시기를 기준으로 『에밀-1762』의 2부를 시작하였고, 2세에서 12세까지를 '아동기'로 구분해서 다루었다. 그리고 이 시기의 교육 내용 가운데서는 특히 손과 발을 단련하는 등 사물의 감각 훈련을 주제로 해서 논하였다. 루소는 발달 특성상 감각 교육에 집중해야 한다고 했는데, 감각을 훈련하는 목적은 감각에 의해서만 학습할 수 있다고 보아서이다. 그래서 시각, 청각, 촉각, 미각 훈련을 교육의 주요한 내용으로 채웠다.[23] 루소의 그 같은 인식과 시기 구분이 정확한가 하는 사실은 차치하고서라도 시기에 따른 발달적 특성을 어떻게 이해할 것인가 하는 것은 교육에 관한 접근을 다르게 만든다. 이에 이 연구는 아동기의 발달 특성을 인간의 본성 깊이 내재한 기본적인 욕구와 다양한 능력들이 발동하기 시작하는 시기로 보고, 生의 에너지 분출을 어떻게 촉발하고, 혹은 조절할 것인가에 주안점을 두었다. 그것을 교육

---

23) 『루소의 교육론 에밀』, 앞의 책, p.54.

적 관점에서 세 가지 주제로서 구분하고자 한다. 첫째는 무엇을 하고 하지 못하게 할 것인가(기본 욕구 조절과 제어-기본습관, 태도 형성)? 둘째는 무엇을 기르게 할 것인가? 셋째는 무엇을 판단해서 구분할 수 있게 할 것인가이다. 이에 **"아동 교육기"**의 성장 과정에 따른 구분은 현 제도의 초등학교 학제를 적용하였고, 나이는 8세에서 12세까지이다. **"아동 교육기"**, 즉 초등학교 교육 과정은 이미 제도화된 상태이지만, 이 연구는 하나님이 인간을 창조한 본의에 초점을 두어 교육적 과제를 재설정하고자 한다.

그러기 위해서는 먼저 발달 단계상 아동을 어떻게 보아야 할 것인가 하는 문제부터 풀어야 한다. 이 연구가 굳이 **"아동 교육기"**로 구분한 것은 교육 이론을 전개하고자 한 필요성 탓일 뿐, 성장하는 아이를 대하는 가족과 주변 사람들 모두가 그런 구분선을 가진 것은 아니다. 대체로 태어나 취학 전까지는 어느 모로 보나 양육의 손길이 필요한 의존적 측면이 있다. 아이 처지에서는 엄청난 변화를 겪는 과정인데도 어른 처지에서는 여전히 손길이 필요하다고 느끼는 과도기적 단계이다. 이런 의존성, 종속적인 생각, 그리고 전통적으로 이어진 관습 등이 아동관에 크게 영향을 끼쳤다. 생각은 쉽게 바뀌는 것이 아닌 탓에 인류는 자유와 평등을 성취하기 위해 엄청난 희생을 감수하였듯, 아동관을 정상화하는 데도 혁신적인 사상가들의 각성과 계몽 과정을 거쳐야 했다. 유독 아동기만큼은 애써 구태를 벗어나고자 한 몸부림을 겪었다. 알다시피 루소가 "아동을 성인과 다른 존재로 보고 아동의 성장 과정을 인도해야 한다"[24]라고 주장한 것은 현재의 시각에서 본다면 당연하지만, 그렇게 말한

---

24) 「루소의 교육사상에 관한 연구」, 김경자 저, 관동대학교 교육대학원, 교육행정, 석사, 2004, p.28.

『에밀』은 "어린이의 발견", 혹은 "어린이의 복음서"로 불릴 만큼 혁신적인 아동관이었다. 그만큼 루소 이전에는 아동의 독립적인 발달 단계에 관한 인식과 개성을 존중하는 교육적 과제를 착안하지 못했다. 이유는 전적으로 전 유럽인의 영혼까지 지배한 원죄설에 있다. "아동은 아담의 자손인데, 이것이 바로 죄악이다. 인간의 마음속에는 모든 종류의 사악한 욕망이 들어 있어 어린이는 원죄의 씨앗이라는 생각을 가졌다. 부모들은 가능한 한 아이를 멀리하고 자식을 방해물로 취급했다."25) 루소를 왜 "아동의 발견과 자연적 과정의 적용을 강조하는 진보주의 교육의 기초를 마련하였고, 현대교육이 아동의 개성을 존중하고 자유로운 활동과 경험을 통한 교육을"26) 실행할 수 있도록 한 교육자로 평가하는가 하면, 전에는 존재하지 않은 아동을 처음으로 발견해서가 아니다. 정말 당연시된 구태를 벗겨낸 관점 탓이다. 아동은 더는 어른에게 복종하고 어른의 생각을 주입하는 대상이 아니다. 움트려고 하는 개성과 소질이 활짝 피어날 수 있도록 해야 하는 교육의 주체란 사실을…… "루소는 어린이를 어른의 기준에 맞추어 미완성의 어른으로 본 종래의 아동관을 비판하고, 어린이에게는 그들의 고유한 활동이 있어 발달 단계에 부합한 교육이 필요하다고 하였다."27) "어린이 속에서 자연적 속성을 발견하고자 하였고, 신체적 발달에 상응한 교육 계획을 제안하였다. 특히 어린이를 객관적인 자연의 사실로 파악하고, 신체적 성장에 주목하여 건강한 어린이의 양육을 위해 모유를 권장하였으며, 팔다리를 자유롭게 운동시킨 것, 감각을 통한 학습을 중요

---

25) 『루소의 교육론 에밀』, 앞의 책, p.47.
26) 위의 논문, p.56.
27) 위의 책, p.41.

시한 것"28) 등은 루소가 새롭게 제안한 교육 과제이다.29)

발달 단계에 초점을 맞춘 아동관과 함께 아동을 어떻게 가르치고 무엇을 가르칠 것인가 하는 교육 방법과 과제도 시효 적절한 변화 과정을 거쳤다고 할 수 있다. 철학자 칸트(1724~1804)는 "도덕교육의 내용을 진술하는 과정에서 아동교육의 목적을 자연적 소질을 계발하고 도덕적 주체로 육성하는 데 두고 실천적 측면에서 구분하길, 아동을 보살피고 자연적 소질을 키워주는 양육, 아동 안에 내재하여 있는 동물성을 억제하고 인간성을 발전시키는 훈육, 아동의 지식과 기능을 습득하는 문화화 교육, 아동이 사회에 잘 적응하도록 하는 문명화 교육, 아동이 도덕성에 이르도록 하는 도덕화 교육 등 다섯 가지로 나누어 논하였다."30) 사실상 인간 교육의 내용을 종합한 것이라, 이 연구는 밝힌 바대로 세 가지 측면에서 논거를 두고자 한다.

첫째, 아동기는 발달 특성상 유아기 때부터 잠재되어 있는 기본적인 욕구가 발동하는 시기이다. 물론 인간은 태어나면서부터 욕구를 본성적으로 지녔다. 이것이 유아기에는 대체로 부모나 양육을 돕는 가족이 채워주었다고 할 수 있지만, 그것을 넘어 스스로 욕구를 채울 수 있는 능력과 조건을 갖춘 아동기가 되면서부터는 더욱 적극적으로 발동하는 것이라고 할 수 있다. 이런 본능적 욕구는 타고난 재능과는 또 다른 이해 측면이 있다. 재능은 시기에 맞추어 마음껏 발현할 수 있도록 교육적 환경을 조성할 필요가 있고, 자발

---

28) 위의 책, p.49.
29) "루소는 아동기는 성인기로 나아가는 준비 단계로서보다는 아동기 나름의 고유한 특성을 인정하고, 각 단계에 적합한 교육 내용을 행할 것을 주장함."-「루소 자연인의 교육 본질론적 이해」, 이원필 저, 부산대학교 논문집, 권31, 1995, p.9.
30) 「칸트 도덕 교육론의 현대적 의의」, 김연수 저, 인천교육대학교 교육대학원, 초등도덕, 석사, 2003, p.38.

적이고 자연적인 교육적 접근이 주효하지만,[31] 욕구는 인간의 이성으로서도 통제하기가 쉽지 않은 심원한 욕망과 연관되어 있다. 교육은 타고난 본성을 보전해야 할 것이 있고 촉진해야 할 것이 있지만, 반대로 제어하고 통제해야 할 것도 있다. 교육적 접근 방법은 자연적, 자발적, 자유를 보장하는 것이 모두 바람직한 것은 아니다. 이것을 인간의 발달 특성과 시기와 대상에 따라 구분할 수 있어야 한다.

그런데도 프로이트는 인간의 무의식에 욕구까지 포함해서 타고난 본성으로 보고, 자연적인 본성은 善한 것인데도 惡으로 보고 배척한 결과 부자연스러운 억압이 생기고, 특히 아이들이 자연스러운 성정(性情)을 발휘할 수 없을 때 나타난 여러 가지 곤란한 현상을 문제아적 행위로 규정했다. 인간이 가진 신경증적 현상까지도 여기에 원인이 있다고 본 것이 그가 밝힌 정신분석학적 관점이다.[32] 모양은 탐스럽지만 먹으면 안 되는 독버섯이 있는 것처럼, 이론적으로는 그럴듯해 보이지만, 교육 이론으로 적용하면 파행을 피하기 어려운 독소 이론이다. 욕구는 생존하는 데 필요하므로 본능적으로 주어진 것인 만큼, 바람직한 교육적 목적을 이루기 위해서 조절할 수 있어야 하고, 대상에 따라서는 제어하기도 해야 하는 것이 **"아동 교육기"**에 적용해야 할 교육 과제 중 하나이다. 이런 욕구 조절과 관련해서 아동기를 **"기본습관 형성기"**로 규정한 근거이다. 소학의 머리말에서 이르길, "어릴 적의 가르침은 반드시 그것이 습관이 되어 지식과 함께 자라나서 제2의 천성이 되게 하려는 것이다"[33]

---

31) "어린이란 본래 현명하고 현실적이다. 성인이 불필요한 참견을 하지 않고, 어린이 나름대로 놔두면 제 능력껏 발전하게 된다."-『서머힐』, A. S. 니일 저, 한국영재교육개발원 역, 시간과 공간사, 2002, p.19.
32) 『니일의 인간 교육 사상』, 앞의 책, p.57.

라고 하였다. 여기서 좋은 가르침은 곧 좋은 교육 방법이다. 아이들의 욕구가 본격적으로 작동(분출)하는 아동기에 타고난 본성을 가다듬고 조절함을 통해 빛나게 해야 한다는 뜻이다. 그릇은 진흙이 묽었을 때 빚고, 소의 코뚜레는 송아지 때 꿰뚫는다. 어른들의 나쁜 습관과 생활 태도는 성장하는 시기에 가지치기식 제어 교육을 제때 실행하지 못한 탓이다. 철없는 아동기에는 자력적인 욕구 조절이 어렵고, 사회와 연관하여 인생 태도를 정립하지 못한 시기이다. 기본적인 생활 습관 형성에 영향을 미치는 가치 덕목인 책임 의식, 성실성, 근면성, 솔직함, 예절, 우정, 말 습관……을 일일이 가르쳐야 한다. 소학을 보면 이런 것까지야 할 정도로 소소한 행동 지침까지 열거하고 있는데, 그것은 아동기가 정말 그런 교육 과제를 수행해야 하는 기본습관과 태도를 형성할 시기란 뜻이다. "특별한 경우를 제외한 방임 형태는 결코 아동기에 합당한 교육 방법이 아니다. 규율을 준수할 수 있는 자제력을 기르지 못하면 소망스러운 학습을 기대할 수 없다."[34] 예를 들어, "아이가 좋아하는 가구를 부쉈을 때는 서둘러 다른 가구를 갖다 주지 말고, 그것이 없어져서 겪을 불편함을 깨닫도록 한다(『에밀』)."[35] "아동이 제힘으로 음식을 씹고 옷을 입도록 가르치는 것이 아동을 먹이고 씻겨주고 옷을 입히는 것보다 분명히 더 많은 인내가 필요하다. 하지만 전자는 교육자의 길이고, 후자는 시종이나 할 수 있는 열등한 일이다. 후자는 누구에게나 쉬운 일이지만, 아동에게는 매우 위험한 것이다(몬테소리)."[36] 요즘은 TV 시청, 오락실 출입, 스마트폰 휴대가 생활 일부

---

33) 『소학』, 題辭.
34) 『선비 문화』, 남명학연구원, 2004, 봄, p.71.
35) 『교육의 철학적 이해』, 박준영 저, 경성대학교 출판부, 1998, p.141.
36) 『학문과 교육(중, 1)』, 앞의 책, p.392.

분을 차지하고 있어, 가정교육과 학교 교육보다도 아이들의 정서에 큰 영향을 끼친다. 방치하면 나쁜 습관으로 굳어 버린다. 자유와 구속 관계, 사랑함과 엄중함을 엄격하게 조화시켜야 한다. 그것은 자연스럽게 육성되어야 할 아이들의 본성을 훼손하는 것이 결코 아니다. 조절해서 가르치는 데 교육의 본 역할이 있다.

둘째, "교육의 원칙적인 목적은 경직한 획일성 교육을 지양하고, 각자가 지닌 다양한 잠재력에 관심을 두고 개성에 맞게 교육하는 것이다."[37] 그런 다양한 잠재 능력을 발아시켜 본격적으로 활성화해야 할 시기가 곧 아동기이다. **"소질 발아기"**로서 기본 능력을 신장해야 할 때이다. 특히 정서의 안정과 함께 두뇌와 심신을 발달시키는 것이 요점이다.[38] 밝혔듯, 대뇌는 만 3세가 되면 거의 성인 수준으로 자라난 상태이다. 조건을 갖춘 만큼, 학습 능력을 기르는 데도 주력해야 한다. 또한, 아동기는 신체 발달과 함께 기능적인 능력도 확대해야 한다. 경험한 바로 운동선수도 이 시기를 놓치면 대성하기 어렵다.

아동기의 교육 과제인 "무엇을 기르게 할 것인가"에서 또 한 가지 보태어야 할 요소는 다양한 소질을 발견하고 개발해서 갈고 닦는 것이다. 무엇보다 아동이 스스로 체험할 수 있도록 경험의 장으로 유도하는 것이 좋다. 책상머리에 앉아서 배우는 것보다 직접 경험해서 새로운 세계를 알고 사실들을 자각할 수 있도록 하는 것보다 더 좋은 교육 방법은 없다.

마지막으로 함양해야 할 교육 과제는 무엇이 옳고 그른 것인지를

---

37) 「장자 사상의 도덕과 교육에의 함의」, 박옥영 저, 이화여자대학교 교육대학원, 도덕 윤리, 석사, 2011, p.35.
38) 『정서적 흙수저와 정서적 금수저』, 최성애·조벽 저, 해냄출판사, 2019, p.21.

판단해서 구분하고 실행할 수 있는 도덕적 가치와 품성 획득 과제이다. "어른들은 어린아이에게 이미 어려서부터 무엇이 善이고 무엇이 惡인가를 가르치고 심어주려고 노력해야 한다."[39] 방법으로서는 일탈한 행동이 나타났을 때, 혹은 善한 행동을 발견했을 때, 즉시 지적하거나 칭찬함으로써 생활 자체가 선악을 지각하고 판단할 수 있는 교육의 현장이 되어야 한다. 학교에서 도덕 과목을 배우는 것만으로 아동의 도덕성이 함양되리라는 생각은 큰 오산이다. 아동에게는 부모, 선생님, 사회 전체가 도덕성을 함양하는 교실이 되게 해야 한다. 모두가 관심을 가져 언행을 관찰해서 지도편달해야 한다. 산수가 맑은 곳에는 신선이 노닐 듯하다고 하였듯, 본성이 유연한 성장기의 아동에게 옳고 그른 행위를 구분할 수 있는 지각력과 신념을 갖게 하는 것이 인류 역사에 만연한 죄악의 싹을 단절시키는 교육적 처방의 첫걸음이다. 이런 목적을 위하여 모두가 아동기의 교육적 과제를 확실하게 실행할 수 있도록 해야 하리라.

---

39) 「칸트 도덕 교육론의 현대적 의의」, 앞의 논문, p.46.

제7장 **제2 단계 : 청소년 교육기(자아 인식기-**
중·고등학교)

1. 근본 확립기

루소는 에밀이 성장한 12세에서 15세까지를 소년기(제3부)로, 15
세에서 20세까지를 사춘기로(제4부) 나누어 교육적 생각을 펼쳤다.
그리고 이 연구는 현행 학제에 맞추어 중·고등학교에 해당한 13
세에서 18세까지를 **"청소년 교육기"**로 구분해서 발달 특성상 다루
어야 할 교육적 주제를 **"자아 인식기"**로 하였다. 요즘은 정신과 신
체 성장이 빨라 사춘기도 앞당겨지는 추세인 만큼, 소년기와 사춘
기의 발달적 특성을 합쳐서 **"청소년 교육기"**라고 하였다. "루소는
이 시기를 제2의 탄생이라고 부를 만큼 중요성을 강조하였다. 즉,
어린이 시기를 벗어나 남성, 여성으로서의 인생이 출발한다는 의미
에서 제2의 탄생이다. 한편으로는 이성(異性)의 시기로서 이성적
활동이 시작되고, 지적 호기심으로 많은 배움의 문을 두드리는 때
이기도 하다. 교육 소설 『에밀』은 독자에게 교육론이라기보다는 인
생론을 읽는 기분이 들게 한다."[1] 이 연구도 인간의 발달 과제를
인생의 추구 과제에 맞추어 교육 과제를 펼치고자 한다. 발달 특성
과 함께 인생의 단계적 여정까지 종합해야 하므로, 그러기 위해서

---

1) 『루소의 교육론 에밀』, 앞의 책, p.56, 54.

는 당연히 보다 상위인 창조 원리에 근거해야 한다. 청소년기의 교육 과제는 인류가 이 시기에 당면하여 해결해야 할 모두의 인생적 과제이므로, 창조 목적을 이루는 문제로까지 연결된다. 뭇 영혼이 방황하고, 도덕적으로 타락하고, 인간성이 황폐해진 원인은 바로 청소년기가 실마리를 가졌다. 통합적이고 잠재된 본성 가닥을 본의에 입각한 교육 원리에 따라 풀어내어야 한다. 그렇지 못한다면 이후 단계에서는 수습하기 어려워진다. 그래서 이 연구는 본 장을 **"발달 교육론"** 중에서도 제일 중추적인 논거로 삼았다. 이 시기에 창조 원리에 근거한 교육 원리를 적극적으로 실행할 수 있다면 실로 뭇 인생을 다시 새롭게 하는 것이고, 바르게 이끌어 자아를 실현하는 원대한 창조 뜻을 이루는 것이다. 청소년기에는 시효 적절한 인류의 구원 과제와 **"교육의 위대한 실행"**력을 집중해야 한다. 그 중요한 **"청소년 교육기"**를 이 연구는 발달 단계상 **"자아 인식기"**로 규정하거니와, 자아를 발견하는 과정에 근본 확립→자아 형성→사고 확충 절차가 있다. 그중 근본 확립은 전 인생과 이후에 펼쳐질 긴 여정까지도 지배한다고 보기 때문에, 이 시기만의 과제로 끝나는 것이 아니다. 평생에 걸쳐 다지고 또 다져야 하므로, 확립이라기보다는 **"기반 다짐기"**라고 하는 것이 더 적합하다.

인생 삶의 근본을 확립하는 것은 **"청소년 교육기"**의 지상 과제이다. 그 노정은 절대 단순하지 않다. 만난을 각오해서 역경을 헤쳐야 한다. 전혀 경험하지 못한 과정이지만 통과해야 더 나은 삶의 세계를 맞이하고, 인생적으로 성숙한 청년과 주체적인 성인의 길로 들어선다. 방황과 번민과 고통이 함께한 '질풍노도'란 피할 수 없는 인생의 비바람이자 폭풍과도 같지만, 이때 이 연구가 제시하는 근원적인 나침반을 쥐고 물소의 뿔처럼 짧지 않은 성인기의 문턱에 이르기까지 앞을 똑바로 바라보고 슬기롭게 헤쳐나가야 한다. 청소년기 교육은 인생의 핵심 된 과제이기도 한 인간에 관한 제2의 "자아 창조"를 주도해 나가야 하나니, **인생의 근본을 세우는 것은 교육 본연의 역할로서 위대한 목표이다.** 하나님이 원한 인간을 창조한 것이 제1 창조이고, 부모님이 원한 인간을 창조한 것이 제2 창조라면, 모든 은혜를 받들어 자신을 알고 세계를 알고 하늘의 뜻을 알아 주체적 자아를 창조하는 것이 제3의 창조, 곧 인간다운 인간, 전 삶에 걸친 주춧돌을 놓는 근본 확립 역사이다.

근본을 확립하는 절차를 왜 청소년기에 거쳐야 하고 해결해야 하는 인생과 교육의 핵심 된 과제인가 하면, 인생 터전의 밑바닥이 건실해야 그 위에 원대한 포부를 담을 수 있기 때문이다. 그 밑바닥은 소질, 재능, 품성, 가치관 등 교육적 요소들을 두루 포함한다. 원리는 공통적이다. "사람이 仁하지 않으면서 禮를 가진들 무엇할 것인가?"[2] 이것이 곧 근본 된 교육 원리이다. 인본의 그릇 밑바닥이 구멍이 나 있으면 교육으로 그 위에 무엇을 쌓아도 소용이 없다. 극기복례(克己復禮), 즉 자기를 이겨야 禮로 돌아갈 수 있는 것처럼, 근본을 확립하는 것이 어떤 교육적 과제보다 우선한다. 그래서 청소년기는 근본을 세우는 바탕 교육의 중심에 있다. 본립도생 (本立道生)이다. 근본만 확립하면 길은 저절로 생긴다.

"君子는 그 근본에 힘쓴다. 근본이 서면 道는 그로부터 자라난다."[3]

---

2) 『동양의 도덕교육 사상』, 박제주 저, 청계, 2000, p.31.
3) 『논어』, 학이 편.

"本立이란 무엇인가? 뿌리를 바로 세우는 것이요, 근본을 정립하는 것이다. 뿌리 깊은 나무는 세찬 바람에도 넘어질 수 없다. 기초가 튼튼한 집은 무너지지 않는다. 사람도 근본이 중요한데 인생의 근본은 무엇인가? 마음이고 정신이다. 마음은 자신의 주인이고 정신은 자신의 뿌리이다. 어떤 인생관과 가치관을 가지고 어떻게 살 것인가? 더 넓은 세상에서 자신이 설 자리는 어디이고, 나아갈 목표는 무엇이며, 할 일은 무엇인가?"[4] 이 같은 문제를 해결하는 것이 청소년기의 발달적 과업이고, 그 길을 선도해야 하는 것이 교육의 과제이다. 인생적 과업은 결코 한두 번 고민한다고 해서 이룰 수 없다. 만리장성은 어떤 지혜와 수단을 동원한다 해도 단번에 쌓을 수 없다. 장구한 세월에 걸친 인생 과제란 사실을 알고 혼신을 바쳐 근본을 확립하는 데 힘써야 하고, 당면한 발달적 과업을 성실히 수행해야 한다.

그런데 本立에 힘써야 할 시기인데도 인생 과제를 자각하지 못하고, 때가 지나고 있는데도 놓치고 있다면? 인생을 불행과 실패로 몰아넣는 원인이 된다. 해결해야 할 과제를 방치하고, 근본을 세워야 할 때 세우지 못한 결과이다. 엉성하게 이은 지붕에는 비가 새나니(『법구경』), 때가 되었는데도 제자리를 차지하지 못하면 어느덧 심원한 욕망에 동화되어 "물질의 노예가 되고, 향락의 종이 되고, 무책임과 방탕의 구덩이로 빠진다."[5] 어떻게 할 것인가? 교육이 惡의 구덩이에 빠지지 않도록 本立道生케 해야 한다. 교육자는 결코 교육 현장에서 청소년의 인생적 방황과 비행을 간과할 수 없다. 원인을 직시해서 믿음과 인내심을 가지고 정열을 바쳐야 하는

4) 『젊은이여 희망의 등불을 켜라』, 안병욱 저, 자유문학사, 1996, p.56.
5) 위의 책, p.56.

것이 교육자의 사명이다.

　이유는 분명하다. 자아에 눈뜨지 못한 유아기 때는 자신에 대해 관심을 가지지 못한 상태이고, 청소년기는 자아에 대해 눈뜰 시기이기는 하지만, 자아가 무엇인지 미처 각성하지 못한 상태이다. 근본을 확립하지 못했다는 뜻이다. 미완인 상태에서 제2 신장기라고 할 만큼 신체적인 발달과 심리적인 변화가 급격한 사춘기를 함께 겪으면서부터는 기존 가치를 거부하는 반항심이 생기고, 수양이 덜 된 상태에서는 행동까지 거칠다. 자칫 또래끼리 유유상종하면서 문제아로 낙인찍히고 비행도 저지른다. 오늘날은 "청소년의 불량화와 일탈 행동이 사회의 큰 문제가 되는 실정이거니와",6) 이것을 교육이 나서 해결해야 한다.7) "고도한 자본주의 산업 체제에서 사회 전체가 인간 소외란 늪에서 헤어나지 못한 상태인데, 교육마저 대책을 세우지 못하니까 사회가 안고 있는 부정적인 문제에 대해 누구보다도 반응을 빨리 나타낸 것이 감수성이 예민한 청소년들이다. 인격 교육의 부재 상황에서 사회적, 문화적 병리에 그대로 노출되어 있다."8) 그 이유는 정말 어디에 있는가? 자아를 정초하지 못해서이고, 인생의 근본을 확립하지 못해 방황한 것이다. "청소년기는 자아 정체감을 제대로 형성하지 못한 상태에서 이성보다는 감정에 의존한 경향이 많고, 가치 판단을 하지 못해 올바른 판단과 행동을 하기 어렵다."9) 사회의 유혹 앞에서 쉽게 넘어간다.

　근본을 확립한다는 것은 이렇듯 정체감을 형성하고 이성적인 사

---

6) 『성격과 행동의 지도』, 앞의 책, p.서문.
7) 『소년은 반사회적이다. 왜냐하면, 자연적으로 그 나이의 특징이 잘난 체하고 초조한 것이기 때문이다. 그는 깡패도 될 수 있고 도둑도 될 수 있다."- 『서머힐』, 앞의 책, p.294.
8) 「퇴계의 교학관 연구」, 앞의 논문, p.3.
9) 『왕따 리포트』, ㈜ 가우디 엮음, 우리 교육, 1999, p.22.

고력을 배양해서 올바른 가치 판단 기준을 세우는 것이다. 무엇도 아닌 근본을 세우기 위해서는 하나님이 인간을 지은 창조 원리를 따라야 하는데, 그것은 바로 인간 본성이 주어진 본질로부터 근본이 형성된다는 사실에 있다. 무슨 말인가 하면, 본성을 면밀하게 살피고 성찰해서 본질적 가치를 일구는 것이다. 이런 노력이 제대로 작동할 수 있도록 교육이 길을 선도해야 한다. 다시 강조해, 교육의 실행 역할은 인간의 근본을 형성하는 데 있고, 소중한 가치를 인식할 수 있도록 인도하는 데 있다. 성장기의 청소년에게 삶에 대한 가치 덕목을 일구어 가슴 깊이 심어주고, 그것이 삶의 항구적인 지표가 될 수 있도록 해야 한다. 그렇지 못하면 인생이 좌초한다. 근본 형성을 목표로 삶의 참된 가치를 인식하고(탐구성, 신앙성, 사명성), 올바른 품성을 기르며(성실성, 책임성, 인내성), 개성 있는 기능을 닦을 수 있도록 해야 한다(창의성, 통찰성, 미래성). 예나 지금이나 근본을 확립하는 것이 교육의 근간임에, 그 교육은 곧 가치를 일구는 교육이다. 인간은 마땅히, 그리고 빠짐없이 인생의 터전을 마련하고, 근본을 정립해야 한다. 청소년이 本立에 힘써야 하는 것은 인류 공통의 발달 과정이고, 이 시기에 완수해야 하는 인생 과업이다. 피할 수 없는 과제이다. 보다 적극적으로 임해서 정면으로 돌파해야 한다. 그리하면, 이 시대의 청소년이 자신의 삶을 헌신할 길을 찾고, 天命을 알며, 참 진리로 맺어질 고귀한 길을 얻게 되리라.

2. 자아 형성기

청소년은 시대를 불문하고 왜 "신체와 정신의 급격한 변화와 부조화로 인해 정서적인 불안을 호소하고, 고독하게 마음의 병을 앓으면서 방황하는 시절을 보내는가?"[10] 아동기를 거치면서 외부의 사물 대상에 대해 생겼던 관심이 점차 자기 자신의 문제로 옮아가 마음의 세계, 즉 보이지 않는 내면의 세계에 눈을 뜨는 시기이기 때문이다. 청소년이 고민하고 괴로워하는 것은 자신이 장차 이루어야 할 인생 과제를 자각하지 못하고 찾지 못해서이다. 나는 무엇이고 나는 누구인가? 해야 할 일은? 자신에 대한 궁금증은 폭발하는데 어떻게 해야 정답을 찾을 것인지 몰라 방황하게 된다. 하지만 자신을 알고 자신을 찾는 노력은 청소년이 당면한 인생 과제를 초월한다. 단지 눈을 떠 출발한다는 것일 뿐, 전 삶의 과정을 거치면서 해결해야 하는 문제이다. 자칫 찾았다가도 유혹에 빠지는 혼란이 생기기도 하는데, 그것은 자아를 확고한 기반 위에 세우지 못해서이다. 세우기 위해서는 평생을 추구할 수 있는 믿음과 신념을 확보하고, 영원한 생명성을 보장받을 수 있는 그 무엇을 구해야 하는 바, 정체성을 확립하기 위해서는 청소년 시절부터 자아를 발견하기 위해 마음의 문을 열고, 자아를 형성하기 위해 세계의 문을 열어야 하며, 정립하는 데 필요한 天·地·人 합일 조건을 갖추어야 한다. 학제에 따른다면 적어도 중학교(3년), 고등학교(3년), 대학교(4년) 과정을 거치면서 **자아 발견→자아 형성→자아 정립** 과정을 충실하게 거쳐야 장년기에 이르러 인생의 본 과업을 주도할 수 있다. 그

---

10) 위의 책, pp. 80~82.

래서 중·고등학교는 자아 정립 노정 중에서도 인식기에 해당한다. 다시 말해, 내면의 세계를 탐구하기 위해 길을 출발한다는 뜻이다. 루소가 강조했듯, 제1의 생명 탄생 과정을 거쳐 바야흐로 제2의 인생적 탄생을 위한 굼틀거림이랄까? 만 인류가 기대한 위대한 인격성이 소정의 정제 과정을 거쳐 형성된다. 소크라테스는 "너 자신을 알라"라고 했지만, 그것은 철 지난 인간의 어리석음에 대한 질타이다. 불교에서는 "直指人心 見性成佛"이라, 나름대로 본성을 깨치는 방법과 도달한 경지 상태를 표현했다. 즉, 가르침에 기대지 않고 좌선에 따라 마음을 직관함으로써 깨달음에 도달한다. 하지만 자아를 발견하는 것과는 자칫 역행한 감이 있다. 사실상 見性成佛은 나를 초월한 우주적 자아를 깨닫는 것이다. 본성이 원래 형체가 없고 머무는 곳이 없다는 사실을 알면 더는 부처와 다를 바 없으므로, 見性成佛한 것이라고 한 것이 그것이다. 본성을 보아 부처를 이룬다고 한 선종의 근본 종지이다(『육조단경』).11) 그런데 見性하여 성불한다는 목표는 자아를 정립하는 길과도 무관하지 않다. 초월적 특성이 있는 우주적 자아 안에 개개 영혼의 자아가 자리 잡고 있어 자아를 정립하기 위한 인생 추구는 자신을 알고 세계를 알아 우주적 자아 안에 자아를 안착시킨 것이다. 그런 의미에서 자아 정립은 천지 안에서 자신의 존재 자리를 잡아가는 과정이라고 할 수 있어, 중심 자리에 대한 좌표를 찾기 위해서는 반드시 하늘의 뜻(天命)을 씨줄로 삼고 자아 본성을 날줄로 삼아야 한다. 그렇게 조건을 갖추어야 어떤 인생적 조건 속에서도 흔들림 없이 자아를 확고히 하여 먼 삶의 여정을 일관할 수 있다. 한 인간이 어떻게 평범하게 되는

---

11) 다음 백과, 견성성불.

가, 아니면 특별하게 되는가 하는 것은 주어진 사물을 새롭게 보는 청소년 시기에 자아를 어떻게 정립하는가에 달린 만큼, 이때를 놓치지 않고 자신의 참모습을 찾아야 한다. 자아를 발견하고 형성하고 정립하는 인생길을 출발해야 함에, 그 첫 관문이 곧 자아를 발견하는 탐문 절차이다.

천하가 자신을 보위하고 자신을 위해 존재하더라도 자아에 대해 주체적인 인식이 없는 세계는 공허하다. 주어진, 그리고 버려진 세계로부터 자아를 찾는 것이 인간 삶의 예지로운 길이다. 자신이 무엇인가에 대해 의문을 가지고 자아를 찾아 실존적 가치를 인식하는 것은 그야말로 제2의 탄생, 곧 자신을 새롭게 창조하는 길이다. 타의(부모)에 의해 태어난 자가 부여된 존재 의미를 새삼 자각하는 곳에 최고의 실존 가치가 있다. 하나 된 실존 의미에서 무엇을 보고 느끼고 생각하는가? 세상을 정말 어떻게 보아야 하는가? 이전까지는 남들이 세상을 보고 느끼고 말한 것을 수용한 입장이었다면, 이제는 자신이 생각의 주체자가 되어 자신의 눈으로 세상을 보아야 한다. 실존성을 자각하고 발견하는 것은 사실상 우주 역사를 전환하는 것과 맞먹는다. 인간은 자아를 발견함으로부터 비로소 자신과 우주의 역사를 창조해 나간다. 覺者는 無自性하다고 했지만, 無自性은 창조 이전의 바탕 본성을 말한 것일 뿐, 태어난 자로서 존재하게 된 것은 하나님이 뜻한 바 온갖 태극성을 만개시킨 본성의 극치 상태이다. 이것을 청소년 시절에 인생적 과업으로서 확인해야 한다. 고유한 실존성에 대한 자각과 이해 없이 세계와 진리에 대해 말할 수는 없다. 자아의 실존성을 확인하는 것은 세계적 실존으로 나가는 기반이고, 우주를 향해 발돋움하는 디딤돌이다. 세계는 넓

이와 부피와 깊이와 실체를 가진 객관적 대상이지만, 자아만큼은 자아 됨을 인식하는 유일한 존재이다. 어떤 절대적인 차원성과 상대적인 분열의 장벽이 가로 놓여있더라도 그것을 넘어설 궁극적 생명력을 자아로부터 창조하고, 이를 위해 삶의 길을 개척해야 한다. 절대성과 상대성을 초월하여 중심을 차지하는 것이 자아이니, 자아의 주체성을 확인하였다면, 그다음은 본격적으로 자아를 형성하는 길로 나가야 한다.

본성이 품은 자아는 결코 하루아침에 이루어질 수 없다. 자아를 탐문, 탐색해서 형성하는 제일의 방법은 현재 자신이 존재한 내면의 본성 상태를 살피면서 생각하고, 애써 생각을 일구려는 데 있다. 그것이 존재하는 자 자아 상태에 근접하는 최상의 방법이다.

나는 끝없는 변화만을 거듭하는 비정한 외계 속에서도 어떤 가능성이 주는 무한한 자아를 인식하였나니, 숭고한 욕망이 갈구하는 이상이 저기 있어라. 내 존재의 본질을 명확하게 인식하라. 진리가 진리를 대함에서는 비정하다. 본질과 가치는 자력으로 수호해야 하고, 개척해야 한다. 길가는 자의 실존적 자아 흔적은 명료하게 남겨야 하나니, 존재하는 자 제일의 의지는 존재한 자체를 생각하려는 데 있다. 자신이 자아를 인식하고자 하는 의지를 가질 때, 자아가 비로소 스스로에 의해 능동적, 근본적으로 개척될 수 있다. 자신을 아끼고 사랑하고 또한 가꿀 수 있는 자는 자신의 삶에 충실할 수 있다. 자기 존재와 삼라만상 존립 하나하나의 의미 앞에서 숙연해진다.

타고난 자질이 부족한 사람은 주위 사람들의 도움으로 인간다움을 키울 수 있지만, 그런 도움조차 받기 어려운 사람은 스스로가 노력해서 부족한 자질을 개발해 나가야 한다. 자신을 정립하는 시간과 바꿀만한 흥미 있는 현실은 없다. 자아 숙성의 길이고, 내면 형성의 길이라, 치밀한 자아 성찰의 과정을 거치지 못한 삶은 재고해야 한다. 자칫 **"자아 형성기"**는 고등학생이 대입 관문을 통과하기 위해 학과에 열중하는 과정이다 보니 발달상의 인생 과제에 대해 소홀하기 쉽다. 이런 상황은 이후의 진로 방향을 정하는 데도 큰 영향을 끼친다. 자아를 똑바로 인식해야 그를 바탕으로 후회 없는 인생 진로를 설정할 수 있다.

청소년기는 참 자아를 정립하기 위해 내면세계를 탐문하는 출발점이기도 하지만, 한편으로는 감수성이 예민한 시절인 탓에 때를 놓치지 않고 세계를 향해 마음의 문을 열어야 하는 것이 또 하나의 인생 과업이다. 왜 때가 중요한가 하면 감수성(感受性)은 어떤 자극을 받아들여 느끼는 성질내지 성향인 탓에, 자극에 대한 느낌이 처음 한두 번은 신선함으로 다가오지만, 반복되면 무뎌진다. 예를 들어, 청소년은 외부의 사물 현상에 대해 호기심을 가지며, 계절의 변화에 대해 신비롭게 느끼지만, 그런 과정을 반복해서 겪은 어른들에게 있어서는 무감각한 일상의 모습일 뿐이다. 그래서 외계의 변화 현상을 신선하게 볼 수 있는 때는 아동기를 거친 청소년기 말고는 달리 없다. 그런 감수성이 활짝 열려 있을 때, 세계적 현상에 관해 관심을 집중해서 진리에 대해 궁구해야 한다. 그것이 참 자아를 형성하는 길이고 방법이다. 엄숙한 자연과 순수한 사물 앞에서 자신만이 낙오되면 안 된다. 자신 앞에 밀려드는 모든 것은 일단 받아들이고, 길을 찾고 극복할 대상이다. 철저하게 의식을 객관화시켜 만유의 현상으로부터 생각을 보편화시켜야 한다. 접한 세계적 현상을 확실하게 인식하고 규정해야 한다. 자아는 무조건 많이 배운다고 해서 형성되지 않는다. 발달 단계에 맞게 내외간에 걸쳐 의식의 문을 개방해 인생관, 가치관, 세계관을 종합적으로 다져야 한다. 여기서 다진다는 것은 인간이 추구하여 일군 의지의 생성 요소를 본질 속에 충실히 쌓는 노력을 뜻한다. 인간은 어떤 근본으로 존재하는가에 있어서 뜻으로 근본을 세우고 인내해서 유출을 막으면 자아로부터 생성된 의지적 요소들이 그대로 축적된다. 그것이 자아를 형성한다. 끊임없는 추구로 본성이 드러나며, 자각을 통해 자아가 정립된다. 무엇을 배우고 쌓더라도 근본 된 본성의 밑바닥이 빠져 있으면 자아는 정립될 수 없다. 근본이 서 있지 않은 실존의 마당에는 쓸쓸한 풍상만 잦아들 뿐이다. 반드시 근본을 세우고, 그 위에서 자아를 형성하는 성찰의 길을 열어야 한다. 자아를 발견하고 형성하고 정립하는 인생 원리는 정확한 것이나니, 그것이 곧 뭇 인생길을 향도하는 **"교육의 위대한 실행"** 지침이다.

"그러므로 우리가 善을 행하되 낙심하지 말지니, 포기하지 아니하면 때가 이르매 거두리라."[12]

청소년 시절은 때를 따라 내외간을 향해 마음의 문을 열어 자아를 인식하는 것도 중요하지만, 하나님으로부터 부여받은 자아 본성과 가치의 순수성을 지키는 것 또한 중요하다. 끝까지 수호해야 평생에 걸친 인생 기반을 다질 수 있다. 우려되는 바, 자아 가치가 정립되지 못한 청소년기에는 자칫 본성의 순수성을 쉽게 저버리거나 세상 유혹과 타협할 수 있다. 본성은 곧 천성이다. 본성은 인간이

---

12) 갈라디아서, 6장 9절.

가진 지상의 최고 보물이다. 그런 가치를 확실하게 인식해서 만난 가운데서도 순수성을 지켜야 때가 되면 하나님이 약속한 모든 복된 인생 열매를 거둘 수 있다. 무엇보다도 사랑해야 하는 것은 자기 자신이니, 그리해야 자아적 가치를 자리매김할 수 있다. 쉽게 드러나지 않는 자아 모습과 좌절로 인해 낙심하더라도 부여된 순수 본성을 지키는 것은 장래의 본성 가치를 풍성할 수 있게 하는 조건이다. 이를 위해 교육이 앞장 서 뭇 인생길을 선도해야 한다. 인간은 자아를 형성하는 청소년기가 있어 타의에 의해 존재한 인간으로서 배움으로 자신을 찾는 과정인 만큼, 교육은 이 시기가 인간의 본성을 일깨울 수 있는 최적기이다. 정열을 바치고 지혜를 다한 가르침을 펼쳐 인류 본성을 하나님의 창조 본성 위에 정초시켜야 한다. 그것이 청소년 시기에 이루어야 할 **"교육의 위대한 실행"** 과제이다.

3. 사고 확충기

청소년 시절은 다양한 측면에서 타고난 본성 영역을 발아시키고 확충해 먼 장래를 위해 길을 출발해야 하는 때이다. 그중 발달 단계상 또 한 가지 간과할 수 없는 특성은 사고력을 확충해야 하는 시기란 점이다. 아동의 처지에서도 "어릴 적에는 귀찮다고 할 정도로 쏟아진 질문 공세가 14세 정도가 되면 대부분 사라진다."[13] 왜 질문하던 습관이 없어지는가 하면, 그 이유가 발달 단계상 혼자로서는 해결할 수 없었던 지적 문제가 청소년이 되면서 어느 정도 자

---

13) 『창의성 교육의 기반』, 박병기 저, 교육과학사, 1998, p.44.

체 판단만으로도 해결할 만큼 정신력이 성숙해서이다. 하지만 청소년기는 외부 사물로 향했던 의문이 내면적인 생각과 사고로서 숙성할 수 있게 된 사고 패턴의 전환 시기라고도 할 수 있다. 그래서 청소년은 이때 사고력을 확충할 수 있는 다각도에 걸친 시도를 해야 한다. 깊이 있게 생각하는 습관을 기르고, 그렇게 사고할 수 있도록 가르치는 것이 청소년기의 큰 교육 과제이다.[14] 이에 생각하는 교육과 사고력을 신장하는 방법은 예나 지금이나 독서만큼 좋은 방법이 없다. 어떻게 하면 책을 가까이해서 읽는 습관을 지니게 할 것인가를 모색하는 것은 만 가지 지식을 가르치는 것보다 비중이 큰 청소년기의 교육 과제가 아닐 수 없다. 옛날에는 인간이 걷는 인생 여정을 육십 평생이라고 하였다. 짧은 인생이란 말인데, 이 같은 조건 가운데서도 어떤 사람은 위대한 과업을 성취해 내기도 한다. 그렇다면 과연 그 같은 위대성은 어디서 나온 것인가? 내면을 변화시킨 힘인 독서이다. 사람의 생애는 한정이 있어 경험만으로 세계를 두루 안다는 것은 거의 불가능하다. 그렇다면? 사색과 명상과 함께 독서를 통한 간접 경험을 더해야 그 이상의 세계와 함께할 수 있다. 같이 성장한 친구들의 생각이 10년, 20년 후에 크게 달라졌다면, 그 원인은 오직 독서에 있다. 학교에서 하는 공부는 함께 익히는 공통적인 내용이다. 독서를 통한 사색과 탐구가 바로 자신을 자신답게 하는 요인이다. 아무리 첨단 미디어가 판을 쳐도 결국 세계를 움직이는 것은 독서로 내면세계를 변화시키고 신념을 획득한 사람이다. 그런데 학교 문턱을 나오기 무섭게 책도 함께 던져 버린다면 그들의 인생 색깔은 평범해질 뿐이다. 생각이 세계를 움

---

14) 『자녀 교육 어떻게 할 것인가』, 앞의 책, p.80.

직일진대, 이것은 변함없는 원칙이다.

독서의 필요성과 중요성을 자각해서 습관화함과 함께, 또 한 가지 사고력 확충을 위해 더할 것은 꿈 많은 청소년 시절에 자신의 장래에 대해 무한한 상상의 나래를 펼치는 것이다. 이때 상상을 일로 삼는다는 것은 공상이나 망상이 결코 아니다. 자신에 대한 애정과 신뢰에서 나온 생각 일굼인 탓에, 이런 유의 상상력은 참으로 긍정적이다. 여기에 자신의 장래를 지침하는 무한한 계시 작용이 있다. 밤을 지새우면서 상상의 나래를 펼치는 것은 사고 용량을 풍부하게 하여, 이것이 나중에 어떤 어렵고 복잡한 문제도 능히 가닥 잡고 헤쳐나갈 수 있는 창의력을 발휘하게 한다. 독서를 통해 습득한 지식은 이런 상상력을 북돋는 수단일 뿐이다. 일군 상상력이 모두 현실화할 수는 없겠지만, 그것은 자기 암시이고 장래 꿈을 선지하는 힘이라, 그런 사고력의 확충이 자아 영역을 확대해 정말 펼친 상상들이 현실화, 구체화하는 기틀을 이룬다.

자기 계시와 꿈과 상상력으로 실존적 자아를 직시할 수 있게 될 때, 청소년은 비로소 장래를 설계할 수 있는 포부와 뜻을 가지게 된다. 중요한 교육적 주제 중 하나인 "꿈을 심는 교육"이라고도 할 수 있는데, 문제는 누구도 꿈을 가지라고는 하지만, 꿈을 가지는 방법과 절차까지는 제시하지 못했다. 꿈은 생각하면 못 가질 것은 없지만, 중요한 것은 꿈의 가능성, 현실성, 적합성 여부이다. 그래서 먼저 해결할 것은 자신을 탐문해서 자아를 성찰하는 절차이고, 진정한 자아 본성인 人本을 세우는 것이다. 인간 된 자아 본성을 알고 바로 세우면 장래의 꿈과 진로는 절로 열린다. 그래서 꿈을 가진다는 것은 자신을 알고 근본을 세우는 일로부터 출발한다. 그 시기가 곧 청소년기이다. 공자는 15세 때에 학문하는 데 뜻을 두는 것으로부터 인생길을 출발했다(立志). 人本을 세워 그로부터 자아 영역을 확대해 나가면 大本을 세울 수 있다. 위대한 인격을 창조한다. 입지, 즉 뜻을 세우는 것을 불교에서는 발원이라고도 하고, 서원(誓願)이라고도 한다. 누구라도 청소년들이여 야망을 품어라! 이상을 가지라고 권유는 하지만, 그보다는 올바른 본성 그릇을 빚고, 그다음에 대망한 꿈을 담아야 하는 것이 순서이다.15)

스코틀랜드에서 가난한 농부의 아들로 태어난 카네기는 경제 불황으로 13세 때 미국에 이민을 왔다. 학교는 초등학교 4학년까지밖에 못 다녔다. 빈곤의 밑바닥에서부터 시작했다. 그런데도 성공한 비결을 묻는 신문 기자에게 그는 대답했다.

> 무슨 직업이든지 언제나 제일인자가 되려고 노력하는 것이다. 나는 열두 살 때 방적 공장에서 실을 감는 직공이 되었다. 그때 세계에서 제일가는 실 감는 직공이 되기를 결심하고 열심히 일했다. 후에 나는 우편배달부가 되었다. 그때에는 세계 제일의 우편배달원이 되기로 하고 분투, 노력했다. 그다음에는 전신 기수가 되었다. 이런 방식으로 오늘날까지 자기 일에 전력투구했다.16)

무슨 일을 하든지 세계 제일이 되겠다고 한 자기 예시와 꿈과 포부가 카네기를 성공시킨 것인가? 아니면 매사에 걸쳐 최선을 다해 전력투구한 그것이 카네기를 미국 제일의 갑부로 만든 것인가? 대망을 이룰 수 있는 요건을 빠짐없이 갖춘 탓이다. 그것이 무엇인

---

15) "학문하는 요체는 입지를 우선으로 한다. 입지가 지극히 높고 크지 못하면 취향 하는 바가 반드시 비천하리니, 모름지기 大志를 분발하여 堯・舜으로 준거함이 좋을 것이다."- 『율곡전서』, 권29, 경연일기(2).
16) 『철학의 즐거움』, 안병욱 저, 계명사, 2007, p.200.

가? 꿈의 자아 직시→현실 직시→장래 직시 더하기 품은 꿈을 구체화할 노력과 과정에 충실했던 것이 성공으로 이끈 기반이다.

청소년이 공부를 열심히 하면서도 꿈과 이상과 포부를 가지고 임해야 하는 분명한 이유는 헤쳐나가야 할 인생의 창창한 미래가 있기 때문이다. 그 미래를 향해 오늘도 내일도 열심히 공부해야 한다. 그런데도 대다수는 공부하는 자체의 결과 여부에만 관심을 두고 있다. 진정 청소년이 해결해야 할 당면 과제는 먼 장래를 위해 꿈을 키우는 것이고, 시간을 두고 자아를 탐색해서 인생 전체를 설계하는 것이다. 그렇다. 청소년 시절은 꿈을 키우는 시절이다. 높은 뜻과 이상을 가지고 공부해야 한다. 꿈은 끊임없는 성찰과 수련 과정을 거쳐 잠재 본성을 계발했을 때 빛을 발한다.

> 이상은 내 마음의 고향이요, 내 의지의 표상이며, 내 인생의 빛이려니, 지나온 삶의 무지로운 동경과 청춘의 예외로움은 이로써 발견한 최고의 귀일점이다.

방황하는 청소년은 자신이 이루고자 하는 필연의 목적이 없으므로 현실을 불사할 용기를 가지지 못한다. 인생을 참되게 살아간다고 느끼는 순간은 인생에 대한 꿈과 목적을 가질 때이다. 진실로 총명한 자는 내일에 행할 바를 미리 결정해 둔다. 장래의 인생 설계는 지금 해야 하고, 포부는 지금 다져야 한다. 사회와 민족과 인류 평화를 위해 공헌할 수 있는 인물이 되기 위해 오늘을 준비해야 한다. 자아를 정립하고 사고력을 확충하고 인생을 설계하는 과제는 더 이상 미룰 수 없다. 인생길은 일회성이므로 내일을 위해 지금 무수한 길을 출발해야 한다. 오늘은 비애가 있지만 내일은 기쁨이 있고, 오늘은 길이 막혔지만 내일은 열 수 있다. 믿은 대로 인내하고 노력하면 보다 성숙한 세계를 맞이한다. 그날을 위해 청소년은 스스로에 대해 무한한 가능성을 암시하고, 무궁한 잠재력을 함축시켜 꿈과 희망에 겨워야 한다. 세계는 영원한데 임하는 안목과 쏟은 정열이 단명하다면 세계를 맞이하기도 전에 기름이 떨어진다. 더 먼 장래를 내다보고 자신이 원한 세계가 반드시 도래하리란 믿음을 가지고 세계를 밝힐 기름을 채워가는 것, 그것이 청소년이 가져야 할 정진하는 자세이고, 배움의 태도이다. 끈기와 인내로 끝까지 원하는 세계를 추구한다면, 오늘은 꿈을 머금은 청소년이지만, 내일에는 세계를 주도하는 자가 되리라.

제8장 제3 단계

1. 청년 교육기(사명 모색기-대학교, 군 복무)

공통적인 학습 과제를 배우는 중학교와 달리 과정에 따라 조금씩 차이는 있지만, 일단 청소년이 고등학교를 졸업하고 청년기를 맞이한다는 것은 발달상으로나 인생적인 면에서나 일찍이 경험하지 못한 큰 변화를 겪는다. 나름대로 진로의 방향을 정하고 사회와 접하는 시기이며, 법적으로는 성인으로 인정되는 상태이다. 그리고 모두는 아니지만, 학제에 따라 대학에 진학하면 자유로운 교육 환경 속에서 전공과 학문이란 세계와 접하고, 남자는 대한민국 청년으로서 국방의 의무도 져야 한다. 달라진 사회적 조건 속에서 청년들은 정신적으로 더욱 성숙해야 하는데, 그런 청년기의 인생 추구 과제를 이 연구는 첫째, 진리가 무엇인가를 묻고 보다 심원한 세계를 탐문하기 위해 길을 출발하고 인생관, 가치관, 세계관을 결정하여 모종의 시험적인 인생길을 출발하는 시기 둘째, 장차 세상에 임해야 할 사명을 간구하면서 소명을 받들어야 하는 시기 셋째, 청년기의 충천하는 기력을 바탕으로 하늘을 향해 영성의 문을 틔우는 시기로 나누어 논거하고자 한다.

첫째, 청년기는 어느 모로 보나 이전 단계와 구분되게 학창 시절에 학습하고 경험한 것을 기반으로 장래 삶을 이끌어갈 가치관과 주체적인 인생관, 그리고 세계를 바라보는 관점(세계관)을 확보해서 결단해야 하는 시기이다. 무엇하나 확신하는 것은 없지만, 일단은 믿음과 신념과 소신으로 임할 세계의 방향을 결정하는 것이다. 아울러 직전에 겪은 청소년기가 자아를 발견하고 형성한 인식 과정이었다면, 그런 자아를 정신적으로 성숙시키고 정초해야 한다. 자아를 정립하기 위해서는 과감하게 자신을 탈피할 수도 있어야 한다. 세계를 향한 모색과 탈아적 진통 과정을 거쳐 무량한 사고의 방향과 한계를 가늠하고, 그 가능성에 대한 정당한 세계관과 건전한 인생관과 확고한 생활관, 그리고 올바른 가치관을 수립해야 한다. 이처럼 자아에 기반을 둔 세계성을 간직할 때, 세계에 대한 독자적, 주체적인 운위가 가능하고, 그 같은 정신 바탕 위에서 주체적인 철리를 생성시킬 수 있다. 이것이 자아 정립의 최정수 절차이다. 세계성을 확보하고 세계관을 구축하는 과정을 통해 비로소 진리 세계를 탐색할 모종의 시험적인 길을 출발할 수 있고, 세계에 임할 귀한 사명 세계를 간구할 수 있다. 세계성을 확보하지 못하면 드넓은 학문 세계를 접한다고 해도 지식을 학습하는 것 이외의 선을 넘지 못한다. 진리 세계에 발을 내디뎌 자력으로 진리를 추구해야 하나니, 이것이 청년 시절에 놓쳐서는 안 될 인생의 발달적 과업이다. 그러기 위해서는 먼저 자체의 본성 자아부터 올곧게 정립할 수 있어야 하는데, 이유는 바탕이 된 자아로부터 세계성이 주체적으로 구축되고 인식되기 때문이다. 살펴보건대, 인간은 사고하는 존재이다. 진리는 말이 없지만, 만상의 의미를 알고자 하는 노력만큼은 지대하다. 만상과 진리는 영겁에 걸쳐 유유한 현상으로 본질을 드러내는 바, 여기에 대해 가치와 의미를 부여하는 것은 오직 인간이다.

창조 이래 지성들이 깨어 세계의 본질을 인식하고 체계 지어 다양한 진리 형상을 드러내었거니와, 진리를 진리답게 정립하기 위해서는 먼저 진리를 인식하는 통찰자인 인간이 올바른 세계성을 간직해야 참다운 본질을 밝혀낼 수 있다. 결코, 사고의 명철성만으로, 백과사전적 지식만으로 이루어질 수 없는, 진리를 정확히 정초하기 위해서는 세계의 본질을 체득해서 공감대를 형성하는 세계성을 확보해야 한다. 세계성을 간직함은 천상천하 제일의 절대성이다. 일련의 과정을 정당하게 거치지 않고 근본을 세우지 못하면, 자신은 옳다고 한 판단이 진리성에 어긋난 세계관적 오판의 온상이 된다. 그래서 다음의 단계적 절차는 확보한 세계관적 결단을 바탕으로 그렇게 확신한 것이 참 진리인지 아닌지를 확인할 수 있는 시험적인 인생길을 출발하는 것이다. 대부분의 지성은 이 같은 과정을 거치지 않고 곧바로 문명사회에 적용한 탓에 인류 역사가 본연의 창조목적으로부터 크게 이탈하였다. 청년 시절에 확보한 세계관은 결정적, 결과론적인 것이 아니다. 판단하고 일구기는 했지만, 어느 것하나도 확정적인 것이 아니므로, 이런 상태에서는 모종의 인생적인 시험 과정을 거쳐야 한다. 인생을 설계하고 목표는 세웠지만, 진리성이 확인되지 못한 만큼, 정확한 가치 인식과 신념을 가지고 인생삶을 시험적으로 추구하는 정립 과정을 마련해야 한다. 그것은 자신의 인생 전반을 담보로 한 용기 있는 도전 정신이고, 책임 의식이다. "죽으면 죽으리라(에, 4: 16)"란 비장한 각오이다. 진리를 위한 전제이자 투신으로서의 시험적인 존재의 길이다. 그 길이 비록무의미하고 이룰 수 없는 것이라 할지라도 아무도 따르지 못한 말씀을 고뇌하는 인류 앞에 터놓아야 한다. 진리에 대해 확신과 굳센 믿음을 가지고 인생을 모험하기 위한 먼 여정을 마다하지 않아야 하는 것이 **"청년 교육기"**의 거부할 수 없는 인생 과제이다.

한편, 확보한 세계성을 바탕으로 시험적인 인생길을 출발하는 것도 중요하지만, 어떤 과학적인 실험도 아닌데, 인생을 담보로 한 시험 과정이란 도대체 무엇을 의미하는가? 진리성을 확인하고 길을 출발했을 때 주어질 사명에 대한 기대 인식이 그것이다. 사명은 제3의 의지체인 하늘로부터 부여되는 것이다. 그런 실존 의지로부터 부여된 명령을 각인하고 응답받아 확인하는 절차가 곧 시험적인 인생길의 출발 의미이다. 그러므로 청년 시절에 자아가 성숙한 상태에서 장차 임할 세계에 대해 귀한 사명을 간구하고 모색하는 것은, 그렇게 해서 응답받는 순간, 추구한 여정을 기반으로 전혀 새로운 인생 차원으로 진입할 수 있다. 세계성을 확보하고 자아를 확립하는 영원의 세계로 발을 내딛게 된다. 거듭나는 것이라고 할까? 사명을 가지거나 가지지 못한 삶은 그야말로 차원이 다르다. 사명 세계가 존재하고, 정말 도래하는 것이냐고 의심하는 것은 그 자체가 자신을 온전히 투신하지 못한 회의감과 용기 잃은 넋두리일 뿐이다. 결단하고 실행하지 못한 자가 아무 결과를 얻지 못하는 것은 당연하다. 인생을 시험 무대에 올린 사명 모색의 결과는 대단하지 않아도 좋다. 스스로 진리라고 믿고 올곧게 살았을 때 합당한 인생의 열매를 거둘 수 있다면, 그것이 곧 믿은 대로 하늘로부터 응답받는 것이다. 이처럼 사명을 간구하고 소명을 받드는 것이 **"청년 교육기"**의 중요한 발달적 과제이다.

여기서 사명 간구와 소명 받듦에 관한 의미를 좀 더 설명한다면, "사명(使命)이란 어떤 개인이나 단체에 지워진 임무 또는 사자(使

者)로서 받은 명령이다. 어떤 일을 위해 소명됨으로써 맡겨진 과업과, 과업에 대한 책임을 함께 이르는 말이다. 소명과 사명을 굳이 정의해 본다면, 소명은 자아를 자각하는 측면이 강조되고, 사명은 자각한 자아의 실현에 대한 책임감의 측면이 강조된다. 따라서 자아를 깊이 자각하는 과정에서 소명이 오고, 소명을 받음으로써 자각된 자아의 실현에 대한 책임감, 곧 사명감이 생겨난다. 이런 사명감이 의식 속에서 심화할 때 사명을 위한 강력한 실천력이 나온다."[1] 이 연구는 먼저 生에 임할 사명을 간구하고, 사명이 부여되길 간절하게 기대해야 한다고 했지만, 더욱 선행된 절차는 소명, 즉 부름을 받는 것이다. 부름의 주체 의지가 무엇이든지 간에 부름에는 반드시 이유가 있고, 이유를 되묻는 과정에서 부름에 대한 목적, 곧 사명이 밝혀진다. 명령이 주어진다는 뜻이다. 그 주체가 하늘이면 天命이 된다. 그리고 天命에 따라 수행하는 일이 곧 천직(天職)이다. 하늘의 명령이 아니더라도 세상사에서는 신하를 부르는 왕의 命을 소명이라고도 하고, 본성을 인식해서 합당한 사명감을 일구고 평생의 과업으로 삼았을 때, 그 역시 소명과 사명과의 합작이라고 할 수 있다. 어떡하든 부름의 역사와 사명을 자각한다는 것은 결코 쉽게 구할 수 있는 인생 과업이 아니다. 생사를 걸어 놓고 고뇌하고, 일체를 뛰어넘어 부여된 문제의 해답을 찾는 과정에서 소명이 온다.[2]

도산 안창호 선생은 인생의 단계적 의미를 재책정하여 제1 탄생은 몸이 어머니 배 속에서 태어난 신체적 자아의 탄생이고, 제2 탄생은 청소년 과정을 거친 정신적 자아의 탄생이며, 제3 탄생은 청

---

1) 『한국인 상의 탐구』, 앞의 책, p.83.
2) 위의 책, p.17.

년기가 되면 맞이하는데, 그것이 곧 사명적 자아의 탄생이라고 보고 중차대한 의미를 부여하였다. 인간은 사명감을 느끼고, 사명을 위해서 살고, 사명을 위해서 죽을 수 있는 존재이다. 인간은 진실로 사명적 존재이다. 사명이 인간을 위대하게 하고, 사명이 인간을 성실하게 만든다. 스스로 높은 사명을 자각할 때, 최고의 자아에 도달할 수 있다. 사명을 각성했을 때, 인간은 최고요, 최후적 탄생을 경험한다. 우리는 우연히 태어난 것이 아니다. 하늘이, 혹은 하나님이 어떤 직분을 다하라고 세상에 특별히, 아주 특별하게 보냈다. 그것을 느끼고 자각하고 굳세게 믿는 것이 사명감이고, 투철한 사명 의식이다. 그중 하늘이 부과한 직분이자 하나님으로부터 받은 명령적 사명은 절체 절명한 그 무엇이다. 그것을 위해 살고 그것을 위해 죽을 수도 있는 이념의 발견이고 자각이다. 설사 온 세계가 파괴되더라도 자신이 꽉 붙들 수 있는 그 무엇을 추구해야 한다(키르케고르). 그처럼 높은 이상과 신념을 일컬어 사명이라고 한다. 사명의 使는 사도 使이고, 천사 使로서 심부름한다는 뜻이다. 자신을 하나님의 심부름꾼이요 역사의 심부름꾼이며 민족의 심부름꾼이라고 믿고3) 일생을 매진하고 평생을 바칠 때, 인류가 바라마지 않는 위대한 인격이 창조되고, 존엄한 영혼의 승화를 경험한다. 불교는 누구나 성불할 본성을 타고났고, 유교는 누구나 聖人이 될 자질을 갖추었다고 했는데, 더해서 이 땅에 태어난 자는 모두가 사명을 간구할 자격이 있고, 존재한 이상 그 의미를 자체 본유한 상태이다. 그것을 청년기에 구해서 본격화해야 한다는 뜻이다.

　　"청년 교육기"의 세 번째 과제는 충천하는 기력을 바탕으로 영력

---

3) 『도산 사상』, 안병욱 저, 삼육출판사, 1979, pp. 28~29.

을 활성화해 하늘을 향해 영성의 문을 여는 것이다. 이런 발달상의 인생적 과제는 누구도 착안하지 못한 상태이고, 시기적 과제란 사실을 알지 못한 실정이다. 그러나 이런 과정을 겪은 경험상으로 보나, 역사 위에서 인준된 경험 사례로 보나, 영성 개안 문제는 반드시 짚고 넘어가야 할 청년기의 발달적 과제이다. 알다시피 예수그리스도는 공생에 3년 간이 **"청년 교육기"**에 속해 있다. 이때 하늘 문을 열고, 하나님의 계시를 받들어 소통했으며, 십자가에 못 박히면서까지 인류를 죄악으로부터 구원한 소명을 받들었다. 부처는 29세에 출가를 결심하고 뼛골이 상접한 6년 간의 치열한 구도 행각 끝에 최고의 진리를 깨닫고, 차원이 다른 본체 세계로 진입한 영통 길을 텄다. 그 시기가 바로 청년기이다. 이때 학문을 탐구하고 진리가 무엇인가를 물어 탐문하는 것도 중요하지만, 이 땅과 존재 위에는 더하여 만사의 질서를 초월한 영성 세계가 있다는 사실을 알고, 영적 작용 현상을 직접 체험할 수 있어야 한다. 영성은 문이 열리는 시점과 닫히는 시점이 한정되어 있다. 자신의 당면한 청년 시절의 인생 과업을 직시하지 못하면, 영성 개안만큼은 누구나 경험해서 세계를 판단하는 보편적 절차일 수 없다. 그런데도 영성은 이 시기에 가장 깨어나고 활성화된 생체적 조건을 갖춘 만큼, 교육이 집중적, 체계적인 지침을 마련하여 영성 개안 교육 과정을 선도해야 하리라.

2. 장년기(인생 완수기-직장, 결혼, 가정, 사회 학교)

"청년 교육기"의 과정을 거치면 신체적인 성장은 거의 끝나고 교육학자들은 인간에게 필요한 교육 기간을 대개는 이 시기까지에 집중했다. 루소는 에밀이 결혼할 반려자인 소피를 등장시킴과 함께 더 이상의 인생 안내자가 필요하지 않다고 보았으며(25세), 코메니우스가 구분한 학교 연제도 청년 교육(24세-대학 교육)까지이다. 하지만 이 연구는 인생의 추구 과제를 병행한 탓에 이후에 맞게 될 장년기를 **"인생 완수기"**로 규정하였다. 걸어갈 인생길은 개인마다 차이가 있지만, 대개 직장을 얻고 결혼해서 자녀를 낳아 가정을 꾸린다. 그리고는 먼 삶의 여로를 직업인으로서, 혹은 부모로서, 혹은 사회의 책임 있는 일원으로서 임무를 수행한다. 이것은 거의 일반적인 장년기 삶의 모습이지만, 내심에는 지난날의 인생 과정을 통해 품고 쌓아서 이루고자 한 자아 실현의 목표가 있고, 삶의 주제도 있다. 그 길을 이루어가는 과정에서 드라마틱(劇)한 이야기가 펼쳐지고, 임한 사회는 역사를 이루는 무대가 된다. 치열한 삶을 산 자에게 있어 공수래공수거(空手來空手去)란 넋두리는 가당찮다. "인생은 나그넷길, 어~디서 왔다가 어~디로 가는가? 인생은 벌거숭이, 빈손으로 왔다가 빈손으로 가는가?"[4] 어디서 왔다가 어디로 가는지 알기 위해 배우고 추구한 과정을 걷고, 빈손으로 왔지만 보람을 일구기 위해 장년기의 인생 여정을 거친다. 그래서 장년기는 사회적인 인생 과정의 도정기인 동시에 인생 과업의 실질적인 완수기이다. 걸어온 인생 여정이 진정한 삶의 뜻을 이루기 위한 기초다

---

4) 최희준의 하숙생 가사.

짐 역사였다는 뜻이다. 건실하게 기반을 다진 자, 그 위에서 이룰 장년기의 인생 역사는 창대하다. 배움과 추구로 다져진 인생 진리는 절대 허무하지 않다. 누구라도 흐르는 세월을 붙잡아 둘 수는 없지만, 참을 추구하고 진리대로 살면 바친 세월이 승화되는 그 이상의 보상과 구원된 삶이 있다. 고귀한 가치를 추구하고 정열을 바쳐 헌신한 삶이 그러하다. 그래서 장년기를 맞이하면, 누구라도 인생이 무엇인지를 되뇌면서 이루고자 한 生의 목표가 무엇인지를 똑바로 점검하면서 걸어가야 한다. 장년기는 30대 초반부터 60대 초반까지 언제 어떻게 도달할 것인지 목표가 보이지 않는 긴 터널을 통과하는 것과도 같아, 인생의 중간중간 단계에서 인생길을 뒤돌아보고 반성, 수정하면서 재점검하는 기회를 얻어야 한다. 처음 세운 목표와 현실과는 차이가 있고, 직접 겪어야 확인하게 되는 삶의 변화 조건이 있어서 그것을 진지하게 가늠해야 한다. 긴 인생의 드라마를 엮어나가야 하므로, 누구라도 전체적인 인생 계획을 한꺼번에 총괄하기는 어렵다. 섣불리 앞날을 예단하거나 무모하게 결단하지 말고, 삶의 순간순간마다 점검하는 자세가 필요하다. 자아가 어느 정도 확립되었다고 해도 언제나 확정된 인생길은 없다. 그래서 공자는 나이 40에 불혹하게 되었다고 하였다. 가다 보면, 혹은 살다 보면, 생각이 바뀔 때도 있고, 다른 길로 가는 것이 옳은 것처럼 보일 때도 있겠지만, 중요한 것은 초심의 인생 목적을 잊지 않는다는 데 있다. 그래서 길이 막히거나 의심이 들면 재차 하늘을 향해 길을 묻고 뜻을 구해야 한다. 이에 인생의 갈림길에서 참으로 받들어야 할 것이 선현들이 밝힌 참 지혜이다.

고독한 독단자로서 외골수적 길을 걸으면 안 된다. 아내, 자녀,

동료들과 대화하고 하나님과도 대화할 수 있어야 한다. 그래서 인생을 바라보는 인생관과 가치관은 중요하다. 자칫 한눈을 팔다 보면 의도와 달리 엉뚱한 길로 들어설 때가 있다. 인생길을 걷는 나그네는 항상 자신이 걸어가는 길이 확실한 것인지를 재차 확인해야 한다. 피어난 신기루를 파라다이스인 것으로 착각해서 그곳을 향해 가고 있는 것은 아닌지, 실존 상황과 생각 자체를 수시로 채찍질해야 한다. 그렇지 못하면 정말 평생을 살고도 헛된 꿈을 좇게 된 결과를 낳는다. 이것은 예단할 수 있는 결과이다. 열심히 배우고 추구하고 꿈을 길러야 할 청소년기에 인생 계획과 목표를 설정하지 못하고 가치관의 기초를 다지지 못한 탓에 손에 쥐게 되는 인생 결말 성적표이다. 때에 따른 발달 과업의 완수와 인생 과제 해결이 필수이다. 준비해야 할 때 준비하지 못하면 먼 길을 헤쳐나갈 에너지와 양식이 고갈된다. 인생길을 밝힐 기름은 때를 놓치지 않고 사전에 비축해 두어야 한다. 그렇게 해야 적어도 인생의 기본적인 원칙들이 어김없이 적용될 수 있다. 길은 몰라도 이정표를 보거나 물어보면 되지만, 황야에서 기름이 떨어져 멈춰 버렸다면 대책이 없다.

그렇다면 가장 긴 인생 여정을 걸어야 하는 장년기의 인생 과제를 지배하는 가치관과 명제는 정말 무엇인가? 여기 "길을 이룬 자"는 후인에게 어떤 길을 지침할 수 있는가? 무엇을 어떻게 해서 길을 이루었는가? 장대한 목표를 세우고 추구했지만, 역시 유념할 것은 끊임없이 삶을 반성하고 성찰하고 숙고해서 집중하는 데 있다. 그리고 어떤 처지에도 공의, 지혜, 사랑, 신의, 믿음 어린 가치를 저버리지 않고, 추구하는 자세를 흩트리지 않는 것이다. 이것은 피 끓는 젊은 시절에 온갖 고뇌를 바쳐 획득한 정신적 자산이며, 투신해서 쌓아 올린 본성 에너지이다. 사명을 간구하고 사명을 깨달은 것은 장년기뿐만 아니라 전 삶의 과정을 지배할 가치관적 명제이고, 인생의 완수 목표이다. 그중에서도 인생을 방황하지 않고 구원된 삶을 살 수 있는 제일 지표이자 기준은 바로 하늘을 향해 뜻을 묻고 구하고 각성하는 것이 장래 길을 인도받고 확실하게 보장받는 첩경이다. 그것은 그야말로 세속을 초월한 하나님의 뜻 자체이다. 무엇을 먹을까 무엇을 마실까 무엇을 입을까 염려하지 않았다.

> "그러므로 내가 너희에게 이르노니, 목숨을 위하여 무엇을 먹을까 무엇을 마실까 몸을 위하여 무엇을 입을까 염려하지 말라. 목숨이 음식보다 중하지 아니하며, 몸이 의복보다 중하지 아니하냐(마, 6: 25)." "내일 일을 염려하지 말라. 내일 일은 내일이 염려할 것이요, 한날의 괴로움은 그날로 족하니라(마, 6: 34)." "너희는 먼저 그의 나라와 그의 의를 구하라. 그리하면 이 모든 것을 너희에게 더하시리라(마, 6: 31)."

자신이 곧 天의 대변자란 자아 인식만큼[5] 고귀한 인간 본성의 승화와 품격 있는 통찰은 어디에도 없다. 그로부터 하나님의 뜻을 대행해 인류를 구원하고자 한 사명 자각과 대아(大我)의 길을 열 수 있다. 혼신을 바쳐도 모자랄 인생의 완수 목표이다. 하나님의 뜻을 자신을 통해 이루고자 한다는 믿음과 자긍심으로 인류를 위해 헌신하는 사명자로서 임하는 것은 결코 生의 에너지가 고갈될 수 없는, 전 삶의 순간을 모두 충천시키고도 남음이 있다.

원대한 뜻을 품은 인생의 추구 과정은 뿌린 씨앗이 꽃을 피우고 열매를 맺듯, 자아 발견→자아 확립→자아 완성이란[6] 원칙 노정을

---

5) 『인간의 본질』, 앞의 책, p.58.

벗어나지 않고, 종국에는 사명 자각→사명 시험→사명 완성이란 궁극의 완수 목표를 달성한다. 그리해야 겪은 삶의 과정을 회상하고 판단해서 종합적으로 통찰할 수 있는 노년기란 전혀 차원이 다른 인생 단계를 맞이할 수 있다. 노년기의 인생 과정은 이 연구가 아직 깊숙하게 경험하지 못한 미로이기는 하지만, 지난날이 타고난 본성을 분열시킨 노정이었다면, 이후로 맞이할 노년기는 그렇게 해서 일군 삶의 가치와 진리성을 통합해야 하는 성찰기인 것만은 분명하다. 이전과는 전혀 다른 정신력과 신념과 사명감을 발휘해야 하는 가슴 벅찬 인생 과제에 직면하리라. 걸어온 인생 여정이 모두 제2의 인생 후막을 여는 디딤돌이라는 사실을 알진대, 만 인생이 장년기의 인생 발달 단계에서 비전과 통합의 든든한 주춧돌을 세울 수 있도록 앞장 서 길을 지침할 수 있는 **"교육의 위대한 실행"**력을 발휘해야 하리라.

3. 노년기(삶의 성찰기–퇴직, 은퇴, 노인 학교)

많은 사람이 되뇌고 있고, 흔히 인용하고 있는, "인간은 생각하는 갈대"라는 명제가 있는 『팡세』란 책은 "위대한 인간 성찰의 書로서 엄숙하게 인생을 살고 진지하게 인생을 사색한 프랑스 철학자 파스칼이 남긴 사상적 악전고투의 다큐멘터리이다."[7] 하지만 39살의 젊은 나이에 세상을 떠난 그가 어떤 삶의 여정을 치열하게 살고 얼마나 진지하게 성찰한 것인가 하는 점은 의문이다. 삶을 성찰한

6) 『젊은이여 희망의 등불을 켜라』, 앞의 책, p.44.
7) 위의 책, p.67.

다는 것은 인간과 우주에 관한 길을 사색과 악전고투로 우려낸 사상과는 성격이 다르다. 그래서『팡세』를 통해 엿본 파스칼의 인생 과정은 이 연구가 펼치고자 하는 발달 단계에 맞춘 성찰의 본보기가 될 수 없다. 인간은 언제나 삶을 성찰할 수 있지만, 그것은 단계마다 여정에 대한 반성일 뿐이고, 종합적인 의미에서의 성찰(省察)은 때가 있는 법이다. 그리고 마땅한 자격 조건도 있다. 장년기의 과정을 거치면서 부여받은 사명적 과제를 추구해서 완수하지도 못한 자가 노년기를 지배할 인생의 통합적인 과제를 추진한다는 것은 있을 수 없다. 인간의 발달 과정은 결코 독립적이지 않다. 그렇게 살아서도 안 된다. 평생 종사한 직장을 퇴직하고 은퇴했다고 해서 그로써 맞이하는 이후의 삶과 단절된다면 큰 잘못이다. 무슨 말인가 하면, 표면적으로는 생존을 위해 가족을 위해 의무를 다한 삶만 살았지 내면적 가치와 사명을 위해 살지 못했다는 뜻이다. 그래서 표면적인 삶을 살면서도 본연의 인생 사명 과제를 병행하기 위해서는 삶의 단계를 미리 내다보고 10대는 20대를 위하여, 20대는 30대를 위하여…… 장년기는 언젠가는 당도할 퇴직, 은퇴 이후의 인생 2막을 힘차게 펼칠 수 있도록 통합적인 生의 에너지를 비축해야 한다. 분명한 인생 원리가 있는데도 섣불리 인생이 무엇인지를 단정한다는 것은 완수 이후의 통합 과제에 대해 무지한 속단이다. 하루살이 곤충은 숙고해도 내일의 결과를 알 수 없는 것처럼, 삶을 성찰한 진지한 인생 토로와 소회는 노년기의 인생 통합 과정을 완수한 자만 일갈할 수 있다. 마치 공자가 겪은 삶의 여정을 한 의식 안에 두고 60세를 이순(耳順), 70세를 종심(從心)이라고 한 것처럼……

통상 노년기의 시작은 사회적으로 직업적인 직분을 다하고(퇴직)

은퇴하는 시기로, 나이는 60세 전후로 잡았다. 그렇다면 노년기가 끝나는 시점은? 그것은 본인도 겪어보지 못한 세월로서 가늠하기 어려우므로, 좋은 방법은 『100년을 살아보니』의 저자 김형석 교수(1920년생)의 인생 통찰을 참고하고자 한다. 요즘은 100세 인생 시대라는 것이 화두이기도 한 만큼, 100세를 목표한 최대 가능치로 두고 보면, 적어도 90세까지는 연장할 수 있다. 경험컨대, 개인차는 있지만, 자신이 자신을 믿을 만한 나이는 60세 이상이 되어야 하는데, 이때가 되면 어느 정도 삶을 성찰할 수 있게 되고, 계속 성장하는 것이 75세까지 정도 된다고 했다. 그리고 이 같은 내면의 성장과정은 자신의 자아를 집중적으로 완숙시키는 기간인 탓에, 가장 행복하고 큰 보람을 안기는 **"인생의 황금기"**라고도 했다. 이런 생산적인 삶은 관리하기에 따라서 80세, 90세까지 연장된다. 여기서 관리라고 하는 것은 고혈압, 당뇨, 치매, 암 같은 질병의 위험성이다. 그리고 정신적인 건강 문제도 있다. 나이가 들면 누구라도 육체의 쇠퇴, 질병, 노망, 죽음 앞에서 정신의 우울과 의존감을 가지게 되고, 삶에 대한 활력을 잃고 만다. 하지만 김형석 교수는 증언하길, 80세가 되었을 때 "내가 늙었는가 하고 생각해 보니 그렇지 않다고 여겨 또 일을 시작했고, 90세가 되었어도 여전하다고 느껴져 또 일을 시작했다고 했다. 그렇다면 조건은 오직 정신과 육신의 건강 여부에 달렸다. 90세까지는 심적으로 늙지 않아야 하고, 나이는 먹었지만 얼마든지 인생을 행복하고 보람되게 살 수 있다. 단지 인생의 추구 과제를 자신에게 끊임없이 던지는 것이 관건이다. 그래서 **"노인 학교"**이다. 삶을 성찰하면서 성장하고 배우면서 추구할 수 있는 인생 과제가 있어야 그것이 비로소 인간 본성을 완숙한 단계에 이르게 한다. 배움에는 끝이 없는 법인데, 모르고 인생 과제를 단명하게 잡으면, 그런 만큼의 나머지 인생이 사라져 버린다. 100세를 살고 보니 90세쯤 되니까 육체적으로는 마음대로 잘 움직이지 않는다는 사실을 느꼈지만, 정신 건강만큼은 노력하기에 달렸다. 90세까지는 늙지 않아야 하고, 늙었다고 생각해서도 안 된다. 그렇게 하는 방법은? 인생 계획을 철저하게 세워 쉬지 않고 배우고 추구하는 것이다.

노년기의 삶을 진지하게 경험한 노철학자의 인생 성찰과 지혜를 등불로 삼아 우리도 노년기에 삶을 성찰하고 완숙할 수 있도록 하기 위해서는 어떻게 해야 할까? 모든 일은 마음먹기에 달렸다고 하는 만큼, 제도로 정해진 직장 생활을 은퇴한 시점에서 마음에 품은 소명 의식을 재고(再考)해서 본성을 통합할 길을 찾아야 한다. 통상은 사회를 위해 헌신하고 공헌하고자 하는 사명감을 통해 열게 된다. 하지만 노후 삶을 위협하는 경제적 위험성은 큰 걸림돌이다. 이런 어려움에 봉착하지 않게 하려고 이 연구가 100년 간에 걸친 발달론적 과제를 제시하고자 한다. 식물이든 무엇이든 씨를 뿌리면 꽃은 피우지만, 열매를 맺지 못하는 생명체는 불행이다. 반드시 준비해서 대비해야 하는 것이 퇴직과 은퇴 이후의 삶에 대한 폭넓은 사전 이해와 추구 과제의 설정 문제이다. 이 연구는 봉직한 40여 년간의 교직 생활을 마무리하면서 퇴직 연수를 받을 기회를 얻었다. 여기서 퇴직을 이미 경험한 강사들의 경험담을 듣게 되었는데, 퇴직 이후로 변화할 생활에 대해 생각의 폭을 넓힐 수 있었다. 퇴직 전이나 퇴직 후나 인생은 그대로 연결된다. 퇴직했다고 해서 무 자르듯 생활 방식과 의식을 한꺼번에 변화시키기는 어렵다. 대비를 잘해 새로운 환경에 적응할 수 있어야 하는데 주변을 둘러보면, 그리고 여러 선배의 삶을 지켜보면 무방비 상태로 맞이하는 것 같다. 강사의 일관된 강조 사항은 객관적인 통계상 남녀 평균 수명이 83세로 연장된 상태이고, 기대 수명도 계속 연장되는 추세여서 처음에는 긴가민가했는데, 연수 기간 동안 반복해서 듣다 보니 정말 너나 할 것 없이 건강관리만 잘한다면 100세 시대의 도래가 꿈만 같은 일은 아니라고 여겨졌다. 퇴직 후의 생활 변화 패턴과, 왜 의식을 개선해서 퇴직 이후를 대비해야 하는지에 대한 이유를 자각하였다. 이전 선배들은 30년은 배우고, 30년은 가정과 직장을 위해 일하며, 은퇴하고 나면 남은 기간은 여생(餘生) 즉, 덤으로 사는 인생이라고 본 탓에 그야말로 여생적인 삶만 살다가 죽음을 맞이하였지만, 지금의 퇴직자들 앞에는 30년+30년+30년+알파란 과정이 더해진다고 보기 때문에, 인생 타이어를 퇴직 시점에서 갈고(리타이어-retire) 다시 새 삶을 살아갈 수 있는 인생 목적과 가치와 계획을 재설정해야 한다. 평생 제자 교육에 몸 바친 교육자로서 퇴직 후에도 쌓은 경험을 되살려 인생을 재창조하고, 이웃과 사회를 위해 삶을 헌신할 수 있는 은퇴 설계를 퇴직하기 이전에 해야 한다고 생각했다.

김형석 교수도 강조하길, 이전의 선배들은 인생을 2단계로 보고 30년 교육을 받고 그것을 밑거름으로 30년 직장 생활하고 은퇴하면 자기 임무를 다한 것으로 생각했다. 그러나 지금은 30년이 더 늘어나 3단계 적용이 가능해졌다. 즉, 60세가 넘은 3단계는 **"사회에 도움을 주는 시기"**이다. 그런데 아직도 2단계에 머문 대다수 사람은 인생의 1/3을 잃어버린 것과 같다고 지적하였다. 이에 인류가 빠짐없이 자신에게 주어진 命에 따라 부여된 본성적 소명을 완수하기 위해서는 이 연구가 제시한 발달론적 과제를 충실하게 이행해야 한다. 아침에 피었다가 저녁에 지고 마는 나팔꽃처럼, 인생 과제를 충동적으로 임하면 결코 그 이상의 영원한 인생 과제를 감당할 수 없다. 하루하루 피었다가 지면서도 씨를 남김으로써 이 땅에 나팔꽃의 생명력을 이어가는 것처럼, 영원 이전부터 영원 이후까지도 존재한 인간이 추구해야 할 삶의 과제는 영원 무구하다. 그런 확신과 믿음을 가지고 노년기의 삶을 성찰하고 통합할 수 있어야, 그다음 맞이할 **"여생기"**에 삶의 여정을 마무리 짓고, 神의 부름을 받들어 안식처에 들 수 있는 채비를 차리게 되리라.

4. 여생기(神에 관한 소명기-여생? 죽음)

"여생(餘生)기"는 죽을 때까지의 남은 생애 기간이다. 그 기간이 언제까지 지속할 것인가 하는 것은 누구라도 궁금한 문제이지만, 언제 죽음을 맞이할 것인가는 아무도 예단할 수 없다. 그러나 한 가지 확실한 것은 여생기는 인간의 발달상 마지막 단계라는 것과, 그렇게 판단할 수 있는 근거는 죽음 탓이다. 이 땅에 생존한 자 중에서 죽음을 경험한 자는 없으므로 죽음에 관한 지혜를 구할 수 없지만, 결국 죽음을 맞이함으로써 죽음이 무엇인지 알리고 떠난다. 生者必滅이라, 누구도 죽음의 관문을 피하지 못한다는 사실은 창조 이래의 모든 선조가 그 문을 피하지 못함을 통해 확인시켰다. 여생기는 이 같은 사실을 실인하고 소중한 인생 과제를 초점잡음으로써 아름답고 존엄한 여생기를 마무리해야 한다. 험난한 삶을 영위하면서 허리끈을 졸라매어야 할 때가 있지만 늦추어 휴식을 취해야 할 때도 있는 것처럼, 여생은 그야말로 삶의 정열을 바친 이후로 남겨진 생애 기간이다. 서서히 속도를 늦추어 안착할 곳을 찾아야 한다. 쉬어야 할 때 여유를 가져야 할 때 삶을 정리해야 할 때를 모른다면 그것이 오히려 문제이다. 추구한 발걸음을 멈추고 내면과 영혼의 소리에 귀 기울여 조용히 神의 부름을 기다려야 한다. 이런 **"여생기"**에 중점을 두어야 할 인생 과제가 **"神의 소명기"**이라, 이를 위해 남은 삶과 生의 정열을 남김없이 바쳐야 한다. 여생기는 90세 전후로부터 죽음에 이르기까지이고, 아직은 100세를 넘기는 사람이 드물지만, 평균 수명이 느는 추세이므로 지금의 청소년들이 여생기를 맞이할 즈음에는 보편적인 나이가 될지도 모르겠다. 그렇다면 청소년 시절은 순수한 가치를 일구어 건실한 인생관을 구축해야 하지만, 더하여 100세 시대를 살아갈 사생관과 영생관에 대해서도 기초적인 신념의 싹을 틔워야 한다. 미래 세대 앞에서 기다리고 있는 삶의 여정은 절대 단명하지 않다. 일회적인 것도 아니다. 삶의 과정을 통하여 추구할 자아적 실존성이 보다 항구적이라는 것을 선현들의 지혜를 빌어 인지해야 한다. 현재 여생기에 이른 영혼들도 엉뚱한 곳에 정열을 낭비하지 말고, 무엇보다도 내세에 대해 확실한 신념을 가지고 세계관적 바탕을 마련해야 한다. 비록 몸은 늙고 쇠락해 가도 죽는 날까지 정신력만큼은 굳세어야 하나니, "아이고 늙으면 죽어야지, 왜 나를 빨리 안 데리고 가나"라고 하면서도 그 말은 한 발짝씩 다가오는 죽음에 대한 두려움과 더 살고 싶은 삶에 대한 애착의 역설적 표현이다. 누구나 피할 수 없는 것이 죽음인데도 대다수 영혼은 무방비 상태로 드리워지는 죽음의 그림자를 대책 없이 앉아서 맞이하고 있다. 무엇을 어떻게 해야 할지 몰라 두려움이 가중된다. 참담한 모습은 이전의 인생 단계를 충실하게 다지지 못해서이다. 개미와 베짱이의 우화처럼, 사생관을 여생기가 되어서야 가진다는 것은 이미 때늦은 판단이다. 마지막 기회인 시기마저 허송세월로 탕진하고 죽음이 문턱 앞까지 다다랐는데도 사후에 어디로 가야 할지 귀의처를 찾지 못한다면, 이전에 어떤 화려한 영광을 이루었더라도 결국은 허무한 삶이다. 만인은 적어도 자아의 실존성이 자기 자리를 잡게 되는 청년 시절부터 폭넓은 사색과 경험을 통해 영생에 대한 믿음을 확실히 가져, 때가 이르면 일사불란하게 결단해 나가야 한다. 불교에서는 사자의 영혼을 인도하는 천도재를 지낸다. 그 의도는 세상을 떠난 영혼이 부처가 있는 천당 길을 몰라 구천을 떠돌지 않도록 산 자의 간절한 기도 소리로 방황하는 영혼을 천도한다는 것이다. 물론 불의로 맞이한 제향은 죽은 영혼보다 산 자의 마음을 더 위로하는 역할이 되리라. 하지만 정말 중요한 것은 어떤 순간에도 죽음은 대비하고 있어야 하고, 죽음 이후의 영혼이 육신을 떠나서 가야 할 방향과 안주할 귀의처를 사전에 마련해 두어야 한다. 그리해야 삶과 죽음의 갈림길에서 제약을 지닌 육신을 벗어 던진 자유로운 영혼으로서 하나님이 계신 차원의 강을 무사히 건널 수 있다. 그런데도 내세가 존재한다느니 않는다느니 하는 주장이 분분한 실정이므로, 이 연구가 여생기의 인생 과업을 통해 그 길을 정확히 안내하고자 한다.

그렇다면 죽음을 앞둔 여생기에는 과연 어떤 인생 과제를 추구해야 하고, 무엇을 준비해야 하는가? 육신을 떠나서 차원의 강을 건너기 위해서는 삶을 통해 쌓아 올린 것 일체를 깨끗이 정리하고,

바칠 것을 아낌없이 바쳐 최대한 영혼을 자유롭게 해야 한다. 그런 내세관의 실천은 바로 사생관과 영생관을 신념으로 확보하는 데 있다. 불교는 전생의 인과응보에 따라 현생의 복덕이 결정되고, 현생에서 쌓은 업에 따라 천당과 지옥행이 결정된다는 내세관에 근거해 반복되는 윤회의 고리를 끊기 위해서는 현생을 온전히 바쳐 출가→수행→정진→정각→성불→열반에 도달해야 한다고 했다. 또한, 기독교를 창시한 예수그리스도는 "선지자 요한으로부터 세례를 받고 구세주로서 천국을 실현할 것을 깨달아 유대인들에게 현세의 영화보다 내세의 영생을 가르쳤다."[8) 그런 "내세관을 계승한 중세 시대 수도원 교육의 목적은 마음과 영혼이 더 높은 생활을 할 수 있도록 금욕적 생활을 강조하였고, 이를 위해 수도승은 육체의 주장과 욕망을 부정하고, 또 현세까지도 부인했다. 즉, 인간의 아름다운 가정과 경제 및 정치적인 국가까지 부정하였다. 수도원에서 행한 교육은 이 세상에 대한 준비가 아니고 전적으로 내세를 위한 준비였다."[9) 이처럼 불교나 기독교나 일단 내세가 있다는 사실은 인정했지만, 내세만을 위해 현세적 삶을 온전히 바쳐야 한다는 것은 인류에게 그렇게 권유할 만한 보편적인 삶의 길이 아니다. 보편적인 구원의 길도 아니다. 특별한 소명을 받은 자들이 갈 수 있는 사명의 길이다. 물론 이 연구도 내세관을 준비하는 것이 평생에 걸친 과제라고 했다. 하지만 그것은 창조된 본성 원리에 맞게 삶의 가치를 추구하고 실현하는 과정을 통해서이지, 부여된 현세적 과제는 외면한 채 전적으로 삶을 내세를 위해 투신해야 한다는 말은 아니다. 그래서 이 연구는 오늘날 보다 긍정적이고 자연스러우면서도 모두

---

8) 『교육의 역사 및 철학의 기초』, 앞의 책, p.71.
9) 『교육사 교육 철학 연구』, 앞의 책, pp. 78~79.

가 함께 달성할 수 있는 보편적인 가치 추구를 통해서 영생관, 사생관, 내세관을 확립할 수 있는 길을 제시하고자 한다. 그런 세계에 대한 신념과 확신이 여생기에 여물 수 있도록 하는 것이 죽음의 길을 준비하는 최선의 대비책이다. 현세의 삶을 충실히 산 결과를 통해서 죽음 이후의 내세를 맞이해야 한다는 뜻이다.

지금까지 펼친 **"발달 교육론"**의 주제가 시사하는 것은 정말 무엇인가? 1로부터 시작된 수가 무한대로 나가듯, 출생하여 생성하기 시작한 발달적 과업도 단절은 없다. 즉, 뭇 선조들이 걸은 삶의 여정은 저 생에서 다시 잇기 위한 이전의 과정에 불과했다. 이처럼 이 生과 저 生이 연관된 삶의 지속(연속)성을 확인할 수 있어야, 여생기를 맞이해서는 실질적으로 삶의 여정을 결말 짓고, 내세를 맞이할 준비를 현실감 있게 할 수 있다. 마지막인 죽음을 위해서가 아니라, 이후로 맞이할 차원이 다른 새로운 삶의 탄생을 위하여, 이 生에 쌓아 올린 하나하나를 정리해서 버릴 것을 미련 없이 버리고, 바칠 것을 아낌없이 바쳐야 한다. 그것은 결코 종교적인 믿음이 아니다. 지난 삶을 걸었고, 이후 삶을 맞이할 자로서의 당연한 행위 절차이다. 자칫 애착을 남기고 아낌이 있다면 그것은 저 生을 확신하지 못한 탓이다. 고스란히 다시는 덜어낼 기회를 잃어버린 저승길의 무거운 짐이 된다. 그 소중한 것을 바칠 곳은 다름 아닌 하나님이 보기에 의롭다 함을 입을 단호함의 제단이다. 바칠 곳에 바쳐서 영혼이 구원받고 영생을 보장받는 것보다 가치 있는 지상의 보배는 없다. 결단으로 행하고 나서 존엄한 때를 기다리는 것이다. 무엇을? 神의 부름, 곧 여생이 다한 하나님의 소명이다. 그 소명이 언제 어떻게 주어질지 가늠할 수는 없지만, 주어진 여생 기간이 짧고

깊을 떠나 그 자체가 하나님의 축복이다. 비록 지난 삶에 잘못이 있고 회한이 있더라도 맞이한 여생기만이라도 소명을 온전히 수행할 수 있다면, 그것이 바로 전 인생의 결론이고, 완성이며, 최후 심판을 면제받는 구원받음 조건이다. 하나님의 부름을 받든 죽음 앞에서 인생 최고의 도문(道門)이 열린다. 그 문은 곧 차원의 세계를 여는 문이고, 하나님의 나라에 도달하는 문이다.

본의에 입각할진대, 창조된 자 죽음 이후에 가야 할 영생의 길이 예비되어 있으므로 교육도 마땅히 여생기와 이후로까지 이어질 내세적 삶을 발달 과정에 포함해 과제를 설정해야 한다. 현세는 영원을 위한 단면일 뿐이므로, 드러난 조건 이상으로 영원한 삶에 대한 가르침도 펼쳐야 한다. 내세까지 맞이할 수 있는 준비 과정으로서 인간 교육 지침을 마련해야 한다. 삶이 영원하다는 사실을 확신할 수 있도록 안내해야 한다. 영원한 삶으로 이어지는 과정으로서의 생애가 원활할 수 있도록…… 지난날은 대개 이런 교육 과정이 부재했다. 삶의 과정은 참으로 영생을 위한 준비기이고, 도달한 여생기는 영생에 대한 확신기이다. 그를 위해 삶과 영혼을 바치고 소명을 받들진대, 하나님은 마지막 떨구어진 자녀의 손을 절대 놓치지 않을 것이며, 반드시 붙들어 하나님의 품 안에 안기리라.

5. 사후 내세기(영혼 안주기)

인간이 처음 어떻게 존재할 수 있게 되었는가 하는 것도 의문이지만, 사후에 어떻게 될 것인가 하는 것도 정립된 이론이 없다. 각 영역에서의 주장과 견해가 있기는 하지만, 확인할 수 없는 설일 따름이다. 이런 연유로 사후 내세관에 관한 기존의 설들은 합당한 원리성에 근거한 진리가 아니다. 이런 세계적인 여건 탓에 존재론이든 내세론이든 교육론이든 어떤 론도 진리에 근거한 가치관, 세계관으로서 완성하지 못했다. **"발달 교육론"**도 마찬가지이다. 본의에 근거해 인간 발달의 알파와 오메가를 관장할 수 있어야 한다고 했지만, 마지막 단계에서 **"사후 내세론"**을 확립할 수 없다면 "세계교육론" 전체의 진리성도 완성할 수 없다. 하지만 본의를 밝힌 하나님은 창조주이다. 인간은 피조체인 탓에 불가능하지만, 하나님은 인간의 일생 이전과 이후를 관장하고 만물과 역사의 알파와 오메가를 주관한다. 이런 삶의 이전과 이후를 지배하고 관장하는 초월성은 하나님이 천지 만물을 지은 창조 권능에서 비롯된 것인 탓에 인간적인 안목에서 내세를 안다는 것은 인식의 범위 밖인 것이 맞다. 내세 영역은 오직 하나님만 진리성을 계시할 수 있고, 그를 통해 하나님다운 권능을 드러낸다. 내세를 관장할 수 있는 자격자는 인류 역사상 유일하다. 정신적으로 최고의 경지에 이른 부처도 생전에 "긍정도 부정도 하지 않고 무기(無記)를 행한 물음 중의 하나는 사후에 인간의 자아가 존속하는가 아닌가 하는 것이었다. 즉. 사후 자아의 존속 문제에 대해서는 언급을 회피했다. 공자도 "사후에 우리가 어떻게 됩니까?"라는 물음에 대해, "生도 모르는데 어떻게 死를 알겠는가?"10)라고 대답하였다. 다시 말해, 聖人의 반열에 오른 자라도 생사를 관장하는 내세 권능까지는 지니지 못했다는 뜻이다. 사후 문제는 오직 하나님 영역 안에 속한 진리 해결 과제이다. 그

---

10) 『불교의 무아론』, 한자경 저, 이화여자대학교 출판부, 2006, pp. 44~45.

것을 보혜사 하나님이 진리의 성령으로 강림하여 밝힌 만큼, 이 연구가 인간 발달의 마지막 과제인 **"사후 내세기"**를 **"영혼 안주기"**로 규정하고 논거를 두는 것은 창조주인 하나님의 지상 강림 사실을 증거하는 일환이다. 그러니까 이 연구도 선천 교육론과는 차원적으로 격을 달리할 수밖에 없다. 이전의 인간 교육이 삶과 인생과 존재에 국한한 가르침이었다면, 강림한 마당에서는 삶 이전은 물론이고 삶 이후의 삶, 곧 죽음 이후의 사후 내세에 대해서도 가르침을 펼칠 수 있는 지혜를 확보해야 한다. 영혼이 영원할진대, 삶 교육 과정에서도 내세적인 삶을 대비할 수 있는 가르침을 전제해야 하나니, 창조된 인간은 주어진 전 생애 과정을 그렇게 창조된 삶의 원천 과정을 찾아갈 수 있도록 설정하고 인도하고 교육해야 구원의 저 언덕에 도달한다.

이런 교육의 필요성을 자각하고 가치성을 인지한 교육학자로서는 코메니우스를 들 수 있다. 그는 기독교의 창조론 교리에 근거해 "인간의 궁극적 목표는 내세의 삶에 있으며, 현세의 삶은 다만 영생에 대한 준비란 사실을 지적하고, 영원에 대한 준비의 세 단계로서 자신과 다른 모든 것들을 알고, 다스리며, 하나님에게로 향하는 일을 제시하였다."[11] 즉, "박애(eruditio), 유덕(virtus), 경건(pietas)의 세 가지를 통일시켜 知는 德을 위해서, 德은 신앙을 위해서 있다는 관계에 두고, 관련성을 획득하는 것이 교육의 목적이라고 하였다."[12] 이런 목적 착안과 접근 방법은 선견이지만, 내세를 뒷받침하는 세계관을 창조 교리에 전적으로 의탁했다는 것과 신앙과 도

---

11) 「코메니우스의 교사론 연구」, 김승겸 저, 연세대학교 교육대학원, 교육경영 및 평생교육, 석사, 2007, p.36.
12) 『체계교육사』, 이원호 저, 제일문화사, 1978, p.229.

덕적 덕목 실천을 영생을 보장하는 교육 과정으로 설정한 것은 선천 교육론다운 한계성이다. 내세와 영생이 가능한 진리성을 뒷받침해야 그것을 근거로 교육할 수 있다. 이런 조건은 종교와 철학 영역이 공통으로 처한 선천 세계관으로서의 문제점이다. 예를 들어, "원시불교에서는 내세를 상정한 상태에서 중생들이 惡을 멀리하고 善을 행하도록 하여 종국에는 중생이 불문(佛門)에 귀의하도록 인도한 것이다. 이것은 도덕적 실천을 위해 간과할 수 없는 종교적 구도 의식이기는 하지만",13) 내세가 존재한 근거를 진리적으로 밝힐 것은 아니다. 철학 영역에서는 관념론이 있는 바, 여기서는 "인간을 육체와 마음(뇌)과 정신(혼)에 의해서 조성되었다고 생각했다. 자기의 실재(Reality)를 믿음과 함께 사후에도 영존하는 영을 가지고 있다고 확신했다. 마음 또는 정신이 전 우주의 참다운 본질(Real entity)이라고 믿었다."14) 그러나 인간을 육체와 마음과 정신으로 구분할 수는 있더라도 우주의 본질이 마음 또는 정신이란 주장은 창조론적 해명이 필요하고, 그렇게 근본적인 요소로 구성한 영이 사후에도 영존한다는 주장은 원리적으로 입증된 것이 아니다. 내세론을 확고한 세계관으로 정초하기 위해서는 먼저 영혼의 불멸성 문제부터 해결해야 했지만, 대립각이 첨예하였다. "고대 그리스의 소크라테스(B.C. 470~B.C. 399)는 육체가 죽은 다음에도 영혼은 불멸한다고 믿은 탓에 영혼과 육체가 분리되는 현상을 죽음이라고 생각했지만",15) 에피쿠로스(B.C. 342?~B.C.270?)는 사람이 죽으면 영혼도 육체도 함께 죽기 때문에 영혼이 불멸한다는 설을 부정하였

13) 『동양 윤리 사상의 이해』, 조현규 저, 새문사, 2006, p.295.
14) 『체육 철학』, 오진구 저, 보경문화사, 1991, p.200.
15) 「라인 홀드 니버의 인간 이해」, 앞의 논문, p.6.

다.16)

선천의 어떤 영역도 지성도 내세관을 진리성에 근거해서 밝히지 못하니까 그에 기반을 둔 인생관도 관점이 유동적이었다. 상식적으로는 인간이 살아생전에 일구고 판단한 인생관이 우선이고, 그것이 삶의 중심축을 이룬 것 같지만, 살펴보면 정반대이다. 내세관이 현세관을 전적으로 지배하고 있다. 이런 구조 탓에 내세관을 확립하지 못하면 그 위에서 기초를 다져야 할 인생관도 제자리를 잡을 수 없다. 제 세계관이 갈래지어졌다. "인간의 생명은 어머니 배 속에서 지상으로 나온 순간에서 시작하여 무덤으로 들어갈 때까지 단 한 번뿐이라고 여긴 일생관(一生觀), 영혼의 불멸성과 내세의 존재를 말한 기독교의 이생관(二生觀), 사람의 생명은 자기가 짓는 인과 업에 의해서 전생(前生)에서 금생(今生)으로, 금생에서 내생(來生)으로, 또 그다음 生으로 두루두루 돌면서 전생 윤회를 되풀이한다고 여긴 불교의 다생관(多生觀) 등등.17) 이 어찌 현세관을 지배하는 내세관이 아닌가? 그러나 문제는 어떤 내세관도 진리성에 근거하지 못한 탓에 누구도 내세에 대해 확실한 교육적 지침을 하지 못했고, 당연히 내세를 대비하지 못해 언젠가는 맞이할 죽음에 대한 공포와 비애와 허무 감정을 떨칠 수 없었다. 현세와 내세가 단절된 인간 영혼의 비참함이자, 연결하지 못한 교육의 막중한 책임이다. 그런 처지에서 죽음이 주는 인생적 의미는 모두 다 부정적, 절망적이다. 곧, "죽음은 일체의 지상적인 것과의 결별이다. 우리는 사랑하는 모든 것, 바라고 아끼고 계획했던 모든 것을 두고 지상에서 사라져야 한다. 날마다 우러러보는 저 푸른 하늘, 사랑하는 부모 처자, 믿고

16) 위의 책, p.37.
17) 『젊은이여 희망을 등불을 켜라』, 앞의 책, p.232.

아낀 친구들, 애지중지한 인생의 계획, 정이 붙은 온갖 소유물, 즐거운 대화와 生의 유열(愉悅)과 한가한 취미를 모두 두고 어디론가, 또는 無의 세계로 혼자 떠나야 한다. 사랑하는 것으로부터 떠난다는 것은 참으로 가슴 아프다. 그래서 불사(不死)를 믿고, 영원히 살고 싶은 것은 만인의 원(願)이기는 하지만, 유한한 인간으로서는 生에서 시작하여 死로 종말 짓는 것",18) 그런 사실을 진리로써 받아들일 수밖에 없는 것이 필연적 현실이다. 하지만 이것은 숱한 인류가 生死를 거듭하면서 도달한 인간적인 관점에 근거한 한계적 인식일 뿐, 生死를 넘어 삶의 본질 전체를 결정한 하나님의 본의에 근거하면 사생관, 영생관, 내세관을 한꺼번에 확정하고, 죽음에 대한 온갖 오해와 무지와 편견을 한꺼번에 일깨울 수 있다.

그것을 가능하게 하는 원리적 근거는 인간으로서는 지금까지 도달한 결과가 증명하듯 불가능하지만, 하나님의 창조 원리에 근거하면 확실하고 정확하다. 하나님은 영원한 실존자이다. 인간은 하나님의 몸 된 본체에 근거해서 化된 하나님의 분신이고 자녀이다. 그래서 하나님의 영원한 본체에 의탁하면 유한한 인간도 영원할 수 있다. 그런 창조 바탕이 인간의 영원성을 보장한다. 존재한 인간이 죽음을 맞이하는 것은 창조된 현상계 안에서 그렇게 존재할 수밖에 없는 시스템 탓이지, 하나님의 몸 된 본체에 근거한 존재까지 그런 것은 아니다. 그런 관점에서 **인간의 존재적인 실존 상태는 생멸로서 化된 가상체인 것이 맞고, 바탕된 존재는 하나님과 격을 같이하여 불변한다.** 化된 생멸 현상과 상관없이 본체는 불변한다는 것, 그런 절대적인 창조 바탕에 인간의 존재 본질이 속해 있다. 그것이

18) 위의 책, pp. 232~233.

生死를 초월해서 인간 영혼을 사후에도 존재할 수 있게 한다. 그래서 이 연구가 밝힌 죽음 이후에도 삶의 지속을 가능하게 하는 영혼 불멸의 진리적 근거는 바로 주변에서도 확인할 수 있는, 만상이 생멸하는 현상을 통해서 찾을 수 있다. 한 해에 피고 지는 꽃은 그해 안에서는 다시 볼 수 없지만, 이듬해가 되면 그 자리에 같은 종의 꽃이 다시 피어난다. 한 해에 피고 지는 꽃과 해마다 반복해서 피고 지는 전체 종을 두고 보면, 전자는 지고 나면 다시는 존재할 수 없는 일회성이지만 그것은 본질이 아니고, 실존성의 주체도 아니다. 그것은 오직 종의 有한 창조 본질을 유지하기 위한 시스템적 변화 현상에 불과하다. 창조되지 않았다면 생멸하는 변화 과정을 겪지 않고서도 불변할 수 있는데, 창조되고 존재한 탓에(化된 결과) 분열하는 현상계에서는 생멸하는 변화 조건을 충족시켜야 본래의 불변성을 유지, 지속할 수 있다. 하나님의 몸 된 본체는 변화하지 않는 절대 본체 자체로서 영원하지만, 창조된 인간은 생멸 현상을 반복함으로써 영원성을 지속한다. 그래서 삶을 통해 겪는 生死란 변화는 가변적이고, 주축에 해당한 본체는 가변의 생멸 현상 자체를 초월해 여여하다. 단지 우리는 가치적으로 본성을 추구하였고 분열시켰으므로, 결과에 따라 惡한 영으로 지속하는지 善한 영으로 지속하는지에 대한 차이는 있다. 하지만 사후에도 지속하는 영혼 자체의 실존성에서만큼은 차이가 없다. 이렇듯 인간은 사후 영혼의 사멸성과 불변성 문제를 일단락지어야 어떤 가치관과 굳센 믿음을 가지고 인생 과제를 추진할 것인가(어떻게 살 것인가) 하는 문제와, 그를 통해 내세를 철저하게 대비할 수 있다.

이에 우리가 분명하게 알아야 할 것은, 化됨으로 가변에 속한 육신과 불변에 속한 영을 구분하는 절차이다. 창조로 인해 존재한 본체가 속한 것은 육신이 아닌 영이다. 그리고 영은 불변한 존재자인 하나님이 품고 있고, 말미암은 탓에 육의 가변적인 생멸 현상을 초월한다. 그 근원에 속한 실존 영을 인류가 확실하게 붙들어 가치적으로 추구해야 한다. 영속한 본체 영은 굳이 절대적인 神으로서 인격화하지 않아도 된다. 이 연구가 논거를 둔 초월적인 본체성과 같다. 하나님의 영은 차원적인 본체를 존재한 몸통으로 구성하고 있다. 이런 몸 된 창조 본체를 동서양의 지성들이 太極, 理氣, 梵, 空, 法, 道, 一圓相 등으로 의지화, 품성화, 形而上學화, 인격화했다. 이것이 이 연구가 영혼의 사후 불변성과 내세관을 진리적으로 증거하는 최후 과정이다. 그러므로 인류가 이후부터 취해야 할 태도는 입증한 내세관에 근거해서 굳센 믿음을 가지고 살아생전에 진리대로 실천해서 영혼을 고귀하게 승화시키는 것이다. 아울러 교육은 인류가 삶의 정열을 고귀하게 헌신할 수 있도록 위대한 가르침을 펼쳐야 한다.

결국, 인간성과 인간 된 삶을 추진시키는 참 에너지의 근원은 우리를 있게 한 하나님에게 있나니, 하나님만이 인생 본질의 근원이고 주관자이다. **하나님만이 인간의 삶을 주관하고, 사후 영혼을 보장한다. 영원한 생명을 줄 수 없는 길은 길이 아니며, 영속할 세계를 줄 수 없는 세계는 세계가 아니다. 길은 무수해도 하나님에게 이르지 못하는 길은 멸망할 길이고, 하나님의 세계 속에 있지 못하는 세계는 파멸할 세계이다.** 교육은 하나님에게로 이르는 길을 확실하게 구분해서 가르쳐야 한다. 인간은 태어나기 이전부터 하나님이 뜻을 가지고 관장한 고귀한 생명체이다.

"여호와께서 그 조화의 시작 곧 태초에 일하시기 전에 나를 가지셨으며, 만세 전부터, 상고(上古)부터, 땅이 생기기 전부터 내가 세움을 입었나니 …… 하나님이 아직 땅도, 들도, 세상 진토(塵土)의 근원도 짓지 아니하셨을 때라. 그가 하늘을 지으시며 궁창(穹蒼)으로 해면에 두르실 때 내가 거기 있었고 …… 또 땅의 기초를 정하실 때 내가 그 곁에 있어서 창조자가 되어 날마다 그 기뻐하신 바가 되었으며 …… 사람들이 거처할 땅에서 즐거워하며 인자들을 기뻐하였었느니라. 아들들아, 이제 내게 들으라. 내 道를 지키는 자가 복이 있느니라. 훈계를 들어서 지혜를 얻으라. 그것을 버리지 말라. 누구든지 내게 들으며, 날마다 내 문 곁에서 기다리며, 문설주 옆에서 기다리는 자는 복이 있나니, 대저 나를 얻는 자는 생명을 얻고, 여호와의 은총을 얻을 것임이니라. 그러나 나를 잃는 자는 자기의 영혼을 해하는 자라. 무릇 나를 미워하는 자는 사망을 사랑하느니라(잠, 8: 22~36)."

사사 삼손도 태에서 나옴으로부터 하나님께 바치운 '나실인'이 되었다(삿, 13: 5). 하나님이 우리의 태생 이전부터 영혼을 품었고, 태어나서는 전 삶의 여정을 한순간도 놓침 없이 주관하였는데, 죽음을 맞이했다고 해서 그 손길을 놓칠 리 만무하다. 죽음 이후의 영혼을 거두어 주지 않을 리 없다. 그렇게 주관한 사랑의 손길을 그 누구도 거부할 수 없다. 평생에 단 한 번도 느끼지 못한 무감각한 영혼을 일소하고, 하나님의 섭리 손길이 섬세하게 느껴지도록 영성을 일깨워야 한다. 교육이 인생의 전 발달 과정을 선도해서 만 영혼을 빠짐없이 하나님의 길로 인도할 수 있도록 위대한 실행력을 발휘해야 하리라.

제4편

도덕 교육론

인간은 하늘의 거룩한 덕성을 인간성화해 항구적인 본성으로 승화시킬 수 있다. 인간이 품은 위대한 도덕적 본성 가치를 일구고 깨달아야 하나니, 수행을 통한 의지와 본질화가 선행해야 했다. 이것은 지성적으로 일깨운 가치 인식과 수용 문제가 아니다. 본래 부여된 거룩한 품성적 義를 회복하고, 하나님의 창조 의지와 뜻을 읽고 교감해서 수용하는 본성 바탕을 마련해야 한다. 그것이 곧 聖人의 길이고, 하나님의 창조 본체, 神적 본질과 동화된 聖化의 길이다. 곧, 현세적 삶을 통해 추구해 나가야 할 도덕적 품성 함양의 당위 이유이고, 이루어야 할 당위 목표이다.

제9장 개관(도덕성 교육 목적)

　　인간이 갖추어야 할 윤리·도덕성은 동서 간의 선현과 현철들이 세계를 개혁하고자 한 사상의 중심 주제로서 거론하였고, 심지어 창조주인 하나님도 도덕적 타락상을 안타까워한 문제이다. 개명된 문명사회를 호흡하는 사상가들은 우주와 역사가 끊임없이 진보하고 발전해 왔다고 하였는데, 인간성만큼은 노력하였음에도 불구하고 오히려 퇴행해 가고 있다. 급기야 현대인의 행태를 종합하고 보면, 인간이 간직해야 할 도덕성의 마지노선이 붕괴하고 말리란 우려가 현실화하고 있다.[1] 세상은 요지경이 된 지 오래고, 도무지 용납할 수 없는 극악한 사건들이 비일비재하게 발생한다. "인간의 탈을 쓴 짐승"이란 말이 있듯이, 인간의 인간다움을 지탱한 본성 안에서 윤리·도덕성이 실종되어 버렸다. "이전에는 듣지도 보지도 못한 흉악한 범죄들이 저질러지고 있는 사회에서는 인간의 善한 면보다는 惡한 면들이 더 많이 드러나고 있다."[2] 이처럼 심각한 "인간성 타락과 도덕성 결핍 문제는 학교에서도 나타나 교실 붕괴, 학교 붕괴, 교육 붕괴 현상으로 이어졌다."[3] 현대 인류를 위협하는 근본적이고도 중요한 위기는 환경 파괴, 핵무기 개발이 아니라 "도덕성의 위기"이다. "빈발하는 반인륜적 사건들이 사회질서를 파괴하고, 국가

---

1) 『도덕교육의 담론』, 심성보 저, 학지사, 2000, p.서론.
2) 「순자의 교육사상 연구」, 정민지 저, 울산대학교 교육대학원, 중국어 교육, 석사, 2008, p.2.
3) 「장자 사상의 도덕과 교육에의 함의」, 앞의 논문, p.53.

의 법 지배를 위협하며, 정치적 위기 상황을 초래할 수 있지만, 그 것이 곧 도덕성의 위기는 아니다. 진정한 위기는 많은 사람이 옳음 과 그름에 대한 감각을 잃어버린 사회적 상황이다. 즉, 사람들이 도 덕적 신념을 가지고 있지 못하거나, 도덕적 가치와 원칙을 올바르 게 이해하지 못하거나, 또는 자신의 도덕적 이상을 특정한 상황에 적용하는 방법을 알지 못할 때, 그것이 도덕성의 위기이다. 윤리·도덕은 인간을 인간으로 만드는 본질적 요소이다."[4] 그만큼 도덕성 의 타락 현상은 하나님이 단행할 바 인류 심판의 근거가 될 만큼 중차대한 문제이다. 반대로 인류가 도덕성을 일구고 깨우쳐 가는 과정은 실로 聖人化로 나가는 길로서, 참된 수행과 끊임없는 자기 성찰은 內聖을 밝히는 첩경이다. 매사에 있어 무엇이 옳고 그른 것 인지 판단하고, 인생에 의로운 뜻을 길러 실천하는 도덕성 확립은 인간성을 완성하는 숭고한 추구 자세이고, 가치 구현의 세계이다. 참된 길, 의로운 길, 완성을 위한 길이 있는데도 대다수 인류가 마 다하고 현혹된 방종과 타락의 길을 걷고 마는 이유는 도대체 무엇 인가? 도덕적인 가치 인식과 본질의 자각은 다른 사상 특성과 달리 전 생애 과정을 거친 정신성의 완성과 인격적 신념이 뒷받침되어야 하기 때문이다.

현대 인류가 도덕성을 상실한 위기에 처했을진대, 지각 있는 지 성들은 앞장 서 문제성을 통렬하게 비판하고 원인을 분석한 처방책 을 내놓아야 했다. 무엇이 문제인가? 왜 도덕성을 상실하였는가? 타락한 도덕성을 회복하고 선도하는 것을 진리 탐구의 시급한 화두 로 앞세워야 했다. 그런데도 쉽사리 접근하지 못한 것은, 윤리·도

---

4) 『동양의 도덕교육 사상』, 앞의 책, p.283.

덕성을 학문적으로 연구할 수는 있지만, 수양과 인격성을 뒷받침하지 못한 제반 도덕적 가치는 쉽게 제창할 수 없기 때문이다. 지적으로 논할 수는 있지만, 인격적 신념을 갖지 못한 주장은 뭇 영혼을 선도할 진리 에너지를 발산할 수 없다. 이것이 문제이다. 그래서 미래 사회에는 모든 조건을 갖춘 聖人의 탄생을 고대한 것인지도 모른다.

하지만 이 연구는 계시에 근거한 것이기는 하지만, 인간의 지어진 바 된 본의에 입각한 관계로 이전과 다른 도덕성의 본질을 규정하고, 도덕성 교육의 목적과 방향을 지침함으로써 본래의 교육 목적인 인간성의 타락을 저지시켜 인류를 神적 본질로까지 승화시키고자 한다. 그러기 위해서는 다양한 교육 목적 가운데서도 도덕성 교육을 중점화시켜야 한다. 그래서 앞의 제1권에서는 전인 교육 목적 달성을 위한 요소의 하나로서 논거하였지만, 본 편에서는 교육 목적 달성의 제일 중심에 두고자 한다. 이것은 이 연구만의 생각이 아니다. "교육의 중핵을 이룬 두 개념을 든다면 지식과 윤리, 혹은 도덕을 들 수 있다. 지식과 도덕이란 개념은 이미 교육의 개념 속에 붙박여 있다. 따라서 교육되었다는 것은 지식을 획득하거나 성장했다, 혹은 가치 있는 방향, 즉 도덕적인 방향으로 변화하였다는 것을 뜻한다."[5] "헤르바르트는 교육의 최고 목적을 학생의 도덕성을 함양하는 데 두었다. 지식이나 기술을 습득하는 것도 중요하지만, 그것만으로는 충분하지 못하다. 도덕성 함양은 교육의 모든 세부적 목적을 포괄하는 최고의 목적이다."[6] 즉, "도덕은 교육의 목적을 총칭한다."[7] 일찍이 동양의 공자도 강조한 것은 역시 도덕교

---

5) 『교육 철학 및 교육사 연구』, 앞의 책, p.381.
6) 위의 책, p.293.

육이었다.

"공자께서 네 가지로써 가르치시니, 文과 行과 忠과 信이었다(『논어』, 술이 편)."

얼핏 보아도 文을 제외한 3가지는 인간의 품성과 연관된다. 지식 교육과 도덕교육의 관계에 대해 공자가 말씀하길, "젊은이들은 집에서는 효도하고 밖에 나가면 공경하며, 삼가고 미덥게 하며, 널리 많은 사람을 사랑하고, 仁한 사람과 친하라. 그러고 나서 남은 힘이 있다면 글[文]을 배워라(『논어』, 학이 편)." 도덕교육과 실천이 중요하고 지식 교육은 그다음이다. 德은 행실의 근본이고 앎은 말단이다.[8] 도덕교육이 교육의 근본이고, 중심된 활동이란 말이다. 그래서 인간은 무엇보다도 도덕교육을 통해서 인간성을 북돋고 고무할 수 있는 가치를 수용해서 본질화할 수 있어야 한다.

이런 실행력을 가진 도덕교육에서 지금까지 밝혀낸 중점적인 목적은 "인간 본성 가운데서도 도덕성을 발달시켜 옳고 그름을 구별하고, 윤리적 가치 체계를 발달시키며, 도덕적으로 행동할 수 있는 능력을 성장시키는 데 있었다."[9] 철학자 칸트도 교육의 목적에 대해 "도덕적으로 올바른 사람을 만드는 것이며, 학생의 마음을 계발하거나 의지를 올바르게 발달시킴으로써 도덕심을 함양할 수 있다고 하였다."[10] 그러나 이 연구가 밝히고자 하는 바 **도덕교육의 근본적인 목적은 잠재된 성선(性善)을 실현해서 이상적인 성화(聖化)**

---

7) 『서양 교육 사상사』, 앞의 책, p.322.
8) 『동양의 도덕교육 사상』, 앞의 책, p.78.
9) 『도덕교육의 담론』, 앞의 책, p.211.
10) 『체육 철학』, 김대식 외 2인 공저, 앞의 책, p.48.

를 달성하는 데 있다. 왜 타고난 性善을 발현시켜 상실한 도덕성을 회복해야 하는가 하면, 性善에 바탕을 둔 도덕적 본성은 다름 아닌 하나님의 창조 본체에 근거하여 창조된 인간이 그렇게 해서 바탕이 된 하나님의 몸 된 본성을 인간의 본성 안에서 구현하고자 한 목적 탓이다. 앞에서도 인간이 간직한 도덕적 본성은 현세적 가치와는 차원이 다른 본질적 요소라고 했거니와, 현대 교육은 바로 본질성 지향의 도덕성 교육을 요청하고, 본질적 본성을 회복하고 함양하는 것이 도덕교육의 궁극적 목적이다. 오늘날의 인류는 "道로의 복귀 (復歸)와 德으로의 회귀(回歸)를 실현해야 하는 바"11) 진심 어린 이유는 부여받은 창조 본성의 회복이며, 인간 본성을 통한 창조 목적의 실현에 있다. 道란 곧 하나님의 창조 본체이고, 德이란 본질성을 가치 진리로서 품성화한 거룩성이다. **오늘날의 도덕성 교육은 현세적 가치를 초월해서 영속을 위한 본질 지향 교육이 되어야 한다.** 인간 본성을 본래의 타고난 초월 본성으로 복귀시켜야 한다. 인간 본성이 창조 본성에 근거한 탓에, 본래 性善이었고 본래 초월적이었다. 그것이 창조된 인간성 안에서 도덕성으로 발현되었다. 도덕교육 목적은 인간 본성을 본래의 타고난 바탕대로 영속화하기 위해 현세의 삶 가운데서 근본적인 바탕을 마련하는 것이다. 도덕적 본성은 능히 삶의 과정을 통해 현세적 가치를 초월하고 통합함이 가능한 바, 이같은 추구 가치를 만 영혼을 일깨우는 도덕교육의 중차대한 목적으로 설정해야 한다. 현대 교육은 도덕교육을 통하여 인간 본래의 창조 본성을 회복시킬 르네상스 운동을 일으켜야 한다. 인간의 도덕적 본성을 이해하기 위해서는 인식의 혁명적 전환이 있어야 하리라.

---

11) 「노자의 교육론과 그 사상사적 의미」, 황금중 저, 미래교육연구, 18권 1호, 2005, p.54.

제10장 도덕 교육

1. 도덕성 함양 방법

역사상에는 많은 선현이 등장하여 인류 사회를 선도하고자 하였고, 학교에서는 도덕을 정규 과목으로 채택해서 가르치고 있다. 하지만, 이 같은 노력에도 불구하고 현대 사회가 도덕 불감증에 빠져 집단으로 타락하고 인간성이 피폐한 것은 그 이유가 어디에 있는가? 본성 속에 있는 도덕성을 끌어내고 함양하고자 한 접근 방법에 문제가 있고, 가르친 교육 방법이 실효성이 없었다는 뜻이다. "도덕성이란 곧 인간이 가진 도덕적 품성이다. 선악의 견지에서 본 인격, 행위 따위에 관한 가치를 말하는 것인데",[1] 무엇이든지 방법이란 이루고자 하는 대상을 어떻게 파악하는가에 따라 접근하는 데도 차이가 난다. 함양 방법도 달라진다. 그래서 오늘의 도덕성 타락 결과는 선결된 조건, 곧 도덕성의 본질을 결정하는 인간 본성이 善한가 惡한가 하는 것부터 규정하지 못했고, 도덕성을 함양하는 목적을 통일하지 못한 탓이다. 타고난 본성이 더럽고 惡한 것이 맞는다면 도덕교육 방법은 그것을 닦아내고 제어하는 방법을 세워야 했고, 처음 본성이 청정하고 善했다면 보전하고 지키는 방법을 채택해야 했다. 천성대로 자연스럽게 살 수 있도록 인위적 수단을 차단해야

---

1) 네이버 사전, 도덕성.

한다. 그래서 고대 그리스 사람들은 "도덕을 교육으로 가르칠 수 있는가? 그리고 도덕을 교육함으로써 과연 착한 시민을 길러낼 수 있는가 하는 문제를 두고 고민하였다. 이를 통해 서양 교육은 동양 교육이 내면성을 지향한 것과 달리 이상적인 사회를 건설하려 한 실마리를 엿볼 수 있다. 플라톤은 德을 많이 쌓는 것은 교육하는 방법 여하에 달린 것이라고 했지만, 변론가이자 수사가인 이소크라테스(B.C. 436년~B.C. 338년) 등은, 義와 지혜는 선천적으로 주어지는 것이므로 교육으로 얻어지는 것이 아니라고 했다."2) 이런 갈래 관점은 현대 교육에 이르러서도 해결한 것이 아닌 탓에 실효성에 문제를 안고 있다. 선결 과제를 해결하지 못하고, 단지 경험만으로 체육을 통한 단련은 德과 의지를 닦는 수단이라든지, "음악 교육을 통해서는 德을 취득하고 체육 교육을 통해서는 용기의 德을 취득할 수 있다(플라톤)"3)란 주장만 하였다. "도덕교육은 모델 교육이 되어야 한다든지"4) 헤르바르트의 경우, "도덕성 교육의 궁극적 목적은 다면적 흥미를 발달시킴으로써 도달할 수 있다"5)라고도 하였다. 이처럼 다면적 흥미를 발달시키는 것이 도덕성 함양 방법으로서 효과를 거두기 위해서는 교육 목적 제시에 맞는 교육 원리를 밝히고, 그다음 교육 방법을 구안해서 교육 과정을 구축하며, 그 같은 교육적 체제 안에서 도덕적 품성을 함양할 수 있는 교육 가치의 구현 절차를 거쳐야 했다. 이 연구는 이런 문제점을 극복하고, 무엇보다도 가치를 일구는 것이 도덕성을 함양하는 정당한 방법이

---

2) 『기독교 교육』, 앞의 책, p.11.
3) 「플라톤과 주자의 기초교육론 비교 연구」, 장예 저, 연세대학교 대학원, 교육학, 석사, 2016, p.83.
4) 『체육 철학사상 연구』, 조쟁규 저, 문화창조, 2000, p.202.
5) 『서양 교육 사상사』, 앞의 책, p.324.

라고 한다면, 그렇게 선언한 형태로서는 역시 피상성을 면할 수 없다는 생각이다.

그래서 도덕성 교육을 재정립하기 위해서는 먼저 인간의 본성을 어떻게 변화시킬 수 있는가에 대한 메커니즘부터 밝혀야 한다. 서양 인식론이 외부 사물을 탐색하고, 인간의 사고와 자연적 질서와의 정합성 여부를 따진 것이라면, 동양인이 수행론을 펼친 것은 인간의 본성을 변화시키고자 한 진리 인식 방법론이다. 곧, 사고와 지식이 아니라 본성을 변화시켜야 덕성을 함양할 수 있다. 즉, **서양은 외면의 세계를 탐색하는 데 적합한 인식 방법론을 개척하였고, 동양은 내면의 세계를 파고드는 데 적합한 수행 방법론을 개척하였다.** 이런 추구 방식과 문화적 특성이 인간의 도덕성을 함양하는 데도 주효하여, 동양과 서양 간에 큰 차이를 초래했다. 먼저 서양 사상의 첫 출발점 자리를 차지한 소크라테스는 善을 행하려면 지식을 소유해야 한다고 했고, 제자 플라톤도 德은 곧 지식이라고 규정하여 지식의 의미를 확장했다.6) 아리스토텔레스는 德을 교육으로 계발할 수 있다는 점에 주목한 플라톤의 제자이다. "德을 획득할 수 있는 길로서 이론적 이성을 사용하여 진리 탐구에 몰두하는 것과 실천적 이성을 사용하여 德을 습관화시키는 방법을 내세웠다."7) 이성을 통해 德을 계발할 수 있다고 여긴 사상은 이후로 서양 도덕교육 방법의 전통이 되다시피 하였다. 이런 사상을 계승한 독일의 철학자 칸트는 "교육의 목적과 도덕교육의 목적을 동일시하여, 의지의 자유에 따라 도덕 법칙을 발견하고 이를 존중해서, 이에 따라 행위를 할 수 있도록 도덕적 품성을 계발하고, 선의지를 실현해서

6) 위의 책, p.36.
7) 위의 책, p.38.

인류 사회의 항구적 평화를 이룩하고자 하였다. 칸트는 교육을 통해 인간이 도덕적인 인간이 될 수 있다고 보았고, 방법으로서 교육은 아동들이 자신의 생활 내면에서부터 스스로 지배할 수 있는 법칙을 발견하도록 이끄는 데 있다"[8]라고 하였다. 이성을 활용해서 내면의 도덕성 지배 법칙을 발견하도록 교육이 가르친다는 것인데, 인간이 본유한 도덕적 본성을 이처럼 이성을 통해 이해한 방식과 접근 방법에 문제가 있었다는 것은 이성 자체가 지닌 한계성을 모르는 데 있다. 그가 취한 세계 이해 방식을 따른다면, 이성은 충분히 활용 범위를 확대할 수 있다. 하지만 인간이 지닌 도덕적 본성은 그런 활용 범위 밖에 있다.

"칸트는 인간 존재를 철저히 이분법적으로 파악하였다. 첫 번째, 세계는 자연법칙이 지배하는 세계이다. 인간은 동물과 같이 자연법칙에 따라 움직이는 자연적 인간이다. 인간의 천성이라고 할 수 있는 동물적 충동, 욕구 등이 여기서 제힘을 발휘한다. 두 번째, 세계는 이성이 지배하는 세계이다. 이 세계 안에서 인간은 자연법칙에 따라 움직이는 것이 아니고, 자신의 이성에 따라 자유롭게 선택하여 행위를 한다. 하지만 이런 이성적 능력이 인간에게 천성적으로 주어진 상태는 아니다. 단지 이성적인 인간이 될 수 있는 소질을 갖고 태어났을 뿐이다. 그러한 소질이 잘 계발되었을 때 인간은 비로소 이성적인 인간이 될 수 있다. 이런 전제를 두고 칸트는 인간을 자연 세계와 이성 세계의 두 세계 사이에서 내부적으로 갈등하는 존재로 보았다. 서로 다른 근원을 가진 자연성과 도덕성, 감성과 이성이 인간 안에서 늘 대립하면서 싸운다. 그 해결책으로서 칸트

---

8) 「칸트 도덕 교육론의 현대적 의의」, 앞의 논문, p.47.

는 인간의 이성이 자연성을 관리하고 감독해야 한다고 주장했다. 인간의 善한 자연성은 계발되어야 하고, 인간의 惡한 자연성은 억제되어야 한다. 이에 이성의 조절 능력에 따라 동물적 충동과 욕구가 억제되고, 비로소 도덕적으로 善한 참인간이 될 수 있다"9)라고 하였다. 물론 인간은 본성 안에 타고난 본능과 욕구도 포함하고 있는 탓에, 이런 요소적 측면에서는 이성이 욕구를 잘 조절하고 억제하는 기능 발휘를 통해 도덕성이 고무되고 참 인간으로 선회할 수도 있다. 그러나 인간은 칸트가 파악한 이분법적 본성 이외에 본질적인 창조 본성도 함께 본유했다. 이것을 칸트가 간과하였다. 이처럼 두 가지가 아닌 세 가지 요소를 함께 놓고 볼 때, 칸트가 주장한 도덕성의 이성적 접근 방법이 과연 타당한가에 대해 의문을 남긴다. 한 마디로 서양의 전통적인 도덕교육 방법의 한계성이 명확해진다. 존 로크처럼 이성을 활용하여 오성(悟性)을 어떻게 훈련하느냐는 방법은 열심히 세웠지만(『오성지도론』),10) 덕성을 함양하는 과제는 지식성에 접근한 오성 훈련만큼 도덕적 본성에 근접한 방법을 구체화하지 못했다.

그 이유를 본의에 근거해서 보면, 서양의 전통적인 교육 방법은 현세적(현실적) 질서에 바탕을 둔 관계로 현세적 가치 추구 목표를 벗어나지 못한 것이다. 더욱 원대하고도 영속성을 지향한 목표 즉, **인간의 도덕적 본성은 하나님으로부터 말미암은 몸 된 본성의 인간적 본질화라고 할 수 있어서, 그런 神적 본질의 聖化 바탕을 교육이 본유한 도덕성을 통해 마련하고, 가치적으로 구현해야 한다.** 그런 측면이라면 동양인들이 聖人化를 지향한 것은, 본의는 미처 알

---

9) 위의 논문, pp. 12~13.
10) 『존 로크의 교육 사상을 이해한다』, 김규성 엮음, 학문사, 1993, p.34.

수 없었다 하더라도 섭리 의도를 따른 추구 목표였다. 알고 보면, 도덕성 교육은 하나님으로부터 부여받은 창조 본성의 인간적 구현이 궁극의 목표라고도 할 수 있어, 살아생전에 삶의 과정을 투신하여 도덕적 본성을 계발하고 다지는 것이 하나님에게로 나아가고, 하나님과 함께할 수 있는 디딤돌이다. 그런데도 현세적 가치에만 매몰되었다는 것은 하나님의 창조 본질과 동화될 수 있는 길이 차단된 것이다. 인간은 지음 받음으로 인해 하나님의 창조 본체에 근거했고, 그런 창조 역사 결과로 하나님의 몸 된 본성이 인간 본성에 내재한 도덕성으로 바탕이 된 만큼, 도덕적 본성을 지키고 일구는 것은 삶의 본질적 추구 목표인 동시에 인간 교육의 궁극적 목표이다. 그래서 삶의 과정에서 도덕성을 함양하고 간직하는 것은 사후에 영생을 보장받는 생애 최고의 가치성이다. 이런 도덕성의 가치 규정과 추구 목표를 고려한 "소크라테스로부터 시작한 서양 도덕교육의 전통이 항상 도덕적인 지식의 문제를 중심에 두고",[11] 그것을 이성적인 방법을 수단으로 해서 풀고자 한 한계성을 역력히 엿볼 수 있다. 그렇다면?

인간이 지닌 도덕적 본성은 하나님의 창조 본체에 근거한 것인 만큼, 지극히 본질적인 요소에 해당하여 현세적 가치를 추구하거나 지식, 학문을 탐구하는 방법을 통해서는 본성 속에 심원하게 함축된 도덕성을 근본적으로 변화시키고 원하는 방향대로 함양할 수 없다. 이런 도덕적 본성이 지닌 특성에 기초해서 함양 방법을 세우기 위해서는 지적 탐구 방법이 아닌 본성을 닦을 수 있는 수행적 방법이 주효하다. 즉, 본성적 의지와 연결된 마음을 수련하고 의식을 각

---

11) 『동양의 도덕교육 사상』, 앞의 책, p.227.

성해야 본성을 변화시키고, 인식하고, 추구한 가치대로 도덕적 본성을 함양할 수 있다. 그래서 동양의 선현들이 인생과 학문 추구의 목적을 聖人이 되는 데 두고, 수양적인 방법을 통해 주로 일구고자 한 것은 매우 근접한 도덕성 함양 방법이다. 칸트의 도덕교육 방법과 비교할진대, 이성을 통해 도덕 법칙을 발견하고 통찰한 것은 지적인 사유 활동으로서, 그런 결과적 자각과 판단이 옳고 그름을 판단하는 도덕적 행위에는 영향을 끼칠지 몰라도, 본성의 본질적 가치를 생성시키고 聖化시키는 작용과는 무관하다. 도덕성은 늘 마음의 의지적 수련 상황과 동승하고, 그렇게 의지를 다스린 결과로 일구어진 가치 있는 본질성의 획득물이다.12) 그런데도 "서양은 의지 수련과 도야를 통한 도덕성 함양 문제는 부차적이었고, 지식 자체를 위한 도덕교육 수준을 벗어나지 못했다."13) 이런 서양의 전통적인 사상사에서 유독 쇼펜하우어란 철학자만큼은 이성이 아닌 의지가 세계를 이룬 본질이라고 주장하였다. 그는 "도덕은 본체 세계에 속하고, 그런 도덕은 바로 의지 작용이라고 하였다. 의지는 본체의 세계, 곧 예지계에 속하고, 의지를 실천하는 신체는 현상계에 속한다고 함에",14) 도덕성 함양은 정말 본체 의지를 수련함으로써 획득되는 것인데, 방법을 구체화하는 데로 까지는 나가지 못했다. 도덕성은 지식적인 앎이 전부가 아니고, 본성 의지를 수련하고 가치성을 자각한 신념 어린 의지 발동이 본성을 품성으로 안착시킨다. 결국은 동양의 선현들이 추구한 수기치인(修己治人) 방법이 인간의 도덕적 본성을 함양하는 방법으로 주효하고, 완성하는 첩경이다.

---

12) 「소학의 덕 교육론 연구」, 오석종 저, 서울대학교 대학원, 국민윤리교육, 박사, 1999, p.17.
13) 『동양의 도덕교육 사상』, 앞의 책, p.227.
14) 『사람이 알아야 할 모든 것, 철학』, 남경태 저, 들녘, 2007, p.360.

도덕성은 修己治人 함으로써 의지를 수련하고, 그런 추구 과정을 통해 일군 진리적 가치가 인간 본성을 거룩하게 聖化해 항구적인 본성으로 본질화된다.

하지만 인간의 바탕이 된 도덕적 본성은 본래부터 본질적이기는 하지만, 그렇다고 단독으로 항구적인 본질로 승화할 수는 없다. 인간은 지극히 유한한 존재자라, 영원한 실존자인 하나님의 창조 본체와 소통하고 동화할 수 있어야 함에, 그런 조건을 갖추게 하는 것이 도덕교육의 최종 목적이고, 도덕적 본성을 함양하는 이유이다. 이런 조건을 충족할 도덕적 품성은 과연 어떻게 도야하고 함양할 수 있는가? 바로 하늘의 무후한 본성과 교감하고, 천부 본성을 도덕적 덕성으로써 일구는 데 있다. 하늘의 본성을 영원한 의지력으로 수용해서 신념화할 수 있을 때, 인간은 하늘의 거룩한 덕성을 인간성화해 항구적인 본성으로 승화시킬 수 있다. 인간이 품은 위대한 도덕적 본성 가치를 일구고 깨달아야 하나니, 수행을 통한 의지와 본질화가 선행해야 했다. 이것은 지성적으로 일깨운 가치 인식과 수용 문제가 아니다. 본래 부여된 거룩한 품성적 義를 회복하고, 하나님의 창조 의지와 뜻을 읽고 교감해서 수용하는 본성 바탕을 마련해야 한다. 그것이 곧 聖人의 길이고, 하나님의 창조 본체, 神적 본질과 동화된 聖化의 길이다. 곧, 현세적 삶을 통해 추구해 나가야 할 도덕적 품성 함양의 당위 이유이고, 이루어야 할 당위 목표이다. 하나님과 함께할 현 삶의 과정에서의 교두보 확보이고, 영생을 보장받을 본성 바탕을 마련하는 길이다. 지난날은 아예 길과 방법이 개척되어 있지 못해 이르는 자가 소수에 불과했지만, 이제는 터놓은 탓에 누구라도 뜻을 세우고 삶을 투신하면 도달할 수 있는 보편적인 길이다. **도덕적 본성 함양은 단지 현세적 삶을 옳게 사는 문제만이 아니다. 현 존재의 생멸성을 극복하고 영원한 삶의 기반을 마련하기 위한 전 생애적 투신 과제이다.** 도덕적 본성 함양에 대한 혁신적 방안으로서 이전에는 결코 착안하지 못한 초월적 가치 제시이다. 만 인류가 하나님에게로 나아가고 구원되는 길에 수행을 통한 의지 수련으로 타고난 도덕 본성을 회복하고, 본성을 거룩한 가치로 聖化시키는 방법이 있다. 마음과 믿음을 다해 수호한 도덕적 본성 바탕 위에 하나님의 거룩한 손길이 함께해서 뭇 영혼을 영원한 삶의 길로 인도하리라.

2. 도덕성 작용 원리

인간이 다양한 삶의 문제를 해결하는 과정에서 도덕적인 삶을 산다는 것의 의미는 무엇일까? 삶을 현실적인 본성의 바탕에서 보면 욕구와 밀접한 관계를 맺고 있다는 사실을 의심할 수 없다.[15] 그것을 꿈을 이룬다는 정당성으로 포장해서 수단과 방법을 가리지 않고 목표를 향해 치닫다 보면, 어느덧 도덕적인 삶과는 거리가 먼, 회복할 수 없는 죄악을 저지르게 된다. 『욕망이라는 이름의 전차』가[16] 삶을 이끄는 종착지란, 파라다이스가 결코 아닌데 무작정 타고 보고, 타고나면 방향 감각을 잃어버려 내리지도 못한다. 도덕적인 삶이 주는 인생의 가치 무게보다는 욕망을 충족하는 쾌락에 더 몰입

---

15) 「존 듀이의 과학적 도덕 교육론」, 김의석 저, 신일전문대학 논문집, 9집, 1995, p.24.
16) 미국 현대 희곡의 거장 테네시 윌리엄스의 대표작. 꿈과 현실, 이상과 욕망 사이를 줄타기하는 나약한 인간들의 초상.-다음 백과, 욕망이라는 이름의 전차.

한다. 그러니까 성자, 성현, 현철들이 나타나 아무리 도덕적 삶의 소중함을 역설해도 욕망을 추구하는 삶의 티켓을 구매하는 숫자는 늘어만 간다. 도덕적 본성과 욕망적 본능의 만족성 무게를 단다고 할진대, 욕망의 무게를 능가할 결정적 가치를 선현들이 제시하지 못했다. 그러니까 아무리 비도덕적인 삶이 안길 비참한 결과를 예고해도 큰 변화가 없다. 인과응보를 강조하고, 권선징악을 권고하며, 죄의 삯은 사망이라 지옥의 유황불에 던져져 고통받는 심판을 피할 수 없다고 엄포를 놓아도 아랑곳없다. 또한, 도덕적인 삶을 살았을 때의 지극한 보상 가치도 제시해 놓았다.

> "마음이 가난한 자는 복이 있나니 천국이 저희 것임이요 …… 의에 주리고 목마른 자는 복이 있나니 저희가 배부를 것임이요 …… 기뻐하고 즐거워하라. 하늘에서 너희의 상이 큼이라(산상설교, 팔복)."17)

善을 행하고 德을 쌓고 義를 지키면 거기에 대한 결실을 거두고, 천복(天福)이 주어진다고 하였다. 그러나 이런 인생 원리와 진리의 가르침 역시 믿고 실천하는 자가 몇 명인가? 그 이유가 도대체 무엇인가? 바로 도덕적인 삶을 살았을 때 본성에 영향을 끼치는 **"도덕성 작용 원리"**와 깊이 관련되어 있어서이다. 관념론, 유심론, 유신론은 왜 자연과학적인 진리만큼 확증된 진리의 반열에 오르지 못한 것인지 인류의 심원한 정신적 해결 과제와 연관이 깊다. 도덕적 삶이란 옳고 그런 것을 구분해서 바르게 살고, 착하게 살고, 이타적 가치를 실천하는 삶을 말하는데, 그렇게 삶을 추구하게 한 마음가짐인 신념과 의지와 진리에 근거한 가치 인식이 인간 본성과 의식

---

17) 마태복음, 5장 3~12절.

과 삶의 본질에 미치는 작용 원리를 밝혔을 때라야 비로소 누적된 정신적 과제를 한꺼번에 풀 수 있다.

유사 이래 남겨진 세계관적 과제인데 어떻게 할 것인가? 이것도 역시 하나님이 태초에 천지를 창조한 본의로부터 실마리를 찾아야 한다. 창세기 1장에 "태초에 하나님이 천지를 창조하시니라"라고 선언되었는데, 여기서 중점을 두어야 할 것은 창조 역사의 주체 권능 가닥보다 하나님이 무엇으로 어떻게 창조 역사를 실현하였는가 하는 데 있다. 과연 어떻게 어떤 방법으로 창조하였는가? "하나님이 가라사대 빛이 있으라 하시매 빛이 있었고……" 말씀으로 命하여 천지를 창조하였다. 여기서 말씀이란 하나님의 창조 뜻과 사랑과 지혜를 총망라한 통합적 의지체이다. 불교의 『화엄경』에서 모든 것은 마음이 짓는다(一切唯心造)고 하였는데, 이것은 말씀으로 천지를 창조한 태초의 창조 역사를 하나님이란 주체자만 뺀 동류 인식이다. 말씀이 어떻게 無에서 有한 천지를 창조할 수 있는가? 그것은 하나님의 말씀이 몸 된 본체에 지극한 변화를 일으켜 천지를 창조할 근본적인 바탕을 마련하였다는 뜻이다. 이것은 그와 같은 방식대로 창조된 인간의 도덕적 신념과 실천이 인간 본성에 지극한 변화를 일으키는 **"도덕성 작용 원리"**의 근간이다. 일체유심조라고 한 것은 마음이 유형인 물질성을 창조한다는 것이 아니고, 근원 된 본질의 바탕을 이룬다는 뜻이다. 어떻게 정신적 의도인 마음과 말씀 작용이 온갖 물질세계를 창조할 수 있는가? 창조된 본의 원리를 알면 곧바로 알 수 있다. 우리는 미처 인식이 미치지 못해 창조된 결과 세계를 기준으로 진리성 여부를 판단하지만, 그것은 본말에 대한 근원 추적이 전도된 것이다. 물질로 구성된 천지 만물은 사실상 바탕이 된 본체가 창조로 인해 化한 결과체이다. 모든 결정성이 그런 법칙으로 형성되었다. 즉, 창조되고 가공되어 변화하는 과정을 거쳤다. 우리가 결정적이고 참이라고 여긴 물질성은 부차적이다. 참 기준은 가공되고 변화를 입기 이전의 본질이다. 참 본질과 化된 물질의 근원성을 구분하는 기준은, 본질의 불변성과 만변한 물질 현상의 생멸성에 있다. 참 본질을 창조의 근원적인 기준으로 잡고 보면, 물질의 결정성은 의도에 의해 가공된 것이 맞고, 변경된 실존 형태일 뿐이다. 그래서 하나님이 천지를 창조한 참 본의는 말씀으로 본질적인 바탕을 마련하고, 최종적인 스탠바이 상태에서의 命에 따라 일시에, 그리고 한꺼번에 변화된 모습을 이룬 것이 천지 만물이다. 이때 인간도 인간다운 본질 바탕, 곧 천성을 부여받았다. 본질 바탕에 근거해서 말씀의 命에 따라 육신을 가진 인간으로 化했다.

그리고 만상은 창조를 성립시킨 창조 법칙에 따라 현상적인 질서 법칙 안에서 존재를 구성하는 데 없어서는 안 되는 필수 조건이 있듯, 창조 역사도 같은 창조 원칙 조건이 있는데, 그것은 다름 아닌 말씀으로 천지를 창조한 바탕 질료성의 문제이다. 아무리 전지전능한 창조주라도 그렇게 세운 창조 법칙을 다시 어길 수는 없다. 애써 지혜를 다해 세운 창조 법칙의 결과가 결정된 만물의 인과 법칙이고 조건 법칙인 만큼, 하늘 아래에서도 역시 말씀만으로서의 창조 역사, 곧 "無로부터의 창조"는 없다. 그렇다면 하나님은 정말 무엇을 근거로 역사를 단행한 것인가? 천지 만물이 창조되기 이전에는 무엇이 존재하였는가? 하나님이 유일하다. 인간은 무엇을 근거로 자식을 잉태하는가? 자체의 몸을 통해서가 아닌가? 마음만으로 자식을 낳을 수 있는가? 사랑을 다 하고자 한 뜻이 육신에 변화를 일으켜 귀한 생명을 품에 안았다. 하나님이 태초 이전에 창조 역사를 성립시킨 조건도 마찬가지이다. 언급했듯, 홀로였던 하나님이 천지를 창조하기로 하고 몸 된 본체를 근거로 해서 뜻한 대로 변화를 일으켜(無極 본체→太極 본체) 창조 역사를 실현할 본질적 바탕을 마련한 것이다. 요한복음 1장에서는 "태초에 말씀이 계시니라"라고 선언되었는데, 천지가 창조되기 이전이므로 계신다고 한 말씀 이외에 무슨 하나님의 본체가 따로 존재한다는 것인가? 그러나 이런 의문과 판단 기준은 창조된 결과로 분열하는 현상계 안에서 분별한 인식일 뿐이다. 우리가 지상에서 절대적이라고 믿고 있는 법칙 현상은 사실은 상대적이다. 지상의 물체는 날아올랐다가는 중력에 의해 떨어지고 말지만, 우주 공간 안에서는 그렇지 않다. 물리학자들은 이 거대한 우주에 블랙홀이라는 것이 존재하는데, 그곳은 "강력한 중력으로 모든 것을 빨아들이는 시공간 영역이라, 사건의 지평선 안에서는 탈출 속도가 빛의 속도보다 커 빛조차 우주 공간으로 벗어날 수 없다고 하였다."[18] 우리가 현실적인 감각으로 느끼고 판단하는 상식과 달리 창조 역사를 실현하기 이전의 하나님은 그렇다면 어떤 존재 상태일까? 가늠하기 위해서는 창조된 결과로 생겨난 현상적 요소를 제거해 나가야 한다. 빛, 시간, 공간은 물론이고 결정된 인과 법칙, 생성과 분열 현상 등등. 그런 상태에서 과연 하나님의 몸 된 본체와 의지를 담은 말씀과 구분이 있었을까? 생성 과정과 분화 과정이 일축되어 상대성을 구분할 수 없는 절대적 존재 상태 곧 만물일체, 혼연일체, 色과 空이 다르지 않은 天·地·人 합일의 유일자[神] 상태이다. 그런데도 구분할 수밖에 없는

---

18) 다음 백과사전, 블랙홀.

현상적 조건 안에서는 色과 空을 구분해야 하듯, 말씀과 몸 된 본체도 구분해야 했다. 그런데도 말씀으로 命한 창조 역사의 필수 조건인 몸 된 질료적 본체 근거를 제거하고 "無로부터의 창조"로 곡해하여 그것이 하나님의 절대적인 창조 권능을 드높인 것처럼 치장한 것은 지극한 무지 때문이다. 창조 역사를 실현한 하나님은 절대적인 유일 실존자로서 말씀 자체가 불변한 본체이고 창조 요소, 존재 요소, 바탕 요소를 본유한 전부이다. 이런 연유로 요한복음에서는 말씀의 존재 선언 이후로 이어서 "말씀이 하나님과 함께 계셨으니 이 말씀이 하나님이시니라"라고 확언하였다. 존재자로 지칭된 "그가(말씀) 태초에 하나님과 함께 계셨고(말씀과 하나님은 동일 본체자임), 만물이 그로 말미암아 지은 바 되었으니, 지은 것이 하나도 그가 없이는 된 것이 없느니라(요, 1: 1~3)." 천지 만물이 말씀과 하나님의 동일체로서 창조한 합작품이다. 지은 것이 하나도 그가(말씀) 없이는 된 것이 없다고 한 것은 無로부터가 아닌, 몸 된 창조 본체에 근거했다는 뜻이다. 하나님이 태초에 뜻으로 천지를 창조한 장대한 역사 과정과 법칙과 원리를 알 수 있는 길이 없는 탓에 지난날은 대다수 인류가 성현이 지침한 도덕적인 삶의 본질적 의미를 자각하지 못하였고, 본능적인 삶에 구속되어 타락의 늪을 헤어나지 못했다.

하나님의 창조 뜻이 몸 된 본질에 변화를 일으켜 천지 만물을 창조한 것일진대, 그 같은 창조 원리와 법칙으로 창조된 인간의 마음가짐과 뜻을 담은 뭇 행위도 인간 된 본질 바탕에 영향을 끼치고, 좋은 방향이든 나쁜 방향이든 결과를 이루게 하였다. 그래서 무형의 마음과 의식과 가치 인식 작용이 바탕이 된 삶의 본질에 영향을 끼친 **"도덕성 작용 원리"**를 진리로서 확인할 수 있다면, 성현이 강조한 善人善果 惡因惡果[인과응보] 원리도 진리화할 수 있다.

"거짓 선지자들을 삼가라. 양의 옷을 입고 너희에게 나아오나 속에는 노략질하는 이리라. 그의 열매로 그들을 알지니 가시나무에서 포도를, 또는 엉겅퀴에서 무화과를 따겠느냐. 이처럼 좋은 나무마다 아름다운 열매를 맺고 못된 나무가 나쁜 열매를 맺나니, 좋은 나무가 나쁜 열매를 맺을 수 없고, 못된 나무가 아름다운 열매를 맺을 수 없느니라. 아름다운 열매를 맺지 아니하는 나무마다 찍혀 불에 던지우느니라."19)

도덕적인 신념을 가지고 옳게 살고 착하게 살면, 현실적으로 이득을 취해야 할 때 취하지 못하는 관계로 손해를 보고 오히려 얄팍한 꼬임수에 빠져 손해를 입는 경우가 있다. 그러나 그런 삶의 가치를 현세적 이득을 기준으로 따지는 것은 도덕적 신념을 견지한 삶의 본질적 가치를 알지 못한 것이다.

맹자가 양혜왕을 만났다(그의 명성을 익히 듣고 있던). 왕이 기뻐하며 말했다. "선생께서(추나라에서 위(魏)나라의 수도인 대량까지) 천리를 멀다 하지 않으시고 오셨으니 또한, 장차 내 나라에 어떤 이익을 주실 수 있겠는지요?" 맹자가 말하였다. "왕께옵서는 하필 이익을 말씀하십니까? 오직 仁義가 있을 뿐입니다."20)

仁義란 본질적 가치를 구현하는 삶은 유한한 현실의 이익을 추구한 삶과는 차원이 다른 보상 결과를 안긴다. 그런데도 이 같은 작용 현상이 만인에게 확실한 인과 작용 결과로 확인되지 못하는 것

---

19) 마태복음, 7장 15~19절.
20) 『맹자』, 양혜왕 상, 1장.

은, 그 과정과 작용 절차가 무형인 본성 안에서 일으킨 결과인 탓에 행동으로 실천하는 자가 드물다. 당장 현세적 이득을 안기는 물질적 가치에 매몰되어 현대인은 황금만능이란 환각에 집단으로 빠져 있다. 일부 지성들만 물질문명이 안긴 종말적 폐해를 각성하고 향후의 역사에 제3의 정신문명 건설을 기대하고 있지만, 아직은 말만의 구호에 그치고 있다. 정말 인류가 그동안 일군 정신적 자산과 지혜를 총동원한다면 새로운 정신문명을 창달할 수 있을까? 바로 그런 정신 작업 일환에 인간의 바탕이 된 본질에 근본적인 영향을 끼치는 **"도덕성 작용 원리"** 규명이 있다.

그렇다면 다시 서두의 질문으로 돌아가 우리가 도덕적인 삶을 산다는 것의 의미란 무엇인가? 마음을 바치고 뜻을 모아 참 진리라고 믿은 신념을 지키는 것이고, 참가치라고 믿은 덕목을 실천하는 것이며, 참 길이라고 믿은 인생 삶을 추구하는 것이다. 그에 대한 의지 수련과 가치 인식과 마음가짐의 올곧은 실행이 삶의 바탕인 본질성에 영향을 끼쳐 의로운 도덕적 본성을 생성시키고, 누가 보더라도 바람직한 도덕적 품성으로 승화된다. 도덕적 본성은 처음부터 타고난 것이고, 지극히 본질적이다. 추구하고 지키고 집중하는 마음 작용과 의지 수련이 잠재된 본성을 활성화해 인간적인 신념을 담은 본성으로 품성화된다. 참된 가치를 인식하고 진리를 추구하고 신념을 견지하는 것은 바탕이 된 도덕적 본성을 생성시키는 촉매 역할을 한다. 가치란 다름 아닌 본성의 진리적 요소를 의식적인 자각으로 붙든 것이다. 가치 인식은 의지를 수련하여 의식이 바탕이 된 본성을 일군 결과로 주어진 진리적 요소를 포착한 상태이다. 의지 수련으로 구축한 도덕적 품성을 가치로써 각성한 것이다. 진리로서 품성화된 가치는 지극히 본질적인 탓에 항구적인 생명력을 지닌다. 이 같은 작용 결과를 이루는 **"도덕성 작용 원리"**의 한 중심에는 도덕적 본성의 축적 원리가 있다. 본래 축적이란 물질적 현상에 적용되는 개념이고, 현상계에서의 물질은 늘어나기도 하고 줄어들기도 하지만, 『반야심경』에서는 제법은 공상(空相)이라 늘어나는 것도 없고 줄어드는 것도 없다(不增不減)고 하였다. 그런데 어떻게 본질이란 것이 축적된다는 것인가? 불교에서 말한 諸法空相의 실체는 다름 아닌 절대적인 본체 관점이다. 창조는 본래 그 같은 절대 본체로부터 창조화, 만물화, 존재화, 현상화, 물질화, 본성화된 이행이다. 천지 만물이 절대 본체로부터 말미암았어도 본체 자체가 변화된 것은 없다. 不增不減하다. 하지만 그렇게 해서 이행된 존재 본체는 그렇지 않다. 인간 본성에 바탕이 된 도덕적 본성은 태어남과 함께 통합적인 본성 상태로 생성을 시작했는데, 이것이 삶을 일구어 가는 여정을 통해 인생 본질을 분열시키는 것이다. 본래 있는 것의 생성이고, 분열한 탓에 쌓이게 된다. 단지 그것을 어떻게 수련, 도야, 정화해 善한 본성으로 정결하게 할 것인가? 그렇지 못해 혼탁한 기질을 허용하는가 하는 것은 얼마나 도덕적인 삶을 살았는가에 달렸다. 惡한 본성을 축적하든 善한 본성을 축적하든 그것은 고스란히 본질적인 요소인 탓에 그야말로 不增不減하여 소멸할 수 없고, 삶의 바탕이 된 본질 속에 쌓인다. 그래서 善한 도덕적 본성은 사후에도 삶의 영속성을 보장받지만, 타락한 본성은 더 이상 자아의 정체성을 유지하지 못해 사후에 합당한 심판을 받고 파멸된다.

그래서 불교에서 말한바 현세에서 쌓은 악업은 영원한 윤회전생의 종자 씨앗이다. 영겁을 회귀하는 과정에서 단 한 번은 크게 깨닿는 삶을 바쳐 연기의 고리를 끊어야 했다. 이런 본질성의 축적과 소멸할 수 없는 세계적 현상은 존재 본질의 축적 원리로서 진리성을 뒷받침할 뿐이다. 긴가민가한 사람들도 컴퓨터의 정보 메모리가 엄청나다는 것은 인정하리라. 서양에서는 물질적인 정보 축적 원리를 발달시켰지만, 동양에서는 정신적인 본질의 축적 원리를 발달시켰는데, 그 원리성이 바로 사후 영혼의 불멸성과 업의 축적 원리이다. 작용 원리가 물리 법칙처럼 실험, 관찰로서 확인하고 증명할 수 없다고 해서 무시할 것인가? 지금 자신이 가진 정신 집중과 믿음 어린 신념과 진리라고 여긴 가치 덕목을 실천하는 것이 자신의 본질 의식과 마음가짐에 어떤 변화를 일으키는지 시험해 보라. 의지 수련과 수행적 삶이 어떤 변화를 가져오는지 관찰해 보라. 모면하고자 한 거짓 진술과 피해를 준 악행이 양심의 가책을 일으키고, 지워지지 않는 기억으로 남아 있다는 사실을 확인해 보라. 그것이 도덕적 본성의 부인할 수 없는 축적 작용 원리이다.

　도덕이라는 말은 본시 노자의 사상에서 유래한 것이다. 道와 德의 합성어인데, 『노자 도덕경』 51장에 보면, "道는 生하는 것이고, 德은 畜하는 것이다(道生之 德畜之)"라고 되어 있다. 道는 生生하는 천지 자체를 일컫고, 德은 천지의 生生之德을 몸에 축적해 나간다는 뜻이다.[21] 다시 말해, 道는 우주의 본체와 맥락을 같이한 부여받은 본성 자체이고(천성), 德은 바탕 본성을 생성시켜 축적한 본질의 바람직한 품성화 상태이다. 존재의 근간인 바탕 본질은 생성하기 때문에 소멸하지 않고 축적되는데, 그것의 이상적인 완수 목표가 바로 본래 본성을 완성할 거룩한 도덕적 품성이다. 질량불변의

---

[21] 『도올의 교육입국론』, 앞의 책, p.106.

법칙이 있듯, 본질은 생성하더라도 본질 자체는 불변하듯, 인간이 삶을 통하여 굳게 지킨 의지적 신념과 믿음과 바친 義 역시 그대로 내면의 바탕 본질 속에 축적된다. 끝까지 善을 쌓고 또 쌓으면 德이 이룩되도다! 이런 축적 작용 원리 탓에 主 예수는 천복과 천국을 약속할 수 있었고, 최후 심판을 경고하였다. 추구와 도달 과정은 완벽하지 않아도 된다. 의인만이 의인이 될 자격을 가지는 것이 아니다. 지금은 의인이 아니더라도 義를 위해 살기로 하고, 義를 위해 살다가 죽으면 의인이 된다. 義를 위해 살면서 생성시킨 본질적 義가 어디로 사라지는 것은 없다. 義는 참으로 인간의 본성을 聖化시키는 본질적 요소이다. 도덕적 가치를 인식하고 도덕적 신념을 견지하면 잠재된 본질을 생성시켜 공덕으로 쌓이고, 그것이 영혼을 구원하는 사후 영생의 기반을 이룬다. 善하고 바람직하고 옳다고 여긴 진리, 신념, 믿음, 가치, 도리, 이치 등등. 이것이 바탕이 된 창조 본성을 생성시키는 촉매 작용을 하여, 그야말로 창조 본성과 동화된 거룩함의 길을 튼다. 자나 깨나 믿음을 가지고 도덕적 본성을 도야하고 도덕적인 삶을 견지하면, 그것이 바로 天人合一의 발판을 이룬다. 도덕적인 삶의 가치를 추구하고 부정적인 삶의 악덕은 자연스럽게 일소된다. 도야된 도덕적 본성 속에는 죄악이 스며들 틈이 없다. 이것은 또 한 측면에서의 **"도덕성 추구 원리"**이다. 긍정적인 가치를 일구고 바람직한 도덕적 의지를 수련하여 본질성이 생성하는 곳에서 사회악과 욕망을 좇아 헤매는 어두운 마음이 스며들 틈이 없다. 견고한 바위 위에는 잡풀이 돋을 수 없다. "진실로 仁에 뜻을 두면 惡한 것이 없어진다."[22] 仁에 뜻을 두면 仁한 마음이 생

---

22) 『율곡전서』, 권2. 『성학집요』 2, 입지 편.

성되므로 그런 와중에는 잡념이 생겨날 수 없다. 이 마음가짐, 곧 도덕적 본성을 일깨우고 함양하는 데 **"교육의 위대한 실행"** 원리가 있다. 바른 뜻을 가지고 바른 마음을 가지고 바른 본성을 가져 바르게 행하면, 그것이 인류의 본성을 거룩한 神적 본질로 聖化시키는 길이고, 만인을 聖人化하는 길이며, 하나님과 함께하여 지상선경을 이루는 길을 트리라.

3. 도덕성 판단 기준

인류는 왜 삶을 영위하는 과정에서 죄악을 저질러서는 안 되고, 진리에 근거한 가치를 추구하면서 끝내 도덕적인 善性을 구현해야 하는가? 인간은 왜 착하게 살아야 하고, 도덕적 본성을 잃지 않아야 하며, 그런 삶을 살게 하는 선악의 판단 기준은 무엇인가? 왜 선악이 구분되고 대립하며, 善은 빛(긍정적)이고 惡은 어둠(부정적)인데도 세상을 헤쳐나가는 삶의 도정 속에서는 불분명하여 많은 사람이 경계를 넘나들 만큼 본성을 확정 짓지 못하는가? 현대인은 정말 무엇이 善이고 무엇이 惡인지 분별할 수 있는 확실한 푯대를 보지 못해 방황하는 군상들로 가득 차 있다. 누가 선악의 본성을 밝히고 선악을 판단할 수 있는 근거와 기준을 결정하였는가? 그런 규명과 성과가 없으니까 인류가 惡의 언덕을 멀리하고 善의 언덕을 보고 가는 삶의 방향을 결정할 수 없었다. 이리 갈까 저리 갈까 망설이고, 선현도 이런 문제에 대해 나름대로는 논거를 세웠지만, 본성에 대한 초점을 정확하게 맞추지 못했다. 이 역시 인류가 여태껏 해결하지 못한 심원한 정신적 고뇌로서 궁극적 과제이다. '칸트는 말하길, "모든 인간이 타인에게 거짓말을 해서는 안 되는 이유로 양심이 상처를 입고 괴로워하기 때문이 아니라, 우리의 합리적이고 보편적인 이성의 판단력이 거짓말을 금하기 때문이다"[23]라고 하였다. 거짓말을 해서 안 되는 이유로서 양심보다는 합리적이고 보편적인 이성의 판단력이 그것을 금하고 있다는 상위의 가치 기준을 제시했지만, 절대적인 기준은 아니다. 왜 보편적인 이성의 판단력이 거짓말을 금하는 것인지는 다시 다른 이유를 낳는다. 보편적인 이성의 판단력이란 무엇인가? 어떻게 해서 그 같은 판단력이 생겼는가? 이성적 판단력의 성립 근거는? 이유의 무한 소급 상황을 종식할 수 있는 분은 하나님밖에 없다. 하나님은 창조주인 관계로 제1 원인(=부동의 동자) 자체이다. 인간은 하나님으로부터 지음 받은 피조체인 탓에 반드시 원인이 필요하고, 원인이 선재해 있지만, 하나님은 그런 원인 없이도 스스로 존재한 분이다. 존재하는 데 필요한 창조 원인이 필요 없다. 따라서 선악의 본성을 분별하는 기준도 하나님의 절대적인 본성으로부터 구할 수밖에 없다. 칸트가 세운 합리적이고 보편적인 이성적 판단력도 사실은 하나님의 절대 본성으로부터 나온 것이다. 하지만 칸트는 그런 연유까지는 알지 못했다. 동양의 주자도 대저 學은 善과 惡을 분별해서, 惡은 제거하고 善은 지향해 가는 것이다. 學은 善을 알아서 이를 자신의 삶 속에 구현하는 가치 지향 과업인데, 옳은 것을 좇으면 善이 되고, 그른 것을 따르면 惡이 된다고 하였다.[24] 주자는 학문이란 선악을 구분해서 惡을 제거하고, 善을 알고 지향해서 삶의 과정에서 구현하는

23) 『유학의 변신은 무죄』, 강신주 저, 김영사, 2014, p.170.
24) 『어류』, pp. 13~52.

것이라고 하면서 선악을 구분하는 기준을 옳은 것과 그른 것을 따르는 행위적 결과에 두었다. 옳은 것과 그른 것 중 무엇을 따르겠느냐고 묻는다면, 누가 그릇된 행위를 선택하겠는가? 개념 속에는 이미 옳음과 나쁨에 대한 가치가 구분되어 있다. 그러나 무엇이 옳은 것이고 그른 것인지를 제반 행동 간에서 구분하고자 하면, 지극히 유동적인 주관성을 피할 수 없다. 알고 보면 이처럼 모호한 기준선도 없다. 옳고 그른 것은 누구나가 다 당연하게 알고 있다고 전제한 감마저 있다. 그러니까 선악의 본성을 밝히고자 한 노력을 애써 기울이지 않았다. 옳은 것을 좇으면 善이 되고, 그른 것을 따르면 惡이 된다는 것은 상식적인 판단 이외에 아무것도 아니다. 아무리 주자가 학문하는 것이란 "善을 선택해서 굳게 지키는 것이다(擇善固執)"[25]라고 했어도, 善과 惡을 판단할 수 있는 기준 자체가 모호한 것이라면, 善을 선택한 학문의 탐구 방향과 도달 목적지도 모호할 수밖에 없다. 본성 기준이 명확해야 왜 善을 선택하는 가치를 지향하고, 善한 본성을 함양하며, 만인이 잃어버린 도덕성을 회복해야 하는지 이유를 알 수 있고, 왜 타락을 막고 삶의 과정에서 결단코 죄악을 저지르면 안 되는지 이유도 함께 알 수 있다. 과연 두 가지 조건을 동시에 충족시킬 수 있는 선악의 절대적 본성은 무엇인가?

여기에 대해 니버는 "인간의 본질을 자유라 보고, 죄는 그 자유로 인해서 범해지는 것이다. 좀 더 구체적으로는, 죄란 인간이 자기가 피조물임을 인정하기를 거부하고, 생명의 전통 일원에 불과한 것을 인정하기를 거부한다는 사실에 의해서 야기된 것"[26]이라고

---

25) 『어류』, pp. 8~11.-「주자의 공부론 연구」, 황금중 저, 연세대학교 대학원, 교육학, 박사, 2000, p.2.
26) 「라인 홀드 니버의 인간 이해」, 앞의 논문, p.11.

하였다. 인간의 본성을 어떻게 보는가에 따라 죄악의 본성 규정이 달라지는 것이라면, 이것은 쉬운 문제가 아니다. 그리고 인간이 피조물임을 거부한 것을 죄악의 기준으로 삼는다는 것은 지극히 상대적인 판단이다. 인간이 피조물이란 규정 자체가 한정적인 문화권에서만 통용된다는 점에서는 자격 미달이다. 하지만 이 연구는 니버의 본성 기준을 본의에 근거해서 어긋난 초점을 바로 잡을 수 있다. 철학자 소크라테스는 "德은 곧 지식"이라고 믿은 신념의 소유자이다. 善을 아는 자가 惡을 행할 수는 없다. 그래서 惡한 행위는 善을 알지 못한 무지에서 나온다. "지식이 善이고 무지가 惡이다. 善을 안다는 것은 곧 善을 행동하는 것이다."27) 물론 도덕적 본성을 견지한 善을 행함에 있어 앎의 중요성과 무지의 해악성을 강조한 것이기는 하지만, 그것은 인간 본성의 단면적 조건을 충족한 것이다. 인간이 선악을 판단하는 데는 지식적인 요소 이외에도 마음, 의지, 본능적 욕구, 잠재된 의식 등 다양한 요소가 영향을 끼친다. 플라톤은 대화편의 『향연』에서 에로스(eros)의 성격에 대해 말했는데, "아름답지 않은 것은 추하고, 善하지 않은 것은 惡하다고 주장하지 말아요"28)라고 하였다. 아니 선악의 본성을 확실하게 구분할 기준을 찾고 있는데, 善도 惡도 아닌 본성이 또 있단 말인가? 이것은 선악의 본성 뿌리를 찾지 못해 마음 둘 곳을 찾지 못한 상태이다. 동양의 묵자는 "남을 이롭게 하는 일이면 행하고, 남에게 손해를 끼치는 일을 행하지 말 것을 행위의 준칙으로 삼았다. 이유는 남을 이롭게 하느냐, 그렇지 않으냐를 선악을 판단하는 주요 표준으로 삼은 탓이다."29) 공리주의적 가치를 선악을 판단하는 천하의

---

27) 『체육 철학』, 김대식 외 2인 공저, 앞의 책, p.34.
28) 『학문과 교육(중, 1)』, 앞의 책, p.452.

기준으로 삼아 나쁜 것은 없지만, 그것이 인류 전체의 근원적, 본질적인 창조 본성까지 포괄하는 기준은 아니다.

그래서 선악의 본성을 판단하는 기준에도 인류를 창조한 하나님의 창조 본의는 주효하다. 근원적, 본질적인 본성에 근거하지 않은 판단 기준은 한결같이 상대적, 유동적인 주관성을 면할 수 없다. 선악의 본성을 판단하는 기준을 알기 위해서는 먼저 선악의 본성이 무엇인지부터 규명하는 것이 순서이다. 왜 善이 善이고 惡이 惡인가를 알아야 이것을 기준으로 제 현상과 행위와 본성 작용 간에서 선악을 구분해서 판단할 수 있고, 누구라도 善의 언덕을 향해 삶의 가치를 추구할 수 있는 확실한 푯대를 세울 수 있다. 그것이 무엇인가?

인간은 하나님의 창조 본성에 근거해 지음 받은 탓에 타고난 천성, 곧 바탕이 된 善性을 본유했다. 그 본성은 하나님의 몸 된 본성에 근거한 것이라(하나님의 형상을 입음), 인간을 창조하고 나서도 하나님이 "보시기에 좋았더라"라고 만족하였고, 축복할 만큼 지선(至善) 자체이다. 이처럼 천지 간에 善의 본성 기준은 확고하다. 하나님의 몸 된 본체에 근거하여 부여받은 천부본성(天地之性=本然之性) 자체가 그대로 善의 본성이다. 하나님은 창조된 순간부터 惡은 절대로 창조하지 않았다. 그렇다면 惡은 어떻게 해서 생긴 것인가? 惡의 본성은 무엇인가? 지난날은 善의 본성을 밝히지 못한 탓에 惡의 정체도 다양한 탈을 쓰고 실행될 수 있었지만, 이제는 백일하에 드러났다. 죄악의 정체란 바로 지적으로는 바탕이 된 창조 본성에 대해 무지한 것이고, 행위적으로는 반하는 것이다. 죄악은 타고난

---

29) 「공자와 묵자의 교육사상 비교 연구」, 김준식 저, 공주대학교 교육대학원, 중국어 교육, 석사, 2011, p.32.

善性을 거스르는 것이고, 더 나아가서는 부여한 하나님의 창조 뜻을 어긴 것이다. 이것을 알아차린 유교에서는 이렇게 표현하였다. "理는 우주와 인간의 삶이 바람직하게 작동하기 위해 마땅히 그러해야 하고, 또 그러한 본연의 상태이다. 理는 생명 원리[生理]로서 우주와 인간의 본질을 구성한다"30)라고 하였다. 여기서 마땅히 그러한 본연의 상태는 바로 하나님의 창조 본성[理]이고, 그런 창조 본성을 근거로 지음 받은 인간의 본성은 그 자체가 善性이고, 善한 본성의 중심인 동시에 기준이다. 유교가 추구한 기본 목표 가운데는 『대학』이 제시한 3강령이 있다. 첫 강령인 명명덕(明明德)은 "밝은 德으로서 사람이 태어날 때부터 갖추고 있는 도덕적 이성[善性]을 말한다."31) 밝은 德은 至善한 것이고, 창조 본성에 근거하여 갖춘 도덕적 본성을 지칭했다. 그래서 노자는 "道(창조 본체)를 잃은 뒤에 德이 생겨나고, 德을 잃은 뒤에 仁이 생겨나고, 仁을 잃은 뒤에 義가 생겨나고, 의를 잃은 뒤에 禮가 생겨난다(『노자 도덕경』, 38장)고 하였다. 이런 창조 본성이 갖춘 善性을 마저 잃고 나면? 악성이 생겨난다. 물리 세계의 엔트로피 법칙과 같다. 왜 인류 사회는 갈수록 타락하는가? 지금까지 생애한 지성 중 뜻을 아는 자 누구인가? 본성이든 물질이든, 창조 법칙과 그것을 결정한 우주 법칙은 같이 적용된다. 그런데도 진화론만큼은 절대 법칙성을 벗어났다.

"슈타이너는 인간의 사고뿐 아니라 윤리적 행동도 진화의 산물이라고 보았다. 도덕적 목표라는 것도 그것은 초자연적 우주 질서를 통해 이미 정해진 것이 아니고, 자연 과정 내에서 새롭게 형성하는 것이다"32)라고 하였다. 물은 땅에서 솟구치는 일도 있지만,

---

30) 「주자의 공부론 연구」, 앞의 논문, p.2.
31) 『이황의 성학십도』, 한국철학사상연구회 기획, 조남호 글, 신명환 그림, 삼성출판사, 2007, p.74.

위에서 아래로 흐르는 것이고, 세월이 흐를수록 질서에서 무질서로 나가는 것이 자연의 이치이다. 그런데 진화론은 단순한 종이 진화를 거듭하여 복잡하게 발달하고, 또 다양한 종들로 갈래지어진다는 것은 자연의 보편적인 법칙을 어긴 것을 넘어 하나님의 창조 법칙까지 어긴 것이다. 그것이 바로 헤어날 수 없는 죄악 사상이다. 에덴동산 이래 인류의 본성이 타락한 주된 이유는 물질세계처럼 엔트로피 법칙을 따랐다기보다는 본성에 적용된 도덕성 법칙이 세월이 흐를수록 하나님의 창조 본성과 멀어진 데 있다. 본유한 도덕적 본성은 지극히 본질적이라, 물질의 지배 법칙인 엔트로피 법칙을 초월한다. 바탕이 된 천성은 불변하다. 그만큼 도덕적 본성은 항상 본래성을 회복할 수 있는 잠재력을 갖추었다. 일찍이 맹자가 말한 성선설의 요지도 여기에 주안점이 있다. 천의를 간파했기에 맹자는 추앙받는 亞聖이다. "인간은 본디 善한 본성을 타고났는데, 주어진 여건과 상황이 어렵다 보니 부득이 善한 본성을 놓아버린 것이므로 이를 되찾는 것이 시급하다."33) 맹자가 善한 본성을 타고났다고 말한 것은(성선설) 곧 인간이 그 같은 창조 본성에 근거했다는 뜻이다. 이런 연유로 교육 역시 실행할 목표는 분명하다. 타고났는데도 불구하고 가려진 善性을 자각하고 회복하고 고무하여 삶의 과정을 통해 구현할 수 있도록 선도해야 한다. 가려진 본성을 방치하면 그것이 곧 죄악을 발아시키는 씨앗이라, 본래 바탕이 된 소당연한 도리와 이치와 모습을 보고 깨닫게 하는 것이 도덕성 교육의 핵심 목표이다. 인간은 본래성을 회복할 충분한 가능성을 지녔는데도, 교육이 그것을 보도록 할 수 없다면 인간성 교육을 기치로 내세운 도

---

32) 『도덕교육의 담론』, 앞의 책, p.251.
33) 「공맹의 교육사상 비교 연구」, 김중희 저, 고려대학교 교육대학원, 한문교육, 석사, 2007, p.55.

덕성 교육은 백약이 무효할 뿐이다. 인간의 죄악은 본래성을 보지 못하고 일깨우지 못한 무지 탓에 저지르게 된 행악이 주된 원인이란 사실을 알고 본래성을 자각하고 無明을 거두는 데 심혈을 기울여야 한다.

이에 퇴계 이황도 인식을 같이하여 "惡은 理가 氣에 가림으로 말미암아 드러나지 못하는 것"[34]이라고 하였다. 즉, 理가 본래 지닌 소당연이라는 가치성을 드러낼 수 없음을 말했다.[35] 다시 말해, 근거한 창조 본성이 무지와 어김 탓에 가려졌다. 선악을 판단할 기준은 명확해야 하는데, 불분명하니까 지난날은 인간 행위가 무한궤도로 이탈하였다. 하나님으로부터 부여받은 창조 본성을 끝까지 간직했는가, 지켰는가, 더욱 함양했는가, 아니면 얼마나 남김없이 잃어버렸는가가 선악을 판단하는 기준인데, 이렇게 세워진 인식과 자각과 기준이 없다 보니까 간직한 도덕적 본성이 하염없이 표류하였다. 자신의 본성 안에서조차 어제는 善을 행한 자가 오늘은 돌변하여 惡을 행할 수 있다. 선악의 기준을 본성 안에서 구분하지 못했다. 善을 행한 자신이 자신이고, 惡을 행한 자신도 바로 자신이다. 그래서 惡도 될 수 있고 善도 될 수 있는 본성을 오직 善의 본성 위에 결착시키기 위해서는 하나님의 창조 본성을 자각해야 했다. 만유의 근본 된 자를 알기 전에는 선악에 관한 판단과 행동이 영속할 선의 기준이 될 수 없다. 끝없는 고뇌와 번민을 낳는 방황만 있을 뿐이다. 자각하기 전에는 알아도 안 것이 아니고, 행해도 행한 것이 아니다. 일시적인 앎이고 유동적인 행함이다. 진정한 자각이 있어야 영원한 앎과 영원한 행함을 이룰 수 있다. 자신의 본성이

---

34) 『국역 Ⅰ』, p.314.
35) 「퇴계의 교육사상 연구」, 최기창 저, 건국대학교 교육대학원, 교육학, 석사, 1988, p.26.

하나님의 본성 위에 서지 못하면 오늘 善을 행한 손으로 내일 어떤 유혹의 손길 앞에서 惡을 저지를지 장담할 수 없다. 자신이 아는 참이 무엇이고, 인간이 행하는 善이 무엇인가? 하나님의 뜻 위에 서 있지 못한 참은 영원한 참이 아니고, 영원한 善이 될 수 없다. 인간이 아무리 善을 행하고 의롭게 행동해도 천지를 창조한 하나님의 본질 위에 있지 못하면 일시적으로는 善이 될 수 있고 義가 될 수 있어도, 하나님의 본성처럼 불변한 善과 義로 승화될 수 없다. 타고난 본성은 善하다 할지라도 善에 참여하지 못하는 자가 부지기수이니, 惡은 악인의 것만이 아니고 善한 사람도 善을 버리면 결국 악인이 된다. 끊으려야 끊을 수 없는 하나님의 근원 본성인데도 끊고 소통하지 못하는 본성은 영속할 수 없고, 언제라도 惡한 본성에 짓밟힐 수 있다. 그래서 도덕적 본성을 간직함은 하나님의 창조 본성을 본유한 것인 탓에 죽더라도 영생, 영속, 초월적 본성을 보장받을 수 있지만, 저버린 악성은 멸망과 파멸을 낳는다. 영생할 자격을 박탈당하는 그것이 제일의 징벌이고 심판이다. 부여받은 도덕적 본성이 처음부터 탁하고 악할 수는 없다. 그런데도 惡하게 되었다면 그 책임은 모두 인간에게로 전가된다. 선조들이 일침을 가했듯, 하늘에 죄를 지으면 용서받을 데가 없다고 한 것이 그것이다. 천륜을 어기고 천의에 어긋난 죄라고 할까? 이런 기준을 통하면, 善하고 惡한 행위를 전진하는 배가 물살을 가르듯 판단할 수 있다. 저기 정의로운 도덕적인 삶의 길이 보이지 않는가? 性→善→仁→義→正→眞→道→天. 그 길이 바로 하나님에게 도달하는 영원의 길이다.

이 같은 기준 관점을 가지고 우리는 인류의 시조인 아담과 이브가 에덴동산에서 추방된 교훈을 다시 새겨볼 필요가 있다. 하나님이 어기지 말라고 한 금기의 선은 지금도 유효하다고 할 수 있는데, 그 뜻을 잘못 곡해한 중세 가톨릭은 시조가 저질은 원죄가 인류의 본성 속에 대물림되고 있다고 전제하고 구원 교리를 정립함으로써 인간의 무한한 본성을 옥좨 버렸다. 성 아우구스티누스는 "최초의 죄가 원죄라면 인간의 자유와 책임성은 없어져야 할 것이다"[36]라고 하였다. 꿈보다는 해몽이 더 낫다는 말이 있는데, 하나님의 창조 뜻을 모른 가톨릭교회는 전혀 엉뚱한 데 초점을 맞추었다. 그렇다면 정말 시조가 하나님의 말씀을 어겨 에덴동산으로부터 추방되었다는 교훈이 시사하는 것은? 인류가 가름해야 할 선악의 구분 기준선이 바로 거기에 있다. 命한 뜻을 받들어 바탕이 된 하나님의 말씀(창조 본성) 위에 서야 본래의 善性을 확실하게 보전할 수 있다. 추방된 인류가 처음 약속한 낙원으로 복귀하기 위해서는 인류가 재차 하나님의 본성 위에 서야 하나니, 그처럼 본성을 회복하는 과정을 거치지 않고서는 선악 간에 영원한 의지력을 부여받을 수 없고, 선악에 대한 확고한 판단 기준이 없어 다시 죄악을 저지르게 된다. 반드시 복구해야 인류는 善性을 지킬 신념과 믿음과 의지력을 부여받아 죄를 저지를 수 없는 상태가 되고, 공의로운 뜻과 義를 실천하여 하나님이 원한 창조 목적을 이루는 데 뜻을 모으고 성심을 다한다. 이것이 인류가 당면한 도덕적인 본성 회복의 대전제 조건이고 과제이다.

왜 창조 뜻을 깨닫고 타락한 본성을 회복하여 하나님의 본성 위에 서는 것이 미래 인류가 이루어야 할 지상 과제인가? 왜 인간은 본성적으로 善하고 義로워야 하는가? 다름 아닌, 하나님이 인류 영

---

36) 「라인 홀드 니버의 인간 이해」, 앞의 논문, p.27.

혼을 빠짐없이 구원하기 위한 조건인 탓이다. 창조 본의를 알지 못한 상태에서의 선악의 본성 근거는 아무리 궁구해도 막연하다. 하지만 본의를 자각한 상태에서는 존재 이유와 기능적인 역할이 명백하다. **선악은 종말에 처한 인류를 구원하고 심판하기 위한 하나님의 선별 기준이다.** 역설적으로 만약 선악에 대한 기준이 없다면 하나님이 누구를 구원하고 심판할 수 있을 것인가? 에덴동산에 선악을 알게 하는 나무를 두고 조건을 세운 이유이기도 하다. 하나님은 인류를 사랑으로 창조하였지만, 그래서 더더욱 창조 뜻으로 지음받은 인류가 자율적으로 깨닫고 실행해서 하나님께 이르도록 하기 위한 과정을 설정해 둔 것이다. 그래서 모든 면에서 때가 된 오늘날 하나님이 모든 본의를 밝히게 되었다. 그 뜻이 정말 어디에 있다고 했는가? 일차적으로는 만 인류를 구원하기 위해서이지만, 그래도 無明의 늪을 헤어나지 못하는 자가 있다면 하나님은 구원의 은혜만 베풀지만, 그 손길이 미치지 못한 자는 심판받아 멸한다. 그러므로 인류는 반드시 창조 뜻을 깨닫고 도덕적인 삶의 과정을 실행해야 창조된 본성을 회복하고 본향에 이를 자격, 곧 구원 역사에 동참할 수 있다. 창조 목적이 있은 탓에 인류 역사가 있었듯, 과정이 의도되었기에 합당한 조건도 세웠는데, 그것이 곧 善과 惡을 가른 인간의 본성이다. 하나님은 창조 본성을 절대 기준선으로 해서 善한 자와 惡한 자를 심판하는 척도로 삼았다. 하나님이 구원받을 자를 구원하기 위해 세운 필터, 도구, 공의로운 심판 기준이다. 누가 과연 善한 자이고 惡한 자인가? 우리는 분별할 수 있는 안목을 가지지 못했지만, 하나님의 혜안은 무량하다. 인간은 행하되 善한 것인가, 惡한 것인가를 판별하는 것은 하나님의 소관 업무이다. 하나님은 모든 것을 알고 있고, 중심을 보고 있다.

그러므로 인류는 만세 전부터 작정하고 예고한 인류 구원 의지와 심판 계획을 알고 믿고 두려워하면서 대비해야 한다. 그곳에는 구원받을 조건도 확실하고, 심판할 기준도 확실하다. 하나님은 인간에 대해 무엇을 근거로 복을 주고 구원할 것인가? 인간은 어떤 조건과 환경에도 불구하고 善하고 의로워야 하나니, 그것이 바로 하나님이 인류를 구원할 조건이다. 善을 행하면 반드시 결과가 있다. 義를 쌓고 기도하면 그 가치가 하늘에 쌓인다. 도덕적인 삶은 하나님의 전에 이르기 위해서 인류가 지상에서 쌓는 거룩한 본성 디딤돌이다. 결코, 인간적인 차원에 머물지 않으리라. 반면 죄악은 하나님이 인류를 심판하는 확실한 근거 기준이다. 하나님은 일찍부터 인간의 도덕성 타락을 보고 도래할 역사적 멸망을 예고한 것이니, 하나님은 어떤 세계적 요인보다도 도덕적 타락을 인류 심판의 제일 척도로 삼았다. 그만큼 도덕적 타락으로부터 인간성을 회복하는 것은 진리와 학문과 교육의 핵심 과제이다. 도덕적인 질서를 세우지 못하면 지상 천국도 건설될 수 없다. 도덕적 본성을 회복하는 것은 이 땅 위에 하나님의 나라를 건설하기 위한 필수 과업이다. 그런 성업 과제를 교육이 짊어졌으니, 인류의 도덕적 본성을 고무하는 것은 교육이 하나님으로부터 부여받은 섭리 뜻을 수행하는 사명 일환이다. 교육만이 하나님이 뜻한바 보편적인 구원 목적을 달성할 수 있는 위대한 실행력을 발휘하리라.

제11장 가치 교육

1. 도덕성 가치 교육

옛날에는 강한 의지를 가진 수행자들이 있어 끝까지 진리를 구하고자 하였고, 굳은 믿음을 가진 신앙인들이 있어 삶을 끝까지 일관시키고자 하였지만, 현대인은 어찌해서 열심히 살고자 하는데도 마음은 머물 곳이 없고, 영혼은 갈 곳을 잃어 허숙한 도시의 거리를 헤매고 있는가? 神의 손길을 뿌리치고 과감하게 독립을 선언한 것이 근대 역사이고, 그렇게 해서 건설한 것이 현대 문명인데, 정작 인간은 인간이란 자체의 정체성 뿌리로부터 단절된 채 본향으로 돌아갈 길마저 잃어버렸다. 이렇게 틀이 잡혀 버린 세상에 태어난 청소년들은 아무런 안내판도 없는 인생길을 홀로 걸으면서 온갖 퇴폐와 절망과 공허감에 빠져 있다. 이들에게 누가 위대한 인생 목표를 제시하고, 참가치를 일깨우고, 마주 앉아 인생 가치론을 담론(談論)할 수 있는가? 교육은 현대인과 후세를 이을 청소년들에게 어떤 정당한 인생 원리와 인생 가치를 가르치고, 바람직한 인생 本을 보여서, 깊숙이 파묻힌 어둠의 숲을 헤쳐 나오게 할 것인가? 본질적인 덕목 가치를 일구고 수호 가치를 지침할 가치관 교육이 절실하다. 인생의 참된 의미를 일깨우고, 인간의 삶을 바르게 이끄는 가치관 교육은 교육 목적에 가장 부합한 의미 있는 실행 작용이다. 지금까지의 주된 작용인 지식을 가르치는 교육적 행위를 탈피하고, 가치관 교육이 인간의 인생 전반에 어떤 영향을 끼치고, 그렇게 해서 받든 가치 덕목이 인간 본성에 어떤 변화를 일으켜 바람직한 인간성을 형성하는가를 살펴야 한다. 인생 삶을 가치로써 선도하는 의미와 이미 발견한 인체의 생물학적 지식을 가르치는 것은 격이 다르다. 아무리 생물학적 지식을 알았다고 해도 자신의 본성과 인생 삶의 본질까지 덤으로 아는 것은 아니다. 이것이 자연과학적 지식과 形而上學적 본성 가치와의 차이이다. 심원한 도덕적 본성에 변화를 일으킬 가치관 교육은 본성 형성 원리에 맞게 가르치는 방법과 체제를 따로 수립해야 한다. 가치 인식 원리, 본성 형성 과정, 가치와 신념 구축, 앎과 행동 간의 관계, 지켜야 할 필수 덕목 등을 선정해야 한다. 과연 가치관 교육은 인간 교육에서 어떤 자리를 차지하고, 의의는 무엇인가? 인간은 세상에 태어나 때가 되면 반드시 하늘과 땅과 자연에 대해 의문을 품고 스승에게 물어보아야 할 질문이 있는데, 첫 번째는 진리란 무엇인가이고, 나머지 하나는 인생이란 무엇인가이다. 그런데 요즘 학생은 누가 선생님에게 인생에 관해 묻고, 선생님은 그에 대해 대답할 수 있는 관계인가? 인생 의미와 인생길을 지침할 수 있는 교육적 바탕을 마련하는 것이 이 연구가 논하고자 하는 **"가치 교육"**의 과제이다.

그렇다면 인간성을 형성하는 데 큰 영향을 끼치는 가치란 무엇이고, 가치는 어떻게 인식하는가? 가치는 통상 사물이 지닌 값이나 쓸모의 정도, 혹은 중요성 정도로 가늠되는데, 여기서 논하고자 하는 가치는 도덕적 가치, 정신적 가치, 그중에서도 초월적인 본질 가치까지도 언급하고자 한다. 일단 존재하는 모든 것은 나름대로 가치성을 지녔다고 볼 수 있고, 사물로서 존재하지 않는 무형의 인간 관계 등에 있어서도 가치는 매겨질 수 있다. 그러므로 존재하는 가치 중에 선택해야 하는 여지를 남기고, 다양한 가치 선택의 갈림길에서 더욱더 참되고 영속할 본질적인 가치를 추출해서 일구고 추구해야 할 필요가 있다. 그러기 위해서는 가치 요소를 인식하고 추구하는 것이 본성 형성에 어떤 영향을 미치고, 어떤 결과를 이루는지 확인해야 한다.

도덕적 가치는 과연 어떻게 인식되는가? 도덕적 가치의 작용 원리는? 선현들은 이에 대해 숱한 가치를 진리로써 인식해 왔다. 그런데도 아직도 인식한 본질적 가치의 작용 원리를 밝히지 못해 가치를 인식한 것이 본성에 어떤 영향을 미치는지에 대해 원리적인 확인을 하지 못했다. 도덕적 가치는 일구어졌고 진리로서 설파되었지만, 문제는 그 같은 가치의 심원한 작용 원리이다. 이에, 우리가 도덕적 가치를 인식한다는 것은 상인이 물건에 가격을 매기는 것과 달리 자신에게 바탕이 된 근원 된 본성을 의식으로 포착하여 일구는 본질성의 진리적 확신과 각성 절차를 말한다. 다시 말해, 形而上學적 가치를 인식한다는 것은 자신이 간직한 본성의 창조적 본질성을 진리로서 확신한 상태이다. 그런 도덕적 가치성은 그냥 본성 상태에서 주어지는 것이 아니고, 간직한 본질적 의지를 수련하여 일정 기간 닦은 과정을 거쳐 생성시킨 축적 결과를 통해서이다. 합당하게 품성을 도야하고 의지를 수련했을 때, 창조 본질이 진리로서 결집하고 인출된다. 신성한 가치 인식은 지적인 추리로 추출될 수 없나니, 그것은 분명 잠재된 본성의 직관적 표출이다. 이런 작용 원리에 의해 도덕적 가치는 무한한 신념과 의지적인 확신을 담고 본성을 변화시켜 만난을 관철할 수 있게 한다. 그런 가치 인식이 종국에는 인격을 통해 德으로 완성된다. 인간이 가치 있는 德을 체득한다는 것은 하늘의 창조 본성과도 연결되어 있어, 각성 즉시 의지력을 수용해 신념 어린 덕성을 품성화한다. 도덕적 가치를 인식하는 것은 지식적인 앎이 아닌, 의식적인 신념을 발동시킨 존재 의지와 직결되는 것이므로, 교육 현장에서의 지적인 도덕교육 방법은 재고해야 한다. 도덕교육이 지적인 방법에 국한되면 도덕적 가치 인식과 품성 함양을 기대할 수 없다. 인격이 바탕이 되어야 하고, 본성을 닦아야 하는데, 지적인 앎에 주력한 기존 도덕교육 방식은 실질적인 도덕 가치를 인식하고 품성을 함양하는 것과는 거리가 멀다. 도덕적인 가치를 추구하고, 도덕적 신념을 견지하고, 도덕적 본성을 완성할 의지력을 생성시킬 수 없다는 뜻이다. 도덕적인 가치 덕목은 인간 본질을 길이길이 보전하는 참된 진리 요소이다. 가치 덕목은 진리의 본질성이 뒷받침되어 있다. 그것은 눈에 보이지 않지만, 진리가 영원하듯 가치 덕목을 신념으로 견지한 자의 영혼을 영원할 수 있게 한다.

비교컨대, "유가 사상은 현실적인 삶의 가치를 추구하였고, 도가 사상은 초현실적인 道적 가치를 추구했다. 공자는 현 사회를 仁・義・禮・智・信 같은 훌륭한 德과 올바른 禮儀 제도로 다스려 보고자 애를 쓴 데 비하여, 노자는 현실적인 차원을 넘어선 道라는 절대적 원리를 추구하였다."[1] 마찬가지로 현대인은 다양한 가치, 즉 인생적 가치, 정신적 가치, 물질적 가치, 행위적 가치, 품성적 가치를 추구하지만, 바탕을 이룬 본질적 가치는 인간의 본성을 영속케

---

1) 「노자 교육사상의 현대적 가치」, 배형근 저, 광주경상대학 논문집, 6집, p.39.

할 도덕적 가치이다. 도덕적 본성이 왜 본질적인 가치 요소인가 하면, 현세에서 쌓은 道와 德은 하나님이 설정한 심판의 문을 통과하여 내세 영혼의 영원성을 뒷받침하는 초월적 품성인 탓이다. 그런데도 지난날은 이 같은 본의에 입각한 가치에 대해 무지한 탓에 창조 이래의 인간 본성이 타락 일로에서 벗어날 방도를 찾지 못했다. 주된 원인을 진단할진대, 도덕적 가치를 인식하는 것이 곧바로 인간성에 바탕이 된 본질적 의지와 직결된 사실을 간과한 데 있다.

언급한바 "소크라테스와 플라톤이란 철학자는 인식과 도덕을 동일시한 탓에 아무도 알면서(knowingly) 나쁜 짓을 하는 사람은 없으며, 오직 善에 대한 무지로 인하여 나쁜 짓을 할 뿐이라고 주장하였다."2) 하지만 善을 앎은 惡한 행위를 막는 선결 조건이기는 하지만, 충족 조건은 아니다. 그물코가 크면 잡히는 물고기가 있지만 빠져나가는 물고기도 있듯, 지식적 앎도 그와 같다. 그런데도 주장 이래 더 이상의 본질적 진전이 없으므로 학교 현장에서 "도덕교육이 당면한 중요한 문제 역시 인식과 행동 간의 관계에 관한 것이었다."3) 이 연구가 교사 시절 확인한 바로서도 지식적인 배움을 통한 앎과 도덕적인 행동 간에는 거리가 있다는 사실을 실감하였다. 知行合一이란 교육적 과제가 그것이다.

진단평가를 하였다. 첫 시간 감독을 하였는데 국어 듣기 평가로 판타지 소설에 몰입된 독서 태도를 비판한 내용이 있었다. 그런데 다음 시간에 곧바로 한 학생이 몰래 판타지 소설을 읽다가 들켰다. 무엇이 문제인가? 知와 行이 일치하지 못한 것이다. 그 학생은 공부를 잘해 듣

---

2) 『민주주의와 교육』, 존 듀이 저, 이상복 역, 대양서적, 1984, p.375.
3) 위의 책, p.380.

기 평가에서 판타지 소설에 대한 문항을 잘 맞추었으리라. 그런데 취한 행동은? 이 같은 문제 탓에 선현은 知와 行의 일치 상태를 학문 추구의 이상으로 삼았다. 배운 것을 행동으로 실천하지 못하면 배운 것이 소용이 없다. 헛되고 헛될 뿐이다.

인간의 행동은 지식적인 앎보다는 마음이 더 지배적이고, 마음은 의지 작용의 바탕 위에 있다. 앎[知]도 결국은 의지적 결단 과정을 거쳐 행동할 방향을 결정한다. 그리고 의지는 다시 각성한 가치 덕목에 따라 행동과 삶의 방향을 지정한다. 그런 가치 덕목을 도덕교육이 제시한 합당한 도덕교육 원리에 근거하여 가르치고 고무해야 한다. "인류 공통의 가치 규범은 존재할 수 없다"란[4] 회의감을 불식하고, 현세에서의 생멸적 삶을 극복할 보다 본질적인 가치, 인류가 반드시 보존하고 추구해야 할 가치 규범을 추출해서 교육의 주된 요목(덕목)으로 삼아야 한다. 그것을 이 연구는 誠·孝·義란 3 덕목인 동시에 필수 수호 가치로 선정하고자 하거니와, 이것은 하늘의 본성과 통하고, 인생 과정을 완수케 하며, 인간 영혼을 구원의 길로 인도하는 덕목 가치이다.

선현들은 인간이 삶을 영위하는 데 있어서 바람직하다고 생각한 가치 덕목을 지침하였고, 그것은 당시의 사회적인 질서를 유지하기 위한 요구와도 연관이 있다. 밝힌 바대로, "유교적 가치 관념은 仁·義·禮·智로서 정리된다. 이 덕목은 유교가 추구해야 할 교육과 공부의 이상을 천명한 것이기도 하고",[5] 삶을 통해 구현해야 할 본질적 지표이기도 하다. 하지만 어찌하여 그 같은 덕목을 앞세운 것

---

4) 『교육 철학』, 김정환 저, 앞의 책, p.262.
5) 「주자의 공부론 연구」, 앞의 논문, p.24.

인지에 대한 이유는 체계적으로 밝히지 못했다. 추정컨대, 유교가 굳게 믿은바 性卽理이고, 天命之謂性이며, 天地之性은 本然之性으로서 인성이 곧 하늘에 근거했다는 믿음이 만 말을 대신한다. 仁·義·禮·智는 바로 그렇게 근거했다고 믿은 하늘의 본성을 인간 본성 가운데서 진리로서 발현시켰다는 뜻이다. 즉, 天의 본성으로부터 부여받은 천성을 인간 본성의 본질적 가치로 구현한 덕목이 仁·義·禮·智란 가치이다. 이런 덕목 가치 추적은 유교가 인성의 근원이 천성으로부터 비롯되었다는 사실을 확인하는 지적 인식이기도 하다. 곧, 인간 본성이 하늘에 근거함으로써 仁·義·禮·智란 하늘의 본성 덕목을 인성 가운데서 발현할 수 있게 되었다. 이런 가치 덕목을 찾아내고 일깨워 간직함과 간직하지 못함과 차이는 자기 집에 진귀한 보물이 감춰져 있다는 사실을 알고 알지 못함과 같다. 그중 맹자는 仁이란 덕목은 "사람을 사람 되게 하는 도리라고 하였다."[6] 이것은 인간을 인간답게 형성한 창조 본성이고, 하나님의 뜻이란 의미이다. 즉, 仁의 본성은 하나님이 부여한 천부 본성으로서 하나님의 본성과 통하는 하나님의 마음 자체이다. 그 마음은 정말 무엇인가? 하나님이 어떻게 천지를 창조하였는가? 사랑함이 창조 뜻의 첫 태동이다. 그래서 仁은 바로 하나님이 발현시킨 창조 뜻의 의지적 결집인 사랑 자체이다. 사랑은 하나님 마음의 전부이고, 仁은 하늘 본성의 진리성에 대한 인식이다. 이런 창조 본성에 근거한 것이 제반 가치적 덕목인 탓에, 각자가 중요하다고 여긴 관점에 따라 다양한 덕목을 결집했다. 예를 들어 "안향은 주자학적 관점에 근거하여 忠·孝·禮·信·敬·誠의 덕목을 갖춘 인재 양성을 교육

---

6) 『동양 윤리 사상의 이해』, 앞의 책, p.61.

목적으로 삼았고",7) 상허 유석창은 誠·信·義란 3大德을 바탕으로 건국대학교를 설립하였다.

이런 선정 덕목 중에서도 시대와 각인을 막론하고 인간 본성을 향도하는 데 있어서 공통분모 역할을 한 것은 바로 성실이란 가치 덕목이다. "동양에서는 예로부터 성실(誠實)을 모든 행동의 근본으로 삼았다. 특히 『중용』의 근본 사상이 그러하다. 誠·道·敎의 관계를 첫머리에 두고 天人合一 사상을 천명하였다."8)

> "誠은 하늘의 道이고, 이 誠을 온전히 하는 것이 사람의 道이다(『중용』, 20장)."

性은 하늘의 본성이고, 천성을 부여받은 것이 인간의 본성인 탓에 성실은 인간이 본성을 이루는 근간 요체이다. 나아가 인간이 道를 따라 성실한 길을 갈 수 있도록 가르침의 역사를 펼치는 것이 교육이 행해야 할 대본연이다. 교육은 시대를 불문하고 무엇을 인간에게 가르쳐야 하는가? 하늘의 본성이 성실한 것처럼, 하늘의 질서를 본받아 성실하도록 가르치는 것이다. 그리하면, 근본됨을 갖추는 데 있어 추호도 어긋남이 없다. 하늘의 뜻과 합치하고 본성과 합치하며 질서와 합치한다. 성실만이 인간의 장래를 책임지고 하늘이 보장하는 본성 덕목이다. 성실은 인간이 하늘의 道에 이를 수 있는 정성의 길이요, 하늘의 품성을 그대로 빼어난 인간의 가장 근본 된 삶의 자세이다. 거듭 강조해, 성실한 것은 하늘의 道 자체이고, 그것을 본받아 성실하려는 것이 인간의 道이며, 인간이 그렇게

---

7) 『교육의 이해』, 이원호 저, 만수출판사, 2000, p.143.
8) 『한국 유학 사상과 교육』, 앞의 책, p.78.

성실할 수 있도록 가르쳐야 하는 것이 교육의 道이다. 인간이 타고
난 본성을 완성하는 데 있어서 성실이란 덕목을 갖추지 못하면 어
떻게 되는가? 아무리 타고난 재능이 뛰어난 자라도 세계에 대하여
충실을 기하지 못한다면 뜻한 인생 과업을 완수할 수 없다. 갈고닦
은 재능을 발휘하고 완수하기 위해서는 얼마나 성실함이 필요한가
를 짐작할 수 있다. 세계에 위대한 업적과 인격을 쌓은 위인들, 그
분들이 결코 부여된 재능만으로 인생 가치를 구현한 것은 아니다.
인간적인 한계 가운데서도 성실성을 견지한 노력의 결실이라고 할
진대, 성실의 본질적 가치를 재삼 깨달을 수 있다. 인간이 한세상
태어나 자신에게 부여된 재질을 이루어감은 당연하고, 거기에 더해
얼마나 성실하게 참된 인생의 길을 헤쳐나갈 것인가 하는 것이 바
로 도덕적으로 정착시켜야 할 본성 가치이다. 그런데도 주변에는
"뜨거운 의욕도 강한 정열도 성실한 노력도 없이 되는대로 인생을
살아가는 사람들이 있다. 그것은 자기 인생을 스스로 포기한 것과
다름없다."9) 반드시 다시 태어난 마음가짐으로 성현의 가르침에 귀
기울여야 한다. 율곡 선생은 말씀하길, "입지와 誠으로 역행하고 극
기로 본연지성을 회복하여 노력하는 가운데 진리에 이를 수 있다고
하였다."10) 이런 가르침에는 인생이 나아갈 덕목 가치가 종합적으
로 함축되어 있다. 성실함으로 뜻을 세우고, 노력하여 현실의 처지
를 극복하면, 반드시 부여된 본래의 천성을 회복하고, 진리에 도달
할 수 있다고 했으니, 그 진리가 곧 하나님의 창조 본성이다. 각각
의 본성을 영속게 할 본연지성이다. 성실하면 그 같은 본성, 곧 진
리를 보는 눈을 가지게 되고, 성실하게 추구하면 진리를 밝힐 수

---

9) 『젊은이여 희망의 등불을 켜라』, 앞의 책, p.59.
10) 『한국 유학 사상과 교육』, 앞의 책, p.93.

있다고 했나니, 본래의 性은 하늘의 본성으로서 진리와 따로 떨어질 수 없다. 결과적으로 성실한 삶은 인간을 진리 세계와 하나님에게로 인도해 天人合一할 길을 튼다.[11] 천부 본성(창조 본체)을 본받고 동일화하고자 한 것은 동서고금을 통하여 인류가 추구한 본연의 길이고, 교육으로 실행하고자 한 가르침의 대주제이다. 그런데도 성현이 밝힌 "인간을 포함한 만물의 본래 성품(자연성)이 하늘로부터 부여받은 것"[12]이란 대명제를 대수롭지 않게 받아들이고, 더는 깊게 파고들지 못한 것은 안타까운 일이다. 다시 이해한다면, 만물과 인간이 하늘로부터 부여받았다는 것은 하나님이 만물과 인간을 창조하였다는 말이고, 여기에 초점을 맞춘다면 어떻게 부여한 것인지에 대한 창조론을 구체화하는 작업이 불가피하였다. 그런데도 이 같은 선언 명제를 해석하는 데 선천 세월이 다 흘러가 버렸다. 이 문제를 어떻게 풀 것인가? 창조 본의가 아니면 해결할 길이 없다. 그래서 영원한 정신적 고뇌로 대물림되었다.

다음으로 제2 大德 가치인 孝는 핵가족을 이룬 현대에서는 동양의 유교 사회에서 가족 질서를 기반으로 사회질서와 계급적 지배 질서를 유지하기 위한 목적으로 중시했던 덕목 정도로 이해한다. 孝도 사실은 인류가 지켜나가야 할 항구적인 가치라기보다는 시대의 변화에 따라 수호 의무가 변할 수 있는 상대 덕목이란 인식이 그것이다. 그래서 이 연구는 무엇보다도 흔들리고 있는 가치 인식을 재고해서 재정립하고자 한다. 단도직입적으로 부모로부터 태어난 자가 孝를 버리고 인간으로서 근본을 정립할 수 없고, 孝의 길을 이탈한 하늘의 길 역시 열 수 없다. **하나님은 천지를 지은 절대**

---

11) 「율곡의 인간 교육론」, 앞의 논문, p.18.
12) 『동양의 도덕교육 사상』, 앞의 책, p.386.

창조주요, 부모님은 생명의 근원을 있게 한 제2의 창조주이다. 기독교는 오직 主 예수만 인류가 구원을 얻는 길이라고 했지만, 그보다도 孝를 망각한 天을 향한 길, 天을 위한 믿음, 신앙, 헌신, 공경, 바램, 기도, 제사, 희생은 무효하다. 왜냐하면, 효도는 인간 영혼이 하늘에 이르기 위해서 반드시 통과해야 하는 관문인 탓이다. 이것을 알아야 하나니, 孝의 길이 곧바로 天의 길과 직결되어 있다. 효도하는 길이 하늘을 향하는 길이다. 부모의 은혜를 알고 공경하는 자라야 하늘의 은혜를 알고 공경할 줄 안다. 부모를 위해 바친 헌신은 하늘과 통하는 공덕이다. 그만큼 孝란 덕목은 인간 본성의 바탕을 이룬 창조 본성의 인간적 덕목 구현이다.13) 성현이 어떤 시대적 요구에 따라 孝란 덕목을 이상화하였건 상관없이 오늘날에도 우리는 하나님이 인류를 창조한 본의에 근거해서 孝의 가치를 재해석해야 할 필요가 있다. 어떤 문화, 어떤 사상, 어떤 가치, 어떤 신앙에 의해서도 퇴색하거나 수단화될 수 없는, 인류 사회가 영원히 수호하고 끊임없이 일깨워 나가야 하는 근본을 근본 되게 하는 절대 덕목이다. 하나님도 심판 시 정상 참작이 있을 텐데, 문화적인 여건상 전혀 하나님을 알 수 있는 진리와 복음을 접하지 못했다 할지라도, 부모에게 효도한 자는 그대로 하나님께 효도한 것이고, 근원을 향한 길을 튼 것이다. 하늘을 알기 위해서는 근본부터 알아야 하나니, 자신을 있게 한 근본을 모르는 자가 하늘의 근본을 알 리 만무하다. 근본을 아는 길에 부모님을 향한 효도의 길이 가로놓여 있다. 이런 孝가 그대로 경로사상으로 확대되고 경천사상에 이른다.14)

---

13) "우리가 부모를 섬기는 까닭은 자신의 신체를 부모로부터 받았기 때문이며, 이것은 부모의 부모인 먼 조상까지 이어져 마침내 만물을 낳은 천지를 섬기는 이유가 된다."-『한국 유학 사상과 교육』, 앞의 책, p.115.
14) "중국에서 孝는 혈연관계의 윤리를 뛰어넘어 사회적 관계로까지 확대되었다. 가족에서 사회,

"사람에게는 누구를 막론하고 본래부터 타고난 신령하고 착한 성품을 가지고 있으며, 인간으로서 마땅히 지켜야 할 윤리 도덕이 있다. 이 가운데서도 기본적인 윤리 덕목이 효도이고, 으뜸가는 도덕 가치가 효도이다."15) 으뜸 본성인 탓에 유교에서는 "孝를 만덕의 근원으로 삼았다. 삼강오륜의 근본에 孝가 있고, 모든 실천 도덕의 근본에 孝가 있다."16) "자기 어버이를 사랑한 연후에 더 나아가서 다른 이를 사랑해야 하는데 이를 순덕(順德)이라 하고, 또 어버이를 공경하고 더 나아가서 딴 이를 공경해야 하는데 이를 순례(順禮)라고 한다."17) 율곡은 김시습 전(傳)에서 말하길, "舜이 五敎를 베풀며, 부자유친이 首位이고, 반면에 죄는 三千으로 분류되는데, 그중에서도 불효가 최대의 죄라고 하였다."18) 불효는 근본을 저버림이므로 하나님에게 저지르는 죄악과 같다.

제3 大德 가치인 義는 信이란 가치 덕목과 습하여 자신과 타인에게 믿음과 약속과 도리를 저버리지 않는 것이다. 자신과 타인에 대해서 옳다고 생각한 신념을 견지하고, 타협하지 않으며, 세상의 이득을 초월하여 마음을 올곧게 지키고 행하는 것, 그리고 불의를 보았을 때는 의연히 일어서서 진리를 증명하고 정도를 확립하고자 하는 것, 이런 덕목 가치를 실천하는 것이 현실 가운데서는 결코 쉬운 일이 아니다.19) 그런데도 우리는 소중한 가치 덕목을 삶의 과

국가에 이르기까지 가장 우선적인 가르침이 되어 거의 종교화되었다."-『공자의 논어』, 황희경 글, 정훈이 그림, 한국철학사상연구회 기획, 삼성출판사, 2007, p.38.

15) 『생활 예절』, 사단법인 대한노인회 경상남도 연합회, 1992, p.126.
16) 『예절』, 정몽화 저, 형설출판사, 1973, p.13.
17) 위의 책, p.15.
18) 『한국 유학 사상과 교육』, 앞의 책, p.116.
19) "見義不爲 無勇也"라 즉, 공자가 말씀하길, "義를 보고도 행하지 못하는 것은 용기가 없기 때문이다. 정의를 알면서도 실천하지 못하는 것은 용기가 부족하기 때문이다. 즉, 용기가 없는 자는 의인이 될 수 없다."-『도산사상』, 앞의 책, p.124.

정에서 실천하고 덕목화하려고 노력해야 한다. 그 이유는 오직 한 가지, 현세에서는 고난을 받더라도 내세에서는 높게 받들어지며, 하나님으로부터 의롭다 함을 입을 지극한 공덕인 탓이다. 세인은 꺼리고 오히려 마다하는 덕목이지만, 하나님은 그 가치를 알고 있다. 그중 진리를 위해, 믿음을 위해, 공의를 위해 삶을 바치고 목숨 버린 희생 가치는 영세불망할 하늘의 가치이다. 궁극의 본성 승화(昇華)이고, 만 영혼을 함께 구원할 세계 본질의 거룩한 성화(聖化)이다. 비록 어려움은 있지만, 信義를 지키고 다 하기를 마다하지 않아야 하고, 그것은 인간으로서 마땅히 실천해야 할 도리의 길이다. 신의를 잃어버리면, 인간으로서 가진 존재와 삶의 가치까지 송두리째 잃어버린다. 한 입으로 두말을 하고, 마음이 수시로 변한다면, 그런 태도를 두고 바른 인간이라고 할 수 없다. 언행은 일치해야 하고, 신념 어린 마음은 한결같아야 한다. 거기에 더하여 大德까지 갖춘다면, 천하를 자아로 해서 신의를 관철하고 덕을 베풀어 만 인류가 기대한 聖人이 될 수 있다. 이런 義에 敬까지 합치면, 옳음을 지킨 마음에 근원을 향한 근본에 대하여 의지와 가치적 신념까지 더한 것이라, 여기서 불퇴전의 살아 있는 정신력이 샘솟고, 身命을 바칠 믿음이 생성된다. 하늘을 향해 무한한 신뢰감을 구축한다. 그런 義적 기력이 우주를 충천시키고, 천하의 마음을 감동하게 해, 만인의 손에 떠받쳐진 불세출의 혼으로 들림 받게 되리라.

2. 도덕성 가치 본질

인간이 도덕적 본성을 가져야 하는 것은 주관적인 판단인가? 아니라면 인간 된 도리로서의 당위적 의무인가? 무언가로부터 부여된 것인 탓에 어기면 안 되는 법칙인가? 이에 대해 중세 철학자들은 도덕을 神의 명령으로 이해하였고, 칸트가 냉철한 이성을 통해 마땅한 의무이자 법칙이라고 주장하기 이전에는 단지 바른 삶을 살아가는 데 필요한 것이란 정도로 생각했다.20) 인간은 누구나 善을 추구하는 본성을 지니고 있어, 그것이 도덕적 본성이라고도 하지만, 완벽한 주장은 아니다. 도산 안창호 선생은 "지식은 인생을 위한 수단이요, 도덕은 인생의 근본이다. 우리는 지식의 빈곤 때문에 못사는 것이 아니라 도덕의 빈곤 때문에 못사는 것"21)이라고 하여, 도덕 제일주의를 강조한 선각자였다. 하지만 인생의 가치 중 무엇보다도 앞서고 근본 된 도덕성이 정말 무엇인가에 대해서는 각자가 옳다고 여긴 판단에 맡긴 듯하다. "소크라테스는 인간에게 왜 도덕이 필요한가란 측면에서 가치를 매겼다. 인간을 다른 동물과 구별할 수 있는 것은 영혼을 가졌기 때문이고, 영혼을 가진 탓에 선악을 판단할 수 있다. 영혼이 최선의 상태에 이르기 위해서는 德이 필요하다. 德은 바로 善을 아는 것이다."22) 결론을 끌어내는 데 필요한 조건을 전제한 것이므로, 논거 과정에서는 도덕=善이란 판단에 대해 하자를 찾을 수 없지만, 논리 밖에서 보면 크게 이탈해 있다는 사실을 발견할 수 있다. 지적한 바대로 도덕은 본성적, 본질적

---

20) 『사람이 알아야 할 모든 것, 철학』, 앞의 책, p.343.
21) 『도산 사상』, 앞의 책, p.203.
22) 『칸트 철학사상의 이해』, 한단석 저, 양영각, 1983, p.250.

인데, 지적인 선악의 판단 문제로 전회시킨 것은 도덕성의 본질 규정 범위를 벗어난 결론이다. 도덕적 본성의 가치를 엿보기 위해서는 인간 본성의 근원 된 뿌리를 파고들어야 했는데, 지난날의 선철들은 방법론을 세우지 못했다.

통상 도덕성을 내포한 본성은 인성, 품성, 인품, 심성 등으로도 부른다. 그중 인성은 사람됨의 바탕이란 의미가 있고 사회적으로, 또는 도덕적으로 바람직한 객관적 개념과 함께 각 개인의 고유한 개성 등을 포함한다. 인성에는 의지적 측면, 가치적 측면도 포함하고 있지만,23) 개념적 접근으로서는 본성과 연관한 도덕성의 본질적 가치를 추출하기 어렵다.24) 인성이 어떤 인간의 본성 영역과 특성을 포함하든, 도덕적 본성은 그런 영역과 특성들을 바람직하게 지향하도록 하고 육성하는 데 가치를 지닌다. 뿌리는 가지를 관찰해 얻은 결과와는 다르듯, **"도덕성 가치 본질"**을 자리매김하기 위해서는 반드시 선행해서 해결해야 하는 조건이 필요했다. 먼저 인간의 선악 본성이 무엇인지부터 밝혀야 했고, 세계가 분열 역사를 완료해야 했으며, 무엇보다도 선행 조건은 하나님이 강림하여 창조 본의를 계시해야 했다. 이런 3대 조건을 갖춘 탓에, 이 연구가 바야흐로 천만 년 동안 본성 깊이 파묻힌 도덕성의 가치 뿌리를 들출 수 있게 되었거니와, 그것은 지금까지 선철들이 판단한 개념 규정과는 차원이 다르다. 지난날의 한계성 인식을 지적함과 함께, 장벽에 가린 도덕성의 발현 근원을 추적할 수 있다.

칸트는 냉철한 이성적 사고로 도덕성을 판단하였지만, 인간의 도

---

23) 『학생 인성 지도의 이론과 실제』, 한국교총 원격교육연수원 발행, 2005, pp. 5~6.
24) "인성(character)은 사람의 성품, 또는 각자가 지니는 사고와 태도 및 행동 특성이다. 사람으로서 마땅히 지녀야 할 올곧은 가치관, 태도, 품성 및 행동 특성임."-『교육과 사색』, 교육타임스, 2014년, 10월호, p.23.

덕적 본성은 지극히 본질적인바, 칸트가 동원한 인식 수단과 접근 방법은 한계성을 피할 수 없다. 그 결과 칸트는 우회적인 길을 찾은 것인데, 그것이 곧 "神에 의해서 도덕을 정초하려고 하지 않고, 역으로 도덕에서 출발하여 神의 존재 사실과 영혼의 불멸성을 요청한 것이다."25) 이전까지는 우회적으로 요청할 수밖에 없을 만큼, 세계적 조건이 성숙하지 못했다. 그러나 보혜사 하나님이 진리의 성령으로 강림한 오늘날은 가능하다. 이전에는 유한자인 인간과 무한자인 神 사이가 절대적으로 단절되어 있었지만, 소통로를 튼 지금은 유한자가 무한자로 나아가고 동화, 승화되는 길목에 삶의 추구 과제인 **"도덕성 가치 본질"**이 자리 잡고 있다. 인간이 하나님으로부터 창조된 것이 도덕성이 인간의 본성 속에 깊이 자리 잡게 된 이유이고, 가치 실현 목적이다. 하나님이 뜻한 바 있어 다른 동물과는 구별되게 인간을 인간답게 했다기보다는, 하나님답게 하나님을 지향케 하려고 특별히 도덕적 본성을 부여하였다. 이런 뜻과 주체 의지를 알 길 없는 선천의 지성들은 막연하기는 하지만 근원적인 주관 의지를 추정하였다. 즉, 성리학의 주리론은 "우주의 도덕적 원리가 인간에게 내재해 있다고 믿고, 우주의 도덕적 원리를 인지할 가능성을 교육적으로 고무하였다."26) 여기서 우주의 도덕적 원리란 인간 본성에 도덕성이 내재하게 한 데 대한 근원성 추적이고, 믿음대로 정말 우주의 도덕적 원리, 곧 하나님의 창조 본성이 창조 역사를 통해 인간을 이룬 바탕 본성으로 부여된 것이다. 연관되지 않았다면 어떻게 연결 고리를 따라 하나님의 창조 본성과 창조 본의(원리)를 인지할 수 있겠는가? 단지 본의만 미비한 채 세계적, 진리

25)『칸트 철학사상의 이해』, 앞의 책, p.251.
26)『혜강 최한기의 지식론과 교육론』, 이우진 저, 교육사학연구, 11집, 2001, p.97.

적 조건, 곧 창조 방정식을 성립시켰다. 칸트는 불가능하다고 했지만, 하나님은 인류를 구원할 가능성의 문을 만세 전부터 열어 놓았고, 창조된 길을 따르면 하나님으로부터 구원될 수 있다. 하나님의 뜻과 인간의 뜻이 합치할 때, 창조 이래 최대의 구원 역사가 펼쳐질 수 있으리라. "인간에게는 실로 善을 추구하는 본성이 있다."[27] 그것은 믿음만이 아니며, 인간에게 부여된 창조 본성에 대한 정확한 인식이다. 도덕 윤리를 우주의 근원적인 질서로 파악한 것은[28] 天에 근거한 동양 사상의 기본적인 인식에 속한 것이며, 이런 사고 형태는 서양의 칸트라고 해서 큰 차이가 없었다. "너의 의지가 언제나 동시에 보편적 자연의 입법이 되어야 하는 그 격율(格率)에 따라 오직 행동하라"[29]라고 하여, 보편적 자연의 입법을 기준으로 삼은 것은, 창조 법칙의 칸트식 해석이다. 다시 말하면, 하나님의 창조 본성과 선의지를 도덕 법칙의 준거 기준으로 삼고, 모든 행동 간에 주지해서 실천(行)해야 한다는 뜻이다. 인간의 도덕적 행동은 결코 각자의 주관적 판단이 기준이 될 수 없다. 그렇다면? 도덕적 본성을 부여한 하나님의 창조 뜻을 알아야 절대적인 가치 본질을 자리매김할 수 있다.

"노자는 무위자연적인 道의 원리를 체득한 인격적 속성을 德으로 표현하였다."[30] 여기서 무위자연이란 하나님의 본체 모습이 완전하게 드러날 수 없었던 시대를 산 지성인의 눈에 비친 본질적 모습이다. 초점을 정확하게 맞춘다면, 道와 德에서 道는 하나님이 부여한 창조 본성 자체이고, 德은 본성을 생성시켜 쌓아 올린 聖化

---

27) 『고대 그리스의 교육 사상』, 오인탁 저, 종로서적, 1994, p.240.
28) 『동양 윤리 사상의 이해』, 앞의 책, p.19.
29) 『남명 철학과 교학 사상』, 앞의 책, p.54.
30) 「노자의 교육론과 그 사상사적 의미」, 앞의 논문, p.54.

가치 자체이다. 곧, 하나님의 창조 본성을 인간의 본성으로 덕성화한 것 일체가 도덕성이다. 인간으로서 타고나기는 했지만, 천성을 거룩한 방향으로 인간성화해야 하는 과제를 수행하고, 聖化를 지향하는 데 도덕성의 가치 본질이 있다. 부여된 창조 본성을 일구고 본 모습을 갖추어 동일한 본성 상태에 도달하는 것이 인간 본성의 완성 목표이다. 그래서 유교에서는 "仁은 萬德의 으뜸이다. 仁은 인간으로서 갖추어야 할 기본적인 마음이며, 도덕적 완성의 극점(極點)"31)이라고 했다. 仁은 가장 극치적 가치를 담은 도덕적 본성이고, 하나님이 인간에게 부여한 창조 본성이다. 바탕이 된 본성인 탓에 仁은 인간이 갖추어야 하는 기본적인 마음이고, 완성의 도달 기준이며, 萬德 중 최상이다. 이런 연유로 인류는 전 삶의 과정을 통하여 德을 쌓아 하나님의 거룩한 창조 본성을 회복해야 함에(聖化), 이런 삶을 통한 품성 도야 성업은 고스란히 내세를 영속시키는 영생의 본질적 바탕을 이룬다. 도덕성이 사후에도 영속을 위한 영혼의 정체성 유지 기반을 이루고 또 보장받음에, 이것보다 더한 본질적 가치가 없다. 이런 본의에 근거해 인간이 본유한 도덕적 본성을 정확하게 정의하면, **도덕성이란 하나님의 창조 본성에 근거하여 창조된 인간이 하나님의 거룩한 聖化 본질과 일치할 수 있는 神적 본질(=神性) 요소이다.**

인간의 도덕적 본성으로 본질적 가치를 정확하게 자리매김하는 선행 과제를 해결해야, 그를 바탕으로 교육이 위대한 사명 역할을 실행할 수 있는 가르침의 역사를 펼친다. 도덕교육의 목적과 방향은 분명하다. "주자의 핵심적인 관심사는 인간이 교육을 통하여 도

---

31) 「퇴계의 교육 사상 연구」, 앞의 논문, p.16.

덕적 자아를 실현하고, 인간 자신의 완전성을 회복(複姓-內聖外王)하는 문제였듯",32) 지향한 초점을 본의에 맞춘다면, 도덕적 자아실현은 곧 하나님의 창조 본성에 이르는 길이고, 완전성 회복 방법은 본유한 도덕성을 聖化시키는 길이다. 그리하면 주자 당시의 궁극적 인생 가치인 **"만인의 聖人化 목표"**도 달성할 수 있다. 인간이 삶의 기회를 통하여 도덕적 가치를 추구하고 함양하고 회복하는 것은 창조 본성과 일치하고, 종국에는 영원히 함께하기 위한 거룩한 聖化 과정이다. 도덕적 가치를 추구하는 것이 타락으로 병든 인류의 인간성을 치유할 수 있는 처방책이다. 맹자는 "도덕 이념은 하늘로부터 부여받은 선성(善性)을 잃지 않고 보존해서 확충해나가는 것이라고 하면서, 君子는 그것을 보존하지만, 서민(庶民)은 그것을 버린다"33)라고 지적했다. 善性은 곧 본성인데, 그것이 예사로운 본성인가? 본질적인 가치를 아는 자 君子로 높임 받고, 무지한 자 금수로까지 격하되었다. 善性을 잃지 않는 것은 기본이다. 보존하고 확충하기까지 해야 하는데, 그 이유는 도덕성은 본질적 가치로서 내세까지도 생전에 쌓은 德이 유효한 탓이다. 인간 영혼이 사후에도 정체성을 유지하기 위해서는 삶의 과정을 통하여 하나님이 부여한 창조 본성을 갈고 닦아 聖化해야 한다. 하나님의 본성과 동화해야 영원히 하나님과 함께 영세불망할 수 있다. 불교에서는 "믿음은 道의 근본이고 공덕의 어머니(『화엄경』, 현수품)"라고 하였다. 곧, 믿음으로 구원을 얻는다고 한 기독교 신앙과 상통한다. 본질적 믿음의 공덕성과 영속성 원리는 도덕성과 聖化 바탕 원리와도 같다. 다시 강조해, 도덕적 가치를 추구하고 본질적 본성을 회복, 함양, 확충하

---

32) 「주자의 교육론과 성인의 교육적 의미」, 고대혁 저, 동양고전연구, 4집, 1995, p.272.
33) 『동양 윤리 사상의 이해』, 앞의 책, p.69.

는 것은 현세적 삶에서의 구원은 물론이고, 사후에도 영원한 실존자인 하나님과 함께할 수 있는 디딤돌이다. 현상의 가변적인 요소를 초월하여 쌓은 德과 業은 사라지지 않나니, 德을 쌓으면 德을 본다고 하였고, 죄는 사라지는 것이 아닌 탓에 용서받는 것이다. 왜 유교의 선현들은 仁(하나님의 품성, 뜻)을 깨우쳐 실현해야 한다고 했는가? 인간 삶과 존재는 결국 하늘과 연관되어 있다는 뜻이다. 하늘의 본성과 뜻을 알아야 인간답게 살고, 하늘의 뜻과 일치된 자아를 실현해서 인생 삶을 완성할 수 있다. 창조 본성을 회복하는 것이 인간성 완성의 도달 목표이고 기준이다. 도덕성을 함양하는 것은 교육의 본연적 지표이다. 교육으로 만 인류를 보편적으로 구원하는 길이고, 창조 섭리를 완수하는 길이며, 세계를 완성하는 길, 하나님과 함께하여 이 땅에 이상적인 나라를 건설하는 길이다.

이에, 정립되는 인간다움의 본질적 의미는 창조 본성과 합치한 하나님과 닮은 본성으로 돌아가고, 창조 본성의 본래성을 회복하는 것이다. 즉, 하나님과 동질적 품성을 이룬다. 그리해야 구원을 얻고 영생할 길을 튼다. 인간이기를 바라는 자 반드시 도덕성을 수호해야 하나니, 하나님의 본성에 근거하여 창조된 인류와 세계는 결국 하나님의 본성인 도덕성에 기반을 두어야만 하나님과 인류 모두가 원한 창조 목적을 이루게 되리라.

3. 도덕성 추구 가치

처음에는 필요하고 가치가 있다고 생각해서 사들인 물건이지만, 세월이 지나서 낡고 소용이 없어지면 폐기한다. 요즘은 "생명 공학, 유전자 공학, 로봇 과학처럼 대중의 실제 생활에서 과학의 존재 역할이 두드러짐에 따라, 과학 역시 가치문제와 복잡하게 얽히게 되었다."[34] 같은 지역에 살면서 쳐다보지도 않았던 곳이 개발되어 집값이 몇 배로 올랐다는 소식을 접한다. 값이 오를 것을 예상하지 못한 탓이다. 인류 역사도 이런 무지 탓에 잃어버린 역사가 얼마나 되는가? 지금 살아가는 인생과 그런 삶을 안내하고자 하는 교육 영역도 마찬가지이다. 평생을 살았는데, 그렇게 흘린 땀과 바친 정열이 아무런 보람도 없이 가치 없는 삶이었다고 한다면? 이런 결과를 얻지 않도록 방황하고 무지한 영혼을 일깨워 선도해야 하는 것이 교육의 사명일진대, 교육은 지금까지 자연과 인생과 역사에 대해 어떤 가치관을 가졌고, 무엇을 확보한 상태인가? 혹여 치우쳐 본질성에 근접하지 못했다고 할진대, 인류 역사는 소중한 가치를 상실할 것이고, 뭇 영혼을 선도할 기회를 놓쳐버릴 것이다. 그 같은 결과는 잘못된 가치관을 가진 탓이고, 가치 없는 것을 가치 있는 것으로 오인한 잘못을 깨닫지 못해서일진대, 이런 문제를 해결하지 못하고 있다. "보수주의 교육학자들은 플라톤의 이데아와 같은 절대적인 진리가 인간 앞에 선재한다고 보고, 문명화된 세계의 모든 영역을 지배하는 절대적이고도 초월적인 진리로 이끄는 것이 유일한 교육 형태라고 생각하였다. 하지만 진보주의 교육학자들은 정반

---

34) 『교사와 책-미래의 힘』, 박인기 · 우한용 책임기획, 솔, 2008, p.151.

대로 그런 절대적 진리란 없으며, 신성한 것으로 간주한 기존의 진리에 대하여 끊임없이 의문을 제기한 탐구 과정이야말로 스스로 진리에 도달하는 첩경이라고 생각했다."35) 어느 편 주장이 옳은가? 한 번밖에 기회가 없는 삶이고 인생길인데, 어느 쪽 말을 믿고 따를 것인가? 어떤 주장을 목표로 삼아 교육할 것인가? 확실하게 판가름이 났는가? 가치관의 규정문제는 교육과 인생뿐만이 아니다. 지성들이 해결하지 못한 정신적 고뇌이고, 대진리적 과제이다. 교육이 인류의 방황과 도덕적 타락을 저지하지 못하는 원인 조건에 한몫하고 있다. 그만큼 교육은 제반 가치문제와 무관할 수 없다. 먼저 "교육의 개념 속에서부터 가치관을 내포한 윤리적 성격을 가졌으니 '좋다, 바람직하다, 가치 있다, 마땅하다'처럼 물건값을 매기는 것과는 차이가 있지만, 교육이 지향하는 목표에도 정도를 따지는 척도가 있는 것이라, 가치 있는 변화를 일으키고, 활동할 수 있도록 하는 것을 내재적 가치라고 한다. 교육이 내재적 가치를 추구하고 실현하는 것으로 환원된다."36)

그렇다면 교육과 인생에 있어 중요한 자리를 차지하는 가치관이란 정말 무엇인가? "가치는 선호의 대상을 결정하는 지적, 정의적인 통합적 성향이라고 할 수 있고, 그것은 행동에 평가적 준거 기능을 가지는 신념의 일종이다. 물론 가치에는 절대적 가치, 상대적 가치, 객관적 가치, 주관적 가치 등으로 구분하여 정의를 내리기도 한다. 절대적 준거하에서 논하는 철학적 가치에는 지적 영역에서 僞에 대한 眞, 情적 영역에서 추(醜)에 대한 美, 意적 영역에서 惡에 대한 善 등을 절대적 가치 준거라고 부른다."37) 마치 잘 진열된

---

35) 『도올의 교육입국론』, 앞의 책, pp. 96~97.
36) 『교육 철학 및 교육사의 이해』, 앞의 책, p.382.

물건처럼 인류가 지향한 가치 영역을 구분하기는 했지만, 문제는 그것의 궁극적 가치와, 가치가 세계적 본질에 대해 작용하는 영향력을 밝히는 문제이다. 가치 추구→신념→의지→품성→본질로 나아가는데, 그런 과정과 절차에 따른 결과를 알아야 가치의 본질성 문제, 곧 절대적 가치가 있느니 없느니 하는 논란을 잠재울 수 있다. 그런 단계에 이르지 못했더라도 가치의 중요성만큼은 확인해야 했는데, 그 이유는 가치를 인식해야 진리 탐구 세계에서도 역사가 이루어지기 때문이다. 그러고 보면, "사람은 자기 자신의 가치 체계를 충분히 확립하였다고 말하기 전까지는 철학을 완전히 체계화하여 형성하였다고 할 수 없다. 곧, 가치의 구조를 세운다는 것은 철학화의 정점(頂點)이다. 본질에서 철학이라는 학문은 실제로 가치에 관한 연구이다. 대부분의 인생적 결정은 가치문제로 한정된다."[38] 어떻게 하면 보다 보람되고 영원할 수 있는 삶의 가치를 획득할 수 있는가? 가치를 쌓을 수 있는가 등등. 교육의 문제도 알고 보면 목적을 결정하는 것은 이념이고, 이념을 구축하는 궁극적인 가치성에 대한 인식이다. 언급한 대로, 가치론을 정립하는 것은 인생과 교육과 철학과 우주론의 제일 정점이다. 교육은 무엇이 참 진리이고 이상적인 가치인가를 넘어, 영원한 궁극적 진리가 무엇인가도 결정하고, 지침해야 한다. 절대적 진리가 있는가? 있다면 무엇인가? 아니다. 진리는 상대적이라는 논란을 판가름하고 종결지어야 한다. 그리해야 뭇 영혼의 인생적 혼란을 잠재울 수 있다.

"세계를 바라보는 시선과 삶을 대하는 가치관에는 크게 나누어 두 가지 영역이 있다. 하나는 물질적(세속적, 현세적)이고, 다른 하

---

37) 『성격과 행동의 지도』, 앞의 책, p.25.
38) 「체육 철학에 있어서 체육의 가치에 대한 고찰」, 이규동 저, p.39.

나는 정신적(종교적, 금욕적)이다. 오늘날은 과학 문명이 발달한 관계로 대다수 인류가 물질적인 삶을 사는 데 비해, 근대 이전 동서의 古人들은 정신적 태도로 영원의 삶을 추구했다."[39] 왜 이처럼 가치관의 전도 추세가 가파르게 되었는가? 영원한 가치 추구=영원한 삶의 보장이란 등식이 성립하지 않았다는 것을 증명해서인가? 아니라면, 후발 주자인 물질적 가치가 정신적 가치보다 더 가치 있는 그 무엇을 보장해서인가? 이유를 막론하고 교육은 현대인의 종말적인 황금만능 추세를 저지하고, 올바른 인생 방향을 설정할 수 있도록 **"도덕 가치론"**을 정립해야 한다. 허망한 삶의 가치 절벽 위에 서 있는 영혼들을 일깨울 구원 역사의 선봉에 서야 한다. 왜 물질적 가치를 추구한 삶이 생멸 현상을 피할 수 없고, 멸망할 가치인지를 증거함과 동시에, 본질적 가치를 추구한 삶이 현세의 생명적 현상을 초월한 영속적 가치이고, 영적 가치인지를 아울러 확인해야 한다. 이런 진리적 증거 절차를 거치지 못한 탓에, 시대적인 환경이 바뀌자 정신적 가치의 항구성을 망각하고 쉽게 물질적 가치에 물들었다. 하지만 가치를 안 선현들은 분명하게 말하였다. "과욕은 온갖 불행, 고뇌, 고통의 원인이 된다. 욕심은 이런저런 갈등과 배타, 불화, 싸움, 전쟁의 씨앗이 된다. 그러나 진리를 알면, 과욕과 자만심 없이 고뇌에서 해방된 삶을 산다."[40] 동양의 "주자학은 이 같은 진리적 가치(=정신적 가치=본질적 가치=영속적 가치), 즉 내면적 성학(聖學)을 지향하였고, 영향을 입은 조선조 학문은『성학십도-퇴계』,『성학집요-이이』가 보여주듯이, 어떻게 하면 외면적(=물질적=현세적) 가치가 아닌, 내면적 신성을 보존하고 확충할 것인가

39)『조선 유학의 거장들』, 앞의 책, p.72.
40)『진리론』, 이은참 저, 운주사, 2010, p.353.

에 모였다."[41]

우리의 선조들이 추구한 내면적 성학(聖學) 진리이자 정신적 가치란, 바로 인간으로서 기본적으로 간직하고 함양해야 한다고 한 도덕적 가치이고 본성이다. 이런 가치 본성을 진리로써 입증하고 영원한 가치 작용 세계로서 뒷받침하기 위해서는 가치 자각과 추구가 허공의 메아리처럼 반향 없는 것이 아니고, 무형의 形而上學적인 본질성을 생성한다는 사실을 확인하는 데 있다. 그러기 위해서는 인간 본성의 창조성과, 그렇게 해서 천지 우주를 창조한 본의의 선험성을 제공해야 했다. 곧, 하나님의 지상 강림 역사가 증거되어야 했다는 말이다. 천지 우주와 인간이 하나님으로부터 창조되었듯, 인류가 개인적으로나 역사적으로 지향하고 추구해서 이루어야 할 가치의 근원 바탕 역시 창조에 기인하고, 하나님의 창조 뜻으로부터 발원하였으며, 종국에는 그곳으로 귀일하게 된다. 창조 본의와 합치하는 것이 가치의 궁극성이고, 그것이 곧 가치 결정 기준이다. 창조 역사로 인해 뭇 존재가 발현되었듯, 창조된 탓에 가치도 더할 나위 없는 창조 목적을 부여받아 굳게 자리 잡았다. **하나님의 뜻과 義가 머무는 그곳에 인류가 영원히 간직해야 할 절대 진리의 세계가 있다.** 진리와 믿음과 도덕적 가치는 인간의 생명을 영원하게 하는 본질적 요소이고, 물질적인 가치는 물질의 본질이 그러하듯, 유한하고 한시적이다. 서울행 버스를 탔으면 서울에 도착하는 것이 맞고, 부산행에 몸을 실었으면 부산에 당연히 도착해야 한다.

그러나 이 연구가 아무리 영속을 보장하는 것이 정신적, 도덕적 가치라고 주장해도, 이것을 진리로써 확증하기 위해서는 또 한 가

---

41) 『조선 유학의 거장들』, 앞의 책, p.424.

지 절차를 거쳐야 한다. 과학적인 진리는 실험과 관찰로 결과를 확인하기 이전에는 가설에 불과하듯, 본질적인 가치도 방법적 절차를 거쳐야 하는데, 그것이 곧 각자가 인생 삶을 통해 본질적 가치를 자각하고 수용해서 믿음과 신념으로 추구하는 것이다. 직접 진리를 진리라고 믿고 추구한 시험적 삶을 통해 거둔 결과를 통찰해서 확증 짓는 것이다. 이것이 무형의 본질적 가치가 지닌 참 진리성 여부를 확인하는 방법이다. 그래서 앞에서는 도덕성의 본질적 가치를 규정한 절차를 거친 것이고, 그런 가설 근거를 바탕으로 이제부터는 만인이 각자가 자체 삶의 과정에서, 혹은 배움과 교육을 통해서 어떻게 가치 있는 신념을 생성시켜 결실을 거두고 결과를 확인할 것인가 하는 것이 과제이다. 제기한 본질적 가치를 삶을 통해서 실행해야 한다. 가치 있는 삶의 결실을 거두고자 하는 자, 어떤 진리와 추구 원리를 지침 삼고 신념을 견지할 것인가? "위엣 것을 찾아라. …… 위엣 것을 생각하고, 땅엣 것을 생각지 말라."42) 위엣 것은 하늘의 가치이고, 하늘의 가치는 결국 영원한 가치, 영생을 보장받는 가치이다. 언젠가는 당도할 죽음의 무가치성, 무의미성을 극복하고, 그 이상의 세계로 나갈 수 있는 현실적 삶의 추구 방법이자 길이다. 영원한 실존자인 하나님과 함께할 수 있는 본질성 획득 과정이다. 하나님이 살아 있는 이상, 응답은 반드시 있다. 하늘 문이 열린다. 善을 행함에 반드시 결과가 있다. 이것은 하나님이 존재하고 역사하는 창조 세계 안에서의 대원칙이다. 그 원칙적 절차는 믿음을 가지고 기도하고, 제반 행동을 통해 義를 쌓으면 하나님의 전에 이르나니, 이것이 인간의 도덕적인 가치 추구에 대한 하나님

---

42) 골로새서, 3장 1~2절.

의 응답이고, 제반 행위에 관한 보상 결과이다. 도덕적으로 참되어야 하나님으로부터 의롭다고 함을 입나니, **도덕적 가치 본성은 인간이 하나님에게로 나아갈 수 있는 義적 기반이다. 도덕적 가치를 수호하고 추구하는 것은 인간 삶의 마땅한 의무이다.** 도덕적 본성으로 무장하고 도덕적 가치를 신념화하여 품성을 인격화했을 때, 가치적으로 최고조에 이른 자아를 완성한다. 제행은 무상하지만, 하늘에 공덕을 쌓으면 영원하다. 佛法의 한계는 제행무상이란 法性의 자각에서부터 분명하게 드러나 있다. 자체 본성을 見性하는 것만으로서는 한계가 역력했나니, 제3의 구원 의지, 곧 하나님의 창조 뜻을 수행의 제일 목적으로 삼아야 불자들 역시 영생을 보장받는 보편적인 구원의 문을 통과할 수 있다. 하늘의 뜻과 하늘의 가치 외에는 이 땅의 그 무엇도 유한한 생자필멸 법칙을 벗어날 수 없다. 삶을 바쳐 만사를 떨치고, 하늘에 쌓은 가치 공덕이 생명의 본질 바탕에 쌓은 영원한 공덕이다. 진실로 인생은 향유, 마음껏 누리다가 가는 것이 아니다. 고귀한 정신적 가치를 쌓아 영혼을 거룩하게 승화시켜야 한다(聖化). 그리하면 삶은 소멸해도 추구한 가치 혼은 살아 영원하리로다.

제5편

요소 교육론

부모는 자식을 낳은, 아니 창조한 제2의 권한자이다. 하나님이 부여한 창조 권능을 부모가 대신했다. 孝의 가치 근원이 그러하듯, 부모는 자식을 있게 한 존재와 생명의 근원이라, 만물의 창조자는 하나님이고, 내 생명의 창조자는 부모이다. 왜 인류 사회는 조상을 숭배했고, 神을 받들어 경외했는가? 근원 뿌리에 대한 최고 의식이다. 살아 있는 근본자인 부모의 행동적 本과 가르침과 말씀은 결코 잘못될 수 없다. 그래서 **부모 교육은 진리의 本이다.** 부모의 正心, 正行, 正敎를 통하면 자녀는 근본자가 무엇이고, 어떻게 하면 본향을 찾을 수 있는지 알 수 있다.

제12장 가정 교육

1. 가정교육 의미

　가정은 인류 역사의 출발점이고, 사회생활의 시작점이다. 유구한 세월을 거치면서 남녀→가족→씨족→부족→민족→국가→인류 사회를 형성하였나니, 가정은 오늘날의 인류 문명을 있게 한 모태이기도 하다. 특히 원시 채집 생산 형태로부터 씨 뿌리고 거두는 농경 생산 형태로 접어들면서부터는 대가족 체제를 이루었고, 가족을 중심으로 한 사상, 문화, 제도, 사회질서를 형성하였다. 이런 문화적 배경 위에서 동서양은 봉건적 질서를 싹틔웠다. 그중 동양의 유교 사회가 구축한 인륜적 질서에 바탕을 둔 사회질서 체제는 지금의 민주주의 제도에 비한다면 전 근대적인 지배 계급 유지 의미로 깎아내릴 수 있지만, 당시에는 건실한 가족 중심의 가정교육이 개인과 사회와 국가 질서의 근간이었다는 점에서 의미를 재확인할 수 있다. 그 필요성을 왜 다시 인지해야 하는가 하면, 농경 사회에서 산업 사회와 정보화 시대로 접어든 오늘날 항구적일 것만 같았던 가족 중심의 전통문화가 붕괴할 위험에 처하였고, 가정의 소중함에 대한 인식이 크게 훼손되었으며, 급기야 가정교육이 실종 상태에 도달했기 때문이다. 사상적으로는 개인주의와 황금만능주의가 가정의 질서를 위협하고, 후기 산업 사회의 부산물인 핵가족 형태는 가족 공동체가 발휘했던 결속력을 이완시킨 사회적 문제로 가정의 해체 현상이 심각하게 대두되고 있다.[1] 특히 이혼율의 증가 추세는 사회질서를 파괴하는 것을 넘어 미래 사회에까지 먹구름을 드리웠다. 다시 강조해, 가정은 인류 사회를 이룬 근간이다. 가정이 건전해야 국가도 건전하고, 가정이 망하면 인류도 망한다. 이유를 불문하고, 역사적으로 보나 사회적으로 보나 섭리적으로 보나 인류 사회가 가정의 신성성(神聖性)을 파괴하는 것은 서양 사회가 神의 존재 사실을 거부하고 동양 사회가 잘못을 방관한 것과 함께, 하나님 앞에서 용서받을 수 없는 역사적 죄악이다. 인류 역사의 피할 수 없는 심판 근거이고, 멸망할 요인이다. 그 핵심 요인이 정말 어디에 있다고 생각하는가? 이유가 확연하지 않는가? 가정교육이 방임되고 세대 간이 단절되며 부권·모권의 상실이 확대되었다.[2] 왜 가정의 의미가 퇴색하고 상실하기에 이르렀는가 하면, 이유 역시 가정의 중요성을 강조한 사상가든 부정한 사상가를 막론하고 하나님이 아담과 이브를 통해 창조 목적을 이루고자 한 섭리 뜻을 깨닫지 못한 탓이다.

플라톤은 국가적 목적에 따라 가정의 존재 이유까지도 국가에 귀속해 버렸다. "좋은 국민을 양성하기 위해 우생학적 견지에서 결혼부터 국책적으로 통제하고 관리하면서 제비뽑기로 우수한 남성에게는 우수한 여성을 국가가 배정해 주어야 한다. 아이를 낳으면 탁아소에서 기르면서, 아이에게는 누가 아버지이고 누가 어머니인지 모르게 해야 한다. 그런 부류의 아저씨들, 혹은 아주머니를 모두 아버지, 어머니로 부르게 한다. 공동생활을 하면서 가정생활을 할 수 없

---

1) 『철학적 인간학(2)』, 진교훈 저, 경문사, 1996, p.234, 254.
2) 『교육의 이해』, 앞의 책, p.59.

는데, 직접 아이를 기르면 인정에 쏠려 국가만을 위한 인물을 양육할 수 없기 때문"[3]이라고 주장했다. 『대동서』를 쓴 청나라 말기의 강유위(1858~1927)는 장차 이상적인 세계를 건설하기 위해서 깨버려야 할 구계(九界) 중 가계를 없애는 것이 가장 중요하다고 강조하였다.

> "인간의 성품이 모두 善하고, 인격을 갖추고 있고, …… 풍속과 교화가 모두 훌륭한 세상이 바로 태평 세이다. 그러나 이것이 실현되려면 가족제도를 폐지하지 않고서는 불가능하다."[4]

가족제도 폐지에 관한 글은 『대동서』에서 제일 많은 부분을 차지한다. 목적은 전통 중국 사회 구조의 초석과 유교 도덕·윤리의 핵심을 해체하고,[5] 그 위에 구상한 새로운 사회를 세우고자 하는 데 있지만, 이런 주장의 결과가 의미하는 것은 아무리 인간의 학식이 쌓이고 지성이 개오했다 하더라도 하나님의 창조 뜻을 모르면 무지막지할 수 있다는 것과, 그 폐해는 고스란히 후세인들이 입는다. 하나님이 뜻한 가정의 중요성은 뭇 지성들이 인식한 가치성 이상이다. 하나님이 지상에 강림하여 이상적인 나라를 건설하고자 함에, 그런 지상 천국 기반은 바로 가정을 주축으로 한 것이다. 태초에도 하나님은 아담과 이브가 가정을 이루어 에덴동산에 거할 수 있게 했듯, 지상 낙원의 구성 형태는 그때나 미래에서도 변함없다. 가정의 의미는 예나 지금이나 앞으로 있어서도 영원한 것이나니, 가정은 너나 할 것 없이 인류가 이 땅에서 합심해서 세워야 할,

---

3) 『인간화 교육 어떻게 할 것인가』, 김정환 저, 내일을 여는 책, 1995, p.197.
4) 『대동서』, pp. 450~451.
5) 「강유위 대동사상의 교육적 이해」, 앞의 논문, p.50.

"가정의 기원은 낙원이요 가정은 조그만 천국이었다." 그런 천국 가정들이 합쳐져 지상 천국, 곧 하나님의 왕국이 세워진다. 가정이란 제도는 사회와 국가 질서의 바탕을 이루는 것은 물론이고, 장차 섭리 역사의 대완성 목적체로서 건설하고자 한 하나님 왕국의 질서 근간이다. 하나님을 만 조상의 근원이요 만백성의 정점에 둔 슈퍼 가족 질서 체제 구축이 그것이다. 하나님은 창조주이기 이전에 만 인류의 어버이이고, 나의 아버지이다. 창조 뜻에 따라서 인류는 상실한 가정의 의미를 재정립하고, 가정을 하나님의 창조 목적에 부합하도록 재건해야 한다. 인류가 가정을 이루는 것은 선택이 아닌 삶을 통해 완수해야 할 지상 과제이며, 교육은 앞장 서 그 의미를 북돋워야 한다. 성현이 일깨운 가정교육의 의미를 되새기고, 가치를 부활시켜야 한다.

루소는 "이 땅에 행복이 있다고 한다면 우리가 사는 집에서 찾아야 한다. 행복하고 단란한 가정을 이루는 것은 이상적인 사회 실현의 선결 조건"[6]이라고 하였다. 가정은 우리 모두의 안식처이자 기대 가치인 사랑과 행복이 머무는 곳이다. 사회 안정의 근거가 가정의 안정에서 비롯된다. 이 땅에서 건설할 이상적인 낙원이 어떤 특별한 곳에 자리 잡고 있거나, 특별한 조건을 갖추어야 하는 것으로 착각해서는 안 된다. 인간의 뜻대로, 혹은 마음을 다하면 능히 건설할 수 있다. 그런 조건은 다른 데서 찾을 수 없는, 오직 가정을 통해서만 구할 수 있는데, 그것이 바로 사랑과 행복이다. 사랑보다 귀한 것이 세상에 없는 사랑은 지상 낙원 건설의 필수 조건이다. 사랑을 다 했을 때 행복이 주어지는데, 사랑과 행복이 머무는 곳이

6) 「루소의 교육 사상에 관한 연구」, 앞의 논문, pp. 51~52.

바로 가정이다. 그래서 가정은 예나 지금이나 조그만 천국이다. "사랑을 얻고 배우는 것이 가정이니, 부모의 자녀에 대한 사랑이 형제·이웃·나라·민족·인류에 대한 사랑을 낳았다."7) 넘치는 사랑을 모아서 바쳐야 할 곳이 하나님의 성전이다. 그리하면, 하나님이 약속한 지상 천국이 건설된다. 인류는 가정을 통해 사랑을 키워 세계를 聖化(천국화)해야 한다.

창조 뜻을 실현하고 聖化 목적을 달성하기 위해 가정은 인류 교육의 근간으로서 기초를 다지는 임무를 다해야 한다. "가정은 최초의 학교이며, 부모는 최초의 교사이다. 이것은 성경이 우리에게 명령하는 것이요(신, 6: 4~9), 오늘의 우리가 실천하여야 할 사명이다."8) 참으로 "가정에서 자녀 교육의 과제를 수행한다는 것은 하나님이 위임해 준 의무를 이행하는 일이 된다. 그런데도 가정을 무시한다면 세계를 혼란과 소동 가운데로 이끄는 참사가 된다."9) "자녀는 하나님이 인간에게 준 선물이니, 부모는 자녀를 귀중하고 영원한 선물로 여겨 존중해야 한다."10) 무엇보다도 "인성 교육은 가정교육에서 시작되고 뒷받침된다는"11) 사실을 명심하고, 좋은 성품을 지닐 수 있도록 교육해야 한다. "가정이 거칠고 질서가 없으면, 자녀도 거칠고 타락한다. 불량아의 속출이 가정환경과 밀접한 관계가 있다는 사실은 반문할 여지가 없다."12) "가정은 인간의 기본적인 생활의 장인 동시에 일생에 걸쳐 큰 소임을 다한다. 특히 인간 형

---

7) 『인간화 교육 어떻게 할 것인가』, 앞의 책, p.200.
8) 「마틴 루터의 교육 사상에 관한 연구」, 박상근 저, 단국대학교 교육대학원, 국민윤리, 석사, 1996, p.38.
9) 『루터의 사상』, 앞의 책, pp. 196~197.
10) 위의 책, p.203.
11) 『교육과 사색』, 앞의 책, p.21.
12) 『철학적 인간학(2)』, 앞의 책, p.243.

성의 장으로서 가정이 중요한 역할을 한다."[13] 알다시피, "가족은 혼인 관계로 맺어진 부부와 그들의 자녀로 구성되는 혈연 집단으로서 각기 독특한 생활 문화를 가지게 되며, 이것은 가족 성원 전체의 가치관과 행동 규범에 큰 영향을 미친다. 가정에서 자녀는 언어를 습득하고, 행동의 기본적인 양식을 학습한다. 그래서 가정의 지배적인 가치관과 규범 등을 포함하는 가족 문화와 가족 성원의 지위 내지 역할 관계는 가족 성원의 상호작용 관계에 따라 사회화의 양상을 다르게 할 수 있다."[14] 이 같은 가정교육의 중요성 의미를 망각하고 반드시 수행해야 할 의무를 공교육 체제에 전가한다면, 자녀들의 미래가 어떻게 되겠는가? 자녀가 학교와 사회에서 받아들일 교육의 기본을 부모가 가정교육을 통해 터전을 마련해야 한다. 가정교육이 근본이고, 학교 교육은 특정한 목적을 가지고 실행되는 부차적인 교육 형태이다. 학교 교육이 전부가 아니다. 인간 교육은 학교 교육이 모든 것을 책임질 수 없다. 인간을 인간답게 하는 의무와 책임 면에서 학교 교육은 빙산의 일각에 불과하다. 명심할 것은, 가정교육이 부모의 마땅한 의무이기 이전에 자녀를 장차 하나님의 백성으로 聖化한다는 목적과 사명감을 가지고 인격적, 도덕적, 품성적으로 바람직하게 성장할 수 있도록 혼신을 바쳐 실천해야 한다. 자녀 교육에 정성과 관심과 사랑을 다 해야 하리라.

---

13) 『교육의 이해』, 앞의 책, p.39.
14) 위의 책, p.206.

2. 어머니 교육

이제 막 태어난 아기에게 생애 최초의 학교가 가정이라면, 최초의 교사는 부모이다. 부모는 아버지와 어머니인데, 굳이 따진다면 갓 태어난 아기에게 있어 아버지보다는 어머니의 역할과 영향력이 크다. 사랑으로 잉태하였고, 배 속에서 한 몸으로 길렀으며, 고통 가운데 낳았기 때문에 어머니가 더 원초적인 교사이다. 그러므로 교육을 통한 인생의 첫 책임 역시 어머니에게 있다. 아이에 대한 교육의 궁극적 책임은 학교도 사회도 국가도 아닌 어머니가 우선된 책임자이다.15) 이런 최초 교사 역할은 언제부터 시작되는가? 말귀를 알아듣고 말을 할 줄 아는 유아 시절도 아니고, 세상에 태어났을 때부터도 아닌, 잉태된 순간으로부터이다. 말을 알아듣기 전에 아기와 엄마와의 대화는 이미 시작되고, 아이는 벌써 배우고 있다. 태동을 느끼면서부터 애정이 충만한 사랑의 교육이 시작된 것이다 (태교). 그리고 어머니의 실질적인 첫 교육은 출생과 동시에 아이에게 젖을 물리면서부터이다.16) 그만큼 어머니가 교사로서 해야 할 역할은 고결하다. 어머니는 위대하다. 그 의미를 굳이 따진다면, 인류사적으로 숭고한 역할이다. 한 아이의 어머니가 되고 첫 교사가 되는 것은 몸과 생명 속에 부여된 하나님의 창조 뜻을 이행하는 것이고, 몸소 지닌 창조 본성을 확증하는 과정이다. 세상의 어머니는 빠짐없이 생명 창조의 놀라운 역사를 경험하고 확인한 상태이다. 그래서 어머니는 능히 원초적인 교사가 될 자격을 지녔다. 모성은

---

15) 『성숙한 부모, 자유로운 학교, 건강한 아이』, 인간교육실현 학부모연대 편, 대화출판사, 1993, p.13.
16) 『교육사 교육 철학 연구』, 앞의 책, p.150.

여타 동물들을 통해서도 관찰되는 부류와 같은 본능적 행동이 결코 아니다. 생명 탄생의 경이로움과 신비성을 정신적으로 자각하였다. 남자는 애써 수행을 쌓아 영성적인 득도로 창조 본성을 자각하고자 한 길을 텄다면, 여자는 한 아이의 어머니가 되는 과정을 통해 위대한 창조 진리를 체득한다. 여자가 어머니가 되고 귀한 아이를 낳는 것은 하나님으로부터 부여받은 존엄한 창조 권능의 대행 일환이다. 동물들은 이런 정신적 자각을 얻을 수 없지만, 만물의 영장인 어머니는 사실을 깨달아야 한다. 지난날에는 본의가 밝혀지지 못한 탓에 알지 못한 한계가 있었지만, 이제부터는 너나 할 것 없이 깨달아야 한다. 모성은 본능을 초월한 그 무엇이다. 바로 하나님이 새겨준 존엄한 창조 뜻이고, 창조 본성이며, 인류사적인 이행 사명이다. 이 같은 뜻을 알아야 여자로서는 약하지만, 어머니로서는 강인할 수 있다. 영국의 청교도 시인인 어빙은 이렇게 모성을 노래하였다.

"전 세계가 아이를 버릴지라도 어머니가 아이에게 전 세계가 되어준다."17)

아이에 대한 어머니의 최초 교사 역할은 근원적이고도 본질적이다. 현대 인류는 인간적으로 많은 문제점을 지녔는데, 근본적인 원인 진단은 발원된 최초의 어머니 교육에서부터 찾아야 한다. 사실 어머니의 자식 교육은 조건 없는 사랑이고, 끝없는 희생정신으로 과대 포장되어 있다. 사랑이란 가치는 역설적인 데가 있다. 성현들이 애써 사랑과 仁을 최고 덕목으로 삼은 것은, 실현하기가 그만큼

---

17) 『인간화 교육 어떻게 할 것인가』, 앞의 책, p.250.

어렵기 때문이다. 세상 어머니가 자격을 가진 교사 역할을 다했다면 인류 사회가 이처럼 정서적, 도덕적, 가치적으로 황폐해지지 않았으리라. 현 사회가 노출한 문제만큼이나, 원인 역시 어머니에게 있다. 어머니의 자식에 대한 모성적 본능은 당연한 것으로 알지만, 사실은 대역설이 있다. 지적했듯, 왜 인류의 성현들은 仁을 인간이 갖추어야 할 근본적인 본성으로 내세우고, 이웃을 네 몸같이 사랑하라고 하였는가? 본성적으로는 지녔지만 의지적으로, 가치적으로 자각해서 지키고 실천하기가 쉽지 않아서이다. 모성은 자식을 가진 어머니가 당연히 가지고 발휘해야 할 본성이다. 그런데도 본성을 애써 자각해서 실천하고자 한 노력이 없다면 최초 교사로서 해야 할 역할을 제대로 수행할 수 없다. 살펴보면, 자식에게 인격적 감화를 안긴 훌륭한 어머니는 오히려 손에 꼽을 정도이다. 대다수 어머니는 모성 역할의 평균치를 넘어서지 못하였고, 그중에서도 반 이상은 첫 교사 역할에 실패한 책임을 피할 수 없다. 그것을 가늠할 수 있는 것은 현대 사회가 안고 있는 온갖 병폐 현상을 통해서이다. 그만큼 어머니가 최초 교사로서 해야 할 역할을 소홀히 하였고, 혼신을 바쳐 노력하지 않았다는 뜻이다. 사회적으로 인준되다시피 한 어머니로서의 모성 발휘란 믿음 뒤에 숨어 자식 교육을 방기하였다. 자식 교육을 어떻게 해야 하는지 고민해서 배우고, 잘못을 반성하지 않았다. 남의 아이에게 기죽지 않게 하려고 학원 여러 곳에 보내는 것이 어머니로의 역할을 다하는 것으로 생각했다. 그러니까 현대 인류가 바야흐로 맞이하고 만 것이 모성 상실(maternal deprivation) 시대이다.

"성 역할의 혼란으로 생물학적으로 어머니가 된 여성이 모친 역할을 부분적, 또는 전면적으로 거부해서, 이를 메울 양육 방법을 확립하지 못한 채 방치한 자녀들이 증가하고 있다."18) 자식을 위해 부모가 무조건 헌신해야 한다는 것은 옛날 말이다. 자식 인생은 자식 인생이고 부모 인생은 부모 인생이란 분리 가치관을 가졌다. 성장 과정에서 독립심을 길러 인생을 스스로 책임질 수 있도록 하는 것은 바람직하다고 할 수 있지만, 대부분은 자기 인생에만 집중한다. 믿어지지 않지만, 어머니가 아이의 어머니 노릇을 거부하는 예도 있다. 루소는 당시 파리 상류층 여성의 타락한 생활 일면을 어머니로서 해야 할 자녀 교육을 통해 지적했다.

> "각자가 자신들이 첫 번째 의무를 수행하기를 원하는가? 어머니의 의
> 무부터 시작하라."

이미 이브의 타락 유전자를 물려받은 여성들이 자녀 교육의 의무를 이행하지 않는 것을 일컬어 루소는 인류 사회의 도덕적인 질서가 교란된 원인으로 보았다. 당시 귀족 집안의 어머니들은 아이의 양육을 기피하고 도시의 향락에 빠져 사교계에서 생활하기 바빴다. 남편과는 형식적인 결혼 생활을 하고, 남편 이외에 따로 애인이 있는 것을 당연시하였다. 이런 상황에서는 자녀 교육이 제대로 이루어질 수 없고, 인류의 善性이 변질할 수밖에 없다.19) "유모는 아이가 귀찮아지면 기둥에 묶어 놓고 자기 일에 열중하기도 했다. 그만큼 인류의 최초 타락은 모친의 타락에서 연유한 것이고, 인류의 도덕적 질서 교란도, 자연 본래의 모습도 여기서 파괴되었다."20) 그

---

18) 『교육의 이해』, 앞의 책, p.57.
19) 「에밀을 통한 루소의 교육론 연구」, 앞의 논문, p.7.

러므로 이 땅의 어머니가 한 아이의 첫 교사로서 역할을 완벽하게 하기 위해서는 하나님이 어머니에게 부여한 인류사적 창조 목적과 사명을 자각하고 받들어, 만 영혼의 聖化 바탕을 첫 어머니 교육으로부터 마련해야 한다. 그것이 누구도 관여할 수 없는 오직 자식과 어머니의 최초 교사 역할을 통해서만 가능한 무궁한 교감 관계 형성이고, 그로써 얻게 되는 무한한 인격적 감동과 신뢰성 구축이다.

고아들의 아버지이고 어린이의 교육에 있어 조건 없는 사랑을 실천한 교육학자 요한 하인리히 페스탈로치는 1746년 1월 12일 스위스의 취리히에서 태어났다. 부친은 외과·안과 의사로서 그가 6세 때 별세했으며, 모친은 스잔나라고 하여 아버지 없는 페스탈로치 등 세 자녀를 바베리(Babeli)라는 가정부와 함께 양육하였다. 페스탈로치는 후년에 "두 분은 자신을 희생해서 일체의 즐거움을 멀리한 채 세 형제의 교육에 몰두하였다"라고 술회하였다. 그리고 교육소설인 『린하르트와 게르트루트』, 『게르트루트는 어떻게 그녀의 자녀를 가르치는가』는 바로 모친을 모델로 한 것으로서, 교육의 중심은 가정의 모친에게 있다는 사상과, 모친의 깊은 감화력을 이야기하였다. 특히 페스탈로치는 보잘것없는 집안에 태어나 교육이라고는 받지 못한 바베리의 헌신을 통해 인간의 존엄성을 보았다.[21] 바베리는 28세 때 집에 고용됐으나, 부친의 간절한 유언에 감동하여 결혼도 하지 않은 채 죽기까지 페스탈로치 일가를 위해 봉사하였다. 미천한 신분의 한 여인에게서 나타난 위대한 인간의 힘이 페스탈로치에게 인간성에 대해 위대한 체험을 하게 하였으며, 일생에 걸쳐 빈민 아동을 위한 교육에 헌신할 수 있도록 만들었다. 페스탈

20) 『에밀』, 루소 저, 정영하 역, 연암사, 2003, p.24, 26.
21) 『체계교육사』, 앞의 책, p.295.

로치는 각오하길, "한 여인이 죽음에 이르기까지 평생 나에게 사랑을 베푼 것처럼, 나도 죽음에 이르기까지 빈민에게 사랑의 손길을 뻗치자"라는 생각이 평생의 교육적 노력의 원천이었다고 하였다.22)

이 연구 역시 "세계교육론"을 통해 교육에 관한 사상을 펼칠 수 있게 된 것은 40여 년간에 걸쳐 교단에 선 경험이 주효한 것이지만, 학생들 앞에서나 삶을 통해서나 교육적 신념과 인생관의 바탕을 이룬 것은 역시 어머니로부터 받은 사랑이었다. 물론 그것이 나에게만 특별히 주어진 것만은 아니겠지만, 한 번밖에 경험할 수 없는 성장 과정에서 어머니는 이 자식과 함께해 주셨고, 그것이 본인에게 있어서만큼은 특별하였다. 어머니로부터 받은 그 사랑의 절대적인 은혜를 본인은 길을 추구하는 과정에서 독백으로 의미를 되새겼다.

> 이 세상에서 어머니와 같은 사랑이 있는 한, 인간의 마음은 끝없이 정화되고 순화되어 갈 것이다(1977년).
> 내 사랑의 원대한 근원은 어머니로부터…… 어머니 한 분만으로서도 나는 이 세상에서 외롭지 않다(1980년).
> 나는 생후 4살이 되어서도 어머니의 품에서 어머니의 젖을 먹고 자랐으니, 그 크신 사랑은 나에게 누구도 함부로 가질 수 없는 무후한 덕성의 원천이 되었다. 나에게 사랑이 있다면 그것은 바로 어머니로부터 받은 것과 같은 사랑이다(1982년).
> 나의 어린 시절은 본능과 연명이 거의 전부였다. 그러나 대부분 잊어버린 어린 시절의 추억에도 불구하고, 나는 가장 소중한 어머니의 원초적이고도 아낌없는 사랑을 얻었으니, 나는 이로써 만족하다(1983년).

본인이 어머니로부터 받은 교육과 은혜는 맹모삼천지교(孟母三遷

---

22) 『서양 교육 사상사』, 앞의 책, p.305.

之敎)처럼, 어떤 의도적 목적을 가진 환경 조성과 물질적인 혜택이 아니다. 어머니는 無學이시라, 내게 어떤 지식적인 것을 가르친 것도 지혜로운 이야기를 들려준 것도 없다. 5남 3녀 중 막내로 태어난 영향은 있겠지만, 어머니는 항상 곁에 계셨고, 밥을 먹고 나면 말하지 않아도 물을 떠 주셨으며, 양말이 터지면 기워 주고, 칭얼대면 얼러주셨다. 버릇이 없어지니까 엄하게 키워야 한다는 말도 있지만, 본인이 경험한 바로 성장 과정에서 필요로 할 때 기본적인 욕구를 때맞춰 충족시켜 주신 것은 정서적인 안정감을 더했다. 꼭 무엇이 필요해서가 아니다. 학교 갔다 와서 대문을 열었을 때, 혹은 방문을 열었을 때, 엄마! 하고 들어서면 반겨주는 것만으로도 마음은 세상의 모든 것을 다 가진 것 같았다. 이런 신뢰성과 믿음과 정서적 안정이 철이 들면서부터는 버릇없는 습관으로 굳어지는 것이 아니고, 어머니로부터 한없는 사랑을 받았다는 사실이 더할 나위 없는 은혜로움으로 다가왔다. 이것이 타고난 본성에 감화력을 더한 무후한 덕성의 원천으로서, 남을 신뢰하고 믿을 수 있는 긍정적인 인격의 소유자가 되게 한다. 페스탈로치의 경우처럼, 받은 은혜를 대가 없이 사회를 위해 다시 되돌리고자 한 사랑의 실천자가 된다. 어머니로부터 받은 인격적 신뢰와 감화란 실로 무궁한 것이라, 장차 어떤 훌륭한 인격체로 창조될지 알 수 없다. 그것이 이 땅의 어머니가 이행해야 할 표준으로서의 자식에 대한 첫 교사 역할이다. 반대로, 그 역할을 제대로 수행하지 않아 인격적 신뢰와 사랑과 정서적 교감 기회를 얻지 못한다면, 그런 아이의 잃어버린 덕성 바탕은 언제 다시 채울 수 있고, 새겨진 마음의 깊은 상처를 어떻게 치유할 수 있겠는가? 받아야 할 사랑을 받지 못한 자가 어떻게 인간은 사랑받고 사랑해야 할 존재라는 것을 알고, 하나님의 사랑이 완전한 사랑이고, 은혜 자체란 사실을 공감할 수 있겠는가?

인류가 가질 수 있는 모든 덕성, 가치, 진리, 사상, 하나님에 대한 믿음, 신뢰는 바로 어머니가 자식에게 쏟은 한량없는 사랑과 애정과 믿음에 바탕을 두어 샘솟는다. 그것이 감성의 기준이고, 원천이다. 이 본성의 근원을 대신할 수 있는 것은 세상 어디에도 없다. 인간은 어머니로부터 부여받은 생명과 함께, 어머니로부터 베풀어진 사랑에 근거했을 때, 비로소 세상의 가치 있는 것을 긍정적으로 받아들이고, 새롭게 창조하고, 진리의 생명성을 깨닫고, 하나님의 은혜를 믿음을 다해 받들 수 있다. 인간관, 가치관, 세계관을 이룬 인간 정신의 근간이 어머니의 사랑으로부터 형성된다. 인류의 지성들이 어떤 사상 세계를 펼쳤는가 하는 것은 대개 어머니의 최초 교사 역할과 상관이 깊다. 어떤 사랑과 마음의 평화와 정서적인 신뢰감을 더했는가 하는 것이 관건이다. 아이가 장차 세계를 향해 펼칠 덕성과 진리성과 인격성의 대원천이다. 어린 자식에게 조기 교육한답시고 수학, 영어만 가르칠 것이 아니라, 사랑의 씨앗을 심는 것이 어머니다운 첫 교사 역할이다. 그런 측면에서 나의 어머니만큼은 겪은 어린 시절에 더없이 마음의 안정을 가질 수 있는 사랑을 쏟아주셨고 덕성을 갖출 수 있게 하셨다. 비록 지금은 어머니와 세상에서 함께할 수 없지만, 어머니가 주신 사랑만큼은 가슴 깊이 함께하고 있다. 이 샘솟는 무후한 사랑과 은혜가 하나님의 사랑과 은혜만큼 완전할 수는 없겠지만, 만족한 사랑을 얻었기에 그 은혜를 나 자신 부모가 되었을 때는 자식에게 전하고자 하였고, 지금은 교육적인 사상을 통해 인류의 인간성을 회복할 수 있는 진리의 모태로 삼고자 한다. 그 근원이 곧 어머니로부터 받은 사랑과 은혜에 있고, 어머니에 대한 인격적 신뢰와 믿음과 감화에 있다. 그 과정은 결코 어린 시절의 성장 기간에만 국한되지 않았다. 이 자식이 장성하여 가정을 꾸렸을 때도, 자식을 기르고 직장 생활을 하는 과정에서도 한결같으셨고, 세상과의 인연이 다하여 마지막 눈을 감을 때까지 그러하셨다.

다시 기억하건대, 세상에서 어머니만큼은 자식을 향해 온전한 사랑을 베풀 수 있다. 바로 나의 어머니께서 그렇게 82년 생애를 통해 세상을 떠날 때까지 한결같은 사랑을 베푸셨다. 그렇게 받은 사랑의 힘을 원천으로 해서 본인은 길을 추구하였고, 구원의 길로 인도받았으며, 하늘에 대한 진리적 신뢰를 더할 수 있었다. 그런 어머니의 사랑이 당연하다면 당연하다고 할 수 있겠지만, 그렇게 당연하게 여긴 탓에 세상의 어머니들이 자식 사랑을 등한시하고 방치한 가식 또한 허다하였다. 정말 그들의 어머니다운 사랑이 모두 온전하였다면, 하나님은 벌써 이 땅에서의 구원 섭리 역사를 완성하였을 것이다. 하지만 냉철하게 판단해서 목표 달성이 요원한 이유 중 하나에, 다하지 못한 어머니의 사랑이 있다. 세상 어머니가 모두 자식에게 온전한 사랑을 베푼다면 세상 역시 완전한 神의 나라가 되리라. 사랑을 원천으로 하여 천리 본성과 구원의 대진리가 샘솟으리라. 정말 나는 어머니의 사랑을 바탕으로 영육 간이 일체 됨으로써, 말하지 않아도 마음과 뜻이 통하였고, 이 일체화 상태는 어머니가 세상을 하직한 상태에서도 함께할 수 있는 영성화를 실현하였다. 이것은 특별한 현상이 아니다. 사랑이 함께한 곳에서는 어디서도 그렇게 교감할 수 있고, 더 나아가서는 만유와도 소통할 수 있다. 온전한 사랑은 지극한 정성을 바탕으로 가로놓인 일체 장애를 물리칠 수 있다.

그러므로 어머니가 자식에게 아낌없이 사랑을 쏟는 것은 정말 세상의 모든 것을 안기는 것과 같고, 가치적인 면에서는 더욱 소중하다. 경험적인 인식에 비추면, 어머니는 본인의 성장하는 세월 동안 한마디의 교육적인 메시지도 남기지 않았지만, 만 가지 교훈과 지혜를 대신하고도 남을 사랑을 안기셨으니, 그것이 바로 어머니가 이 자식을 진정으로 사랑한 것이라는 인격적 확신과 믿음이다. 그 사랑은 참으로 무궁한 것이고, 무한한 것이며, 영원한 것이다. 조건 없는 사랑 탓에 본인은 어머니가 주신 교육적 가르침을 스스로 깨달았고, 일구었고, 어머니의 기대에 부응하기 위해 장차 어떤 인간이 되어야 할 것인지에 대한 삶의 목적을 고민하였다. **교육의 목적 설정과 사명 실행의 위대한 大本이 어머니가 몸소 보여주고 행한 사랑의 실천 本에 있다.** 한정 없는 보살핌이고, 배려이며, 깊이를 가늠할 수 없는 애정이시라. 그로 인해 내 마음은 풍요로웠고, 온정으로 세상을 포유하면서 소년 시절의 꿈과 상상의 나래를 마음껏 펼칠 수 있었다. 사랑과 정감으로 어머니와 자식 간이 믿음으로 일체화된 본성 경지, 그리고 마음을 근원적으로 감화시킨 경지로 인도한 나의 어머니는 참으로 첫 인격적인 스승이셨고, 보배로운 지혜를 안긴 첫 교사이셨다. 부모의 자녀 교육에 있어서 사랑을 다한 헌신만큼 소중한 교육적 메시지는 세상 어디에도 다시 없다. 만 말이 필요 없는, 정감적 커뮤니케이션이 진실로 만 가치, 만 경험, 만 지혜를 대신하리라. **인간 교육은 어머니의 첫 교사 역할로부터 출발하고, 그것이 교육 실행의 요체로서 미래 인류의 영화와 종말**

성 여부를 결정하리라.

3. 아버지 교육

인류 사회는 어머니가 모성적인 본성을 망각한 시대를 맞이하였
다고 하였지만, 엎친 데 덮친 격으로 여성 상위 시대의 도래 등, 가
치관과 성 역할의 혼란으로 부권마저도 상실할 위기를 맞이하였다.
그러나 어떤 사회와 시대적인 조건에도 불구하고 아버지가 가정에
서 발휘해야 할 주장권과 자녀에 대한 교육권은 하늘이 부여한 사
명이다. 천상천하 어디에도, 누구에게도 양도할 수 없는 권한이고
의무이다. 경험적인 미숙함과 교육적 양식의 부족함은 있다 해도,
한결같이 가정은 아버지가 주도하고 관장하는 인간 교육의 장이 되
어야 한다.23) 요즘은 학교 교육과 가정교육의 역할을 구분하고 있
지만, 가정에서는 가정대로 아버지가 주관해야 할 고유한 교육 역
할이 있다. 그런데도 아버지는 가정 경제를 책임진다는 핑계로 어
머니에게 일임하고, 혹은 가정교사를 들여서 공백 역할을 대신하게
한다. 어떻게 돈으로 아이에게 아버지를 사 줄 수 있겠는가? 가정
교사의 고용인 역할은 자식을 또 하나의 고용인으로 길러낼 뿐이
다. 누가 자식 교육을 책임질 수 있겠는가? 이 땅의 아버지인 당신
자신이다. 정말 바빠서 그렇게 할 수 없다면 친구라도 되어주라.24)
존 로크가 살았던 17세기의 영국 사회에서도 이런 문제점은 있었
던 모양이다. 그는 가정교육론을 통해 아버지의 역할을 지적하였다.

---

23) 『크게 멀리 보고 키워야 됩니다』, 이시형 저, 집현전, 1993, p.55.
24) 『에밀』, 앞의 책, p.30.

"여성의 사회적 진출이 증가하고 있기는 하지만, 여전히 경제를 책임진 아버지가 바쁜 와중에도 자녀와 친숙하게 대화하고, 아이의 기질과 성향을 관찰하면서 친구로서 충고와 상담을 아끼지 않는다면, 자식의 아버지에 대한 애정과 존경심은 자연스럽게 얻게 될 것"25)이라고 하였다. 가정에서는 어머니의 자애심과 달리, 때에 따라서는 아버지로서의 엄정함이 있어야 한다. 그러나 너무 엄격하여 자녀들이 숨도 쉬지 못할 정도라면 쌓인 스트레스와 불만을 사회를 향해 터트릴 공산이 크다(반항심). 대개 문제아가 생기는 원인을 살펴보면, 가정환경이 주된 원인이다. 아버지의 관심 부재와 무지, 그리고 어머니의 과잉보호 등이 단골 메뉴로 등장한다.26) 이런 원인은 거의 아버지가 생산해서 파생시킨 것이다. 그래서 아버지는 가장으로서 가정의 주장권을 확립할 필요가 있다. 아버지가 가정을 지키고 가정의 분위기를 민주적으로 관리하는 것은 인격공동체로서의 신성한 의무이다.27) 무엇보다도 부부 관계를 원만히 하고 가족의 의사를 민주적으로 결정할 수 있을 때, 그런 가정교육의 토대 위에서 사랑이 샘솟는 자녀의 자유로운 인격이 형성된다. 사랑은 또 다른 사랑을 창조하지만, 폭력은 또 다른 폭력을 양산한다. 가정에서는 아버지의 인격적 동화가 제일의 교육 작용 원리란 사실을 명심해야 한다. 자식과 손잡고 가던 아버지가 무단횡단을 하고, 함께 탄 가족 앞에서 신호를 위반한다면 자녀에게 어떻게 교통 법규를 지키란 말을 할 수 있겠는가? 잘못을 상습적으로 꾸짖고 체벌을 일삼는 아버지 밑에서 성장한 아이가 건전한 인격체로 성장하기를

---

25) 「존 로크의 교육론」, 최현아 저, 전북대학교 교육대학원, 교육학, 석사, 2004, p.60.
26) 『크게 멀리 보고 키워야 됩니다』, 앞의 책, p.18.
27) 『철학적 인간학(2)』, 앞의 책, p.234.

기대하기는 어렵다. 아버지가 바른 本을 보이지 않는 것도 문제이지만, 나쁜 本을 대수롭지 않게 여기는 것은 더욱 큰 문제이다. 아이의 행동에 대해 "본때가 없다"란 일침은 가정교육의 부재를 지적한 것이다. 아버지의 교육적 책임을 묻지 않을 수 없다.

세상의 어떤 아버지도 자기 자식이 잘못 성장하기를 바라지는 않을 것이다. 훌륭하게 성장하길 바란다면, 이제부터라도 부권(父權), 곧 가정에서 아버지로서 행해야 할 주장권과 교육권을 회복해 아버지다운 권위와 위상을 정립해야 한다. 어머니의 자녀 대함과는 분명하게 구분되는 아버지로서의 엄격함, 당당하고 의연한 모습을 되살릴 때, 자녀도 역시 자신감을 회복하리라.[28]

먼저 원천적인 권한을 지닌 부모로서의 신성한 사명감을 자각하고 자녀 교육에 대한 나름의 식견과 인식과 역할이 있어야 하나니, 세상의 아버지는 만인만색의 자녀 교육에 대한 철학을 겸비할 필요가 있다. 가정교육은 인격적 本이 일차적이라고 하였듯, 本을 보이기 위해서는 아버지 자신이 가정을 이끌고 주관할 교육적 신념과 가치관과 바람직한 목적을 가지고 임해야 한다. 그런 식견과 소양을 언제부터 준비하고 갖추어야 하는가 하면, 결혼을 하고자 마음먹었을 때부터이고, 배우자를 결정했을 때부터 이미 가정의 인류사적 중요성을 자각해야 한다. 가정은 언급했듯, 하나님이 이 땅에서 세우리라고 약속한 지상 낙원의 기반이다. 인간이 장성하여 가정을 이루는 것은 하나님의 준엄한 사명을 수행하는 것이다. 그래서 가정은 신성하다. 누구도 그 사명을 거부할 수 없다. 그런데도 결혼 후, 이런저런 이유 발생으로 가정이 파괴되고 가족이 뿔뿔이 흩어

---

28) 『크게 멀리 보고 키워야 됩니다』, 앞의 책, p.18.

진다면, 그 일차적 책임은 가정의 주장권을 가진 남편이자 아버지에게 있다. 가정의 기둥인 아버지는 아내와 자녀가 굳은 믿음과 사랑과 존경심으로 따를 수 있게 하고, 가족을 어려운 역경으로부터 지켜내어야 할 책임과 의무가 있다. 그것이 곧 세상의 아버지에게 부여한 하나님의 신성한 사명이다. 그런 역할을 이행하기 위해서는 결혼 후 부부가 사랑으로 결속할 때부터 正心(바른 마음)으로 자녀를 잉태해야 한다. 신성한 가정을 이루기 위해 正心으로 아내를 대하는 것은 스승이 십 년을 잘 가르치는 것보다 어머니가 열 달 배 속에서 잘 가르치는 것과도 비할 바가 없다고 혹자는 말했다.29) 하나님이 사랑을 다 해 천지를 창조하였듯, 부부는 사랑으로 화합하여 자녀를 잉태해야 하고, 그것은 그대로 이 땅에서 천국을 건설하는 중대한 사명 수행의 일환이다. 아버지는 초심을 잃지 않고 비가 오나 눈이 오나 검은 머리가 파뿌리 되도록 아내를 한결같은 마음으로 사랑하고, 자녀를 배 속의 근본 바탕에서부터 聖化시켜, 인류가 바라마지 않은 聖人으로 기를 것을 작정해야 한다. 그런 아버지의 교육적 신념과 철학과 사명 인식이 가정의 신성성을 영원토록 후대까지 지속시킨다. 사랑을 먹고 자란 아이는 사랑으로 인생을 결실 짓고, 신성한 가정의 의무를 다한 부모의 인격을 보고 자란 아이가 가정의 천국을 현실화할, 지상 천국을 건설할 하나님의 거룩한 사도이다. 양도할 수 없는 가정의 주장자이자 자녀 교육의 책임자답게, 아버지는 의연하게 가정의 신성성을 수호하고, 자녀를 聖人으로 교육할 인격적 면모와 신념을 견지해야 한다.

성장하는 자녀는 사춘기를 겪으면서부터는 심신에 변화를 일으

---

29) 『태아 교육』, 이광정 엮음, 동남풍, 1993. p.28.

키고, 부모도 모르는 사이에 내면적 가치관의 혼란기를 거친다. 자칫 부모 앞에서 불만을 표출하기조차 한다. 이때 아버지는 아이의 잘잘못에 대해 확실하게 지적하고, 세상에서는 결코 넘어서는 안 될 선이 있다는 것을 엄정하게 가르쳐야 한다. 이런 교육적인 타이밍의 순간을 놓치거나 돌보지 않으면 안 된다. 사랑도 중요하지만, 세상에는 객관적인 가치 규범과 함께 살아가면서 공통으로 지켜야 할 사회적 규범이 있다는 것을 가장으로서의 권위와 엄정함으로 주지시킬 필요가 있다. 기준선을 잡아주는 역할이 가정을 안정시키는 것은 물론이고, 사회의 일원으로서 바람직하게 성장할 수 있게 한다. 아버지는 가정교육을 통하여 인간이 인간답게 사는 것이 무엇이고, 사회에서 사회인답게 사는 것이 무엇이며, 국가의 시민으로서 살아가야 할 의무가 무엇인가에 대한 가치 양식을 의도적으로 심어주어야 할 책임이 있다. 가정교육의 잘잘못이 인류 역사의 결과로까지 이어지는 만큼, 신성한 주장권을 가진 아버지가 이행해야 할 의무를 저버리는 것은 인류 역사에 대한 죄악이다.30) 경험컨대, 초등학교 6년을 지냈을 뿐인데도 신입생이 행동하는 것마다 교칙을 어기고, 선생님과 대립해 전학을 가버리는 경우를 보았다. 설상가상, 학부모가 상부 기관에 민원까지 넣어 자기 자식을 두둔했다. 누가 누구에게 책임을 따진단 말인가? 의식 전환이 시급한바, 당위 근거에 아버지가 가정에서 확립해야 할 주장권과 교육권이 있다. 아버지가 가정의 주장권을 지키고 교육권을 신념을 바쳐 준행하는 것은 하늘의 명령이고 사명이다. 반대로 가정을 지키지 못하고 자녀 교육 의무를 저버리는 것은 인류 역사에 대한 배덕이다. 어떤

---

30) 『에밀』, 앞의 책, p.30.

잘못과 불화와 악조건 속에서도 가정은 지켜야 하나니, 용서와 회심과 화합이 있는 곳에 하나님의 義가 함께하리라. 하나님의 거룩한 영이 함께하면 그 가정이 바로 지상 낙원이다. 거기서 보배로운 사랑과 행복이 샘솟는다. 그 빛나는 하나님의 선물을 대신할 지상의 보물이 가정 말고는 없다. 신성한 가정을 아버지가 지키고 가족과 함께 가꾸어야 한다. 그 모든 권한과 책임과 사명이 아버지에게 집중해 있으니, 아버지가 가정을 바르게 세우고 지키면서 자녀 교육을 바르게 실행하면, 그런 가정을 중심으로 하나님이 창조 목적을 실현하고, 이 땅에서 이상적인 나라를 건설하리라.

4. 부모 교육

교육은 가정교육과 학교 교육으로 구분된다. 그리고 오늘날의 학교 교육은 크게 강조되지만, 가정교육은 대부분 관심밖에 있다. 학교 교육은 공교육 체제로서 국가에서 제도적으로 주관하고, 가르칠 주제를 정해서 평가도 하지만, 가정교육은 주관도 주제도 평가도 없고, 잘잘못을 따지는 기관도 없다. 그런데도 근본적인 교육의 중요성은 가정교육이 本이고 학교 교육은 末이다. 자녀가 학교에서 가르치는 어떤 선생님보다도 부모는 자상한 부모인 동시에 생애 최고의 스승이 되어야 한다. 사회가 각 영역이 맡은 소임을 알고 역할에 충실하다면 무슨 문제가 있겠는가? 부모 교육도 마찬가지이다. 가정에서 부모다운 교육적 역할을 다하지 못한 탓에 인류의 본성이 황폐해진 상황을 맞이하였다. 의무 교육이 확대되어 교육의 기회가 보편화한 상태인데도 세상이 오히려 험악해진 이유는, 인간 본성의 근본 바탕을 마련해야 할 가정교육과, 교육의 주체자가 되어야 할 부모가 그 역할을 공교육 체제에 위임하고 의탁해서이다. 인류의 가정은 재건해야 하고, 가정을 재건하기 위해서는 부모가 주체가 되어 가정교육의 소임을 대해야 한다. 부모는 자녀가 공교육을 받을 수 있도록 기본적인 품성과 소양과 자격을 갖추어 학교에 보내야 한다. 교육을 정상화해 이상적인 창조 목적을 실현하기 위해서는 학교 교육보다 가정교육이 보다 더 충실해야 한다. 그렇지 못하면 뭇 교육적 효과가 밑 빠진 독이 된다. 가정에서의 부모 교육은 부모의 자체 재량에 맡겨진 실정인데, 부모가 자녀를 어떻게 가르쳐야 하는지에 대한 교육철학, 교육주제, 교육방법, 교육과정 구성, 그리고 규격화된 교과서가 없다. 부모의 역할을 강조한 교양적인 지침서 정도뿐이다. 선현의 지혜를 모아 공교육 체제처럼 과정과 주제를 정해 자녀들이 지나고 보니까 자기 아버지 어머니가 인생에 있어서 가장 훌륭한 스승이었다고 토로할 수 있도록 해야 한다. 부모가 자녀의 스승이 되기 위해서는 또 다른 식견과 교양을 갖춘 소정의 과정을 거치도록 해야 한다. 주먹구구식 방식과 상식에 내맡겨 둘 수 없다. 공유할 수 있는 부모 교육의 실행 목적과 방법과 과정에 대한 체제 구축이 긴요하다.[31] 그 중요성과 필연성을 이 연구가 강조하고자 한다.

가난한 환경 속에서도 열심히 공부했던 독일의 철학자 피히테는 고향을 떠나 스위스의 취리히에서 가까스로 가정교사 자리를 얻었다. 하지만 어떤 학부모 앞에서 "어린이보다도 부모를 먼저 교육해

---

31) 부모가 자녀들의 성장 과정에서 단계적으로 가르쳐야 할 교육주제와 덕목을 계획적으로 프로그램화해서 구체화한 가정교육 지침서를 제공해야 함.

야겠군요?"32)라고 충고했다가 쫓겨나고 말았다. 1900년대에 출간된 『아동의 세기』는 스웨덴 출신인 엘렌 케이라는 여류 작가가 쓴 책이다. 그 첫 장에서 그녀는 도전적인 제목을 붙였다. "아동은 그 부모를 선택할 권리가 있다." 즉, 아이는 부모의 자의에 의해서 태어나는 것이 아니라, 아이를 기를 수 있는 자격 있는 부모에 의해 태어날 권리가 있다. 다시 말해, 아이를 기르는 부모 중에는 무자격자가 많다는 뜻이다.33) 부모가 부모답기 위해서는 자녀를 가르칠 수 있는 교육적 소양과 계획과 기대할 수 있는 자격까지 갖추어야 한다. 그것이 정말 자식을 사랑하고 위하는 길이다. 생물학적 부모 자격을 넘어 정신적, 인격적, 영혼적으로 일치하는 부모다운 자격을 지녀야 한다. 부모는 부모이기 이전에 아이에게 제일 큰 영향력을 끼치는 교사이다. 그런데도 그렇지 못한 부모로부터 "부모 교육을 받지 못하고 자란 아이는 그런 가정교육의 공백을 보충할 길이 영영 없다."34) 존 로크는 1693년 6월, 교육에 관해 쓴 단 하나밖에 없는 저술인 『교육에 관한 고찰』에서 부모 교육의 중요성을 강조했고, 이런 일깨움이 있은 탓에 영국이 국가적으로 번영하여 대영제국을 건설하였다.

"자기 자녀를 훌륭하게 교육하는 것은 중대한 부모의 의무이고, 관심사이며, 또한 국가의 복리와 번영은 이에 의존하는 바가 크므로, 나는 이것을 누구나가 명심하기를 바랍니다."35)

---

32) 『한 권으로 읽는 서양철학사 산책』, 강성률 저, 평단, 2009, pp. 234~235.
33) 『성숙한 부모, 자유로운 학교, 건강한 아이』, 앞의 책, p.11.
34) 『존 로크의 교육론』, 앞의 책, p.8.
35) 이화대 고전연구회, 1981, p.169.-한국체육학회지(합본, 4), 1989, p.185.

교육적 효과는 차치하고서라도 존 로크가 자국의 부모들에게 자녀를 교육하는 것이 중대한 의무이고 관심사라고 촉구한 것은, 결국 부모가 자녀를 가르칠 합당한 자격을 갖추라는 말이다. 부모는 합심해서 자녀에 대해 최초의 교육자이자 근본적인 스승이 되어야 했다. "몬테소리 철학에 따르면, 교육에서 첫 번째 교사는 자연, 두 번째 교사는 부모, 세 번째 교사는 학교의 선생님이라고 하였다."[36] 어린 새싹이 어떻게 인간적인 틀을 잡고 바르게 성장할 것인가 하는 것은 전적으로 부모와 어른들 책임이다. 이보다 더 우선된 소임은 없다. 특히 어릴 때의 부모 양육과 쏟은 사랑과 교감 된 인격은 평생에 걸친 유대감과 정서에 영향을 준다. 그래서 부모 교육은 한쪽으로 치우칠 수 없다. 아버지가 어머니에게, 혹은 어머니가 아버지에게 떠맡기면 결국 결손을 낳고 만다. 남녀평등과 민주적인 의사 결정 문화는 가정에서도 구축되어야 하지만, 아버지와 어머니로서 가진 교육적 역할만큼은 구분된 분담이 있어야 한다. 그러면서도 합심해서 조화를 이루면 가정의 질서를 세우고, 사랑을 확인할 수 있는 인격 교육의 도장이 된다. 아버지와 어머니의 균형 잡힌 교육 역할은 더 나아가 세계와 인륜 사회의 질서를 건전하게 하는 길이기도 하다. 가정교육을 통하여 부모가 성 역할에 대한 本을 보여야 근본을 이탈한 현대 사회의 인륜 질서가 정상화된다. 애초부터 성 역할 구분이 없는 것은 하등의 단세포 동물계에서나 존재하는 것이다. 왜 하나님은 남자와 여자를 구분해서 창조하였는가? 자연의 질서는 一陰一陽의 조화를 통해서 유지된다. 그것이 正道이고, 그것을 따르는 것이 至善이며, 그렇게 하는 것이 부여한 본연의 창

---

36) 『교육과 사색』, 교육 타임스, 2014년, 11월호, p.24.

조 역할이다.37) 구분하면서도 조화를 이루었을 때, 인류는 이상적인 인륜 질서를 창출할 수 있다. 남녀평등은 남녀 차별이 심화하였던 과거에 고양했던 가치관이고, 여전히 사회적으로 지향해야 할 목표이기는 하다. 그러나 자녀는 혼자서 낳을 수 없는 것처럼, 자녀를 낳아서 인간답게 가르치는 역할만큼은 조화를 이루어야 한다.

이렇듯 합심한 부모의 교육적 역할이 중요한 보다 근본적인 이유는 부모가 가진 교육적 권한이 원초적인 동시에 근본적인 권위를 지녀서이다. 선생님의 교권과도 비교할 수 없을 만큼, 부모의 자녀에 대한 교육권은 왜 양도할 수 없는 절대적 권한인가? 부모는 자식을 낳은, 아니 창조한 제2의 권한자이다. 하나님이 부여한 창조 권능을 부모가 대신했다. 孝의 가치 근원이 그러하듯, 부모는 자식을 있게 한 존재와 생명의 근원이라, 만물의 창조자는 하나님이고, 내 생명의 창조자는 부모이다. 왜 인류 사회는 조상을 숭배했고 神을 받들어 경외했는가? 근원 뿌리에 대한 최고 의식이다. 살아 있는 근본자인 부모의 행동적 本과 가르침과 말씀은 결코 잘못될 수 없다. 그래서 **부모 교육은 진리의 本이다.** 부모의 正心, 正行, 正教를 통하면 자녀는 근본자가 무엇이고, 어떻게 하면 본향을 찾을 수 있는지 알 수 있다. 자식은 부모를 통해서 조상을 보고, 그를 통해 하나님을 볼 수 있다. 부모가 자식을 위해 하는 훈육과 가르침은 생명을 낳은 근원자로서의 권위이다. 이것을 자식은 거역할 수 없다. 마음을 다해 받들어야 한다. 근본적인 권위이므로 신앙인이 하나님의 命을 거역할 수 없는 것과 같다. 그래서 교육은 부모 교육이 근본이고, 학교 교육은 그다음이다. 부모로부터 바른 것을 배워

---

37) 『한국 유학 사상과 교육』, 앞의 책, p.190.

야, 학교 선생님의 가르침도 소중한 줄 안다. 반대로 부모 교육이 권위를 잃으면, 선생님 교육은 아무 소용이 없다. 학교 교육이 인간에 관해 모든 것을 가르치고 육성할 수 있다고 생각한다면 큰 오산이다. 정확한 순서는 부모가 가정에서 바르게 가르치고, 그것을 학교에서 실천할 수 있도록 해야 한다. 이것이 부모 교육의 우선된 원칙이다. 인간성 바탕은 부모의 정성 어린 가르침에 의해 형성되고 육성된다.[38] 생명의 원천 세대인 부부가 합심해서 가르치는 가정교육은 거의 종교적 권위와 의무감과도 같다. 하나님이 부여한 생명의 원천사로서의 신념, 가치, 전통, 정신의 전달이고, 영혼의 메시지이다. 가정교육으로 유구한 조상의 정신적 맥을 잇고, 종국에는 하나님의 창조 본성에도 가 닿는다. 부모 교육이 잘못되어 인간 된 도리와 근본을 모른 채 천방지축이라면, 주된 원인 역시 부모로부터 찾아야 한다. **부모가 직접 가르쳤을 때 인류의 근본이 바로 선다.** 그 외에는 모두 간접적이다. 동양의 자사(子思)는 일찍이 강조하길, "천지의 道는 부부의 道로부터 시작된다(『중용』, 12장)." 종교개혁자 루터는 기독교적 신앙 관점에서, "부모들은 하나님의 특별한 종들이며, 그들의 사명은 자녀들이 육체적으로, 또는 영적으로 자라는 데 필요한 모든 것을 공급하여 줌으로써 生 최초의 경험과 인상을 받게 된다"[39]라고 하였다. 문장 구성과 표현이 다르다고 해서 내포한 뜻이 다를 수 없다. 부모가 자식을 위해 교육자로서 철저하다면, 국가의 法도 필요 없고, 죄악도 종국에는 진멸하리라. 죄악은 역할을 다하지 못한 부모의 근본 교육 부족으로 인해

---

38) 「코메니우스와 율곡의 교육론에 관한 비교 연구」, 윤기종 저, 강남대학교 대학원, 신학, 박사, 2007, p.161.
39) 『루터의 사상』, 앞의 책, p.206.

생긴 질병이다. 풍족했다면 당연히 발병할 리 없다.

　근본적인 부모 교육은 사실상 아이가 태어난 순간부터 정신 차려 실행해야 한다. 어떻게 해야 할지 몰라 방치한다면, 그것은 이미 많이 늦은 상태이다. 태어나기 전부터 자녀를 최고 수준으로 가르칠 수 있도록 일체의 교육적 소양을 갖추어야 한다. 그것이 부모다운 부모가 될 자격이다. 본인도 자식을 길러서 장성시킨 부모로서 돌이켜 보면, 나름대로는 정성을 다했다고 생각하지만, 그런 과정이 교육적인 의도와 행동으로 기억되는 것이 거의 없다. 성장하는 자녀와 함께했지만, 의미 있는 가치적 메시지가 남아 있지 않다. 자식을 위해 어떤 뜻 있는 말을 했고 새긴 것인지, 생각나지 않는다. 혼을 내고 잔소리한 기억만 남아 있다. 굳이 학교가 아니라도 가정이건 사회건 어디서도 마음만 먹으면 생활 현장 전체가 교육의 장이고, 가르칠 수 있는 문을 열어 놓아야 할 텐데, 소홀하게 넘긴 것 같다. 그 이유는 모두 부모가 교사로서 자녀에게 행해야 할 소임을 미리 자각하지 못해서이다. 부모의 그런 교육 공백이 길면 길수록 도미노 현상을 일으켜 교육 전체에 악영향을 끼친다. 또한, 주의를 환기할 것은 부모의 편향된 교육관이다. "부모는 자식을 사랑해야 하고, 자식을 사랑하는 것은 부모의 의무이다. 그런데 문제는 맹목적인 애정의 표현 방법이다. 그것이 종종 자식의 결점까지도 합리화시키는 잘못을 범한다."40) 그럴싸한 교육 이론은 참고할 수 있지만, 그것을 완전히 신뢰해 자녀를 직접 시험 대상으로 삼아서는 안 된다. "미국에서는 1920년대부터 2차 세계대전이 끝날 때까지 행동주의 육아법이 상당히 유행하였다. 상과 벌로서 동물과 사람의 행

---

40) 『존 로크 교육론』, 앞의 책, p.57.

동을 학습시킬 수 있다고 믿은 행동주의 심리학의 창시자 존 왓슨 (1878~1958)이 세운 육아법에 따르면, 아기 때부터 제대로 길들이려면 울음이나 요구에 응하지 말고, 냉정하고 엄격하게 권위적으로 다뤄야 한다고 했다.

> 수유는 어른의 시간표에 따라 해야지 아기가 울 때마다 젖을 주면 안 되고, 자주 안아주면 버릇이 나빠지고, 아이를 망친다. 아기의 정서적 요구는 아기가 어른을 조종하는 교활한 술책이므로 무시해야 하고, 되도록 접촉하지 말고, 울어도 모른 채 해야 아기에게 휘둘리지 않는다. 아기는 작은 어른에 불과하며, 독립적으로 키우기 위해 아기 때부터 부모와 따로 재워야 한다.

왓슨식 육아법은 한때 미국에서 큰 환영을 받았다. 핵가족을 이룬 부부는 수면에 방해를 받지 않도록 아기를 따로 재우고, 어른의 계획에 맞춰 수유하고, 자주 안아주지 않고 거리를 두어 엄격히 길들여 빨리 독립시키는 것이 합리적이라고 여겼다. 하지만 그 결과는? 왓슨은 두 번의 결혼을 통해 네 명의 자녀를 키웠지만, 그들은 모두 자살, 자살 시도, 알코올 의존증, 만성 위장병 등으로 고통스러운 삶을 살았다."41)

그러므로 결혼에 대한 기본적인 의미, 가정관, 그리고 부모가 되어 실천해야 할 교육적 소양은 세계를 향해 꿈을 키우는 청소년 시절부터 가치관을 일구어 나가야 하고, 교육에 관한 만 가지 소양보다도 중요한 것은 결국, 부모의 자식에 대한 마음가짐이고, 자식 앞에서의 교육적 행위이다. 루터는 인류를 구원하기 위하여 인간이

---

41) 『정서적 흙수저와 정서적 금수저』, 앞의 책, p.61.

된 예수그리스도를 최고의 모범으로 삼았듯,[42] 자녀에게 부모가 교육적으로 모범을 보이는 것이 최고의 교육 원리이다. 그리해야 자녀의 눈높이에 맞추어 대화하고 교감할 수 있는 길이 자연스럽게 열린다. 자녀는 세상 무엇과도 비교할 수 없는 하나님이 가정에 내린 축복의 선물이다. 이 귀한 자녀의 손을 부모가 이끌고, 하나님이 약속한 지상 낙원으로 인도해야 한다. 가족이 함께 도달해야 함에, 낙원을 이루고자 하는 믿음과 신뢰와 기대를 고무해야 한다. 그것이 부모가 가정에서 실행해야 할 교사로서의 위대한 사명 역할이다. 이상적인 창조 목적 실현을 합심한 부모의 가정교육으로부터 이루어야 한다. **부모 교육이 바르게 실시되면, 한 세대가 지나기 전에 인류의 영혼이 정화되고, 가정교육이 바르게 실시되면, 한 세대 안에 인류 죄악이 청산되리라.**

---

42) 『루터의 사상』, 앞의 책, p.209.

제13장 학교 교육

1. 학교 교육 역할

학교 교육은 가정교육의 기반 위에서 피어날 수 있는 꽃이다. 그러므로 학교 교육과 가정교육은 지속해서 병행해 나가야 한다. 가정교육이 바르게 되었다면 학교 교육도 더 바르게 될 수 있지만, 무엇이든지 완벽하기는 어려우므로 학교 교육은 가정교육과 연계해서 부족한 부분을 채워나가야 한다. 물론 인간 교육의 근원적인 뿌리는 가정교육에 있고, 부모에게 책임이 있다. 하지만 여러 가지 환경 조건으로 가정교육이 부실하다 해도 교육에 있어서 포기란 있을 수 없다. 책임 운운하기 이전에 아이들은 항상 잠재적인 가능성을 지녔으므로, 교육은 그것을 기대해야 한다. 그래서 학교 교육은 가정교육에 이은 2차 교육과정으로서 아이들의 잘잘못을 따져서 가려내고 평가하는 것이 아니라, 성장 과정에서 잘못된 부분을 고쳐서 모두가 정상적인 인생 궤도에 설 수 있도록 금상첨화(錦上添花)적인 교육력을 발휘해야 한다. 학교란 공교육 체제는 어디나 공통적이지만, 학교에는 정말 부모님 못지않은 훌륭한 선생님이 있다. 선생님이 있어 아이들을 부모님과는 또 다른 세계로 인도한다. 선생님은 학교 교육이 아이들의 인간다운 인격 형성과 자아실현의 마지막 보루란 사실을 알고, 어디로부터도 경험하지 못한 인격과 감동과 희망과 꿈을 안기는 기적의 마법사 역할을 해야 한다. 이런 선생님의 교육적 신념과 묵묵한 실천이 시행되는 과정에서 야기된 학교 교육의 문제점을 보완하고, 근본적인 해결책을 찾지 못한 상태에서도 긍정적인 가치를 지탱할 수 있게 한다.

물론 인간 교육의 바탕은 가정에서부터 마련되지만, 가정교육과 학교 교육과는 분명한 차이가 있고, 학교 교육은 가정에서 실행하기 어려운 전문적인 역할을 한다. "가정교육이 근본적이기는 하지만, 그것만으로 충분하지 못한 것은, 부모가 자녀 교육의 전 프로그램을 완전하게 이행할 수 없기 때문이다. 대개의 부모는 기대와 달리 교육 문제에 관한 지식과 기술이 희박하고, 교재를 해득하지 못하며, 교육 방법에 대해 충분한 이해력을 갖고 있지 못하다. 비록 조건을 갖췄더라도 제대로 실천할 만큼 시간과 기구를 갖추지 못했다. 또한, 가정은 교육에 필요한 시설도 갖추기 어려워 교육 프로그램을 조직적으로 가동한다는 것이 거의 불가능하다."[1] 따라서 하루가 다르게 지식이 폭주하고 복잡 다변한 사회에서는 더 체계적이고 조직적으로 가르치고 적용할 수 있는 학교 교육의 전문성 역할이 긴요하다. 부모가 가정에서 하는 교사로서의 역량만으로서는 한계성이 있다. 가정교육과 학교 교육이 역할을 분담해야 하는 것이 불가피해졌다. 이런 상황에서 급기야 가정교육의 기능이 퇴색되고, 학교 교육이 중심 자리를 차지하고 말았다. 중심이라면 학교 교육도 전체적인 역할을 감당할 수 있어야 하는데, 살펴보면 학교도 본래부터 분담한 역할 범위 이상을 벗어나지 못해 그것만으로서는 이상적인 목적을 달성하기 어려운 상황에 직면해 있다. 이것을 이 연

---

1) 위의 책, p.215.

구가 정확하게 지적할 수 있어야 한다. 본인도 이런 학교 교육 과정을 거쳤고, 더하여 학교 교육 체제에 몸담았지만, 그렇게 걸은 삶의 과정에서는 손에 쥔 교과서와 정해진 과정대로 가르치는 것이 당연하다고 생각했다. 별다른 문제의식을 느끼지 않았고, 그 원인이 무엇 때문인지도 몰랐다. 하지만 퇴직을 하고 지난 과정을 돌이켜 보는 시점에서는 학교에서 가르친 지식과 과정들이 인생 삶의 본질적인 문제와 거리가 있고, 장차 진출할 사회와도 거리가 있었다는 사실을 알았다. 학교에서의 우등 학생이 사회에서도 우등생은 아니란 말이 그것이다. 학교 교육은 원대한 인간 교육 목적 실현의 현장이 되어야 하고, 삶의 가치를 실현하는 에너지 공급원이 되어야 하는데, 궤도를 크게 이탈하였다. 그런 문제점과 한계성을 직시할 수 있어야 한다.

"극악무도하고 패륜적인 범죄가 날로 급증하고, 범죄가 발생할 때마다 사회적인 인식이 엄벌을 요구해, 곧바로 덧붙여지는 말이 학교 교육의 실패와 학교 무용론이다."[2] 하지만 그렇게 손가락질만 할 것은 아니다. 학교 교육이 정말 교육 본연의 목적인 인간의 본성을 형성하는 데 얼마만큼 관심을 쏟았고, 영향을 끼친 것인가를 살펴보라. 뿌린 것은 콩인데 기대한 것은 팥이 나오기를 바란 격이 아닌지…… 학교 교육을 통해 심은 것은 온통 지식뿐인데, 결과로서 기대한 것은 바람직한 인간성이다. 그만큼 학교 교육이 현실적으로 인간 교육에 관한 전면성 역할을 할 수 없는데도 모든 것을 떠안긴 것이다. 나누어서 합심해야 하는데 손을 놓아버리고 학교 교육에만 떠맡겨 과부화가 걸렸다. 인성 교육 부재 현상이 심각한

---

2) 『스콜라주의 교육 목적론』, 앞의 책, p.7.

실정인데도 해결하지 못한 이유가 여기에 있다. 문제를 일으킨 원인을 모르는데 어떻게 대책을 세울 수 있겠는가? 본말이 전도된 교육의 실행 목적 자체를 전환해야 하는데, 지식 편중이란 대하 드라마는 계속 진행되고 있다. "학교에서는 약간의 정서와 기능 교육과 체육활동 외에는 주로 知育을 하고 있을 뿐이다."3) "건전한 인격자를 육성하는 것이 목적인데도 대부분 지식 위주 교육에 치우쳐 인성을 발달시키는 교육이 경시되고 있다."4) 이처럼 교육의 대류 방향을 요지부동하게 붙들고 있는 주된 원인은 바로 입시를 통한 진학 선발 제도이다. 아무리 인성 부재 현상을 지적해도 학교 교육은 오직 입시란 목표 달성 하나만 바라보고 있다. 그리고 학부모들도 기대하는 것은 자녀가 더 좋은 학교에 합격하기만 바라고 있다. 그러니까 아이들은 "인간성을 형성하는 많은 세월을 학교라는 형식적 교육 기관에서 보내고 있는데, 정작 학교에서는 많은 과정을 지식 획득이라는 인식적 영역에 집중시켰다. 인간의 심미적 느낌, 감정의 표현과 통제, 사람에 대한 사랑, 남과 같이 있고 싶고 남에게 인정받고 싶은 욕구, 원대한 포부를 가지고 이를 달성하려는 의욕과 인내, 행동의 기본이 되는 가치관, 도덕관의 정립과 행동 등등. 정의적 교육은 소홀히 다룬 실정이다."5) 물론 부족한 인간성의 기본적인 바탕은 가정교육이 뒷받침해서 병행해야 하겠지만, 더욱 발달한 사고적 가치관 형성과 감정 표현과 사회적 책임 의식은 학교 교육이 담당할 수 있어야 한다.

필요성이 인지되는데도 불구하고 학교 교육이 인간성 육성에만

---

3) 『가정교육』, 앞의 책, p.13.
4) 「순자의 교육 사상 연구」, 앞의 논문, p.54.
5) 「맹자에 나타난 인성 교육의 고찰」, 전재길 저, 인천대학교 교육대학원, 교육행정, 석사, 1999, p.10.

전념할 수 없는 것은 공교육 체제는 국가가 막대한 세금을 투자하여 운영하고, 국가가 지향하는 목적 아래 있기 때문이다. 우리 몸은 자연 속에서 자유롭다고 할 수 있지만, 자신도 모르게 중력의 지배를 받는 것처럼, 학교 교육도 교육 본래의 목적에 따라 제도화된 것이지만, 그런 제도와 기관을 설립해서 관리하는 것은 국가인 탓에, 학교 교육 목적은 국가가 정한 방향으로 쏠리게 된다. 그러니까 본래의 이상적인 목적과 현실적으로 어긋나 버린다. 몰라서가 아니고, 알면서도 학교 교육은 국가가 법으로 정한 입시 제도를 따를 수밖에 없다. 멈출 수 없는 학교 교육의 역기능 탓에『교육의 종말』을 쓴 저자 포스트만은, "잘못 실행된 학교 교육의 목적들이 아이들과 사회를 병들게 하고 있으며, 지구촌의 평화와 안녕에도 이바지하지 못할 것을 우려했다. 보다 의미 있는 학교 교육의 목적을 창출하지 못한다면 결국, 학교는 문을 닫을 수밖에 없다는 메시지를 전했다."6) 새로운 학교 교육 제도를 창출하지 못해서가 아니고, 본래의 교육 목적이 국가 교육 목적에 쏠려서 방향을 잃었다. 그래서 본인이 교직에 몸담고 있을 때는 전혀 느낄 수 없었던 문제의식을 "해방주의적 시각을 가진 혹자가 주장하였는데, 그 구호는 주로 학교는 죽었다, 학교는 보호소(감옥) 같다로 요약된다. 권위주의, 관료주의, 국가주의 교육 체제를 비판하였고, 특히 의무 교육 제도를 비판했다. 대부분 탈학교론자로서 학교의 개혁 아닌 폐지를 내세웠다. 그들이 사회혁명의 한 형태로서 주장한 탈학교화(deschooling)는 가난한 사람들이 학교 교육을 맹신해서 무조건 받아들이는 것을 파기함을 뜻한다. 이것은 가난한 사람들이 스스로

---

6)『교육의 종말』, 닐 포스트만 저, 차동춘 역, 문예출판사, 1999, p.7.

불평등한 사회의 노예임을 종식하는 것이다. 학교가 사회적 출세를 할 기회를 제공해 준다고 믿지만, 경제적으로 뒷받침해 주지 못해 낙오되고 만다. 반면 부유한 사람들은 경제적으로 계속 지원을 받기에 보다 높은 고등교육을 받을 수 있다. 교육 정도에 따라 직업 배분이 이루어져, 교육 격차가 그대로 사회적 신분 격차를 초래한다. 결국, 학교 교육이 각 개인의 사회적 위치를 결정하는 매개자 역할을 한다는 것이다."[7] 그렇다면 해결책은? 학교 교육은 국가가 관장하는 만큼, 학교 교육 자체로서는 아무리 발버둥 쳐도 한계가 있다. 학교 교육이 어느 한 방향만으로 지향하지 않도록 국가가 어느 정도의 자율권을 부여하면, 학교에서의 교육 격차가 사회적인 신분 격차를 일으킨 파생 문제를 해소한다. 탈학교화와 의무 교육 제도 비판 등은 근본적인 대책이 아니다. 교육 제도가 보편화한 인류사적 섭리 목적을 모른 상태에서의 과격한 주장이다. 원인 진단도 잘못되었다. 여태껏 당연시한 학교 교육 제도를 폐지해야 한다는 주장은 신선한 충격이지만, 정확하게 판단한다면 무모한 것이다.

그러나 현재의 학교 교육이 완전하게 실행되고 있는 제도는 아닌 만큼, 비판적 시각을 확인할 필요는 있다. "20세기에 이르러 모든 정치적 집단은 그들의 특정 이데올로기를 전파하고 근대적인 이념을 형성하기 위해 학교를 이용하고자 했다"[8]라든지, 비슷한 맥락에서 "학교 교육의 기능이 자본주의 사회에서 불평등한 계급 관계를 재생산한다(갈등 이론)."[9] 그리고 "기존의 학교 조직이 오히려 인간의 개성과 창의성을 말살한다고 보고, 보편화한 교육과 집단적인

---

7) 『교육과 인간 해방』, 조웰 스프링 저, 심성보 역, 사계절, 1985, p.14.
8) 위의 책, p.39.
9) 『교육의 사회학적 이해』, 김천기 저, 학지사, 2003, p.29.

획일화 교육을 비판한 것"10) 등등. 정말 본연의 교육 목적 정립이 필요하다. 비판할 수는 있지만, 핵심을 짚어 새롭게 창출하기는 어려운데, 학교 교육은 순수한 학문적, 진리적, 가치적, 인생적 목적을 달성하는 방향으로 나갈 수 있도록 자율권을 부여하고, 그것이 국가 목적에 부합하도록 해야 한다. 존 듀이는 "학교를 민주적 공공 영역으로 발전시켜야 한다"11)라고 했지만, 다른 시각에서는 "학교가 여전히 민주주의의 가치를 가르치는 민주적 공간이라는 신화를 선전하는 역할을 떠맡고 있다"12)라고도 하였다. 민주주의는 바람직하다고 가르치고, 그런 제도를 수호하는 역군을 길러내는 것이 학교 교육의 역할이기는 하지만, 그것도 교육 본연의 목적은 아니다. 크게 본다면 국가적, 정치적, 이데올로기적 목적이 가미되어 있다. 보이지 않는 세력이 "학교가 창의적인 사색가를 길러내는 것보다는 통제와 억압 시스템 안에서 제도적 역할로 만족하게 한 것"13)인지도 모른다. "사상가라고 하는 것은 자기의 생각을 가지고 세계와 인간을 자꾸만 생각하는 사람들인데, 현재 아이들이 받는 학교 교육은, 사상이라는 것이 될 수 있는 대로 질식시키려는 것이란 비판이 그것이다. 창의적인 사색가(사상가)가 탄생한다는 것은 요즘의 교육에서 기대하기 어렵다."14)

"학교에서 학생들은 진정한 의미의 학문과 교육적 경험을 하지 못하고 있다."15) 교사 중심의 전통적인 학교 교육을 아동 활동 중

---

10) 『실존주의와 함께 한 학교체육 제 모습 찾기』, 김상헌·김동교 공저, 영남대학교 출판부, 2008, p.88.
11) 『교육의 사회학적 이해』, 앞의 책, p.23.
12) 『실패한 교육과 거짓말』, 앞의 책, p.15.
13) 위의 책, p.16.
14) 『과정과 실재』, 화이트헤드 저, 김용옥 강의, p.5.
15) 『학문과 교육(상)』, 앞의 책, p.185.

심으로 바꾸고자 하는 노력(진보주의 교육) 등이 대세일 수는 없다.16) "학교 교육은 어떻게 생계를 유지할 것인가와, 형식적인 직업 세계를 선택할 것인가에 관한 것이 아니다. 어떻게 인생을 설계해 나가는가에 관한 것이다."17) 어떻게 삶의 의미를 궁구하고, 인생적 가치를 추구할 수 있도록 할 것인가에 집중해야 한다. 그 긴 성장 기간과 교육 동안 학교는 인간 삶에 대한 진정한 이해와 인생의 가치 추구 방향에 대해 무엇을 가르쳤는가? 장대한 대하 드라마를 계획할 수 있게 해야 한다. 그러기 위해서는 진리를 추구하고, 세계를 알며, 하나님과 교감해야 한다. 과거 시절에는 스승과 제자 간에 진리적으로 공감하고 하늘과 교감하고자 한 인생의 목적이 있었다. 그런데도 이런 전통을 계승해서 발전시켜야 할 지금의 교육 현장에서는 오히려 진리라는 단어가 사라지고, 진리적 가치를 추구하고 天命을 따르고자 한 전통이 사라진 지 오래전이다. 그 자리를 온통 지식이 차지해 버렸다. 거듭 강조해, **학교 교육은 원대한 교육 목적 실현의 현장임과 동시에, 궁극적으로는 하나님이 바라마지 않은 창조 목적 실현의 실질적인 역사의 현장이 되어야 한다.** 여기에 오늘날의 교육이 인류 사회에 제기할 교육 본래의 사명이 있고, 그 것이 위대한 교육 목적을 실행하는 길이다. 인류의 보편적인 구원 목적을 교육이 달성해야 하리라.

---

16) 『교육의 이해』, 앞의 책, p.105.
17) 『교육의 종말』, 앞의 책, p.14.

2. 청소년 교육 과제

학교 현장에서 본래의 교육 목적과 관련하여 중점을 두어야 할 실질적인 교육 과제는 발달 단계 중에서도 가장 중요한 청소년을 어떻게 가르칠 것인가? 즉, **"청소년 교육 과제"**를 바르게 인식하고 설정해서 실행하는 것이다. 본인은 이런 청소년과 함께한 교직 생활을 마무리하고 퇴직할 즈음, 지난날의 소회를 정리한 교육 수상집 『길을 가며 가르치며 생각하며』를 출판하여 "가르침의 교실" 문을 열었다.[18] 이 책을 통하여 교육 전체가 안고 있는 대체적인 문제의식을 표출, 적시하여 해결 방안을 제시하였다. 40여 년 동안 교육 현장에서 직접 발로 뛰면서 청소년들을 관찰하고 경험하면서 고민한 만큼, 자연스럽게 논거를 둘 수 있었다. 그만큼 그들이 배우는 청소년이라고 해서 펼친 교육적 문제들이 가벼울 수 없다. 오랜 세월을 겪은 결과적 통찰로서 청소년은 본성의 형성과 발달 단계 중 인생의 길목(요목)에 해당한 성장기이자 본립기로서, 인생과 본성과 도덕과 가치적 교육을 집중해야 할 시기이다. 회상컨대, 인간의 본성을 고무하고 교육으로 회복하기 위해 평생 청소년 교육에 몸담아 전념할 수 있게 한 것이란 소명 의식을 일깨웠다. 유아기→초등학교 과정을 거치면서 형성한 품성이 청소년기의 시작인 중학생이 되면서부터는 개성적인 특성이 나타나는데, 이때 선생님의 열정 어린 관찰과 가르침이 더해지면 바람직한 방향으로 인도할 수 있는 인간 본성의 유연성을 함유했다. 고등학생만 되어도 생각과 행동에 있어 주관이 뚜렷해지므로 특성을 포착해 내기 어렵다. 교

---

18) 『길을 가며 가르치며 생각하며』, 졸저, 2020년 8월 31일 발행, 국판 384페이지.

육의 원대한 보편적 구원 목적 측면에서 볼 때, 중학생 시기는 성장 발달상 온 인류를 선도할 수 있는 인간성 면에서의 적기이다.[19] 칸트가 윤리 도덕적 측면에서 인간이 지켜야 할 준칙을 정언 명령과 가언 명령으로 강조했지만, 그런 도덕성 법칙을 이해하고 실천해서 잘못된 가치관과 인간성을 교정할 자 몇 명이나 될까? 청소년 시기는 배우는 학생뿐만 아니라 인류 전체가 거치는 성장 단계이기 때문에, 중학교 교육 과정은 특별히 인류의 인간성을 형성하고 선도하고 회복할 수 있는 통과 의례적 지침으로서 가르침의 교실 문을 열리란 각오를 다졌다. 그런 저술 의도로 철없는 중학생이기는 하지만, 그들이 임해야 할 인생 전반과 인류를 구원하고자 한 성업을 염두에 두고 가치관과 인생관과 세계관을 지침했다. 청소년에게만 국한하지 않고, 사실상 모든 이의 인생길을 지침한 것이다. 철학자는 인간의 본성에 대해 다양한 정의를 내리고, 교육학자는 청소년기의 심리적, 발달적, 자아적 특성에 대해 다양한 설을 세우지만, 대개는 일시적 관찰과 유추된 가설에 불과하다. 하지만 본 교육수상집은 성장 과정에 있는 청소년의 발달적, 행동적, 가치관적 특성을 직접 교감하고 관찰하면서 가르친 경험으로 일군 생각인 탓에, 청소년기의 인간 본성 규정은 물론이고, 인간의 전반에 걸친 인생 원리 판단에도 중요한 근거를 제공한다. 본인은 그만큼 청소년을 통해 오랜 세월 동안 인간 본성을 깊이 있게 탐구했고, 내심 궁금하게 여긴 정신력의 투여로 결론을 끌어내었다.

---

19) 태아기, 유아기, 아동기(어린이)를 거친 청소년은 그들이 어떤 교육을 받고 습관을 기르고 품성을 형성했건 자아의 발견 및 세계와의 교감을 통한 청소년 시절을 거치면서 인간성이 정착되는 과정을 거친다. 이때 이전의 자아가 잘못 형성되었다면 확인, 교화, 재정립하는 교육적 경험을 거치고, 기회를 얻어야 하며, 바르게 형성하였다면 더욱 고무, 인정, 북돋아 더 나은 진리, 가치, 인격적 세계로 나가야 한다. 그래서 청소년기는 인생 교육의 제일 집중기라고 할 수 있다.

본인이 인생 전반에 걸쳐 길을 추구하고, 전반기 길의 과정을 완수한 것이 하나님의 뜻에 의한 것이듯, "가르침의 교실" 문을 연 것도 하나님의 의도한 뜻이 있어서일진대 왜, 무엇 때문에 교직을 천직으로 알고 길을 완수케 한 것인가? 의미는 무엇이고, 거기에는 어떤 교육적 가치가 있는가? 본인은 그런 길을 의도하지 않았고, 성심으로 임했을 뿐이다. 그런데도 걸어온 과정에는 모종의 섭리된 뜻이 있어, 이것을 애써 간파하고자 하였다. "가르침의 교실" 구성은 하루아침에 이루어진 것이 아니다. 누구라도 자신이 걸은 인생길, 혹은 교직의 길을 종합했을 때 하나님이 의도한 계시 혼을 확인할 수 있는 것은 아니다. 하지만 본인이 걸은 교직의 과정에서만큼은 만세 전부터 이루고자 한 하나님의 고귀한 뜻을 확인할 수 있었나니, 그것이 오늘날 인간성의 피폐로 인해 희망을 잃고 종말을 맞이한 인류 영혼을 구원하기 위한 방주 역할이다. 정녕 "가르침의 교실"은 인류를 하나님에게로 인도하기 위해 마련한 지상의 교두보이다. 지성들이 어떤 교육론을 펼치든, 사상을 말하든, 그것과 비교할 것은 없다. 하나님이 인류를 구원해서 직접 계시한 가르침의 혼이고, 진리이다. 순수한 영혼이 인생의 기반을 형성하는 청소년 시절의 교육 역할을 감당하게 함으로써 인생의 전반에 걸친 인간성의 개선 의지를 피력할 수 있었다. 뜻의 표출을 청소년기에 집중해, 그것을 기반으로 인류 전체로 확대하고자 하였다. 인간성 형성과 회복과 실마리는 인간 본성의 바탕을 형성하는 청소년기가 쥐고 있다. 인간성을 정화하고 이상적인 세계를 건설하기 위해서는 어떻게 해야 하는가? 방법이 있는가? 교육이 가능성을 인지해 목적의식을 가지고 본성을 형성하는 청소년을 바르게 가르쳐서 인도하는 것이 핵심이다. 그들은 정말 천방지축이지만, 한편으로는 본성이 숨김없이 개방된 상태이기 때문에 그 같은 조건이 바로 인간 교육을 효과적으로 하고, 나아가서는 인류 전체의 인간성을 개선할 수 있는 교육적 가능성과 희망이다. 왜 하나님이 청소년을 선택하여 가르침의 역사를 펼쳤는가? 원초적인 본성을 가르친 교육적 노력을 보고 거울로 삼기 위해서이다. 청소년뿐 아니라, 그것을 바탕으로 온 인류를 가르치고자 함이다. 청소년기는 인생관, 가치관, 세계관을 확립하기 위해 치열하게 탐문하는 시절이요 진리에 대하여, 종교에 대하여, 이성에 대하여, 장래 삶과 세계에 대하여…… 끊임없이 묻고, 구하고, 확인해 나가는 추구의 시기이다. 나아가 하나님의 보편적 구원 목적과 맥락을 같이하여 인간 본성의 바탕을 마련하기 위한 교육의 핵심 된 육성 시기이다. 청소년을 바르게 교육해서 인생 삶과 가치관을 지침하는 것이 본성을 聖化해 죄악을 막고, 만 영혼을 하나님의 길로 인도할 수 있는 최적의 기회이다. 인생에서 다시 겪을 수 없는 중요성을 자각하지 못할진대, 호미로 막을 타락상을 나중에는 포클레인(가래)을 동원해도 막을 방도가 없게 된다. 교직의 현장에 선 선생님은 이런 청소년 시기의 교육적 과제를 깊이 있게 인식하여 방황하는 청소년의 인생길을 선도할 수 있어야 한다.

이에 직접 당부하나니, 불확실한 미래를 바라보고 인생길을 개척하는 청소년들이여! 진리를 추구하는 신념과 세계를 절대로 버리지 말라. 진리의 길을 지키고, 세계적 신념을 버리지 않으면, 믿음 어린 추구 가치를 확신할 차원의 세계가 반드시 도래하리라. 그런데도 약속한 세계를 맞이하기도 전에 섣불리 인간으로서 지녀야 할 본성의 순수성을 저버리면 안 된다. 거룩성, 순결성, 聖化, 聖人化

할 잠재 본성을 길이 간직하라. 자포자기, 무지, 방황으로 순수성을 파괴하면 다시 회복하기 어렵다. 누구나가 한 번씩은 겪어가는 정체성을 확립하는 청소년 시절에 하나님이 부여한 순수 본성을 지키는 것은 가장 의로운 인간 가치를 보전하는 길이다. "길을 지키라." 그리고 "본성을 일깨워라." 이것은 길을 완수한 자가 오늘날의 청소년에게 던지는 영혼의 메시지이고, 인생 수호 과제이다. 길을 지키면 언젠가는 그 길을 지키길 간절히 원한 하나님의 뜻을 깨닫고, 하나님을 뵈옵게 되리라.

3. 학교 제도 혁신안

품은 꿈을 이루기 위해서는 실현할 수 있는 현실적인 방안을 가지고 노력하는 과정을 거쳐야 하듯, 교육적인 이념과 이상적인 목적은 구체적인 제도 구안을 통해 실행되어 정착된다. 하지만 그렇게 해서 정착된 교육 제도라 해도 세월이 지나면 본래의 이념이 희석되고, 또 등장한 사상가들에 따라 다양하게 해석되어 적용될 수 있으므로, 이 연구는 지난날의 교육적 이념과 제도를 종합해서 창조된 본의에 따른 섭리적 의미를 새롭게 부각하고자 한다. 인류가 장차 이루어야 할 명실상부한 제3의 문명 체제 구심력을 본 **"학교 제도 혁신안"**으로 생성하고자 한다. 여전히 천지를 창조한 하나님의 역사적 본의는 가려져 있듯, 인류 역사도 겉으로 드러나고 밝혀진 역사 이면에 하나님이 창조 목적을 위해 주관한 교육 기회의 평등성 확보와 학교 제도의 보편적인 확대에도 예외는 없다. 이것을 이 연구는 **하나님이 인류를 보편적으로 구원하기 위한 본의로서의 교육이념 구현과 교육 제도의 보편적 확대 역사로 규정하고 싶다.** 그런 주관 섭리 측면에서 학교란 제도가 오늘날 정착되기까지의 역사 과정을 살펴보면, 이전까지는 보아도 볼 수 없었던 인류 영혼을 보편적으로 구원하기 위한 방도로서의 의도를 확인할 수 있다. 그렇다고 그 같은 섭리 역사가 모두 완료되었다는 뜻은 아니다. 구원 섭리를 완수하기 위한 기반 다짐 역사이다. 그런 본의를 정확히 파악해야 제기한 혁신안을 통해 인류 역사의 추진 방향을 하나님이 뜻한 창조 목적을 실현하는 데로 근접할 수 있다. 왜 하나님이 교육을 통해 만 영혼을 빠짐없이 일깨우고자 한 것인지를 헤아려야 한다.

지금처럼 모습을 갖춘 학교라는 제도가 정착되기까지의 내력을 추적하기 위해서는 아득한 원시 시대의 교육 형태부터 살펴보아야 한다. "원시인의 교육 방식은 한마디로 말해 모방 교육이었고, 오늘날과 같은 학교 기관은 없었다. 여자아이들은 어머니를 따라 먹을 것을 요리하고, 남자아이는 아버지를 따라 사냥하는 법을 배웠다. 가정에서 자체 보전을 위한 비공식적 교육이 있었다. 그러다가 문자를 쓰게 되면서부터 교육이 구체화하기 시작하였다. 승려 계급은 종교적 문헌을, 관리 계급은 관청의 문서를 기록하고 보존하기 위하여 문자 습득 교육이 필요하였다."[20] 따라서 "조직성과 계획성이 없는 원시 사회의 교육적 활동이 점차 경험을 축적하고, 생활 기술이 분화하며, 문자가 발생하게 되면서부터 앞 세대의 문화를 생활 주변적인 경험만으로서는 계승할 수 없는 문제성을 안게 되었다.

20) 『기독교 교육』, 앞의 책, p.3.

이때 비로소 의도적·계획적·계속 교육 형태, 곧 형식과 내용을 갖춘 교육이 발생하게 되었고, 그것이 학교라는 교육 형태를 갖추었다."21) 그것이 문화적인 특성과 필요성에 따라서 오랜 세월 동안 발전하였지만, 지역에 따라 부분적으로 시행한 상황을 벗어나지 못했는데 루터(1483~1546)라는 종교개혁자가 나타나 신앙을 발단으로 위대한 교육이념을 주창하기에 이르렀다. 그는 가톨릭교회의 부패상을 보고 새로운 구원관을 주장하였으며, 그것은 곧 성서를 중심으로 한 신앙 형태로의 전환에 있었다. 당시만 해도 성서에 관한 정보는 교회가 독점하다시피 하고 있었다. 이에, 루터는 성서를 통해 하나님의 메시지를 직접 전달받아야 구원을 얻고, 하나님의 나라로 인도될 수 있다는 믿음을 가졌다. 이런 신앙적 자각과 전회가 기독교 신앙은 물론이고 사회, 문화, 교육, 제도 등 거의 모든 방면에서 개혁의 바람을 일으켰다. 오늘날과 같은 학교 제도의 대의적 이념이라는 것이 루터의 절실한 종교적 신앙과 구원의 필요성에서 발단되었다는 것은 주목할 일이다. 간접적 방법이 아니고, 직접 하나님의 말씀을 접하기 위해서는 각자가 성서를 읽고 쓸 줄 알아야 하므로, 능력을 갖출 수 있도록 가르치고 배울 필요성을 인식하였다. 그것도 되도록 많은 영혼을 위하여…… 이것이 곧 학교의 근본 과제이다. 하나님은 말씀으로 인간을 교육하며, 그를 통해 인간을 구원하고자 한다.22) 성서를 신앙의 근간으로 하여, "모든 크리스천이 성서를 읽게 되어야 한다는 강한 주장과 불멸의 공헌인 독일어 성서 해석으로 대중들이 글을 읽고 쓸 수 있게 되었고, 국가는 학교가 맡은 대의를 위해 의식적인 후원을 하게 되었다."23) 학교 설

---

21) 『교육 철학』, 김정환 저, 앞의 책, p.49.
22) 『루터의 사상』, 앞의 책, p.145.

립과 유지는 더는 교회의 임무가 아니고 세속 정부의 책임이라고 하였는데, 이것은 루터가 교육에 대한 국가의 책임을 처음으로 역설한 것이다.[24]

> "모든 도시와 마을에 되도록 우수한 초등학교를 세우도록 하여 거기서 우선 고등교육(대학)을 받을 만한 자격자를 얻도록 하고, 한 걸음 더 나아가서는 귀하의 나라와 국민을 보조할 수 있는 지도자감을 택하도록 하는 것이 좋을 줄로 생각합니다."[25]

루터는 집권자와 부모들에게 아동 교육을 등한시하는 것은 저주를 받을 만한 죄라고 경고하고, 동시에 부모들에게 자녀를 충실히 훈육하라고 권고하였다. 그래서 의무적인 학교 출석 제도를 창도(唱導)한 최초의 교육 개혁자로 인정받는다.

> "만일 의무 교육을 할 수 있는 능력을 갖춘 도시나 마을이 있다면, 귀하는 학교와 설교할 장소 설립 및 교구들을 후원하도록 그들을 강요할 권한을 가지고 있습니다."[26]

지금처럼 학교가 보편화한 공교육으로 제도화된 계기가 루터의 종교적 신앙과 구원관으로부터 발단된 사실을 안다면, 교육이 결코 하나님의 보편적 구원 목적과 무관할 수 없고, 지금은 감추어진 학교란 공교육 제도의 확대 역사 역시 하나님의 구원 목적을 달성하고자 한 섭리 뜻과 연관되어 있다. 이것을 이 연구가 때가 되어

---

23) 위의 책, pp. 81~82.
24) 『서양 교육 사상사』, 앞의 책, p.204.
25) 1529년 7월 19일에 기록한 말.-『루터의 사상』, 앞의 책, p.218.
26) Smith, Ⅱ, p.384.-위의 책, pp. 218~219.

"**학교 제도 혁신안**"을 통해 본격적으로 표면화하고자 한다. 위대한 제도는 항상 위대한 이념의 제창이 우선하는 것이다. 후에 등장한 코메니우스(1592~1670)는 루터의 교육이념을 이어 "학교 교육의 방법을 혁신하고 이를 비약화, 능률화할 필요성을 느껴 모든 사람에게, 특히 공통으로 직업적인 분화 이전의 교육 내용, 이른 바 일반교양[一般陶冶]을 준다는 근대적 보통교육 제도 이념을 역사상 최초로 선언하였다."[27] 그리하여 "루터파의 신교도인 고타 공국(독일의 소국)의 영주인 에른스트 공은 루터의 종교 교육 정신에 근거하여 당시의 선신적 교육학자 라트케(1571~1635)와 코메니우스 등의 사상을 받아들여 고타 공화국의 교육 제도를 입법화하였던 바, 이것이 1642년에 공표된 고타 교육령이다(전문 16장 435조). 4차에 걸쳐 개정되는 과정을 거쳤다. 주요 내용은 취학 의무제, 학급 편성, 학교관리, 교과과정, 교수법 등을 체계적으로 조직화했다. 본 교육령 49조의 아동의 취학 의무에 관한 법조 표현 중 모든 지역 아동, 모두 예외 없이 등과 같이 고타 공국의 교육을 통한 철저한 국민교화 사업 의지는 고타 공국이 유럽에서 가장 번창한 소공국이 되게 하였다. 고타 공국의 농부는 다른 어떤 나라의 귀족보다 더 많이 교육을 받았다고 말해질 정도였다. 고타 교육령과 함께 미국의 보스턴에서 공표된 매사추세츠 교육령도 근대적인 의미에 있어서 세계 최초의 의무 교육령인 바, 이곳에 정착한 청교도들은 켈빈주의에 근거하여 사람이 하나님으로부터 구원받기 위해서는 교육이 필요하다는 생각에서 교육 제일주의를 법적으로 표현했다."[28] 이 연구가 제시한 교육을 통한 하나님의 보편적 구원 목적과도 같다.

27) 『체계교육사』, 앞의 책, p.230.
28) 『교육의 역사 및 철학적 기초』, 앞의 책, pp. 116~117.

뜻을 보다 구체적으로 실행할 길을 모색한 것이다. 하나님은 교육이 가진 진리력으로 타락한 인간 본성을 회복하고, 삭막한 영혼에 생명력을 불어넣어, 만백성을 구원하고자 하나니, 그런 목적을 이루기 위해 학교라는 제도를 보편화해 영혼을 일깨우고자 하였다. 한 영혼도 놓치지 않고 가르치고 깨우쳐 하나님의 거룩한 백성으로 삼고자 한 뜻을 펼쳐진 교육적 이념과 학교 제도 법령화 동기를 통해 확인할 수 있다. 이처럼 인류 역사가 추진된 교육의 섭리 내력을 깊게 통찰해야 앞으로 추진할 **"학교 제도 혁신안"**을 통해 더욱 실질적인 구원 목적, 곧 교육을 통한 보편적인 구원 섭리를 완수할 수 있다.

하지만 현재 시행되고 있는 교육 제도를 돌아보면 발단된 인간 구원 목적 취지를 끝까지 이어가지 못하고 있고, 오히려 망각하거나 크게 변경한 지경에 이르렀다. 이것 역시 본의가 드러나지 못한 선천에서의 학교 제도가 지닌 한계성이다. 혁신안이 필요한 당위 이유이다. 무엇이 문제인가? 루터는 신앙상의 구원 목적으로 학교 설립의 필요성을 역설하였고, 코메니우스는 "세상에 태어난 모든 사람이 자유롭고 보편적인 교육 제도와 환경 아래서 종합적인 지식을 터득함으로써 궁극적으로 善하게 될 수 있다고 한 기독교적 신앙과 가치관을 발전시켰지만",[29] 그런 지향 영역은 그야말로 성경과 기독교 신앙 안에 국한한 것이다. 이것이 하나님의 구원 섭리를 보편적으로 확대하지 못하고 학교의 제도적 역할이 하나님의 창조 목적 실현과 거리가 멀어진 원인이다. 처음 동기로서는 일정한 시기까지 교육 기회가 확대된 선 기능적 역할을 다했지만, 문제는 그

---

29) 「코메니우스의 교육 사상에 관한 연구」, 박연경 저, 연세대학교 교육대학원 종교 교육, 석사, 2000, p.국문 요약.

렇게 한 동기와 목적이 기독교 신앙을 전파해서 인간을 구원하고자
하는 데 두다 보니, 정작 기독교 문화와 신앙 영역을 벗어난 지점
에 도달해서는 더는 하나님의 구원 섭리가 미칠 수 없게 되고 말았
다. 학교 제도를 통해 보편적인 구원 목적을 확대하기 위해서는 반
드시 극복해야 할 과제인 기독교 진리를 보편화해야 하는데, 국한
된 한계선을 넘어서지 못한 것이다. 그러니까 지구의 인력권을 벗
어나면서 추진체는 분리되고 인공위성만 지구 궤도를 도는 것처럼,
학교 제도는 정착되었지만, 본래의 구원 섭리가 더는 확대되지 못
하고 단절되어 버렸다. 루터는 거듭 강조하길, "하나님을 아는 모든
지식은 그리스도로부터 나와야 하며, 특히 십자가의 수난과 죽음에
서 나와야 한다. 그리스도 안에서 소유한 하나님에 관한 지식은 성
서 가운데 나타나 있고 또한, 복음 가운데 선포되어 있다. 그래서
그리스도를 안다는 것은 세상에 있는 어떤 다른 일을 아는 것보다
중요한 것이다."30) 하나님을 알아야 하나님으로부터 구원받을 수
있는 길을 앎에, 하나님을 아는 방법으로서 성서를 알고, 선포된 복
음을 알기 위해서는 그것을 알 수 있도록 하는 교육이 우선이다.
그렇게 해서 오늘날에는 성서를 읽고 복음을 알 수 있는 교육 제도
가 정착하였다면? 다음에는 기독교 교리와 그것을 뒷받침한 진리성
을 보편화해야 했다. 하지만 선천 종교인 기독교는 그리스도와 교
회만을 통해 구원할 수 있다는 신앙을 고수하여 보편적인 구원 섭
리의 길을 스스로 막아버렸다. 이처럼 꽉 막힌 학교 교육 본래의
구원 목적 취지를 회복하기 위해서는 창조 본의에 따라 기독교를
포함한 제반 종교 진리 영역과 자연 진리, 과학 진리, 인생 진리에

---

30) 『루터의 사상』, 앞의 책, pp. 160~161.

대한 경계와 구분까지 없애야 한다. **진리 영역을 총망라하여, 그것이 하나님과 연관한 창조 진리이고, 창조 본성을 뒷받침한 진리라는 것을 깨닫게 해야 한다.** 여기에 하나님이 일찍이 길의 추구 과정에서 진리 통합이란 섭리 역정을 걷게 한 진의가 드러난다. 그것은 하나님이 구분 없는 진리와 신앙과 말씀을 통해[萬敎] 만 영혼을 빠짐없이 구원하기 위해서였다. 이런 본의에 근거할 때, 선천의 어떤 영역도 보편적인 구원 목적을 수행하지 못했지만, 학교만큼은 모든 영역과 세계에 대해 가르침의 문을 개방함으로써 존엄한 하나님의 구원 목적을 앞장 서 실행해야 한다. "인간 교육은 특정한 부분만 일방적으로 교육하는 것이 아니고, 삶 전체를 포괄하는 내용으로 구성되게 해야 한다"[31]라고 한 코메니우스의 교육이념을 보다 구체화해야 한다. 학교라는 교육 제도의 필요성은 보편적으로 개관되었지만, 적용하는 과정에서 특별한 목적과 요구에 따라 교육적 수혜가 특별한 대상에게로 국한시켰다. 그렇지만 이제는 모든 진리 영역을 통해 하나님에게로 이르는 길을 마련해야 함에, 그것을 학교가 교실 문을 활짝 개방할 수 있는 제도적 혁신안을 마련해야 한다.

그러기 위해서는 먼저 학교가 진리, 학문, 신앙, 인생을 종합적으로 연계한 교육 과정 구성 시스템을 마련해야 한다. 소정의 가르침을 받고 배움을 축적하면 미래에 어떤 모습과 인간으로 변모하여 목적을 이룰 수 있는가를 예측하고 기대할 수 있게 해야 한다. 이전에는 그런 길이 막혀 있었다. 학생들이 기본적으로 알아야 할 공통 과제란 핑계로 진리 세계를 획일적으로 가르쳤고, 입시라는 제

---

31) 위의 논문, p.29.

도로 길을 선택적으로 제한함으로써 그 이상의 길을 내다보고 기대할 수 없게 하였다. "명문 대학과 명문 학과는 당사자가 아닌 학부모가 더 바란 간절한 소원이 되었고, 자격시험이 아니고 경쟁이 치열한 선발 시험이다 보니, 입시지옥이란 말까지 생겨났다. 전인 교육 프로그램이 없어서가 아니다. 입시 위주란 교육 풍토에 물들지 않을 수 없도록"[32] 교육 영역을 한정하고 특정화하여 본래의 구원 목적 이념과 다르게 기형화되었다. 블랙홀이 모든 것을 삼켜버리는 것처럼, 당면한 입시 관문이 만 진리를 자유롭게 접할 수 없게 가로막았다. 이것은 반드시 벗어나야 한다. 족쇄를 끊어야 자유를 얻는다. 학교는 통합적 가치를 추구하고 자유롭게 진리를 가르쳐, 그를 통해 고결한 인격을 창조하는 도장이 되어야 하는데, 그런 역할을 무색하게 하였다. 학교가 지식이 아닌 인격을 육성한다는 것은 쉽게 생각할 일이 아니다. 현재 학교의 제도적 시스템 전반을 개혁해야 한다. 그 구체적인 **"학교 제도 혁신안"**이란?

역사를 돌이켜 보면 오늘날 정착된 대학이란 제도는 직접적으로는 중세 유럽의 도시에서 자생한 일종의 조합적 자치 조직이었다. 11세기에 유럽 사회를 풍미한 조합 운동(guild)은 하나의 파동에서 대학이 발흥한 것이다. 배우려는 학생과 가르치려는 교수들이 모여서 동업 조합, 혹은 학교 조합을 형성했다.[33] 이처럼 학교란 제도는 대학이 생기게 된 본래의 운동 목적과 조직한 의도처럼, 새로운 교육이념과 목적과 필요성에 따라 재설립하고 재조직, 재구성해야 한다. 이런 측면에서 지금 시행하고 있는 의무 교육과 공통 교육 이수 체제는 지양해야 한다. 그야말로 배우려는 목적을 가진 학생

---

32) 『오늘의 철학적 인간학』, 진교훈 외 공저, 경문사, 1997, p.4.
33) 『교육사 교육 철학 연구』, 앞의 책, p.85.

과 가르치려는 선생님이 의기투합해 교육 과제를 제시하고, 인생의 추구 과제를 해결해 나가야 하는데, 현 학교 체제는 이런 필요 요구와 목적 추구의 자유와는 거리가 멀다. 그러니까 배움의 목적과 학교에 다니는 이유도 모른 채 시계추처럼 집과 학교를 기계적으로 왔다 갔다 하는 학생들이 태반이다. 물론 학교란 제도적 틀 자체는 국가가 보장하고 지원해야 한다. 그러나 학교의 설립 목적과 과정의 조직은 진리와 인생 목적과 가치성에 따라 자유롭게 추구할 수 있도록 해야 한다. **학교는 모든 사람에게 모든 것을 가르칠 의무가 있고, 모든 사람은 학교에서 모든 진리 가치를 배울 권리가 있다.**[34] 그리해야 본래 목적인 모든 인류를 하나님에게로 인도할 보편적인 구원 사명을 학교가 수행할 수 있다. 보편적인 구원 기반을 마련하기 위해서는 학교 제도와 의무 교육 체제가 재조정되어야 한다. 진리를 자유롭게 가르치고 배울 수 있는 학교 제도의 보편화를 통해 보편적인 구원 역사의 기반이 현실화한다. 그런 목적 추구 형태를 띤 학교 조직들이 과거에도 없었던 것은 아니다.

"플라톤은 탁월한 사상가로서 아카데미아를 세웠고, 공자는 삼천 제자의 행단을 꾸려 교육적 정열을 불태웠으며, 도산서원은 퇴계 이황 선생의 가르침을 배우기 위해 모여든 학생들에 의해 형성된 교육 기관이다."[35] 그리고 "신라의 진흥왕 때는 젊은이를 교육하는 것이 나라를 부강하게 하는 데 가장 좋은 방법이라고 믿고, 지적·도덕적·신체적 발달로 구성된 화랑도 교육을 확립하였다. 당시에 저명했던 원광법사의 세속오계로부터 영향을 받은 화랑도 교육은 인격 발달과 도덕성 함양을 중요시했다."[36] 물론 시대적인 여건상

---

34) 『체계교육사』, 앞의 책, p.229.
35) 『도올의 교육입국론』, 앞의 책, p.62.

일반화된 교육 체제는 아니지만, 교육적 정신만큼은 목적이 뚜렷하였고, 가르침과 배움 목적이 합치된 자들의 수행과 추구와 이룸을 위한 역할 기관이었다. 그리고 목적적인 조직 중에서도 결성을 가능하게 한 중심은 사상과 덕망과 지혜를 갖춘 스승이 존재해서이다. 요즘 학교 현장에서 학생 중심, 배움 중심 운운하는 것은 이해하기가 어렵다. 시대를 불문하고 공교육 체제에서도 교사가 스승으로서의 권위를 확보하지 못하면 참다운 교육이 이루어질 수 없다.37) 그런데도 지금은 국어 선생, 수학 선생이란 지칭은 있어도 퇴계 이황 선생, 율곡 이이 선생, 도산 안창호 선생 같은 스승 특유의 사상과 인격을 대표하는 호칭은 없다. 공교육이 스승으로서 갖추어야 할 교육적, 인생적 추구 목적과 가치를 매몰시키고 기성복처럼 일반화해 버렸다. 고쳐야 함에, 교육은 가르치는 교사가 스승으로서의 합당한 사상과 인격과 교육 목적을 추구할 수 있도록 제도적으로 뒷받침하고, 그렇게 해서 육성된 스승을 중심으로 자유롭고 창의적인 학교 설립과 "가르침의 교실 문"을 열 수 있게 해야 한다. 그러기 위해서는 교사 자격을 부여하는 교육 제도를 전면 개편해서 창조 본의에 따라서 소명을 받드는 구원의 사도를 육성할 수 있어야 한다. 루터는 한때 신념에 찬 만인제사장직(萬人祭司長織)을 제기한 바 있다. 그렇게 자격을 갖추기 위해서는 먼저 만 진리를 수용하는 교육 체제를 갖추고, 그렇게 목적과 가치를 추구하고 닦을 수 있는 소정의 과정을 마련해야 한다. 학교라는 일률적인 시스템이 아닌, 사명 목적을 수행하는 스승 중심의 교육 시스템이 그것이다. 스승 중심으로 특정한 교육 목적을 표방한 교실 문을 열

---

36) 「불교와 체육」, 김영환 저, p.137.
37) 『도올의 교육입국론』, 앞의 책, p.62.

고, 그것을 중심으로 만인을 구원하는 만인제사장 직분을 수행할 자격자를 육성하며, 그런 소명과 직분을 가진 가르침의 교실을 통해서 만 영혼을 빠짐없이 하나님에게로 인도할 수 있는 보편적인 구원의 길을 열어야 한다. 이런 제도적 시스템을 통해 만 스승이 그야말로 제사장 반열에 오를 수 있다. 그런 목적으로 삶의 가치를 집중시킨다면 구원되지 못할 자가 한 사람도 없다. 제사장적 직분과 소명 의식과 수련 과정을 거쳐 자격을 갖춘 스승 그룹이 학교를 설립해서 목적을 분명히 한 가르침의 교실 문을 개설하고, 이들을 위해 국가와 지방 자치단체들이 재정적, 행정적 지원을 아끼지 않아야 한다. 가르치고자 하는 교육 목적과 과정 구성도 그렇지만, 가르침의 방법과 형태도 일률적인 것은 없다. 스승이 의도하고 거한 곳에서는 어디서나 가르침의 교실 문이 열리고, 그곳에 스승의 가르침을 받들고자 하는 학생들이 모여든다면 학교 설립의 조건은 충족된다. 인류의 성현들은 어떤 조건 속에서도 때와 장소를 가리지 않고 스승이란 권위만으로도 가르침의 교실 문을 열었다.

소크라테스는 거리에 나서서 아테네 시민의 무지를 일깨우고자 하였고, 공자는 생활의 대화 속에서 제자를 직접 가르쳤으며, 감명 깊은 예수그리스도는 제자와 구름처럼 운집한 무리를 보고 산에 올라가 앉아 입을 열어 가르쳤다(산상수훈). 인도에 태어나 정각을 이룬 부처는 영취산(靈鷲山)에 거하면서 『법화경』, 『보적경』, 『대집경』, 『허공장경』 등 대승 경전에 속하는 많은 경전을 설하였는데, 法이 설하여질 때마다 천지의 생령들이 놀라서 심취하고 감동해 마지않았다.[38] 하나님은 어디에도 계시고 그 누구, 그 무엇을 통해서도

---

38) 영취산은 석가모니 부처가 설법한 산이다. 『법화경』에 그 장면이 묘사됨.-다음 백과, 영취산.

말씀하고 계시하며 깨닫게 할 수 있으므로, 특정 신앙과 기관과 인물을 통해서만 개방되었던 선천의 한정적인 가르침 문은 폐쇄해야 하는 것이 마땅하다. 그리고 이후부터는 정말 때와 장소를 가리지 않고 하나님의 창조 진리와 본의 말씀을 대언하고 가르칠 수 있어야 하므로, 그 역할을 제기한 **"학교 제도 혁신안"**을 통해 실행해야 한다. 보편적인 구원의 교실 문을 어디서 누구나 뜻을 가진 자들이 열 수 있도록 이 연구가 만 경계를 허물고 창조 진리와 본의에 입각한 교육이념을 제기하였다. 과거의 신앙 체제와 학교 제도는 오히려 진리와 인간 영혼과 구원 문을 옥죄었다. "진리를 알지니 진리가 너희를 자유롭게 하리라(요, 8: 32)"란 진의를 깨달아야 했다. 자유로운 가르침과 자유로운 배움으로 진리를 추구해야 진리가 정말 만 영혼을 온갖 억압으로부터 해방하는 영적 자유를 선물하리라. 자유롭게 진리를 추구해야 진리가 만인에게 제한 없는 구원의 문으로 인도할 수 있다. 인생과 교육은 요행을 담보할 수 없다. 진리를 담보했을 때, 진리가 정말 인류 모두를 자유롭게 하리라.

제14장 민족 교육(민족 교육 이념)

　민족을 위한 교육과 국가적 목적을 위한 교육에는 차이가 있다. 세계에는 다양한 민족으로 구성된 국가도 있고, 단일 민족이라도 국경을 넘나든 다양한 국적을 가질 수 있다. 그래서 이 연구는 민족 전체를 아우르는 교육적 공동체를 일컬어 **"민족 교육"**으로 지칭하고자 한다. 우리나라의 경우 5천 년 이상의 세월을 한 핏줄로서 이어온 운명공동체란 사실을 자부하는 만큼, 민족 교육=국민 교육=백성 교육이라고 보아도 큰 무리가 없다. 민족 교육의 현안점을 지적해서 미래 역사에서 인류 공영에 이바지하는 민족으로 부상하도록 하기 위해서는 한민족이 쌓아온 역사와 전통문화의 바탕 위에서 장대한 민족혼을 일깨우고 고무해야 할 필요가 있다. 그런 교육적 대상의 초점이 한민족에게 있는 탓에, 국가 목적의 학교 교육과 구분된다. 나라의 역사를 배우고 전통문화를 체험하며 애국심을 고취하는 등, 자라나는 학생에게 순차적으로 민족 교육을 고취할 수는 있겠지만, 그것은 일부 방편일 뿐이고, 민족 교육은 민족의 역사와 얼의 정통성을 확립하고 계승해서 민족 전체가 나아갈 역사적 방향을 지침할 교육적인 측면에서의 일관성과 주체성을 세우는 것이 중요하다. 이런 과제를 안고 있는 **"민족 교육"**은 어떻게 이루어지고 있고, 또 어떻게 해야 하는가? 민족 교육의 필요성에 대해서는 이 땅의 선각자들이 각성한 바 있다.

조선 말의 개화사상가인 "구당(矩堂) 유길준(1856~1914)은, 국민 교육의 시행과 관련하여 국어의 중요성을 주장하였다. 그는 국어로 교육을 하여야 아동들이 공부하는 데 쉽고 국가 정신, 애국심을 양성할 수 있다고 믿었다. 국권 신장과 민권 신장은 국민 교육의 실현 위에 있어, 교육은 국가의 중차대한 사업이란 기본적인 인식을 뒀다."[1] 일제 강점기의 학자이자 교육자인 백암(白巖) 박은식 (1859~1925)은, "민족적인 위기를 극복하는 방법으로 교육이 급선무라고 보고, 모든 활동 중에서 교육 활동이 우선시되어야 한다고 시종일관 주장한 애국 계몽 운동가이다."[2] 그리고 독립운동에 일생을 바쳐 널리 알려진 도산(島山) 안창호(1878~1938) 선생도 "그의 독립방략은 군사보다도, 또한 경제보다도 가장 확실한 독립의 길로서, '교육'에 주력하는 데 있다고 보았다. 정말 교육을 소홀히 하면 다음 세대에 가서는 선진국 자리를 계속 유지할 수 없게 되고, 반대로 아무리 후진국이라도 교육에 주력하고 높은 수준의 국민 교육을 실행하면 마침내 선진국이 되고 마는 사례는 이미 세계의 여러 나라가 증명하였다."[3] 이런 선각의 교육적인 씨 뿌림 노력이 있어 해방을 맞이하고 6.25란 동족상잔의 비극 역사를 겪으면서도 1960년대 이후부터는 경제적으로 고도성장을 이룩하는 교육의 힘을 확인할 수 있었다. 하지만 정치적 혼란은 계속 이어졌고, 사회는 인간 소외와 인간성 상실 현상이 더해져 심각한 우려를 나타내었다. 국가적 목표라는 것이 단지 경제적으로 대국을 이루고, 과학 기술적인 측면에서 선진국으로 진입하는 것만이 전부는 아닐진대, 지금의

---

1) 『유길준』, 윤병희 저, 문화관광부, 2003년 12월의 문화 인물, p.40
2) 『박은식의 민족 교육 사상』, 앞의 책, pp. 12~13.
3) 『교사의 철학』, 한기언 저, 양서원, 1994, p.294.

대한민국이라는 나라가 정신적, 문화적, 인류 공영이란 대의적 측면에서 민족적으로 중흥할 계기를 이루지 못하는 원인 중 하나는 국가적 입장과 관점에서는 국민 교육이 이루어지고 있지만, 민족적인 관점에서의 교육적 접근과 대책을 마련하지 못하고 있어서이다.

국가적 관점에서 국민 교육을 주도하고자 한 사례로서는 플라톤의 사상을 들 수 있다. "인간은 원래부터 소질을 달리하고 태어났다는 인간관을 가지고, 국가는 소질을 달리한 국민을 달리 교육하고 양성해서 대다수를 차지하는 생산계급(철, 동), 그 중간을 차지한 치안 계급(은), 그리고 아주 적지만 금의 성질을 가져 국가의 수호자(철인)가 되어야 마땅한 사람들을 구분해서, 그들이 각자 계급적 분수를 지키고, 부여된 의무를 다할 때 국가적 정의와 조화가 실현되는 이상 국가를 이룰 수 있다"[4]라고 주장하였다. 이런 국가 주도적 교육 목적 접근은 국가의 흥망성쇠와 함께 한시적일 수밖에 없지만, 민족적 접근은 더욱 영원한 것이다. 국가는 사라져도 민족적 정신은 때가 되면 부활할 수 있다. 현대 역사에서는 이스라엘 민족의 신앙공동체가 그러하듯, 고대 역사에서의 그리스는 "헬레네스(Hellence)로서 동포 의식을 기른 탓에 민족적 대변란인 페르시아 전쟁(B.C. 499~B.C. 479) 때 대동단결하여 이겼고, 또 범그리스적 축제인 올림피아 경기를 열어 동포 의식을 고양하고, 민족적인 단결을 기도한 것은 주목할 만하다."[5]

민족적인 측면에서 **"민족 교육"**을 실행할 수 있어야 하는데, 당장 부딪히는 것은 민족 교육을 무엇에 근거해서 할 것인가 하는 이념과, 지향할 방향을 설정하는 문제이다. 그래서 현재 우리나라의

---

4) 『교육 철학』, 김정환 저, 앞의 책, p.54.
5) 『교육의 역사 및 철학적 기초』, 앞의 책, p.26.

교육적 실태를 살펴보면, 한민족의 유구한 문화 전통과 정신 맥이 계승되어 있어야 하는데 단절되어 있고, 더욱 큰 문제는 남의 교육 제도, 남이 지어 놓은 교육 철학 옷을 입고 있으면서도 잘못을 자각하고 있지 못한 데 있다. 물론 국권을 상실한 뼈아픈 역사가 안긴 결과이기는 하겠지만, 늦었더라도 다시 정립하고자 하는 노력이 있어야 했다. 민족혼의 정통성을 확립하는 것은 시기의 늦음을 탓할 것이 아니다. 언젠가는 자각해야 한다. 우리나라는 5천 년 이상의 역사를 자랑하고 있듯, 왕조 체제에서 백성들을 가르친 교육적 전통과 기관들이 엄존했다. 그런데 "성균관, 사학(四學), 서원, 향교, 서당으로 이어진 교육적 기능이 1894년 갑오경장으로 과거제도가 폐지되자 마비되었다."6) 그리고 "개항 이래 조선 말기에 이르러 물밀듯 밀려든 서구 사상은 우리의 문물제도와 사고방식을 바꿔놓았다."7) 한마디로 타의에 의한 교육 제도의 강제 이식 역사이다. 전통적인 교육 기관의 기능 상실 자리를 메우기 위해 원산학사(元山學舍)와 육영공원(育英公園) 같은 근대적 학교를 설립하여 개화자강(開化自强) 이념을 실현하고자 했지만, 역부족이었다. 그리하여 "현재 우리가 실행하는 교육 제도, 교육 방법, 그리고 교육과 관련된 이론과 명칭들은 대부분 일제 식민 통치를 받으면서 일본에 의해 만들어졌고, 해방 후 미 군정을 거치면서 미국에 의해 완성되었다. 한국의 교육적 전통에 대해 제대로 된 성찰조차 해보지 못한 채 외국의 교육 사조에 휩쓸렸다."8) 본인이 사범대학에서 교육학을 배운 1980년대 초반만 해도 교수들은 온통 번역물을 교재로 사용

---

6) 『소파 방정환의 아동교육 운동과 사상』, 앞의 책, p.7.
7) 『교육의 이해』, 앞의 책, p.167.
8) 「노자에서 본 무위자연의 교육 사상」, 박상욱 저, 강릉원주대학교 교육대학원, 윤리교육, 석사, 2009, p.3.

한 사실을 기억한다. "교육계를 보면 대부분 서구 교육 이론의 도입과 적용으로 현장 교육이 이루어지고 있는데",9) 이런 조건이 지금이라고 해서 크게 달라진 것은 없다. "대학은 외국의 학문과 학설의 대리점 역할을 독점하고 있다고 해도 과언이 아니다. 교수들은 서양에서 이미 다룬 학문을 수입하는 하청업자 역할을 하기에 바쁜 실정이다."10) 더욱 "안타까운 것은 지속해서 외국에서 새로운 이론을 배워서 그것을 우리의 교육 현실을 개혁하려고 하는 자세이다."11) 지금부터라도 시작만 하면 늦을 것이 없을 텐데, 정권과 장관이 바뀌면 심각한 퇴폐 상과 가치관의 혼란 상에 대해 본질적이고도 근본적인 부분은 손도 대지 못하고, 입시 제도 개혁과 자유학기제 도입 같은 지엽적인 문제들에만 개혁을 시도하고 있다. 아직도 민족 교육의 필요성과 중요성을 자각하지 못했다는 뜻이다.12)

인성 교육, 평생 교육 운운하기 전에 민족 고유의 역사적 전통 안에서 자생적인 교육이념과 철학과 지혜를 읽어야 한다. 교육이념이 고유의 민족혼과 맞지 않는데도 벗어던지고, 맞는 이념을 창출하려는 노력이 없다. "우리나라의 역사에서 뿌리박고 발전해 온 전통적 철학의 이념을 계승한 한국 교육 철학의 수립 노력이 긴요한 실정이다. 아테네에서는 플라톤, 노나라에서는 공자, 프랑스에서는 루소, 스위스에서는 페스탈로치, 독일에서는 피히테, 덴마크에서는 그룬트비히, 일본에서는 요시다 쇼인(吉田松陰)이 있었다. 이들은 모두 자기 나라, 자기 민족의 학문적 전통을 이어받아 자국, 자민족

---

9) 「율곡의 인간 교육론」, 앞의 논문, p.1.
10) 『학문과 교육(상)』, 앞의 책, p.132.
11) 『한국인 상의 탐구』, 앞의 책, p.87.
12) "오늘날 우리가 대하는 교육과 교육학의 여러 이념, 개념들, 형식들과 제도들, 과정들과 방법들은 모두 서양에서 들여와서 성장한 것임."-『고대 그리스의 교육 사상』, 앞의 책, p.머리말.

에 알맞은 그 시점에서의 바람직한 교육학을 구축해 작게는 자기 민족과 국가에, 크게는 인류 교육 발전에 이바지하였다. 그렇다면 우리나라에는 누가 있었는가? 퇴계, 율곡, 다산, 한서(남궁억), 도산 등등. 많은 학자, 교육실천가, 사상가들이 민족의 역사와 함께 호흡하였다."[13] 존재하지 않는 것이 아니고 오늘의 역사를 숨 쉬고 있는 지성들이 외국 사상에 혼을 빼앗겨 선각의 민족 교육이념을 일깨워 정립할 엄두를 내지 못한 것이다. 더욱 원대한 인류 공영성 지향과 창조 목적에 합당한 전통의 민족혼을 깨우쳐 한민족의 교육이념 창출이 만 민족을 하나님에게로 인도하는 길이 될 수 있게 해야 한다.

한민족은 그런 가능성의 자질 바탕을 선조들로부터 충분히 이어받았고, 일깨우기만 하면 민족이란 경계를 넘어 만민이란 세계에 진출할 수도 있다. 그런 교육 에너지를 한민족은 단군 할아버지가 제창한 "홍익인간(弘益人間)" 이념을 통하여 능히 생성할 수 있다. 홍익인간은 예사로운 이념이 아닌 천상의 계시인데, 후손들이 그 심원한 뜻을 깨닫지 못하고 믿지 못해 신념을 발휘하지 못한 것이다. 구체적인 실행 방안을 마련할 리 만무하다. 이념의 진의를 깨닫는 것이 급선무이다. "위대한 사업은 위대한 혼이 있고서야 되는 것이요, 위대한 혼은 위대한 교육이 아니고는 될 수 없다." 국적 없는 교육이념, 교육 이론, 교육 제도에 얽매여 민족 전체를 방황하게 해서는 안 된다. 뿌리 없는 국민, 근본을 모르는 민족을 양산하는 길을 더는 방치할 수 없다. 정부 수립 후에 교육법 제1조 1항의 원형이 된 홍익인간을 "조선 교육심의회"가 한민족이 지향해야 할 이

---

13) 『교육 철학』, 김정환 저, 앞의 책, p.141.

념적 지표로 결정했을 때는 여러모로 어려운 여건 속에서였던 만큼",14) 지금 이념의 실천 방안을 구체화하는 것은 우리들의 몫이다. 홍익인간이 담고 있는 공의적인 교육이념은 "널리 인간을 이롭게 한다"인 바, 그곳에는 인간 존중의 정신과 평등주의, 이타주의와 평화 애호 정신 등에 기초 되어 있다. 한민족 고유의 신념과 가치와 이상을 대변한다. 그런데도 교육 본래의 이념과 현재의 교육 실제 현상이 일치하지 못하는 것은, 현 역사를 호흡하고 있는 교육학자와 정책 입안자의 직무유기이다. 바라보아야 할 원대한 교육이념은 안중에도 없고, 교사·학부모·학생 할 것 없이 입시 관문만 쳐다보고 있다. 홍익인간은 단군 시대에만 적용된 국가 통치 이념일 수 없다. 시대와 국가와 민족을 초월하여 구현해야 할 보편적 이념이라는 데 대해서 민족적인 긍지와 자부심을 느껴야 한다. 그 이념에 대해 안호상 박사는 해석하길, "홍익인간은 하늘 사람[天人]이라 하고, 이 하늘 사람은 三德, 즉 대덕[仁], 大慧[智], 大力[勇]을 갖춘 인간이라고 했다."15) 하늘 사람은 곧 단군을 가리키는 것이며, 三德은 단군의 인격이다. 그러므로 인간을 널리 이롭게 한다는 것은 바로 三德을 갖추어 인자하고 슬기롭고 실천력이 강한 인간을 육성하는 것이다. 이 연구가 다시 해석하면, 홍익인간은 바로 하늘 지향과 聖人 지향 교육이념이다. 그리하여 三德, 즉 仁·智·勇을 교육을 통해 인격적으로 갖추면 단군, 곧 하늘 인간과 같은 사람, 하나님과 함께할 수 있는 사람이 된다는 뜻이다. 그런 三德을 갖춘 사람이 세상까지 널리 이롭게 할 가치를 추구하고 실행하지 않을 리

---

14) 『교육의 사회학적 이해』, 앞의 책, p.264.
15) 『박달, 동이 겨레의 문화와 역사』, 안호상 저, 배달문화연구원, 1962, p.312.- 『교육사 신강』, 앞의 책, p.16.

만무하다. 하나님의 보편적 구원 이념을 실행해서 하나님의 나라에 거할 天民, 곧 하나님의 백성이 된다는 뜻이다. 홍익인간이 전 인류의 이상과 맞물려 한민족에게 정신적 일체감을 부여함은 물론이고, 만 민족과 만 나라를 하나님의 품 안에서 하나 되게 할 수 있게 하는 장대한 교육이념이다. 건국이념을 교육이념으로 삼은 나라가 절대 흔하지 않은데도"16) 지난날은 이에 대한 이해가 빈약해서 급기야 1968년에는 "국민교육헌장"을 제정해 공표하게 되었다. 본인은 그 헌장을 초등학교 때 달달 외운 세대이고, 지금도 "우리는 민족중흥의 역사적 사명 띠고 이 땅에 태어났다"라고 기억하고 있지만, 정말 중요한 것은 홍익인간의 진의를 하나님의 창조 목적과 연관해서 깨닫는 것이다.

본의에 입각한 홍익인간 이념을 통하여 세계를 향한 민족 교육의 구체적인 방안을 마련하고 직접 추진하기 위해서는, 민족 고유의 정통적인 혼을 일깨울 수 있는 민족적 스승이 여기저기서 역사의 전면에 등장해야 하고, 그런 스승의 덕망과 교육적 사상과 인격적 가르침에 따라 민족 역사의 방향을 정하고, 세계사의 주역을 이룰 인물들을 육성해야 한다. 민족의 스승이 심혈을 기울이고 혼신을 바쳐 감당해 민족의식을 고취해야 한다. 요즘 세태를 보면 평론가, 패널, 대학교수들이 TV 시사 프로그램에 나와 정치와 사회 문제를 비판하거나 강의하는 모습은 보아도, 민족혼을 일깨우고 역사적 방향을 지침할 덕망과 사상과 인격을 겸비한 민족적 스승은 드물다. 국민을 일깨우는 사회적 스승이 없다. 독일에는 "독일 국민에게 고함"을 강의한 피히테란 민족적 스승이 있었고, 앞서 소개한 백암

---

16) 『교육의 목적과 난점』, 앞의 책, p.273.

박은식, 도산 안창호 선생 같은 스승이 활동하였으며, 이전 세대까지만 해도 함석헌, 일부 종교인, 그리고 안병욱, 김형석 같은 철학 전공 교수님들이 국민적인 의식을 일깨운 스승 역할을 담당하였다. 하지만 이제는 그런 분들을 접하기가 좀체 어렵다. 국민으로부터 신망을 받는 민족적 스승이 있어야 그분들의 사명적 노력으로 국민 정신이 일깨워지고, 민족혼이 일깨워지며, 민족 역사의 방향을 바르게 지침 받을 수 있다. 제도적인 학교 교육 체제 안에서는 답이 없다. 민족적인 스승들이 나타나 국민 교육을 주도해야, 그런 스승의 인격과 사상을 본받은 인물들이 육성되어 나라와 민족과 인류 역사가 홍익인간 이념을 실현하는 방향으로 추진될 수 있다. "오직 천하의 지성이라야 능히 천하의 대경을 경륜할 수 있고, 천하의 대본을 세울 수 있고, 천지의 화육을 알 수 있다."17) 천하의 至誠을 갖춘 인물이 있고, 그런 인물이 육성되어야 그런 인물이 천하의 큰 經을 經綸할 수 있고, 인류를 이롭게 해 구원할 大本, 大意, 치우침 없는 公義를 세울 수 있으며, 하늘과 땅의 化育을 도모할 수 있다. 하나님과 인간을 연결 짓고 소통하는 사역자로서, 天·地·人 합일 이상을 실현한다. 그런 인물과 "인재 육성이야말로 한민족이 다시는 외래 민족에게 지배받는 일이 없게 하는 확실한 길이기도 하다[常虞]."18) "민주주의 교육 원리인 협동성·평등성·자율성·진취성·준법정신, 그리고 사회와 국가에 대한 신뢰성 같은 긍정적인 내용을 학교 교육 과정에서 가르치고 실천하도록 할 수도 있다."19) 그러나 민족정신의 정통성을 계승하고 민족혼을 일깨우는 문제는 천

---

17) "唯天下至誠, 爲能經綸天下之大經, 立天下之大本, 知天地之化育."-『중용』, 32장.
18) 『교사의 철학』, 앞의 책, p.284.
19) 『공자 사상의 발견』, 윤사정 외 저, 민음사, 1992, p.371.

하를 경륜한 스승의 인격과 대의로서 뒷받침되어야 한다. 민족적인 스승에 의해서만 그 이상의 인격과 신념과 대의를 창출할 수 있다. 우리는 알아야 하나니, 인류 문명은 위대한 스승(성현)의 가르침이 있어 건설된 문명이란 사실을…… 그런 스승의 인물 육성 대상 중에서도 청소년은 국가를 위한 내일의 희망이고 빛이다. 그들 중에서 국가와 민족과 인류 역사를 주도할 수 있는 경륜자들이 배출된다.[20] 청년 자제는 장래 국가의 바탕이요 국민의 표준이 될 자이다. 민족의 앞날을 위한다면 이들의 정신 혼을 앞장 서 일깨워야 한다.[21] 한 국가가 지식 교육에 주력하면 노벨상 수상자가 줄을 잇게 되겠지만, 한 국가가 인물 교육, 인격 교육, 민족 교육에 주력하면 민족을 구원하고, 세계사를 주도하며, 하늘의 사명을 받드는, 인류의 공영성에 이바지할 거룩한 聖人들로 줄을 잇게 되리라.

---

20) 『루터의 사상』, 앞의 책, p.237.
21) 『사범 양성의 급무』, 「서우」, 제5호, p.88.- 『박은식의 민족 교육 사상』, 앞의 책, p.125.

제15장 영성 교육

　영성 문제는 교육 영역이 제대로 착안하지 못하였고 개척하지 못한 인간이 본유한 최고의 초월적 본성이다. 어느 모로 보나 지난날에는 영성의 작용 실체를 확인하지 못해 교육할 여건을 갖추지 못했지만, 이제는 때가 되었으므로 모든 면에서 활성화할 방법을 세워야 한다. 영성은 오랜 세월에 걸쳐 깊이 잠재되어 있은 만큼, 실존적 가치도 가늠하기 어려운데, 일단 영성은 영혼이란 자체의 존재성 여부와, 그를 통한 영생의 문제, 그리고 선현들이 추구한 수행적 삶과도 연관되어 있다. 영혼의 존재성과 영생의 가능성 문제는 현생의 삶을 어떻게 살아야 하느냐는 문제와 직결되어 있다. 이런 문제를 지난날에 확실하게 해결하지 못한 탓에 뭇 인간의 삶이 분열되어 있었다. 사후 삶도 지속하는 것이 맞는다면, 현생에서 추구하는 삶의 목적과 패턴도 사후 삶을 대비하는 쪽으로 바뀌어야 한다. 그런 삶의 추구 형태가 선천에서는 한 부분에 불과했다. 그런데도 그들은 어찌하여 현생의 삶을 아낌없이 바쳤던가? 그 이유는 오직 한 가지! 바친 것 이상으로 사후 삶이 가치적으로 보상되고 보장되리란 믿음 탓이다. 이것을 인류는 알아야 한다. 흔히 영혼은 육신과 함께하는데도 육신의 존재성만 인정한 쏠림 현상이 있었다. 플라톤은 그것을 분명하게 구분해서, "영혼은 인간의 이데아로서 신체보다 앞서 존재한 것으로 보고, 영혼의 존재 근거를 시사했다.

이성과 지혜와 진리 자체인 영혼이 물질적으로 불투명한 신체 속에 유폐되어 無明과 충동의 지배를 받게 되고, 그런 이유로 인간은 무지와 가상의 세계를 방황하게 되었다. 이 같은 삶의 어두운 조건을 벗어나기 위해 인간은 번뇌와 무지에서 벗어나 마음의 안정을 추구하고, 이성적인 사고로 참된 존재를 관조하는 것을 인생의 최고 이상으로 삼았다."[1] 다시 말해, 플라톤식으로 영성의 존재 근거를 추적한 것으로 현생의 삶을 어떻게 살아야 하고, 영성 개발과 영성 교육의 당위 이유를 밝혔다. 목적을 달성하고자 한 방법 면에서 플라톤은 이성을 앞세운 관념론자로서의 면모를 가지기는 하였지만, 주장한 참뜻은 신체 속에 유폐된 영혼과 영적 본성을 자각하고 회복해야 인간이 본유한 최고의 가치를 실현할 수 있다는 것이다. 이것이 사실이라면, 인류의 모든 수혜적 초점과 추구 목적은 지구 밖 우주 세계보다도 영적 삶의 세계를 개척하는 데 더 방점을 두어야 한다. 곧, 선현들이 몸 바쳐 구하고자 한 깨달음(정각)은 수행을 통해 영성을 최고조로 높인 초월적 본성 지각이고, 도달 경지이다. 그 정점에서 길을 가리킨 부처는 영적 본성의 최고 개발자이다. 나아가서는 하나님의 창조 본체와 일체 된 완전한 영성자이니, 하나님의 영적 의지와 교감해서 합일한 부처는 곧 하나님의 화신된 진리의 성령[法身]이다.

그런데도 선천에서는 누가, 어떻게 이 같은 본의를 알 수 있었겠는가? 세계관적 조건이 하나님으로부터 부여받은 존엄한 창조 본성이고 본유한 영적 본성인데도, 모두 내팽개쳐 버리고 깊은 곳에 파묻어 버렸다. 하나님은 언젠가는 "내 영을 만민에게 부어 주리

---

1) 『인간의 본질』, 앞의 책, p.23.

니……(욜, 2: 28)"라고 하였지만, 세상 역사는 뜻과 어긋나게 서양 문명은 神과 영성 문화를 버렸고(르네상스), 동양 문명은 초월(본체) 문명인 수행 문화를 버렸다(과학 문명으로 대체). 근본적인 이유는 선천이 지닌 세계관적 한계상 인간이 가진 영적인 초월 본성 가치를 종교 영역이 그나마 떠맡아 일구고 지켜 명맥을 유지했다고 할 수 있지만, 알고 보면 그런 근본적인 역할과 임무를 제대로 완수하지 못했다. 교회를 통한 종교 교육이 거의 유일하였던 중세 시대에 세속 권력까지 장악한 가톨릭교회는 神에 대한 경건한 신앙심을 길러 천국에서 영생할 것을 신조로 삼았지만,[2] 실질적인 작용 실체인 영적 본성을 얼마나 계발하는 교육을 하였던가? 신앙과 믿음만 강조하였을 뿐, 마음 작용과 직결된 영적 본성을 계발하려는 교육적 노력은 없었다. 이것은 오늘날의 기독교가 복음으로 인류 영혼의 보편적 구원 역사를 확대하지 못한 원인 중 하나이다. 불교란 종교도 동양에서 수행 문화를 주도하였지만, 정작 중요한 영성적 본성을 표면화하고 초월적 작용을 객관적으로 원리화하지는 못했다. 선천이 지닌 세계관적 조건은 다른 영역에도 적용된다. 철학 영역은 인간의 영적 본성을 관념적으로 접근한 관계로 靈이란 관념이 물질적 존재와는 전혀 다른 이질적인 정신적 실재로서 공상적이고 이해하기 어렵다는 쪽으로 결론을 내렸다. 靈을 관념적으로 접근한 것은 그 자체가 잘못이다. 영적 본성은 지극한 본질성의 반영 상태이다. 본질에서 접근해야 했다는 뜻이다. 이성을 최고의 정신 작용 가치로 보아(서양) 보다 차원적인 영적 실존성을 인식하지 못한 것이 문제이다. 인간의 문제, 진리의 문제, 세계의 문제를 이성

---

2) 『교육의 역사 및 철학적 기초』, 앞의 책, p.73.

을 통해서 해결하고자 하였다. 헤겔은 『정신 현상학』에서, "자기의식의 경험 결과는 보편적 자기의식이었다. 이 보편적 자기의식을 바로 이성"[3])으로 규정하였다. 이성을 일컬어 보편적 자기의식이라고 하였지만, 그렇게 단정한 만큼이나 세계와 진리와 본성을 이성이 지배하는 영역만으로 한정했다. 결코, 보편적이지 않다. 그 이상을 초월한 영적 영역이 엄존했다. 루소는 『에밀』 4부에서, "도덕성의 원초적인 힘으로서 그것 없이는 맹목적일 수밖에 없다고 하였는데, 여기서 그것은 곧 양심이다. 루소는 이성만으로는 인간의 도덕적 회복이 불가능하고, 이성은 선의를 바탕으로 한 양심에 의해 인도되어야 한다"[4])라고 하였다. 그러나 이성 아닌 양심에 의존해서도 소기의 목적은 달성하기 어렵다. 본성을 이상적인 방향으로 이끌기 위해서는 인간에게 내재한 그 이상의 작용 본성, 곧 영적인 실존 가치를 실인해서 추구해야 했다. 이처럼 답보된 "현대 인류의 종말 문명이 인간의 영성에 의존하지 않는다면 더는 진보할 수 없다. 그렇다고 타개 역할을 신앙과 종교적 체험에만 떠맡겨 미래 역사가 희망적이기를 기대하기는 어렵다."[5]) 기대할 수 없는 결과적 정보를 이미 지난 역사를 통해 확인시켰다. 영성 계발의 한정된 한계선을 넘어서지 못했다.

선천은 정체될 수밖에 없도록 이성을 통해 지성을 계발한 역사였다면, 문명 역사의 전환점을 이룬 후천에서는 수행을 통해 제3의 문명 체제인 영성 문명 시대를 열어야 한다. 이것이 이성이 지배적인 종말적 한계를 극복하고, 인류 영혼이 무한 자유를 획득할 초월

---

3) 『헤겔의 정신 현상학』, 강순전 글, 김양수 그림, 한국철학사상연구회 기획, 삼성출판사, 2007, p.83.
4) 『루소의 교육론 에밀』, 앞의 책, p.22.
5) 『지혜로운 부모가 행복한 아이를 만든다』, 박경애 저, 오늘의 책, 2001, p.139.

문명 체제로 진입하는 길이다. 그 전적인 역할을 교육이 온전히 감당할 수 있어야 한다. 교육 영역이 앞장 서 지식 일변도 패러다임을 깨고, 영적인 본성 가치를 일굴 방도를 모색해야 한다.6) 영성 영역은 세계적으로도 미개척 분야인 것이 확실한 만큼, 지향해야 할 교육 목적과 사명의 필연성을 확인하고 적극적으로 대처해야 한다. 영적 본성을 계발해서 내세관을 대비할 수 있는 가치 교육을 시행하고, 본성 가운데서도 영적 본성의 근거를 밝혀 확실하게 자리매김해야 한다. "인간은 영적(靈=spir)인 요인과 지적(智=mind)인 요인과 육적(肉=body)인 요인으로 구성된 바, 이들 요인을 조화롭게 발달시켜야 한다."7) 코메니우스는 "인간 교육의 내용을 지성, 덕성, 경건(영성)에 두었고, 영성 교육의 이유로서 인간은 영혼을 가지고 있는 영적 존재이고, 정신적 존재이므로, 神이나 궁극적 실재를 알고 교제하고 소통하기 위해서라고 하였다."8) 하지만 각성은 했더라도 교육적인 면에서는 기대한 만큼 본질적이지 못했고, 근거도 밝히지 못했다. 영성을 논거하기 위해서는 복잡한 입증 절차를 거쳐야 했다. 그것이 무엇인가? 인간은 창조된 본성에 근거한 관계로 化된 정신적, 육적 요소와 함께 본질적인 영적 요소를 함께 본유한 상태로 존재를 구성하고 있다. 그중 영적 요소는 지극히 차원적이다. 마치 금속의 제련 과정처럼, 닦아야만 영성이 두드러져 이성의 감지 세계를 초월한 교감 체제를 확립할 수 있다. 수행을 통한 의지의 본질화와 기력화가 육신이 가진 제한적 요소를 유리시켜 우주 가운데 충천할 수 있다. 이런 영혼에 대해 플라톤은, "神적이

---

6) 『한국 교육 철학의 새 지평』, 이은선 저, 내일을 여는 책, 2000, p.168.
7) 『교사와 책-미래의 힘』, 앞의 책, p.62.
8) 「코메니우스와 율곡의 교육론에 관한 비교 연구」, 앞의 논문, p.77.

고 불멸하고 지적이고 분해할 수 없고 스스로에 대해 언제나 같은 방식으로 있어 가장 닮았다. 그런데도 이런 영혼이 정반대 요소인 육체와 함께하고 있어 한평생 영혼을 정화하는 것이 지상에서의 삶의 목표가 되어야 한다고 하였다."[9] 몸으로 거한 현상계와 달리 영혼은 사후에도 영적 본성 형태로 존재하는데, 그것이 곧 현상적 질서를 초월한 이데아의 세계이고, 이것을 기독교에서는 요단강 너머에 구원이 있다는 신앙적 가르침으로서도 표현하였다. 가치를 따진다면, 영적 삶과 이데아 세계는 영원하고, 현생적 삶과 현상계는 유한하고 변화하는 것이라, 전자가 참인 것이 맞다. 그런데도 인류의 절반 이상이 전자의 세계를 거짓과 위선으로 몰아붙였다. 니체는 플라톤주의를 공포의 시대라고 불렀고, 기독교는 대중을 위한 플라톤주의라고 하였다.[10]

정말 저 너머에 영원의 세계란 없는 것인가? 이 세계가 전부이고 끝이라면 그러하다. 하지만 냉정하게 살펴보라. 이 세계는 자생한 현실 세계가 아니다. 알 수 없고 볼 수 없는 근원으로부터 파생하였다. 자생적 조건은 그 어디서도 성립할 수 없다. 그렇다면 그렇게 결정된 조건대로 또다시 生이 滅하면 알 수 없고 볼 수 없는 근원으로 돌아갈 텐데, 그 무형의 세계가 곧 사후 영혼이 안주할 이데아의 세계이고, 본체 세계이며, 하나님이 거한 세계이다. 따라서 저곳에 다른 세계가 없다면 그곳으로 연결할 다리도 놓을 필요가 없고, 그곳에서 살 현세적 삶을 미리 대비할 필요도 없다. 그러나 정말 존재하고 있다면? 그 세계를 결코 가정해서는 안 된다. 가정하면 현세적 삶이 송두리째 어그러진다. 이런 이유 탓에, 영성은 모든

---

9) 「라인 홀드 니버의 인간 이해」, 앞의 논문, p.8.
10) 『사람이 알아야 할 모든 것, 철학』, 앞의 책, p.402.

인류가 갖추어야 하고, 삶을 통해 계발할 수 있도록 교육이 전적으로 역할을 담당해야 한다. 영성 계발은 전통적으로 기도, 명상, 참선 같은 수행적 방법이 주효했다. 이것을 이전과 다르게 교육적 방법으로 전환하기 위해서는 수행의 작용 원리를 밝혀야 한다. 참선이란, 알려진 대로 구도심과 인내심을 가지고 용맹정진하는 것인데, 그렇게 해야 "인간과 우주 의식의 구조를 파헤쳐 꿰뚫을 수 있다."[11]

인간의 바탕이 된 존재 본질을 영성화하는 작업이라고 할까? 밝힌 바, 코메니우스는 하나님에게 이르는 수단으로서 교육이 지성, 덕성, 영성을 조화롭게 계발해야 하고, 그렇게 하면 완전한 구원에 이를 수 있다고 확신했다. 하나님의 형상을 회복해야 함에,[12] 타고난 본성은 본래 창조 본성에 근거한 것이므로, 본성을 갈고 닦아 영성화하면 본래의 본질적인 모습을 드러낸다. 여기서 영성은 바탕이 된 본질적 본성이고, 영혼은 마음과 의지를 담은 본질의 化된 기력적 요소이다. 교육으로 영성을 계발한다는 것은 기력을 길러서 본성적으로는 창조 본체와 일체 되고, 기력적으로는 뜻으로 교감할 수 있는 고도의 초월적 직관력을 기르는 것이다. 그리해야 시공의 분열적인 운행 질서를 초월한 하나님과 의식적으로 교감하고 일체될 수 있는 영성적 길을 튼다. 통상 하나님의 말씀을 받든다고 하면, 성경에 기록된 말씀을 읽고 이해해서 생활 가운데서 믿고 실천하는 것을 의미한다. 그런 신앙 태도도 필요하지만, 이 연구가 말하는 영성 교육은 이해력과 신앙심과 실천력을 기르는 것이 아니다. 지금 이 순간에도 살아 있는 하나님이 의도해서 전달하고자 하는 메시지를 받드는 것이다. 우리도 인간 된 도리에서 하나님으로부터

---

11) 『밥그릇이나 씻어라(1)』, 이은윤 저, 자작나무, 1995, p.47.
12) 「코메니우스의 대교 수학 연구」, 임용덕 저, 고려대학교 교육대학원, 교육사 철학, 석사, 2016, p.31.

구하고자 하는 뜻이 있고, 하나님도 때에 따라서는 전하고 싶은 말씀이 있을 텐데, 이런 요구에 하나님의 몸 된 본체와 함께할 수 있는 영성, 곧 고도의 충전된 직관력이 필요하다. 이 같은 영적 본성을 수행을 병행한 교육을 통해 계발하고 육성해야 한다. 하나님은 무소부재하고 시공을 초월해 있는 만큼, 인류는 온 우주를 향해 의식의 문을 활짝 열어 하나님이 전하고자 하는 메시지에 귀 기울여야 한다. 영적 본성을 회복해서 갖추어야 함에, 그것이 곧 선천 역사를 종결지을 제3의 영성 문명 도래이고 성부, 성자에 이은 "성령의 시대 개막"이다. 그리고 그 시대를 주도할 하나님 역시 이 땅에 전혀 새로운 이름과 모습으로 강림한 보혜사 진리의 성령이다. 선천에서는 일부 수행자만 깨달았지만, 이제는 만인이 함께 깨달아야 하는데, 그것이 성령의 역사 시대 도래이다. 인류는 직접 영성을 갖추고 깨달아야 생멸 변화를 초월한 영적 지혜를 관통할 수 있다. 눈 감고도 천 리 밖을 내다보고, 우주의 운행 질서를 통관할 수 있는 제3의 영적 안목, 곧 깨달음의 눈을 가져야 한다. 영성 교육을 표면화, 기정사실화, 제도화해서 영성 문명을 건설할 기초를 다져야 한다. 성령의 시대 맞이는 지금과는 차원이 다른 문명 시대 맞이이다. 인류 역사 전체에 해당하는 문명적 단위인 탓에 문명을 구성하는 인류 모두가 동질적인 차원 요소를 갖추어야 건설할 수 있는 조건이 성립된다. 그 일차적 조건에 해당한 하나님은 성령의 몸으로 먼저 강림해 있다. 하나님이 먼저 임하여 있으므로 남은 조건은 인간의 영성 바탕이다. 영성 교육 목적은 사실상 하나님이 의도한 뜻이다. 하나님은 만세 전부터 영성 시대의 도래를 예고한 바이고, 선천 역사를 통해 가능한 모든 기반을 마련하였다. **영성 교육은**

만 인류를 하나님에게로 인도하는 연결 다리 역할인 동시에 강림한 하나님을 영접하기 위한 교감 체제 확립이다. 지상 강림 역사 시대는 바로 진리의 성령으로 온 보혜사 하나님이 주관할 성령의 역사 시대 개막이다. 그리고 개막의 저편에 하나님이 뜻한 지상 천국 건설 목표가 있다. 그 시대와 그 나라로 진입하기 위해 인류가 영성문을 활짝 열어 하나님과 교감하고, 하나님을 영접하며, 하나님의 창조 뜻을 받들어야 한다. 영성 교육은 만 인류를 하나님에게로 인도하고, 그 나라로 이끌며, 그곳에서 영생 복락을 누리도록 하기 위한 "교육의 위대한 사명" 실행이다. 은혜와 감동과 지혜와 영광이 충만한 하나님 나라의 백성을 육성하고자 하는 것이 영성 교육의 본질적 목적이다. 영성 문명을 건설하기 위해 하나님이 내 영을 만민에게 부으리라고 하였으니, 그렇게 해서 주어진 영적 본성의 놀라운 변화 상황을 인류가 영성 교육을 통해 실인해야 하리라.

제6편

수행 교육론

인간은 지상의 삶만으로 끝날 존재가 아니기 때문에 수행 교육은 너와 나 누구에게도 가르쳐야 하는 보편적인 교육 과제이다. 수행으로 몸과 마음을 갈고 닦아 완성하는 것을 삶의 근본으로 삼는 것은 창조된 인간에 대한 기본적인 본무(本務)이다. 그 뻗침이 어디까지인가 하면, 천자로부터 서민에 이르기까지 하나같이 모두이다. 수행 교육은 모든 인류에게 미쳐야 하는 것이 기본이다. 천지 만물 중 인간은 수행해야 하는 유일한 존재이고, 수양을 통해야 인간다운 인간이 될 수 있다. 삶이 있는 곳에는 어디서도 삶을 통하여 수양(수행)을 가르치는 교육이 있어야 한다. 인간 교육은 수행 교육을 배제하고서는 목적을 완수할 수 없다.

제16장 개관(수행의 교육적 원리 적용 필요성)

　수행은 인류 역사상 정신문명을 일구고 지탱한 중심 동력이다. 그런데도 오늘날은 물질문명의 성세에 밀려 문화적 전통이 끊어지고 진리적인 가치성마저 빛이 바래고 말았다. 교육 영역도 이런 대세에 휩쓸려 물질문명을 일으켜 세우는 데 앞장 선 역할을 톡톡히 하였다. 그래서 현대 문명이 안은 결과적 선물이 종말적 한계성이다. 문제의 심각성을 통감하고, 무엇보다도 교육 영역이 수행의 교육적 가치를 실인해서 퇴조한 정신문명 맥을 되살려야 한다. 그것이 교육 본연의 사명 역할이다. 종말에 처한 인류 문명의 한계성을 극복하고, 역사 추진의 패러다임을 근본적으로 전환하는 것이 교육의 중심 역할이다. 그러기 위해서는 먼저 선현들이 일군 수행 문화의 가치성과 지혜성과 방법성을 추출해서 **"인간 교육 원리"**에 적용할 필요가 있다. 그것이 이 연구가 논거를 두고자 하는 **"수행 교육론"**의 과제이다. 수행의 가치 원리와 진리 원리와 본성 원리를 교육적 원리로 객관화시켜 인간 교육 전반에 적용하고 확대할 수 있어야 굳어진 인류 문명 패턴을 바꿀 수 있다. 수행이 왜 정신문명의 주축 기둥이고, 인류 문명을 전환할 만큼 상상을 초월한 잠재력을 발휘하는가 하면, 지난 세월 동안 선현들이 숱하게 일구어 놓았는데도 서양이 거세게 몰아붙인 물질문명의 현상적 질서와는 차원이 다른 진리 인식 방법이고, 진리 구성 체계인 탓이다. 다시 말하면, 우리가 보고 느끼고 존재한 현실적 세계와는 차원이 다른 세계에 이르는 길이란 뜻이다. 그렇다고 누구도 경험하지 못한 신세계에 이르는 길은 아니다. 구도의 길을 개척한 일부 수행자들이 있었고, 도달하여 차원이 다른 세계의 소식을 전한 覺者들이 있었다. 그런데도 문제는 자신들은 개척하였지만 추구한 길이 다시 막혀 버렸고, 많은 세월이 흐른 지금은 더는 후세인이 확인할 수 없게 되었다. 수행적 전통이 소수에게만 이어지다가 끊어져 버렸다. 새삼 그 길을 찾고자 하는 자는 처음부터 다시 개척해야 해 시도하려는 자 역시 소수에 불과하다. 이런 문제를 교육이 해결하여 수행의 제반 원리를 교육적인 원리로 전환하고자 한다. 인간 교육에 적용함으로써 진리의 근원으로 삼고, 인류를 구원하는 위대한 사명 목적을 구체화하고자 한다.

제도권 안에서의 수행 교육 실태는 참담하기만 하여, 일부 종교 영역에서만 필요성을 인식했다. 본인은 사범대학 교육 과정을 거쳤고 학교에 몸담았지만, 수행에 관한 교육적 가르침은 들어 본 적이 없고, 경험하지도 못했다. 필요는 건설의 어머니라고 했는데, 수행 교육을 지금의 교육 체제 안에서 북돋지 못한 탓이다. 완벽한 체제이냐고 했을 때, 무엇이 문제인지를 발견해야 했다. 한 마디로 현대 교육은 지식 추구와 사고력 신장에만 주력한 것인데, 이 같은 체제의 문제점과 한계성을 알아야 방법을 전면적으로 모색할 수 있고, 수행 교육의 필요성을 인식할 수 있다. 그런데도 여태껏 무감각하게 만든 실마리는 아무래도 서양 문명과 데카르트란 철학자에게 책임이 있다. 제기한 "방법적 회의는 절대 확실한 인식에 도달하는 방법인데",[1] 사고를 수단으로 한 접근이다 보니 본질 영역은 아예

괄호 밖에 있었다. "합리적 사고로 철저한 분석 능력을 기른 서구 인들은 數에 대한 감각을 익히고 개발하여 빈틈없이 정확한 사고가 생활과 학문 세계 전반을 지배하였다."2) 그런 방법으로 물질문명의 기반을 터 닦았다. 그리하여 오늘날 맞이한 정보화 시대에는 그렇게 추구한 지식마저 굳이 기억할 필요가 없게 만들었다. 하지만 여전히 요구되는 인간의 종합적이고도 창의적인 직관력과 정신 본질의 승화 작용은 인터넷을 통한 정보 수집만으로서는 한계가 있다. 이것이 교육의 새로운 방법론 모색, 곧 수행 교육의 필요성이 절실하게 요청되는 이유이다. 인류는 사고적 탐구를 통해 일군 과학적 지식으로 실험, 검진, 실용화할 수 있는 지성의 단계에 도달했고, 현실의 문명 조건을 크게 향상시킨 만큼, 이제는 인간 본래의 창조 본성을 일깨울 필요가 있다. 현대 교육을 지식 교육에서 수행 교육으로 전환해야 하는 이유이다. 인간이 가진 지성과 각성, 시냅스의 확장과 창조 본성을 활성화하는 수행 교육이 얼마나 중요한 것인가를 자각해야 한다.3) 지식 교육이 전부가 아니며, 그로써 건설한 물질문명의 한계를 진작 알아야 했다. 그런데도 서양 문명과 토마스 아퀴나스(1225~1274)는 해결책을 사고에 국한한 이성 작용에 의존하였다. "인간은 이성을 활용해서 최대한 다양한 지식을 얻어야 한다고 전제하고, 인간 이해의 영역을 초월하는 영역은 신념에 의존해야 한다고 했다."4) 사실상 지식 추구의 한계성인 일생을 바쳐서도 차원 세계에 이를 길(하나님)을 찾지 못한 사실을 동시에 인정한 것이다. 그 길을 이 연구가 동양의 수행 문화를 통해 해결하

---

1) 『철학 서설』, 최해갑 저, 진학사, 1976, p.23.
2) 『한국인 상의 탐구』, 앞의 책, p.59.
3) 『보병궁 시대는 이미 시작되었다』, 최상렬 엮음, 한솔미디어, 1995, p.252.
4) 『교육 철학』, George R. Knight 저, 앞의 책, p.71.

고자 한다. 왜 지식 교육과 이성을 통한 사고적 접근이 드러난 현상 세계를 탐구하는 데는 주효하지만, 이면의 본질 작용 세계를 밝히는 데는 수행적 방법을 따로 세워야 하는가? 사고, 그것은 일반적인 정신적 기능일 뿐이고, 정신은 실제적 작용 자체가 아니다. 바탕인 존재의 본질이 근본적인 실재이다. 그렇다면 참된 정신 작용이란? 본질의 의식적 기능 표출인 본질 작용의 현상적 기능이다. 사고 기능의 뿌리는 본질에 근거한 의식의 작용에 있는데도 바탕된 기능을 무시하고 표출한 사고적 기능만으로 세계의 제 현상을 판단하니까 세계의 겉모습만 보고, 이면의 본질 모습과 특성은 파악하지 못했다. 왜 수행 교육이 필요한가? 인류 문명이 한쪽 날개만 가지고 역사를 추진하니까 언젠가는 추락할 수밖에 없었다. 창조된 세계는 구조 자체가 본체와 현상으로 구분되어 있어, 침체한 본질 영역을 활성화하기 위해서는 수행 교육이 본격적으로 역할을 담당해야 한다.

철학 역시 이런 본질 영역을 탐구하지 않은 것은 아니다. "궁극적으로 실재하는 것은 무엇인가 하는 것은 形而上學의 연구에서 제기한 근본적인 질문이다. 形而上學은 실재의 본질을 다루는 철학의 한 분야이다. 본질은 세계를 이룬 바탕체로서 물리학자나 생물학자라도 形而上學적 문제는 피할 수 없다. 이미 구조적으로 현대 과학의 기저에는 形而上學적 바탕이 깔려있다. 形而上學은 문자 그대로 물질세계를 초월하는 것을 의미하는 그리스어의 번역 말이다."5) 그런데도 形而上學이 가진 문제는 현상 세계를 초월한 본질 영역을 이성을 통한 사고적 활동으로 탐구했다는 데 있다. 지적했듯, 形而

5) 위의 책, p.23, 25.

上學은 오감으로 경험할 수 없는 차원 세계이다. 본질적인 방법으로 접근해야 하므로, 선천에서는 그 기초를 다진 역사였고, 바야흐로 후천 시대는 본격화되어야 할 시점이다. 차원이 다른 본질 세계에 근접하고, 물질문명의 종말성을 극복할 대안 문명을 건설하기 위해서는 직관적인 능력을 길러 본질적인 진리를 생성시켜야 하므로, 수행 원리의 교육적 적용이 불가피하다. 장차 이룰 본격적인 정신문명을 건설하기 위해 인류는 수행 원리의 세계적 적용 필요성을 자각해야 한다. 교육이 앞장 서 변해야 하고, 교육력으로 인간을 변화시키면 세계도 변화된다. **인간을 聖化시켜야 세계가 聖化 된다.** 이전의 개혁가들은 세계에 가로 놓인 외부적인 요인을 개혁해 이상적인 세계를 건설하려고 하였다. 정치, 경제, 사회, 문화, 예술, 제도 등등. 하지만 이제는 방법을 전환해 인간성을 개혁하고 혁신시켜야 한다. 그리해야 인류 사회가 궁극적으로 원한 차원 세계로 진입할 수 있다. 인간 본성을 聖化시킬 교육적 사명 실행과 수행 교육으로의 전환을 통해 인류가 바란 차원 세계를 이 땅에서 맞이해야 하리라.

제17장 수행의 교육적 가치 원리 적용

1. 교육 목적 확대

수양(修養)은 몸과 마음을 닦아 기르는 것이고,[1] 수행(修行)은 의미가 좀 더 복잡하다. 일반적으로는 행실, 학문, 기예 등을 높은 수준으로 올리기 위해 스스로 연마한다는 뜻이 있다. 그리고 종교적으로는 생리적 욕구를 자제하고, 정신 및 육체를 닦음으로써 정신의 정화나 神적 존재와 하나 됨을 이루려고 하는 행위, 특히 불교에서는 정해진 계율을 지키거나 깨달음을 얻기 위하여 특정한 종교적 행위를 행하고, 부처의 가르침을 실천하거나 佛道에 힘쓰는 것을 말한다.[2] 수양과 수행이 지닌 고유한 뜻과 가치 원리를 교육적 목적에 적용하기 위해서는 가치 원리를 좀 더 구체적으로 구분할 필요가 있다. 그런 의도에서 본다면 수양은 몸과 마음을 닦고 길러 인격과 본성을 완성한다는 목적이 있고, 수행은 불교에서처럼 깨달음, 즉 지혜를 구하는 데 있다. 그리고 그렇게 추구한 공통 목적은 인간성을 회복해 인류가 바란 공영적 가치인 구원 목적을 달성하는 데 있다. 수행(수양)의 전통적 가치를 추출할 수 있어야 교육이 수행 원리를 적용한 교육 목적을 보편적으로 확대할 수 있다. 이후부

---

1) "수양이란 심신을 닦아 知德을 계발하는 것이다."-이희승.
2) 다음 사전, 수양·수행.

터는 수양과 수행 의미를 합쳐서 수행으로 지칭하거니와, 왜 수행 원리와 가치를 교육이 수용해서 목적을 확대해야 하는가 하면, 수행은 인간 본성과 정신에 직접적인 영향을 끼치는 작용력을 지닌 탓이다. 영향력을 따진다면, 지금까지 실행한 교육적 패러다임을 혁신하는 것은 물론이고, 물질문명의 패턴까지 전환할 수 있는 잠재력을 지녔다. 인류의 역사 방향을 바꿀 수 있는 핵심 된 실행 키워드 가치를 포착해서 교육이 휘어잡아야 일찍이 어떤 영역에서도 이루지 못한 보편적 구원 목적을 달성할 수 있다. 선천 역사의 한계성은 교육도 예외가 아니어서, 교육 목적은 인간에게 있다고 하면서도 정작 실행한 방향은 엉뚱한 데 있었고, 채택한 방법까지 초점이 어긋났다. 진정한 목적과 도달점을 몰라 직접적인 길과 지름길이 있는데도 먼 길을 둘러서 찾아가는 데 세월을 다 소진하였다. 그렇게 해서 종말을 맞이하였는데, 어떻게 만 영혼을 차원의 세계로 빠짐없이 인도할 수 있겠는가? 단번에, 그리고 즉각적으로 본성을 고무하고, 죄악을 청산하며, 인간 된 본무를 완수할 수 있는 즉효 처방책을 수행 교육이 지녔다. 그리고 그런 작용력을 가능하게 할 핵심 동력에 수행의 축적 원리가 있다. 현재는 코로나 19 백신 개발에 박차를 가한 선진국 제약사들이 영국을 필두로 해서 접종하는 단계에 이르렀지만, 문제는 시간을 둔 철저한 임상 시험을 거치지 못한 탓에 부작용을 우려한 접종 거부 바람이 거센 상태이다. 왜 수행 문화가 서양의 중세와 동양 사회를 지배했는데도, 지금은 겨우 명맥만 유지할 만큼 과학 문명의 성세에 가려 버렸는가? 그이유는, 쌓고 쌓은 수행적 공력이 본질 속에 축적된다는 사실을 알지 못해서이다. 갈고 닦은 정신적, 신념적, 의지적 공력이 무형인 본질 작용이다 보니까 실험실에서 실험을 통해 확인하는 물질의 변화 결과처럼 입증할 방법이 없었다는 데 있다. 이런 문제를 이 연구가 오랜 세월 동안 추구한 길의 완수자답게 일련의 결과 사실을 통찰함으로써 풀 수 있게 되었다. 언급했듯, 인간의 존재 본질은 질량 불변의 법칙처럼 바탕은 변함이 없고, 본질이 분열함으로써 생성할 뿐이다. 생성은 하지만 바탕은 변함이 없으므로, 분열한다고 해서 소멸하는 것은 없다. 고스란히 내면의 본질 속에 차곡차곡 쌓인다. 그것은 비단 수행적인 공력에만 해당하는 것이 아니다. 일체의 정신적, 신념적, 의지적, 가치적, 덕성적 일굼이 두루 적용된다. 무엇을 어떻게 촉발할 것인가 하는 것이 삶의 과제일 뿐…… 과거나 현재나 미래에도 인간이 삶을 통해 쌓아 올린 순간순간마다 노력은 무형의 작용 형태로서 본질 속에 축적되어 잠재한다. 무형의 본질력이 쌓인다는 것이 수행의 핵심 된 원리이므로, 교육이 수용해서 인간 교육에 확대 적용하면 인류의 본성을 회복하고, 교육을 통해 새로운 정신문명을 건설할 수 있다. 수행 교육의 필연성과 당연성과 보편적 확대를 위해 교육이 수행의 원리적 가치를 앞장 서 실인해야 한다.

동양의 선현들은 수행의 교육적 가치를 학문 추구의 목적 속에 포함해서 이미 밝혀놓았다. "수양, 혹은 수기(修己)라고도 하는 수행력은 절제와 극기를 통해서 내면의 惡한 기질을 좋은 기질로 변화시키는 것이라고 할 수 있다. 다시 말해, 기질을 변화시킴으로써 한층 완성된 인간으로 거듭난다."[3] 수행력이 인간의 본성 기질을 변화시키고 업그레이드시키는 데 즉효가 있다는 것을 확인한 것이

---

3) 「율곡의 인간 교육론」, 앞의 논문, p.37.

다. 그런데도 수행의 교육적 효과를 현대 교육은 왜 적용하지 않고 있는가? 한 마디로 수행의 교육적 작용 원리와 가치를 인식하지 못해서이다. 모르니까 인간 교육 원리로서 적용하지 못하고, 교육 방법 역시 구체화할 수 없었다. 끝내 사장될 수밖에 없다. 그런 사태를 막기 위해서는 지금부터라도 수행의 가치를 각인해서 교육 목적을 더욱 확대해야 한다. 그런 관점에서 보면, 『기신론』은 "대승에 대한 믿음을 바탕으로 眞如一心에 이르지 못한 중생에게 깨달음의 길로 인도하고자 한 저술 목적을 가졌다."[4] 교육적인 의도에서 볼 때 보다 많은 중생을 깨달음의 길로 인도하고자 한 것은 인간 본성을 승화시키고자 한 길이기도 하고, 수행의 가치와 원리와 방법을 확대하고자 한 노력적 일환이기도 하다. 그런 전통을 이어받아서 현대 교육도 교육의 기신론적인 확대를 기도해야 한다.

사실상 2600여 년 전에 "석가모니불이 경험한 깨달음 사건은 단순히 한 개인의 사건에 국한되지 않는다. 인류사적인 사건이면서 모든 존재의 사건이다."[5] 응당 보편적인 사건으로 확대하고 모든 존재자가 같이 경험해야 하는 사건인데도, 어느 지점까지 도달하고 나서부터는 답보되어 버렸다. 그것이 선천의 수행 전통이 지닌 한계이다. 잃어버린 동력에 에너지를 공급해야 함에, 교육이 그 역할을 할 수 있어야 한다. 어차피 기존의 교육적 노력으로써는 역사와 교육이 기대한 이상적인 목적 달성을 기대할 수 없다. 지금까지 교육이 주로 담당한 지식 교육과 합리적인 인식을 신장시킨 이해력은 세계적인 구조상 일부 영역만을 해명한 역할에 불과했다. 땅속 깊

---

4) 「대승기신론의 인간 이해와 교육학적 의의」, 허종희 저, 전남대학교 교육대학원, 교육학, 석사, 2017, p.67.
5) 「화엄경 입법계품의 교육관 연구」, 김찬성 저, 동국대학교 교육대학원, 종교 교육, 석사, 2016, p.10.

이 파묻힌 황금을 얻기 위해서는 광맥을 찾아 직접 채굴해야 하고, 그 다음은 제련하여 불순물을 걸러내는 작업을 한다. 공정을 합작해야 비로소 황금을 손에 쥘 수 있다. 그렇게 구분한 공정 작업에 해당하는 것이 곧 명상에 의한 직관과 합리적 인식에 의한 규명 절차이다. 당연히 채굴하는 공정은 수행 교육에 해당하고, 제련하는 과정은 지식 교육에 해당한다. 그런데도 공정을 다 거치지 않고 합리적 인식을 신장시키는 교육에만 치중한 지난날은 세계의 본질적, 시원적, 궁극적 문제를 파고들지 못한 문제점을 드러내었다. 이것을 지성들은 각성해야 한다. "합리적이고 논리적인 인식을 통해서는 그에 대한 한계성을 자각함으로써 실재에 대한 간접적 인식을 얻고, 지적 직관을 통해서는 실재에 대한 직접적인 인식을 얻어 상호 보완적인 관계를 조성해야 한다."[6] 현상과 실재가 깊이 연관된 만큼이나 합리적 인식과 지적 직관도 깊이 연관된 것인데, 전자에만 편중한 것은 우려되는 불균형과 부조화 현상으로 현대 문명의 위기를 부추겼다. 이것이 수행의 가치 원리를 부각해 수행 교육 체제를 확대해야 하는 이유이다. 두 날개에 지탱해야 인류 문명이 원대한 창조 목적을 이룬다.

수행의 교육적 가치와 목적을 북돋을진대, 수평적 앎의 확대는 지적인 학문 추구를 통해, 수직적인 지혜 일굼은 직관적인 수행을 통해 역할을 분담해야 한다. 정신 작용은 사고력 신장을 통해, 본질 작용은 수행을 통해 지성과 의지가 융합한 실체를 이룬다. 예로부터 학문 탐구=분열지학=분별지로 나아갔고, 수행 추구(道를 구함, 깨달음을 얻음)=본질지학=통합지=道와 하나 됨에 목적을 두었다.

---

6) 「원효의 교육 사상」, 양예승 저, 조선대학교 교육대학원, 역사교육, 석사, 1983, p.21.

땅에만 머물고자 하면 분열지학으로도 족하지만, 본연으로 돌아가기 위해서는 반드시 본질지학을 병행해야 한다. 이것이 현대 교육이 수행 교육을 적용해야 하는 전적인 이유이다. 불교가 수행을 종지로 삼은 것은 중생이 깨달음을 통해 보살과 여래로 나아가기 위한 것인데,7) 보살과 여래가 바로 창조주 하나님이다. 그리고 그렇게 하나님에게로 나가는 길목에 깨달음이란 관문이 있는 바, 그것이 바로 차원 세계로 진입하는 길이다. 깨달음 관문은 본래의 모습을 찾아가는 것이고, 본래의 모습을 볼 수 있는 문을 여는 것이며, 도달해서 하나 될 수 있는 세계이다. 인간은 지상의 삶만으로 끝나는 존재가 아니기 때문에 수행 교육은 너와 나, 누구에게도 가르쳐야 하는 보편적인 교육 과제이다. "수행으로 몸과 마음을 갈고 닦아 완성하는 것을 삶의 근본으로 삼는 것은 창조된 인간에 대한 기본적인 본무(本務)이다."8) 그 뻗침이 어디까지인가 하면, "천자로부터 서민에 이르기까지 하나같이 모두이다(『대학혹문』, 「경문」)." 수행 교육은 인류 모두에게 미쳐야 하는 것이 기본이다. "천지 만물 중 인간은 수행해야 하는 유일한 존재이고, 수양을 통해야 인간다운 인간이 될 수 있다. 삶이 있는 곳에는 어디서도 삶을 통하여 수양(수행)을 가르치는 교육이 있어야 한다."9) 인간 교육은 수행 교육을 배제하고서는 목적을 완수할 수 없다. 우주는 인간의 인식에 대하여 무한하게 열려 있는 세계이고, 세계의 본질을 직관하는 데 있어서 제한된 것은 아무것도 없다. 그러기에 선현들은 참된 선정과 깨어 있는 의식으로 우주와 교감하고 영혼의 메시지를 전달받았

---

7) 「대승기신론의 인간 이해와 교육학적 의의」, 앞의 논문, p.48.
8) 「퇴계의 교육 사상 연구」, 앞의 논문, p.73.
9) 「맹자에 나타난 인성 교육의 고찰」, 앞의 논문, p.35.

다. 문제는 오직 인간 자체가 無明을 깨우치고자 하는 각성 노력이다. 대우주 세계는 무궁하게 열려 있되, 운행 메시지가 전달됨에 있어 인간의 굳은 아집과 인식의 장벽 탓에 교감의 길을 가로막고 있었다. 진리의 메시지가 우주 가운데 편만해 있는데도 전달받을 수 있는 길이 막혀 있으므로, 교육은 수행의 목적과 가치를 진작해 가로막힌 장벽을 타파하는 데 앞장 서야 한다. 수행 교육은 인류의 보편적인 구원 목적을 달성하는 가장 효과적인 실행 방법이리라.

2. 교육 방법 확대

세상사와 인류가 얽히고설켜 종잡을 수 없는 것은 진리의 실타래를 풀지 못해서이고, 진리의 실타래를 풀지 못한 것은 첫 고리를 찾지 못해서이다. 문제를 풀기 위해서는 핵심 된 고리가 어디에 있는 것인지를 가닥 잡는 것이 중요하다. 그렇다면 진리의 첫 고리는 어디에 있는가? 창조 역사이다. **창조 역사가 모든 진리를 생성시킨 근원이고, 생성된 진리로부터 세상만사가 이루어졌다.** 이것은 기본적인 인식인데도, 선천 세월을 통틀어 창조를 무시하고 뭇 현상을 규명하고자 한 탓에, 세상만사가 세월이 지날수록 복잡해져서 누구도 풀 수 없게 뒤엉켜 버렸다. 그런데도 정신 차리고 전제한 바대로 핵심 된 가닥만 찾으면 문제를 해결할 수 있다. 그것이 바로 모든 진리를 생성시킨 창조 본의에 근거하는 것이다. 본의를 모르면 어디라도 집단으로 착각한 오판을 일으킬 수 있다. 선현들 중에서 인간은 본래부터 善한 본성을 타고났다든지(맹자), 본래는 모든 것을 다 알고 있었는데 태어나면서 망각해 버렸다고 한 주장 등이 있다(소크라테스). 왜 그렇게 생각한 것인가? 아쉽지만 주장만 한 탓에 풀지 못한 숙제로 남아 있다. 또한, 1859년 영국의 찰스 다윈이 『종의 기원』이란 책을 펴자 기독교와 진화론자 간에 일대 논쟁이 벌어졌다. 당연시된 기독교 창조론에 반기를 든 것인데, 핵심 관점은 불변성을 부인하고 종이 변화한다는 사실을 오랜 세월에 걸친 관찰과 연구를 토대로 논거를 둔 것이다. 대체적인 논지로서 기독교 창조론은 하나님이 뭇 종을 한꺼번에, 순간적으로, 완전하게 창조하였다는 것이다. 반면에 진화론은 무수한 세월에 걸쳐 간단한 것에서 복잡한 것으로 점진적으로 진화한 것이고, 종의 다양성도 처음부터 수많은 종이 한꺼번에 생겨난 것이 아니다. 물리적 조건 속에서 우연히 생겨난 원시 생명체가 자연 선택과 적자생존, 돌연변이 탓에 다양한 종으로 갈라지게 되었다는 것이다. 과연 어떤 주장이 옳은 것이고, 사실성을 대변한 통찰인가? 어떻게 판가름할 수 있는가? 대부분 과학자는 진화론을 지지한 추세지만, 그것만으로 진리성이 확증된 것은 아니다. 이런 접근 관점과 인식 패턴은 창조론과 진화론뿐만 아니고, 사실상 세계에 가로 놓인 진리성 문제 전반에 해당한다고 해도 과언이 아니다. 세계적 관점이 제공한 세계 이해 조건인 탓에 어떤 영역에서도 비슷한 인식 패턴과 결론을 낳았다.

창조론 대 진화론은 물론이고, 지난날 대립 상태를 벗어나지 못한 세계관적 주장들이 그러하듯, 동양의 불교 전통에서는 수행법과 깨달음의 문제에 있어서 돈오법과 점수법이 오랜 세월에 걸쳐 논쟁의 중심에 있었지만, 주장은 거세어도 결론을 내지 못한 상태이다. "돈오는 단박에 깨닫는 것을 의미하고, 점수는 점진적인 수행을 말한다. 수행자가 깨달음에 이르는 과정에는 순간적인 깨달음이 필요하고, 깨달음을 얻었다고 해도 점진적인 수행, 즉 점수(漸修)는 계속해야 한다는 것이다(선종 불교 수행 방법론)."[10] 깨달음은 단박에 얻는 것이고, 수행은 점진적이어야 한다는 것은 논리적이고 대립할 것이 없지만, 문제는 점진적인 수행으로 증득한 깨달음을 단박에 이루는 이유에 대한 해명이다. 이것은 점진적인 수행 체제만으로서는 설명할 수 없다. 더욱 근본적인 해결 관점인 창조가 개입해야 했다. 흔히 진화론은 환경적 조건이 점진적으로 종을 변화시킬 수 있다는 견해와, 창조론처럼 어떤 조건 속에서도 소는 소이고 개는 개라는 견해가 있다. 더 나아가 돈오돈수(頓悟頓修)는 깨닫는 순간 닦는 것도 그친다는 것이고, 돈오점수(頓悟漸修)는 깨달아도 더 닦아서 완벽하게 해야 한다는 관점도 있다. 즉, 먼저 닦은 후에 깨닫는 선수후오(先修後悟)가 있고, 먼저 깨달은 뒤에 닦는 선오후수(先悟後修)가 있다.[11] 이에 대해 "1981년 당시 조계종 종정이던 성철 스님은 저서 『선문정로(禪門正路)』에서, 기존 주장인 돈오점수설을 비판하고, 돈오돈수 의미는 깨침과 닦음이 점차 이뤄지는 것이 아니라 일시에 완성된다고 하여 한국 불교계 안팎에 큰 충격을 안겼다."[12] 이런 대립 상은 중국 선불교의 전통을 이은 5조 홍인의 제자 혜능과 신수와의 선문답 안에 잘 나타나 있다. 홍인은 나이가 많이 들어 어느 날 법통을 물려주기 위해 제자들 앞에서 선언하길, "각자 깨달은 바를 게송을 지어 읊어보아라. 가장 뛰어난 제자에게 의발을 물려주겠다." 이에, 700명의 제자 중에서 수좌(首

---

10) 나무위키-돈오점수.
11) 다음 블로그-백운의 여행 이야기, 돈오돈수 · 돈오점수.
12) 다음 나무위키-돈오점수. "만약 깨닫고 나서 더 닦을 것이 있다면, 그 깨달음을 진정한 깨달음으로 볼 수 있는가(성철 스님)?"-『지눌의 교육 이론』, 김광민 저, 성경재, 2003, p.63.

座)이며 교수사(敎授師)의 소임을 맡은 신수가 게송을 지어 벽에 붙였다.

> 몸은 깨달음의 나무요 마음은 밝은 거울이라. 부지런히 털고 닦아 티끌과 먼지가 묻지 않게 하라(身是菩提樹 心如明鏡臺 時時勤拂拭 莫使有塵埃).

이때 아직 계를 받지 못해 방앗간에서 쌀을 찧으면서 행자 수업을 받고 있던 혜능이 게송을 지어 신수의 게송 옆에 붙였다.

> 깨달음은 본래 나무가 아니고, 거울 또한 받침대가 없네. 본래 한 물건도 없거늘 어디에 티끌과 먼지가 있으리오(菩提本無樹 明鏡亦非坮 本來無一物 何處有塵埃).13)

신수는 점오를, 혜능은 돈오를 내세운 것인데, 점오는 수행 방법과 깨달음에 이르는 과정을 나타내는 것이기도 해 신수는 깨달음을 얻지 못한 상태에서 깨달음에 이르는 방법을 궁구한 상태에 있다고 할 수 있고, 혜능은 그것을 이미 넘어 궁극적인 본체 모습을 보고 특성을 일갈한 것이다. 홍인은 결국 혜능을 선종의 후계자로 결정하였다(『육조단경』). 수행과 깨달음에 대한 점진성과 돈오성 관점은, 문제를 일으킨 근본적인 접근점이 창조론 대 진화론 판박이다. 그 원인을 본의 관점에서 밝힌다면, 창조를 모르니까 서로가 옳다고 주장만 하고, 뒷받침할 진리적 근거도 제시하지 못한 것이다. 남겨진 미해결 과제가 정신적 고뇌를 가중했다. 돈오는 왜 단박에 깨

---

13) 다음 카페 글-솔 향기 그윽한 마차산 무심정사, 혜능과 신수.

달을 수 있는지 무형의 본질 축적 작용과 초월적인 본체 존재, 그리고 창조 이전의 역사 과정을 몰라서이고, 점오는 사물 판단의 기준으로서 드러난 존재와 현상을 생성의 시발점으로 삼았고, 밝히지 못한 창조 이전 과정을 무시해 점진성을 근거로 삼지 않을 수 없었다. 이것이 선천 세월이 다하도록 인류의 지성들이 극복하지 못한 세계 이해의 한계성 원인이다. 세계를 구성한 진리의 첫 실마리를 붙들지 못한 탓이다. 그렇지만 전제하였듯, 창조된 본의에 근거하면 정말 얽히고설킨 진리, 세계, 역사 가닥을 하나하나 추적해서 풀어 헤칠 수 있다. **"수행 교육의 방법 확대"**를 기대할 수 있는 근거가 여기에 있다.

단도직입적으로 말해 본의를 모른 선천 교육 방법은 전 영역에 걸친 추세가 그러하듯, 인간 교육에 있어서 점진적 방법론이 대세를 이루었다. 불교가 돈오법에 대해 거론하기는 했지만, 원리적인 작용 메커니즘을 밝히지 못한 상태에서는 교육적인 방법으로 확대 적용될 리 만무했다. 하지만 이후부터라도 본의에 입각하면 적용할 수 있다. 수행의 작용 원리는 인류 문명의 패턴까지 바꿀 만큼 폭발성을 지녔다고 했거니와, 선천 교육의 방법적인 측면에서도 추세를 전면적으로 바꿀 혁신적인 힘을 지녔다. 교육이 인류 역사의 중심에 서서 문명 체제를 뒤바꿀 수 있다는 것은 결코 빈말이 아니다. 역사 추진의 실행력 발휘는 바로 수행 교육의 방법적 확대로 가능하다. 그것은 결코 관념적이지 않다. 진리 문제, 세계 문제, 인간 문제는 지식 교육으로 풀 수 없다. 가없는 문제 가운데서도 수행 교육은 실질적으로 인간의 본성을 변화시키고 회복시키고 완성할 수 있는 핵심 방법이다. 그래서 **"교육의 위대한 실행"**력인 바,

원천적인 에너지는 선각들이 이룬 돈오법으로부터 추출할 수 있다.

살펴보면, 지난날의 교육적 행위는 점진적인 방법을 통해 인간을 육성하고자 했다. 율곡 선생은, "인간은 태어날 때 보잘것없는 존재이지만, 부단한 학습활동을 통하여 지식과 인간을 함양함으로써 인간답게 된다. 학습활동은 평생 하는 것이지, 일정 시기에만 하는 것이 아니다. 곧, 부단한 자기 혁신과 성장을 추구하는 존재라고 하였다."14) 이것은 교육에 있어 정통적인 중요성을 일깨운 것이다. 틀린 점을 발견할 수 있는가? 긍정한 것이 상식이다. 타당한 말인 것 같지만, 교육으로 인간답게 인간성을 형성하고자 한 첫 시작점은 창조론, 맹자, 소크라테스, 루소 등이 한 말과 다르다. 루소는 만물이 처음 창조주의 손에서는 善하게 태어났는데 인간의 손에 의해 타락하였다고 하였다. 이 처음 상태에 대한 인식이 중요하다. 그 관점이 사실상 모든 문제의 해결 방법을 결정한다. 이에, 율곡적 교육 방법을 타당하게 여기는 것은, 마치 다윈이 세운 진화론적 메커니즘이 당연하다고 여기는 것과 같다. 그리고 진화론은 사실상 본의를 무시한 상태에서의 커다란 착각이고 가설에 불과한 것이었다면, 율곡의 인간 교육 방법론 역시 재고해야 한다. 도대체 당연하게 여긴 원인부터 찾아야 한다. 존 듀이는 교육의 본질을 경험과 성장에 둠으로써 교육 이론의 초점을 현상적 단계 안에 둔 한계성을 지녔다. 그렇게 해서는 성장이 왜 잠재력을 지닌 것인지에 대한 이유를 설명할 수 없다. 진화적인 작용 메커니즘이 아닌데도 진화론적으로 접근한 것은 이율배반이다. 교육은 얼마나 잠재된 가능성과 재질을 일굴 수 있는지가 관건일진대, 그 가능성이야말로 교육의 일차적인

---

14) 『교육생각』, 김선일 저, 학지사, 2007, p.70.

문제이고, 일구고 닦는 것은 부차적이다. 그런데도 근본적인 문제는 뒤로 미루고, 부차적인데 매달려 진화적인 방식으로 교육 원리를 거론했다. 하지만 성장이 잠재력의 발현 현상이라는 것은 지극히 창조적이다. 이미 모든 실행력은 타고났다. 그래서 이후의 교육적 방법인 일구고, 육성하고, 깨닫고, 닦는 행위가 효과를 발휘할수 있다. 처음부터 존재하지 않은 능력과 재질이(無한 바탕) 생겨날수는 없을진대, 그것의 작용 원리는 진화 방식과 완전히 다르다. 그런데도 이런 모순을 자각하지 못한 것은 사실을 판단하는 기준인 창조 메커니즘(본의)을 알지 못해서이다. "인간은 나면서부터 하나의 인간 소재에 불과하다. 이 소재(가능성)는 교육의 힘을 기다려서비로소 하나의 인간으로 형성된다. 다시 말해, 인간 가능성에서 인간 현실성을, 내부로부터 밖으로 끌어내는 일이다."[15] 교육의 위대한 힘을 강조하는 것 같지만, 이 같은 인식과 접근은 이후로 수정해야 한다. 왜 내부에 존재하게 된 것인지에 대한 이유에 대해서는안중에도 없다. 내부에 잠재한 가능성을 밖으로 끌어내어 구체화한다, 혹은 육성하고 계발한다는 것이 교육의 주된 역할인 것으로 알지만, 그것은 그야말로 곧이곧대로 현상의 분열적인 질서 방식을충실하게 따른 접근 방식이다. 처음 창조된 인간 본성 상태에 대해무지한 탓이다. 그러니까 아무리 합당한 방식이라도 온갖 노력으로본성의 분열 과정을 완료하기까지는 시간이 걸리고 도중에 이탈하는 예가 허다했다. 어떤 영역, 어떤 방법에도 점진성은 생성 질서에근거해서 엄밀한 질서를 따른 것이다. 처음의 창조로 본성의 부여특성을 몰랐고, 모르니까 분열이 다 할 때까지 기다리고 또 기다려

---

15) 『공자 사상의 발견』, 앞의 책, p.150.

야 했다. 하지만 때가 되어 알 수 있게 되었다면? 교육 방법에 있어 혁명이 일어난다. 돈오법의 원리성 적용이 여기에 있다. 점진적인 교육과정을 초월해서 단박에 직시할 수 있고, 또 완성할 수 있다. 그런 원리적 근거를 본의에 근거한 창조 메커니즘이 뒷받침한다. 즉, 인간 본성은 하나님으로부터 창조되었고, 이미 완벽하게 완성되었다. 그렇다면? **교육의 본질적 행위는 모든 인간적 가능성을 육성해서 본래 모습을 완성하는 것이 아니고, 먼저 본래 모습을 보게 해서 인간 본성을 완성하는 것이다.** 이것이 하나님이 부여한 천부 본성을 한 사람도 어김없이 본래대로 회복하고 육성해서 완성하는 수행 교육의 혁신적 방법이다. 모든 교육적 행위는 창조된 본의에 따라 인간을 가르쳐서 직접 인간성을 육성하는 것이 아니고, 일깨워 본래 본성을 보게 하는 것이다. 그것이 깨달음이고, 보편적으로 확대해야 할 수행 교육 방법이다. 창조 본성의 완전성을 보면 본래의 본성을 완성하는 것은 시간문제이다. 그래서 점수돈오는 선천의 수행 교육 방식이고, 돈오점수는 후천의 교육 수행 방식이다. 돈오돈수는 이상적인 도달 상태이기는 하지만, 현상의 분열 질서 안에 있는 자가 걷는 험난한 삶의 도정 안에서는 합치되기가 어렵다.

일찍이 覺者들이 벌인 돈점 논쟁은 세계 구조와 첫 시발을 어디에 두고 어떻게 보았는가에 따른 관점 상의 차이이다. 그것을 이 연구가 이 단계에서 판가름한다면, 돈오 세계의 본질적 근거는 역시 창조에 있다. 불교와 창조적 인식은 같다. 깨달음의 추구 목적과 수행적 방법은 결국 인류가 하나님의 창조 본성을 볼 수 있게 하기 위한 섭리 역사 일환이었다. 성불하기 위한 역사이고 見性하기 위한 역사이니, 그런 추구 노력은 불교 전통에서 연면하기만 하다. 목적과 원리와 방법을 오늘날의 교육 영역이 적극적으로 수용해서 확대해야 한다. 보리 달마는 중국에 온 이유에 대해 말하길, "나는 사람들을 부처로 만들어 주기 위해서가 아니라, 그들이 이미 부처라는 이야기를 해 주기 위해 왔다"[16]라고 하였다. 인간의 본성은 하나님이 인간답도록 창조하였고, 이미 완성해 놓았다. 그런데 교육이 또 무엇을 보태어 완성할 것이 있단 말인가? 그렇다면? 교육하는 주된 목적은 그렇게 완전하다는 사실을 스스로 알 수 있도록(볼 수 있도록) 깨닫게 하는 데 있다. 이것은 인간 본성에만 해당하는 것이 아니다. 천지 만물도 창조된 방식은 같다. 어디로 눈을 돌리더라도 탐구 방식과 접근 방법은 같다. 완전성을 발견하고 확인하면 된다. 진화론 같은 선천의 교육 접근 방식이 얼마나 창조적 방식과 어긋나 있었던가 하는 사실을 알 수 있다. 그것을 깨달은 육조 혜능은 "반야의 지혜와 보리 반야의 지혜란 바로 모든 사람이 본래 스스로 지닌 것이므로, 道를 공부하는 사람은 각각 자신의 마음을 보고, 자신의 본성을 보며, 지혜를 비추어 자신의 본심을 알 것을 강조하여"[17] 견성적 방법으로 깨달음을 얻을 것을 천명하였다.

> "선지식들이여! 범부는 원래 부처이고 번뇌는 바로 보리이다. 앞생각
> 이 어리석으면 바로 범부이고(번뇌), 뒷생각에 깨달으면 바로 부처이
> 다(보리)(『육조단경』)."

인간이 인간답지 못한 죄악을 저지르는 것은(번뇌에 휩싸임) 주된 원인이 본래 타고난 창조 본성을 보지 못해서이다. 그런데도 선

---

16) 『박성배 교수의 철학 강의』, 깨달음과 깨침, 윤원철 역, 예문서원, 2002, p.81.
17) 『육조대사 법보단경』, 육조 혜능 술, 종보 편, 법지 역주, 운주사, 2008, p.9.

천 교육 방법은 본래 부처란 사실을 깨닫게 하는 데 있지 않고, 애써 처음부터 하나하나 가르쳐서 부처가 되게 하려 한데 있다. 이렇게 부처를 직접 육성하려고 한 지식 교육 접근 방식과, 본래가 부처란 사실을 깨우치려 한 수행 방식은, 차원적인 차이를 지닌다. 본래 가진 것을 볼 수 있게 하는 견성적 방식은 선천의 교육적 패러다임을 전환할 혁신적 방법론이라, 이것을 이 연구는 **"인간 교육의 돈오법"**으로 지칭하고자 한다. 교육의 제일 원리이고, 방법이며, 한꺼번에 본성에 내재한 제약 요소를 극복할 수 있는 지름길이다. 믿어지지 않겠지만, 견성하면 곧바로 본래의 청정 보리심을 얻는다. 깨침이 없으면 부처라도 중생의 범주를 벗어날 수 없지만, 한 생각 깨치면 즉각 부처의 지위에 오른다. 견성하면 성불하고 부처가 되는 것은 당연한 절차인 탓에, 견성 즉시 부처의 반열에 오른다. 석가모니불이 증득해서 열반할 때까지 완성한 본성과 정신적 경지를 이탈한 경우는 없었다. 우주와 인생과 본성의 참모습을 보면, 인간 교육이 그로써 완성된다. 견성은 만 말, 만 가르침, 만 방법, 만 지혜를 대신한다. 방법과 원리와 목적을 일시에 통합한다. 창조 본성을 각성하는 것이다. 본성을 깨우치는 데 인간 교육의 정답이 있다. 실행된 일체의 선천 교육 방법은 재고함이 마땅하다. 그리해야 인류가 창조 본성을 견성할 수 있다. 수행 교육은 인간 교육의 혁신적 방법이다. 自性은 그야말로 본래부터 청정, 불생불멸, 구족, 동요가 없고, 모든 법을 창조했다. 自性은 닦아서 얻어지는 것이 아니다. 다만 보기만 하면 된다. 수성(修性)이 아니고 見性이다. 自性은 창조로 이미 완전하였다. 하나님의 몸 된 본성이 완전한 것 같이…… 사자 새끼는 태어날 때부터 사자로 태어나는 것이지, 자라나 몸집이 커졌다고 해서 사자란 사실 자체가 달라지는 것은 없다.

> "본래 성품은 그릇됨도 없고, 어지러움도 없으며, 어리석음도 없다.
> 생각마다 지혜로 관조하여 항상 法의 모양을 떠났는데, 무엇을 세우
> 겠는가? 자기의 성품을 단박 닦으나 세우면 점차가 있으니, 그러므로
> 세우지 않느니라."18)

존재한 세계 안에서 더 이상 창조는 없듯, 수행을 통해서도 인간 본성에 더 보탤 것은 없다. 교육적 방법도 그와 같다. 自性, 곧 창조 본성을 보아야 단박에 깨치고, 깨치면 하나님의 창조 지혜를 얻고, 창조 본성에 참여하며, 창조 뜻을 전달받는다. 교육적인 방법상으로는 견성을 통한 돈오법이 적용해야 할 기본 원리이지만, 창조 본성 차원으로 이끄는 주축 근간은 어디까지나 하나님의 말씀 자체이다. 이 땅에 강림하여 계시한 "말씀의 가르침 역사"에 근거해야만 인류가 본래의 창조 본성을 각성해서 성불하고 聖人이 되며, 聖化 되리라. 하나님이 완전함과 같이 완전하여 지리라.

---

18) 『육조단경』, 성철본, pp. 174~175.-『칸트와 불교』, 앞의 책, p.300.

제18장 수행의 교육적 진리 원리 적용

1. 지혜 일굼 원리

수행은 다른 작용 원리도 있지만, 그중에서도 중심을 이루는 것은 진리를 일구는 작용 원리이다. 통상 지식은 인식한다, 안다와 같은 말로서 표현하지만, 수행을 통해 진리를 일군다는 것은 '깨닫는다, 깨우친다, 직관한다, 見性한다'란 말로 표현한다. 인식한 지식과 깨달은 진리는 작용하는 격이 다르다는 뜻인데, 그것을 구분해서 불교에서는 지혜라고 한다. 그러나 사전적인 개념으로서는 지식과 지혜를 큰 구분 없이 인간의 사고적인 작용 영역 안에 포함한다. 즉, 지식(知識)은 인식에 따라 얻어진 성과나 사물이나 상황에 대한 정보로서, 이것을 교육이나 경험, 또는 연구를 통해 얻은 체계화된 인식의 총체를 뜻하고, 지혜(智慧)는 사물의 이치나 상황을 제대로 깨닫고, 그것에 현명하게 대처하는 방도를 생각해 내는 정신적인 능력이다.[1] 인식한 결과적 앎과, 그런 정보를 활용하여 주체적으로 대처하고 문제를 해결하는 탁월한 정신 능력의 차이라고나 할까? 이런 의미에서 지식과 지혜는 현실적인 삶을 영위하는 데 있어 연관된 사고 작용이라고 할 수 있다. 그것은 정신적 능력이고, 운용에 관한 것이며, 그로부터 작용한 원리성까지 밝힐 수 있는 근거는 찾

---

[1] 다음 사전-지식, 지혜.

을 수 없다. 여태껏 열심히 배우고 익혀서 지식을 축적하면 지혜를 얻고 지혜를 발휘하는 것으로 생각했다. 유독 불교에서만 지혜의 획득 가치를 "미혹을 끊고 부처의 진정한 깨달음을 얻는 힘"으로 이해했지만, 그런 의미가 일반적으로 적용된 상태는 아니다. 이런 추세 탓에, 지난날은 수행의 **"지혜 일굼 원리"**를 간과하였다. 지식 교육 안에 포함하여 특별히 수행 교육 원리를 적용해야 할 필요성을 느끼지 못했다. 이것이 온통 지식 교육으로 일관되고, 불교 전통 안에서만 통용된 원인이다. 왜 현대 인류가 지식이 아닌 지혜를 일구고, 학습이 아닌 수행으로 깨달음을 얻어야 하는지 이유를 알지 못했다. 알기 위해서는 지식과 지혜가 지닌 분명한 차이를 구분하고, 깨달음의 본질을 알며, 수행의 **"지혜 일굼 원리"**를 밝혀야 한다. 그리해야 수행 교육이 왜 미래의 인류 사회에 보편적으로 확대되고, 지혜 일굼 원리가 객관적인 교육 원리로 적용되어야 하는지에 대한 이유를 알 수 있다.

그렇다면 개개인의 삶에서는 물론이고, 인류 전체에 있어서 지식을 가지는 것 이외에 따로 지혜를 일구어야 하는 필연적 이유는 무엇인가? 지식은 학습을 통해 얻을 수 있는 사고적 인식이고 앎이지만, 지혜는 그런 방법만으로서는 획득할 수 없다. 반드시 육신을 통해 구도 의지와 목적을 관철할 수 있는 수행을 쌓아야 정신적인 覺을 이룬다. 대개 진리 추구 형태는 세계의 본질을 총괄적으로 규명하는 것이다. 사고를 통한 이성적 통찰과 수행을 통한 깨달음과는 차이가 크다. 그래서 통상 객관적인 사실을 규명하는 학문 탐구는 미치는 인식 영역이 수평적 이해에 그쳤다. 그야말로 드러난 사실 세계를 파악하는 것이라면 지식, 사고, 이성, 학문만으로 충분하다.

그런데 문제는 그 이외에도 알아야 할 잠재된 세계가 있다는 것이다. 운위되는 현상 세계와는 차원이 다른 道, 본체, 본질, 形而上學, 하나님과 같은 실재 세계이다. 본질이란 차원 세계 속으로 진입하기 위해서는 기존의 탐구 방법으로서는 도달할 수 없다. 이처럼 현실적 질서와 차원이 다른 본질 세계로 접근하기 위해 선현들이 몸소 실행한 것이 수행이란 방법이다. 이것이 만인이 구분해야만 하는 지식 교육과 수행 교육과의 차이이다. 본질 세계를 보기 위해서는 지식 교육 방식 패턴을 바꾸어야 한다. 이것이 교육 방식과 원리 적용의 뚜렷한 갈래이다. 수행 방식을 통하지 않고서는 지혜를 증득할 수 없는데, 현실적으로는 종교적 목적에서만 운용되고 있으므로 이것을 교육적 방식으로 확대해서 적용해야 한다. 현실의 분열적, 결정적 특성과 달리, 바탕이 된 본질 세계는 제반 특성을 초월한 통합적 특성을 보여, 그런 특성을 형상화하기 위해서는 수행으로 의식을 고도화한 직관력을 길러야 한다. 이런 단계가 되어야 비로소 부처가 증득한 깨달음의 본질과, 불교 전통이 애써 지혜를 얻고자 한 이유를 파악할 수 있다. 현상계와 대비되는 본체계적 진리인 탓에 깨달음으로 획득하고자 한 것이고, 그렇게 해서 파악한 본체계에 관한 정보가 곧 반야(般若)란 초월적 지혜이다. 오감으로 접하는 분열적 지식 체계가 아니란 뜻이다. 몸 된 수행을 기반으로 차원적인 경지에 도달하는 것을 일컬어 見性한다고도 하는데, 見性 상태와 반야란 지혜와는 무슨 상관이 있는가? 見性, 즉 본래적 自性, 그러니까 삼라만상 우주를 있게 한 창조 본성을 보는 순간, 바탕이 된 본성 모습과 특성과 정보를 일시에, 한꺼번에 관통한다는 것이다. 그것이 바로 의식적인 자각과 순간적인 통찰로 주어진다.

몸 된 관조와 모습 포착이 의식적인 인식 작용을 일으켜 진리로서 각인되므로, 그것이 반야란 지혜이다. 근원 된 창조 본질을 의식적으로 직관한 인식화 형태를 일컬어 진리라 하고, 불교에서는 *法*이라고도 하며, 그중에서도 창조 본체의 순수한 초월적 지혜를 일컬어 반야라고 한다.

지혜는 본질적인 저변을 가지고 있어, 그렇게 감추어진 창조적 본의를 알아야 현대 교육이 지식 교육만으로서는 한계성에 직면할 수밖에 없고, 왜 지식 교육 체제를 수행 교육 체제로 전환해야 하는지를 알게 된다. 부처가 참다운 *法*에 대하여 "세상의 것들은 무상하여 믿을 수 없지만, 바른 *法*만큼은 뜻대로 영원히 곁에 머물러 큰 위안과 기쁨이 되어 준다"[2]라고 한 것인지 이해할 수 있다. 지혜의 *法*을 각성하고 수지하라. 부처의 *法*은 영원하다. 그 이유란? 나를 이루고 만물을 이루고 인생을 지침한 창조 본성을 설해서이다. 아무리 지식에 지식을 더해도 수행을 쌓지 않으면 지혜를 구할 수 없다. 지식은 기계로 만든 컴퓨터 속에서도 무수하게 찾지만, 지혜는 그렇지 않다. 지혜 일굼의 소중함을 알아야 하나니, 빛나는 정신력으로 수행을 쌓는 것은 이 땅 위에 억만금의 재보를 쌓는 것보다 낫다. 수행으로 지혜를 일구나니, 지혜는 논리적 추적과 다른 정신 작용 특성인 직관을 통해 주어진다.[3] 지식의 축적 결과가 아닌, 우주 의식과의 통합이자 합일된 의식의 결과이다. 존재 의식과 세계의식과의 통합이랄까? 이성은 사물 세계를 분석할 수 있는 사고적 능력이지만, 반야란 지혜는 일체의 사고 절차를 초월해서 본체 세계를 직시할 수 있는 초월적 능력이다. 그런데도 지난날은 본체

---

2) 『세계의 해탈을 위한 붓다 프로젝트』, 원담 저, 민족사, 2016, p.383.
3) 『불교의 교육 사상』, 박선영 저, 동화출판공사, 1981, p.85.

세계가 확실하게 드러나지 못하여 반야란 지혜를 세상의 질서 조건으로서는 이해할 근거를 찾지 못했다. 하지만 이 같은 조건 속에서도 수행이란 증과는 선현들이 남긴 위대한 정신적 유산이다. 이를 통해 수행의 지혜 일굼 원리를 인간 교육 원리에 적용하면, 기대되는 차원 문명을 건설하는 데 크게 이바지할 수 있다.

그렇다면 우리는 왜 覺者가 설한 반야란 지혜와 法을 접해서 듣고 보고 궁구하였는데도 불구하고 사고적으로 이해할 수 없고, 경전을 읽는 것만으로는 깨달음, 즉 직접적인 지혜 증득이 어려운가? 이런 측면에서의 깨달음의 상태란 정말 무엇인가? 그 이유는 경험으로 접하는 法과 지혜는 수행으로 도달한 정신적인 차원 경지 상태를 개념화한 데 있다. 이미 간접적이다. 음식을 먹어보고 맛을 아는 것과 "캬, 맛있다!"라고 감탄하는 소리를 듣는 것은 다르다. 부처는 선정에 든 상태에서 法을 설했다고 하는데, 그것은 몸 된 본질 상태와 의식이 초월적인 우주 의식과 합치된 상태이다. 그만한 차원 본질과 세계성이 뒷받침된 것이다. 이런 경지 상태에서 그야말로 무궁한 지혜를 증득할 수 있다. 하지만 그렇게 해서 설한 法을 문자로 접하는 것은 샘솟는 물을 길어 와서 마시는 것과 같다. 경전 속의 法은 살아 있는 정신의 세계성이 빠져 있다. 깨달음은 증득하는 것인데, 여기에는 그럴 만한 이유가 있다. 자연 현상의 진리성은 가설을 세우고 실험해서 드러난 결과를 확인하면 된다. 그 이유는 제반 작용 현상이 이미 창조로 인해 결정적이고 규칙적인 탓이다. 하지만 바탕을 이룬 창조 본체는 그 같은 결정 질서를 초월해 있다. 그래서 전자의 조건만으로서는 진리성을 확인할 방도가 없다. 오죽하면 현상적 질서를 부정하는 방법을 택했을까만, 그러니까 부처는 法을 설했는데도 수행자는 재차 수행을 통해 法을 일일이 확인한 과정을 거쳤다. 法과 지혜의 본질은 이런 것이다. 하지만 때가 이른 지금은 그런 방법으로 어떻게 인류를 빠짐없이 본체 세계로 인도할 수 있겠는가? 전면적으로 혁신해야 하므로, 수행의 **"지혜 일굼 원리"**를 창조 본의에 근거해서 보편화해야 한다. 그리해야 인간 교육 원리로서 확대 적용할 수 있다.

금강산이 아무리 천하 절경이라도 직접 가서 눈으로 보지 않고서야 어떻게 실감할 수 있겠는가? 듣는 것만으로는 안 되듯, 반야란 지혜도 경구를 읽는 것만으로서는 부족하다. 수행으로 쌓아 올린 의식적 차원으로 창조 본체로서 지닌 초월적인 특성을 직접 증득해야 한다. 그렇게 해서 일군 본체성에 대한 정보를 표출한 것이 法이고, 지혜이지만, 그런 본체 道를 볼 수 있는 눈을 얻은 것 역시 지혜이다. 그래서 見性이다. 보고 실인해야 만 법, 만 지혜가 현상계와는 차원이 다른 천지 만물을 있게 한 바탕 본체란 사실을 확인할 수 있다. 왜 사고적 접근만으로서는 듣고서도 이해할 수 없는가? 본체적인 지혜를 창조 본체로 볼 수 있는 안목을 가지지 못한 탓이다. 곧, 見性하지 못했다는 뜻이다. 눈이 열려야 진리를 볼 수 있으므로, 그처럼 눈을 뜨게 하는 것이 수행이다. 어둠 속에서 물건을 찾으면 사물을 구분할 수 없다. 배움이 깊으면 식견은 높겠지만, 그런 안목만으로서는 지혜를 구할 수 없다. 본체 세계에 대한 무지 탓이다. 無明 속에서 헤맬 수밖에 없어, 그 무엇도 분별할 수 없다. 부처와 하나님을 구분하는 것은 현실적인 안목이고, 見性하면 그렇게 본 결정 양상이 달라진다. 부처와 하나님이 하나라고 보는 것은 분열 의식을 극복하고 無明을 벗어난 覺者로서의 통찰이다. 色과

空은 다르지 않은데 다르다고 보는 것은 見性하기 이전의 인식이다. 그래서 만 인류가 정녕 色空이 하나라는 사실을 확인할 수 있도록 안목을 개안시키는 것이 인류 사회에 적용하고 확대해야 할 수행 교육의 지향 목적이다. 다르게 본 것이 하나라는 사실을 알 수 있게 하기 위해서는 원천적인 창조 뿌리를 볼 수 있게 해야 한다. 그런 눈을 가지게 하는 것이 2600년 전의 부처가 그러하였고, 뭇 수행자들이 그러하였듯, 미래 역사에 있어서도 변함없는 깨달음의 목적으로서 수행 교육을 확대해야 하는 이유이다.

그래서 우리는 위대한 수행 문화의 전통을 남긴 중국 선불교의 4대 종지인 불립문자(不立文字), 교외별전(敎外別傳), 직지인심(直指人心), 견성성불(見性成佛)의 의미를 되새길 필요가 있다. 이것은 경론(經論)의 문자와 교설만을 주로 한 교가(敎家)적 전통을 비판하고, 체험 중심으로 정법(正法)을 마음에서 마음으로 전하고자[以心傳心]한 달마 대사의 선 맥을 표현한 것인데, 당나라 때 6조 혜능의 남종선이 특별히 강조하였다. 다른 것은 차치하고, 일단 증득의 수단에 해당한 佛道의 깨달음은 以心傳心이 주이고, 문자에 의지하지 않는다는 것을[不立文字] 중도적 측면에서 보면 득실이 있다.[4] 지혜의 본체적 특성을 꿰뚫는 見性을 이루기까지는 어차피 직접 보아야 증득하기 때문에 용맹정진해야 하지만, 지혜가 지혜인 것을 아는 안목을 가진 다음에는 지혜성을 확인할 수 있는 근거로서 깨달음의 안목을 더욱 확대해야 하므로, 무조건 멀리할 것은 아니다. 또한, 화두를 정하고 탐문하고 수행하는 것처럼 정신적인 통찰력을

---

4) 혜능은 "돈오견성(頓悟見性)의 기치 아래 자기 성품을 스스로 깨달으며, 자기 마음을 깨닫는 것으로부터 비롯되며, 제 佛의 묘한 도리는 문자와 관계없다"라고 하였다.-『육조대사 법보단경』, 앞의 책, p.13.

기른다는 측면에서는 문자에 의지함도 전격 부정할 일이 아니다. 활용만 잘하면 見性의 디딤돌 역할을 충분히 할 수 있다. 마음으로 통하고 마음으로 깨닫고 마음으로 法을 전함일진대, 일대일로서는 더는 바랄 것이 없는 수행법이지만, 그런 방법만으로 어느 세월에 인류 모두가 증득할 길을 열겠는가? 그래서 이 연구는 증득 과정과 지혜 일굼 원리를 이론적으로 체계화해 보편적인 교육 원리로 확대 하고자 한다. 깨달음의 원리를 규명하여 일차적으로는 본체 세계를 사고적인 수단과 이성적인 통찰로 판단할 수 있게 하고, 그다음은 삶의 추구 과정을 통하여 진리 세계를 직접 확인해서 見性할 수 있 게 하는 방법이다. 그렇게 구축하는 것이 수행 교육을 통한 지혜 일굼 목적이다. 부처가 무엇인 줄 알아야 부처가 될 수 있고, 부처 가 되는 길을 알아야 부처가 되는 길을 찾아갈 수 있다. 見性해야 성불한다. 直指人心이다. 가르침에 기대지 않고 좌선으로 마음을 직관함으로써 깨달음에 도달한다고 했지만, 그것은 수행의 지혜 일 굼 작용 원리를 구체화하지 못했을 때의 수행법이고, 지금은 이 연 구가 반야란 지혜의 정통적 본질과 차원적인 특성을 밝힌 상태이므 로, 인류가 적극 이 같은 지침에 근거해 깨달음을 얻는 길, 부처가 되는 길, 곧 하나님에게 이르는 길을 찾아야 한다. 물론 분석하고 이해하는 사고 추적 방식으로서는 어렵다. 그래서 자신의 마음, 본 성, 의식으로 들어가 직접 우주의 본질을 직시해야 하고[直指人心], 見性 이후로는 그런 안목으로 진리 세계를 관조해야 한다. 동서고 금의 인류가 이룬 역사와 문화와 진리 세계를 꿰뚫어야 한다. 이처 럼 삶을 통해 수행을 쌓으면 존재한 정신 차원이 업그레이드된다. 반대로 끝까지 無明 세계를 벗어나지 못하면 생멸하고 만다. 그래서 수행으로 지혜를 일구고 지혜를 볼 수 있는 눈을 가지는 것은 차원이 다른 본체 세계를 보는 것이다. 그리고 그 차원 세계란 다름 아닌 본래 자신을 있게 한 근원 모습, 바탕 모습, 곧 창조 본성이다. 그리고 그것을 직관으로 일군 것이 바로 지혜이다. "불교의 수행적 전통은 우주와 인생의 진실을 꿰뚫는 지혜를 계발하고, 실상적 인간을 완성하며, 참다운 삶을 영위할 수 있도록 한다."5) 반야 지혜는 인간 영혼을 진정한 본향 세계로 인도하는 진리이다.

그렇다면 수행은 직접 行하는 것인데, 지혜를 얻는 것과 무슨 상관이 있는가? 수행을 쌓으면 의식에 어떤 변화를 일으키는가? 존 로크는 인간의 지식획득은 오직 경험이란 루트를 통해서만 주어진다고 했지만, 수행 목적은 깨달음으로 지혜를 얻는 데 있고, 깨달음은 그렇게 해서 증득한 지적 인식이자 자각이다. 이것은 존 로크가 단정한 경험 이외에 또 다른 인식 루트가 내적 본질에 함재해 있다는 말이 된다. 그것이 도대체 무엇인가? 수행은 분명 行함을 통해 존재한 본질에 변화를 일으킨다. 본질을 생성시켜 고무하고 축적한다. 그런 과정을 통해 일정 시기 기력이 충천하면 우주적 본질과 교감하고 동화하여 최고조에 이른 순간, 깨달음을 얻는다. 마치 오랜 작업 끝에 터널이 관통되듯, 수행으로 쌓은 의식적 본질과 우주적 본질이 하나로 통한다. 일명 통천하는 순간으로 억만 년 세월 동안 운위한 우주적 정보, 창조 메시지가 한꺼번에 쏟아진다. 우주의 원천적인 모습을 확인함과 동시에 지혜를 수용한다. 그것이 불교적 관점에서는 반야란 지혜이고, 이 연구의 통찰 관점에서는 하나님의 창조 뜻, 의지, 원리, 통틀어 창조 본의이다. 견성과 함께 창

---

5) 「화엄경의 교육사상 연구」, 최효순 저, 고려대학교 대학원, 교육학, 박사, 2017, p.78.

조 본성을 꿰뚫게 되는데, 그곳에 하나님이 태초에 구축한 창조 지혜가 함축되어 있다. 그래서 깨닫고 見成한다는 것은 바로 우주의 본질적인 면모를 엿본 것이 되고, 세상 질서와는 차원이 다른 우주의 생명적 실상을 엿본 것이다. 창조된 실상 자체이다. 본질로 존재하는 세계적 실상을 엿본 覺者는 진리 세계에 무궁한 신뢰를 두고 그것을 法으로 설하게 되었다.

그래서 이 연구가 수행의 **"지혜 일굼 원리"**를 교육에 적용하고자 하는 목적은 깨달음 자체에 있지 않다. 그를 통해 인류 본래의 창조 세계를 볼 수 있도록 안내하는 것이다. 선천에서는 見性의 목적이 성불하는 데 있었고, 반야란 지혜가 무엇인가 하는 특성을 일갈하는 데 그쳤다. 비단 불교적 전통이 아니라도 동양에서는 수행을 통해 梵我一如, 天人合一을 지향하였다. 하지만 그런 경지에서 더는 나가지 못한 것은 선천 지성의 한계이다. 그렇다면? 창조 본의를 일군 지혜로서 확인하고, 살아 역사한 창조 섭리를 꿰뚫으며, 이 순간에도 함께한 하나님을 볼 수 있어야 한다. 수행 방법과 지혜 일굼의 궁극점에 창조 본성이 있다. 見性을 통해 곧바로 하나님을 볼 수 있는 길이 직결되어 있다. 그것을 아는 것이 인류의 인생 삶에서 보편적으로 경험해야 할 최대의 구원 역사이리라.

2. 직관 작용 원리

『팡세(Penses)』에서 파스칼(1623~1662)은 인간은 자연에서 가장 연약한 한 줄기 갈대이다. 그러나 그는 생각할 수 있는 존재이기 때문에 우주까지 포용할 수 있다고 하여 인간 사고의 위대성을 말한 프랑스의 과학자, 수학자, 사상가이다. 인간은 생각할 수 있는 존재인데, 그런 사고력을 뒷받침하는 것이 정신 작용이다. 신체적으로는 갈대처럼 연약하지만, 사고력만큼은 대우주까지 포용하기 때문에 다른 종과 비교할 바 없을 만큼 위대하다고 하였다. 하지만 인간은 그런 사고 능력을 얼마나 계발하였고, 또 활용하고 있는가? 대우주를 포용한다고 하였는데, 정말 그러한가? 가능성의 전제 조건은 지닌 사고력을 최대한 활성화했을 때이다. 정신적인 기능을 계발했을 때만 우주의 본질적인 모습을 파악할 수 있다. 천체망원경은 주어진 기능만큼 우주 영역을 관측할 수 있다. 이런 측면에서 인류는 지난 역사에서 가진 사고 능력을 얼마나 계발하였고, 또 발휘하고 있는 상태인가? 부정적이라면 이유는 무엇인가? 이것을 밝히고자 하는 것이 수행의 **"직관 작용 원리"** 규명 절차이다.

파스칼이 자부한 인간 사고의 위대성은 서양 문명을 대변한 이성적인 사고 능력을 활성화한 정신 작용 기능이다. 다시 말해, 사고 영역에만 편중해 있어 미개척 영역이 남아 있다는 뜻이다. 그것이 이 연구가 논거를 두고자 하는 인간이 가진 또 다른 정신 능력인 직관이란 인식 작용 메커니즘이다. 직관은 본질과 의식이 참여한 총체적인 정신 작용인데, 서양은 사고적 인식 능력 계발에만 집중하여 정신적인 차원 본질을 파고들지 못했다. 그런 영향력으로 사고 작용이 사전적 개념으로 굳어졌다. 즉, 대상이나 현상을 보고 즉각적으로 느끼는 그 무엇으로 정의하여 즉각적인 것은 맞지만, 내부 본질을 일구는 능력은 간과하였다. 그리고 인식 수단에도 감각기관 작용이 있는데, 감각기관은 그 자체가 세계 판단에 제한이 있다. 의식을 통해 직관하고 본질을 통해 통찰해야 결정적인 질서를 초월하여 차원이 다른 본질 세계로 진입할 수 있다. 그리고 직관력은 판단, 추리, 경험 등을 거치지 않고 어떤 대상을 곧바로 파악하는 능력이라고 하였지만,6) 그렇게 규정한 것은, 그들이 중점을 둔 사고 기능인 이성으로 가늠할 수 있는 근거와, 절차를 거치지 않은 일종 정체불명의 인식 결과를 일컬은 것이다. 정신 작용의 세계적 바탕과 원리성을 알았을 리 만무하다. 흔히 영감(inspiration)을 이런 기능에 포함하지만, 영감은 어떤 근거와 사고적 절차 없이 갑자기 떠 오른 아이디어가 아니다. 순수한 사고 기능만으로서는 직관 작용 현상을 설명할 수 없다. 비록 사고적이더라도 의식 속에 의문을 잠재시키고 탐문하는 과정을 거친 탓에 한순간 생각의 구조적인 일치로 지혜를 표출해 순간적으로 각인한 것이다. 사고적인 의문이라도 존재한 상위 본질과 연계되어 있어, 일어난 의문을 기억하고 저장할 매체가 필요했다는 뜻이다. 그것이 의식 작용의 차원적인 메커니즘 체제이다. 이 같은 정신 작용을 무시한 사고적인 접근은 그 자체가 세계관적 탐구와 이해를 한정시킨 한계성을 드러낸다. 독일의 사회철학자 막스 셸러(1874~1928)는, "인간은 진리와 가치의 절대적인 영역에 대하여 본질직관(Wesensanschuaung)을 할 수 있다. 즉, 정신의 세계 개방성인 초월의식(Transzendenz)을 가지고 있다고 했지만, 그런 정신 작용의 차원적인 메커니즘은 밝혀내지 못했다."7) 그것이 직관 작용에 함재해 있다는 사실까지는 알지 못했다. 직관 작용의 심원한 본성을 파헤치기 위해서는 동양이 일군 전통적인 수행 문화에 눈을 돌려야 했다. 앞서 밝힌 見性的 깨달음

---

6) 다음 사전-직관·직관력.
7) 『철학적 인간학(2)』, 앞의 책, pp. 17~18.

은 인간이 지닌 정신 능력인 직관 작용의 일환이다.

부처가 보리수 아래서 명상을 통해 깨달음을 성취한 것은 합리적이고 논리적인 사고 탓이 아니다. 또 다른 지적 통찰인 직관적 방법이다.[8] 여기에서 직관은 정말 논리적, 의도적인 목적을 가지고 추리, 추론한 절차를 거치지 않았는데도 일찍이 인지하지 못했던 앎이 한순간에 생성된 것을 말한다. 물론 수행을 통해 세계적인 의문을 의식 속에 잠재시킴으로써 본질에서 충실을 기한 과정이 없었다고 할 수는 없다. 육조 혜능은 "설법을 듣고 그 자리에서 바로 깨닫는다(聞 法諺 下便悟)고 한 돈오견성(頓悟見性)을 주장한 바, 말끝에 곧바로 깨닫는다는 것은"[9] 순수한 사고 결과인 것처럼 보이지만, 이미 내면에서는 수행을 통해 개오를 위한 일체의 본질적, 정신적인 바탕이 마련된 상태이다. 見性은 직관한 형태로서, 과정이야 어찌 되었건 수행을 쌓고 의문을 품지 않았는데 깨달음을 얻을 리 만무하다. 하나님이 아무런 근거와 사전 준비 과정도 없이 창조된 결과물을 세상에 내놓았겠는가? 단지 무형의 본질 작용인 탓에 인식할 수 없었던 것뿐이다. 그 무형의 직관 작용 메커니즘을 때가 된 지금 밝히고자 한다. 이성적 사고만으로서는 파악할 수 없는 무형의 본질, 의지, 의식 작용인 직관의 정신 작용 통찰에 대하여…… 그 차이를 비교할 때, 이성적 통찰은 논리적, 합리적인 인식 근거를 산출할 수 있지만, 직관적 통찰은 인식에 대한 일반성이 모자라 形而上學적인 세계로 이격되어 있었다. 그렇다고 이성적 통찰이 세계를 파악할 수 있는 유일한 창구는 아닐진대, 그 이유는 고차원적인 세계는 거의 직관적 통찰의 결과물인 탓이다. 그래서 앞

8) 「원효의 교육 사상」, 앞의 논문, p.20.
9) 「육조 혜능의 새로운 선」, 김태완 저.

으로는 육감으로 파악할 수 있는 대명천지 확실한 객관의 세계로부터 육감을 초월해 직관으로 파악할 수 있는 잠재된 본질 세계를 형상화해 구조를 밝힘으로써 세계의 근원적인 모습을 완성해야 한다. 그런 전환을 가능하게 하는 깨달음은 오랜 구도 과정 끝에 잠재된 정신적 고뇌를 한순간에 푸는 커다란 인식의 변화이고, 이런 자각의 순간 확고부동한 신념을 형성한다. 깨달음을 얻는다는 것은 고난의 과정을 통하여 쌓인 정신적 배회와 의혹이 문득 직관한 믿음으로 확신하게 되는 어떤 계기에 있다. 그 계기는 이 연구가 길을 추구하는 과정에서도 동기로서 부여한 것이기 때문에, 장차 어떤 결과를 낳을 것인지 판단할 수 있었다. 즉, 본인은 지난날 추구한 길을 통하여 소정의 과정을 종합적으로 통찰한 진리 통합이란 과제를 완수하였다. 그 연면한 발자취는 직관한 본질 생성의 단편들인데, 때가 되어 종합하고 보니까 무형의 추구 의지가 존재한 본질적 모습을 형상화했다. 그것이 바로 내면의 존재 본질을 파악할 수 있는 직관 작용이다. 인식의 고도를 높인 직관력이 차원적인 세계성을 형상화했다. 그래서 세계의 본질을 인식하기 위해서는 직관력을 길러야 한다는 사실을 확인하였다.

정신은 차원적인 세계성을 이루고 있어 정신 본질을 이해하기 위해서는 포괄적인 학문 추구와 논리적인 추적만으로서는 차원 세계에로의 진입이 어렵다. 참다운 진리 세계를 이루고, 세계적인 본질성을 직관하기 위해서는 인고의 과정을 거친 본질성의 축적과 진리성을 일군 수행이 필요하다. 도도한 지성이 세계를 판단하고 무질서한 세계를 개념적으로 체계 지을 수는 있지만, 끝내 영혼의 빛으로 감내할 수 있는 영원한 신념과 의지력과 믿음은 주지 못한다.

수행자들이 진심으로 무궁한 空의 세계를 파악하기 위해 정진한 것은 우주의 본질을 형상화하고자 한 노력의 일환이다. 우주의 근원 본질을 파악하기 위해서는 정신력으로 확보한 세계의식이 필요하다. 우주의 본질을 인식하는 것은 논리로서 가능한 지식적 차원이 아니다. 수행 의식과 우주의 본질이 상호 교감해야 가능한 총체적인 통찰의 문제이다. 우주의 본질은 지식을 통해 세상을 이해하는 것과는 차원이 다르다. 우주의 형체를 이해할 수 있는 유일한 수단이 인간으로서 가진 의식이다. 그래서 선현들은 정신 수행을 통하여 무량한 우주의 구조를 이해하고, 심원한 우주 생명과 일체 되고자 하였다. 물리적인 실제 현상을 통하여 파악할 수 있는 세계성에 대한 특성과 구조는 파악 가능한 방대한 지식 체계와 문명의 이기에도 불구하고 결국은 외도된 자들이 지상에 쌓아 올린 바벨탑과도 같다. 인간으로 태어났으면 참되게 정진해야 하나니, 이것만이 우주를 아는 실질적인 길이다. 정녕 수행을 통해 기른 직관력은 우주의 본질을 형상화할 수 있는, 인류가 활성화해야 하는 정신 능력이다. 직관을 통하면 세계의 본질적인 구조를 파악할 수 있다. 본질 작용과 구조를 파악하면 비로소 직관 작용의 원리 메커니즘을 밝힐 수 있게 된다.

파악한 바, 세계는 한통속의 본질로 구조화되어 있나니, 한통속은 어떤 경계도 없고, 내면 본질을 온전히 장악해서 지배할 수 있는 동질로서 구성되어 있으며, 제약 없이 관통되고, 이미 모든 것이 완비된 통합성 상태이다. 세상 안에서처럼 논리적 연계와 사고적인 절차, 그리고 시공의 엄밀한 분열 질서와 상관없이 꿰뚫어지고, 이미 갖춘 탓에 본질이 곧바로 직관으로 드러나 한꺼번에 관통된다.

그래서 직관은 인간의 몰이해에도 불구하고 수행자의 의식 속에서 차원적인 세계의 진리를 파악하는 인식 기능으로서 도도하게 계승되었다. 하나하나 이해하는 절차를 넘어 한꺼번에, 갑자기 득함이 가능한 것은 지혜가 한통속을 이룬 창조 본체로서 함축되어 있어서 이다. 지식처럼 누적되는 과정을 통해 이해의 폭이 넓혀지는 것이 아니고, 우주 의식과 소통되면 창조에 관한 정보가 제한 없이 쏟아 진다. 하나가 바로 우주의 太極性을 본유했다. 그렇게 세계 구조가 드러날 수 있는 것은 수행을 통한 의식적 작용이 자체 본질을 분화 시켜서이고, 본질이 분화하면 의식이 구조화된다. 의식을 통한 감 지력, 곧 직관력이 고도화됨과 함께 기력이 충천해져 우주 의식과 교감할 수 있는 세계성을 확보한다(선정에 듦). 대우주의 근원적인 운행 질서와 동조함과 함께 구조적으로 일치함으로써, 形而上學적 인 우주의 본질 상태를 道로써 직시한다. 이것이 지난날 순수한 사 고력을 기반으로 달성하고자 한, 인간 교육 패턴을 혁신적으로 전 환할 수행의 **"직관 작용 원리"**이다.

다시 묻나니, 오늘날 왜 수행 교육이 필요한가? 자연적인 지식 교육과 사고 방법만으로서는 심원한 세계성을 파악하기 어렵기 때 문이다. 지식은 인식하는 것이고, 본질은 직관하는 것이다. 한쪽만 으로서는 세계를 온전히 파악할 수 없다. 의식의 분화로 무형의 본 질이 형상화되고, 본질이 생성하여 세계 의지와 교감할 수 있는 길 을 튼다. 의지 수련과 의식적 뒷받침이 긴요함에, 그것이 곧 수행 교육의 요체이다. 수행 교육을 확대하기 위해서는 세계에로의 진리 접근 방식인 수행의 **"직관 작용 원리"**를 수용해야 하고, 이것을 인 간 교육 원리에 적용해야 한다. 직관을 통해 이루고 도달할 수 있는 인간 교육의 원대한 가치 목적을 지침함으로써 인류의 보편적 구원 사역을 앞당겨야 한다. 진리는 체득함으로 인식하고, 의식은 세계의 본질과 합일해야 한다. 길가는 자의 깨어 있는 의식을 통해야 세계의 본질 구조를 드러낼 수 있다. 진리는 어떤 틀로서 한정되어 있지 않다. 세계의 본질을 인식하는 것이 바로 진리를 인식하는 것이다. 의식으로 세계 의지와 투합해야 인류는 본질로부터 영원한 진리적 속성을 부여받는다. 수행 의지를 갈고 닦으면 의식으로 우주의 의식과 접한다. 부처가 밝힌 法과 각성 원리는 인류에게 참다운 진리 모습과 차원 세계에 도달할 수 있는 길을 열었다는 데 의미가 있다. 직관력은 인간이라면 누구나가 지녀야 할 차원행 열차 티켓이다. 반드시 길러야 하는 정신력이고, 도달한 경지는 곧 차원적인 세계성을 획득한 것이다. 다시 말하면, 하나님의 창조 뜻을 전달받고 교감해서 받들 수 있는 정신 능력을 확보한 상태이다. 하나님과 함께할 수 있는 지상 강림 역사 시대 개막을 앞당기게 하리라.

3. 궁극성 도달 원리

현시대와 인생을 앞서 살고 간 선현들은 직접 자신의 길을 걸었고, 겪었고, 이룬 경험을 통하여 후세인들이 바라보고 걸어서 도달해야 할 길을 제시하였다. 그 길이 어떤 길인가는 차치하고, 그렇게 지침한 수많은 추구의 길 중에서도 공통점이 있다면 나름대로 궁극을 지향하였고, 궁극이라고 믿었으며, 궁극적인 것을 이루었다고 확신한 것이다. 그렇게 해서 자신은 道를 얻고 깨달음을 얻고 진리를 얻었다고 했지만, 그러나 그것을 바라보는 후세인의 처지에서는 정말 궁극이 무엇이고, 어떻게 해야 궁극적인 것을 이룰 수 있는지 알기 어렵다. 명확한 지침이 없을 뿐 아니라, 세세한 안내도 없다. 그러니까 이런 길, 저런 길을 걸어가는 현세적 삶의 길은 여전히 복잡하다. 세계 자체가 생성 중이므로 역사상 누구도 궁극점에 도달하지 못했고, 엿보기는 했지만 이르는 길을 원리적으로 밝히지 못했다. 그렇지만 추구한 길 중 또 한 가지 공통점이 있다면, 지향한 목표는 어슴푸레해도 한결같이 궁극성을 지향했다는 데 있다. 그 길을 이 연구가 보완해서 헷갈리는 지점에서는 안내판을 세워 이르는 과정과 절차를 확실히 하고자 한다. 거기에는 옳은 길도 있지만, 틀린 길도 있다. 편한 길도 있지만, 험한 길도 있다. 더 나아가서는 걸어가면 도달할 수 있는 길도 있지만, 아예 불가능한 길도 있다. 이것을 구분해서 판단할 수 있도록 하리라. 이 연구는 궁극점을 향해 인생길을 걸은 길의 추구자로서 창조 본의를 받든 만큼, 나아가야 할 길을 알고 있는데도 안내하지 않는 것은 잘못이다. 선현들이 지침했지만 현대인들에게는 모호함이 있어 본의에 근거해 정확하게 지침하고자 한다.

일찍이 맹자는 "자기의 마음을 궁극까지 발전시켜 가는 사람은 본성을 이해하게 되며, 본성을 이해하면 天命을 깨달을 수 있다. 마음을 보존하고 본성을 기르는 일은 곧 하늘을 섬기는 방법이 된다. 인간의 수명은 사람마다 길고 짧은 것이 정해져 있어서 누구도 어길 수 없지만, 몸을 닦아 天命을 기다리는 것은 안심입명(安心立命)하는 방법이다(『맹자』, 진심장구, 상)"[10]라고 하였다. 맹자가 가리

---

10) 『동양 교육고전의 이해』, 김효선 외 2인 공저, 이화여자대학교 출판부, 1988, pp. 52~53.

킨 궁극에 이르는 길은 분명하다. 일단 마음을 갈고 닦아 수행, 정진하길 다하면 본성을 이해하고, 본성을 이해하면 天命을 안다고 했다. 그 길과 방향은 옳다. 하지만 세세한 절차, 곧 어떻게 해야 마음을 다하고 본성을 다할 수 있는 것인지, 도대체 깨닫는다고 한 天命이 무엇인지에 대해서는 모호하다. 다시 해석하면, 자신의 마음을 궁극까지 발전시키는 방법은 수행밖에 없다. 그리고 그렇게 하면 본성을 안다고 하는 것은 창조된 본성 바탕을 확인한다는 것이고, 그렇게 앎의 궁극점에 이르면 창조 본의를 알게 된다. 그래서 그것은 누구도 어길 수 없는 길이 되고, 본의[天命]를 앎과 함께 다다르면 安心立命, 즉 영원한 구원의 城에 이른다. 맹자가 궁극을 향한 지향점을 내면의 마음과 본성에 둔 것은 주목할 일이다. 흔히 외부를 향한 자연 탐구는 세계를 아는 방법은 되지만, 인간이 도달해야 할 궁극점과는 거리가 멀다. **지식은 창조 이후의 분열 현상을 접하는 것이고, 수행으로 본성을 각성하는 것은 분열 이전의 통합 본체를 접하는 것이다.** 이런 차이를 통해 궁극을 향한 방향을 확실하게 알아채야 한다. 그런 점에서 유교는 궁극성을 향한 방향을 바르게 지침했다. "유교는 전통적으로 진리 추구의 목표를 修己治人에 두었고, 修己의 도달 경지는 天人合一 형태이다."[11] 修己를 방법으로 삼고, 治人을 목표로 삼음에, 治人은 바로 도덕성의 완성자인 聖人이다. 修己로 聖人이 되고, 天人合一 경지에 도달하는 것, 이것이 유교가 지향한 궁극적 목표이다. 天의 모습은 모호한데, 오늘날 밝혀진 확실한 모습이 곧 창조주 하나님이다. **인류가 추구한 모든 길은 궁극을 행했고, 인류가 도달할 모든 길은 하나님에게로**

---

11) 「퇴계의 교육 사상 연구」, 앞의 논문, p.13.

귀착된다. 선천 역사를 통하여 추구한 궁극의 도달 목표가 무엇이라는 것을 이 연구가 이 순간 인류 앞에 천명한다. 종교 영역에서의 신앙 추구와 가르침만으로 궁극자에게로 이를 수 있다는 주장은 큰 오판이다. 그것은 하나님의 뜻과 역행되게 다른 길을 막아 자체의 세속 지배권을 확립하고자 한 저의였다. 그 잘못된 방향성을 바로잡고자 하는 것이 이 연구의 논거 이유이다. 모든 길 속에 궁극의 길이 있는 것은 삼라만상이 하나님의 창조 본성에 근거해서이고, 각자가 그것을 各具太極 형태로 갖추고 있다. 단지, 그 길이 보편화하지 못한 것은 본의를 알지 못한 탓이다.

　모호한 길이므로 일일이 더듬으면서 개척하다 보니 어려움이 있었다. 궁극에 이르는 길이 멀고 험난한 것은 제대로 된 지침과 안내와 정확한 목표가 없었기 때문이다. 50년 동안 토굴 생활과 장좌불와를 실천한 청화 스님(1924~2003)은 "두륜산, 대흥사, 월출산 상견성암, 지리산 백장암 등, 전국 각지의 사찰과 암자의 토굴에서 계율을 엄격히 지키면서 수도 정진했다. 새벽 2시 30분에 참선에서 일어나 3시에 예불을 드리고, 곧바로 2시간 동안 참선에 들어간다. 아침 좌선은 오전 8시부터 10시까지이며, 오전 11시에 공양을 마치면 오후 2시부터 4시까지 좌선을 하고, 저녁 예불을 한 뒤, 또다시 참선에 들어갔다."[12] 문제는 스님 자신은 참선의 모범을 보이고 많은 법어를 남겼지만, 그렇게 해서 궁극에 이른 수행 원리는 밝히지 못했다. 그러니까 참으로 멀고 험난한 수행의 과정을 일일이 감내해야 했다. 공자의 제자인 증자도 수행인으로서 자신을 매일 세 번씩 성찰한다(吾日三省吾身)고 하였다(『논어』, 학이 편). 성찰하고

---

12) 『정통선의 향훈』, 청화선사 법어집(1), 성륜불서간행회 편, 성륜각, 2003, p.365.

반성하면 인격은 갈고닦을 수 있지만, 궁극성에는 못 미친다. 그렇다면? 이유를 선천에서는 정확히 알지 못했다. 그렇다면? 반드시 통과해야 하는 관문이 있다. 바로 차원의 강을 건너는 것이다. 그 통과 절차를 안내하고 밝혀야 했다. 수행의 **"궁극성 도달 원리"**가 그것이다. 분열하는 질서를 초월해야 궁극의 길에 이른다. 직관력을 길러 가로 놓인 결정 관문을 통과해야 한다. 요가, 명상, 참선 등도 궁극을 향한 방법이고 길이기는 하지만, 차원 세계로 진입하는 원리적인 길이란 사실을 모른 탓에 覺者라도 깨달음의 본질을 알 수 없었다. 궁극성의 관문 앞에서 멈추고 말았다. 본질을 아는 것이 곧 만사에 걸쳐 도사린 차원의 관문을 통과할 수 있는 요체이다.

동서양의 수행 문화가 어떻게 해서 궁극에 이르는 길을 개척할 수 있었는가? 굳은 믿음(기독교), 활연관통(유교), 見性(불교)을 통해서이다. 하지만 그 길목에 차원이란 관문이 가로 놓여있다는 사실은 어디서도 인지하지 못했다. 이것을 자각하면 어떤 길에서도 궁극에 이르는 원리성이 통용된다. 인류 구원의 보편적인 길이 열린다. 그중 수행은 직관으로 본질 세계로 나가는 직통 길이다. 분열 질서를 넘나드는 초월 인식이고, 영원한 나라에 안착하는 지름길이다. 그것이 창조주 하나님이라고 정확하게 지칭하지는 못했지만, 버금가게 차원적인 法으로 각성했다. 살아 역사한 보혜사 진리의 성령을 법신불로 인지했다. 이렇듯, 차원적인 관문이 가로 놓여있다는 사실을 안 이상, 이제는 수행 원리의 正道를 따라야 하나니, 그곳에 궁극에 이르는 길이 있다. 그 관문을 통과했을 때, 인류는 비로소 하나님과 함께할 수 있는 지상 강림 역사 시대를 본격적으로 맞이하리라.

제19장 수행의 교육적 본성 원리 적용

1. 인간성 회복 원리

　현대 문명이 종말에 처했다는 판단은 환경 파괴가 심각해서도 아니고 가용할 자원이 초읽기에 들어갔다고 해서도 아니다. 문명을 일군 중심을 차지한 인간 본성이 도덕적으로 타락하였고, 문명적 기능이 마비되어 회복할 시스템이 작동할 수 없어서이다. 종교든 교육이든 인간적인 양심이든, 어디를 살펴보아도 비슷한 상태이다. 회복 능력과 회복 원리와 회복 시스템을 갖추지 못했다. 가진 기능이 더는 작용하지 않아 회복하는 자보다 타락하는 자의 숫자가 훨씬 늘어나 종말 도래가 불가피하다. 회복 시스템이 극치 점에 도달했다고 할까? 기독교는 어떤 종교 영역보다 앞장 서 도덕성 타락에 대해 회개하지 않으면 심판이 있다고 엄포를 놓았고, 불교에서는 타락하는 원천 씨앗인 無明과 욕망과 번뇌를 근절할 것을 강조하였으며, 유교에서는 하늘로부터 부여받은 天地之性으로부터 뒤섞여 있는 혼탁한 氣質之性을 순화해 본래의 善함을 회복함으로써 天人合一 경지에 이르고자 하였다.[1] 이구동성으로 인간성을 회복하는 데 초점을 맞추었지만, 바라보는 하늘이 달라 회복할 수 있는 세계적 바탕 근거, 곧 수행의 **"인간성 회복 원리"**를 밝히지 못했다. 사

---

1) 「주자의 교육사상에 관한 고찰」, 앞의 논문, p.24.

상가들도 인류 사회가 처한 도덕성 문제를 해결하기 위해 고심한 흔적이 역력한데, 장쟈크 루소는 "타락한 사회와 인위적인 교육을 비판하고, 인류가 자연으로 돌아가 인간 본연의 모습을 회복할 것을 주장하였다."[2] 이것을 본의 관점에서 보면 자연, 그것이 바로 창조된 본래 상태인 탓이다. 주장은 달라도 원리적인 판단은 대동소이하다. "공자는 인간의 내면에 있는 참다운 도덕성을 仁으로 보고, 仁의 회복을 교육적 이념으로 삼았다. 仁만 회복하면 도덕 사회와 이상적인 대동 사회를 건설할 수 있다고 확신하였다."[3] 여기서 仁은 루소가 말한 자연적인 바탕처럼 창조 본성과 다를 바 없다. 본래 지닌 바탕 본성인 탓에 인간성 회복을 교육이 해결할 주된 과제로 삼았다. 명나라 때의 왕양명(1472~1528)은 "用으로 인하여 體를 구한다는 방법론을 동원하여 본체를 회복하고자 하였다. 도덕적인 수양으로 마음의 본체를 회복해야 한다고 한 것은 마음의 본체, 그것이 도덕적 주체이고, 至善한 心體인 창조 본성이란 뜻이다."[4]

"마음의 인욕을 버리고 天理를 보존하는 것에서 수양하면 그로서 좋다(『전습록』, 권상)."

수행은 예나 지금이나 피폐한 인간성을 회복하는 데 이바지했다. 인욕을 버리면 天理를 보존할 수 있고, 보존하고 있다면 회복 운운할 필요가 없는 수행의 **"인간성 회복 원리"**를 시사하고, 天理는 이미 간직하고 있으므로 지키고 보존하는 것이 상책이란 뜻이다. 맹

---

2) 「루소 자연인의 교육 본질론적 이해」, 이원필 저, 부산대학교 논문집, 권31, 1995, p.2.
3) 「주자의 교육사상에 관한 고찰」, 앞의 논문, p.46.
4) 『왕양명과 양명학』, 유명종 저, 청계, 2002, p.125.

자는 "사람은 착하게 태어나며 착한 본성을 지키고 가다듬는 것이 도덕적 책무라고 하였다(성선설). 본래의 善은 내적 수양을 통해 발전시킬 수 있고, 교육을 통해 발전시켜야 한다."5) 성현의 지침이 명확한데도 오늘날의 교육적 현실은 어떠한가? 본래성을 지키고 회복하기 위해 역량을 쏟고 구체적, 현실적, 원리적인 실현 방법을 세워야 했는데도, 자연을 탐구하고 지식을 가르치는 데만 주력하여 본성 회복을 위한 목적과 크게 어긋났다. 그런 상태로 이 땅에 이상 낙원이 건설될 것 같은가? 본연의 교육 기능인 본성을 회복하는 데로 시스템을 되돌려야 한다. 인간의 본래성을 회복하는 것은 인류를 이상사회로 복귀시키는 첩경이다. 그 역할을 교육이 앞장 서 담당해야 한다.

물질만능주의와 지식·기술이 인간 위에 군림하는 등, 교육 시스템의 비정상적인 가동으로 비인간화 현상이 도를 넘은 지금은, 인간을 인간답게 하는 교육 본연의 역할이 무엇인지를 다시 살펴야 한다. 그리해야 본성 회복의 필연성을 자각할 수 있다. 늘 본성을 갈고 닦아 좋은 인격과 성품으로 삶을 살 수 있는6) 수행의 **"인간성 회복 원리"**를 적용해야 한다. 교육과 수행의 주된 추구 목표는 인간성을 바람직하게 육성하고, 잘못된 본성을 회복하는 데 있었다. 그것이 **"교육의 위대한 실행"**이고, 하나님의 보편적 구원 목적을 달성하는 데로까지 이어진다. 수행+교육의 실행 목적을 합쳤을 때, 비로소 시너지 효과를 낸다. 본성을 회복하는 것은 교육의 지대한 목표임에, 달성하기 위한 방법적 수단으로서 수행법을 동원해야 하고, 그 속에서 작용하는 원리성을 추출해서 교육 원리로 적용해야

---

5) 「율곡의 인간 교육론」, 앞의 논문, p.6.
6) 『교육과 사색』, 2014년 12월호, pp. 8~9.

한다. 아아, 욕망으로부터 본성의 빛을 잃어가고, 아집으로 인해 지혜의 문이 닫히나니, 수행의 **"인간성 회복 원리"**를 교육에 적용하는 것은 無明과 인욕을 본성으로부터 걷어내는 제일 방편이다. 본성은 하늘이 부여한 것이다. 그래서 회복하기 위해서는 수행이란 추구 절차가 필요하다. 왜 본성을 회복하는 데 수행이 필요한가? 수행 작용의 큰 가닥은 의지, 의식, 마음 작용이기도 하지만, 본성적인 작용이기도 하다. 그런데 이 본성은 본래 바탕이 善하지만 인간이기 때문에 또 다른 측면에서는 본능과도 함께 한다. 본능 역시 타고난 것이라, 무조건 惡한 욕망의 덩어리라고 할 수는 없다. 그래서 양날의 검처럼 잘 조절하면 지혜를 샘솟게 하는 근원이 될 수 있지만, 잘못하면 벗어날 수 없는 노예로 전락할 수 있다. 플라톤도 인간은 이성과 의지 외에 욕망을 본성을 구성한 요소 중 하나로 보았다.[7] 살아평생에 수행의 끈을 놓칠 수 없는 이유이다. 조식 선생은 경계하길, "사람은 누구나 人心으로 사물을 접하니 이를 수렴(收斂)하면 道心이 되고, 道心으로 시작해도 방심(放心)하면 人心이 된다"[8]라고 하였다. 선인도 방심하면 아인이 되고, 수행을 쌓지 않으면 타락한다. 본성의 근원에 본능이 함께한 탓이다. 본능은 심원하다. 깨달으면 욕망을 근절할 수 있지만, 그런데도 본능만큼은 生의 끝까지 함께 짊어지고 가야 한다. 이것을 프로이트는 인간의 무의식 속에 잠재한 성적인 욕망으로도 표현하였다(리비도-libido).[9] 심원한 본성인 탓에, 그것은 심리적으로 접근할 문제가 아니며, 본성에 직접적인 영향을 끼치는 수행 원리를 적용해야 했다. 원리성

---

7) 『서양 교육 사상사』, 앞의 책, p.30.
8) 『남명 조식의 교육 사상』, 앞의 책, p.48.
9) 『인간 발달과 교육』, 앞의 책, p.114.

적용을 "수행 교육"으로 구체화해야 한다. "『유마경』「불도품-佛道品」에서는, 번뇌가 곧 보리요 생사가 바로 열반이라고 설파했다. 번뇌란 大海에 들어가지 않고서는 一切智란 보물을 얻을 수 없다."[10] 번뇌와 보리는 항상 함께한다. 번뇌를 보리로부터 분리하는 과정이 수행이란 절차이고, 명료하게 구분한 것이 각성이다. 아이러니하게도 번뇌는 보리를 보리답게 하는 요인이고, 깨달음을 있게 하는 본성 작용 뿌리이다. 그래서 번뇌 즉 보리는 覺者의 통찰이다. 수행이 보리와 번뇌를 유리시킨다.

인간 앞에 가로 놓인 거대한 욕망이란 장애물 앞에서도 그것을 걷어낼 수 있는 수행의 준엄한 작용 역할을 인지한 만큼, 그것을 교육적 원리로 적용하여 기능이 마비된 현대 문명의 인간성 회복 시스템을 재가동해야 한다. 동양의 수행 문화를 통해 인간성 회복이 왜 가능한 것인지, 회복 원리는 무엇인지 밝혀야 한다. 본성 회복 가능성은 어떤 이유에서건 처음 본성은 善하고 완전한데 어떤 조건과 처지로 인해 지키지 못하고 잃어버렸다는 데 있다. 처음 바탕이 그렇지 않았다면 회복이랄 것도 없겠지만, 본래 바탕이 善했다는 것은, 모든 것을 회복할 가능성의 근거이다. 지켜야 할 본성인데 잃어버렸다면, 이유를 찾아서 원인을 하나하나 제거하면 회복의 길로 들어선다. 이것이 인간 본성을 회복하는 가능성과 수행 원리의 기본적인 골격이다. 플라톤은 그 처음 본성을 善의 이데아로 보았다. 善의 이데아란 사실상 처음 창조된 바탕 상태로서 세상의 모든 眞·善·美 가치의 판단 기준이다. 노자도 이런 이데아적인 처음 道로의 복귀(反者道之動)와 회복력을 지적했다.[11] 수행이 가진

10) 『평상심이 곧 도다(3)』, 이은윤 저, 자작나무, 1998, p.350.
11) 「노자의 교육론과 그 사상사적 의미」, 앞의 논문, p.50.

가능성 원리에 근거해서 동양의 선현들 역시 인간성을 회복하는 원리성 적용에 있어서 인식을 같이하였다. 노자가 날마다 쌓아가는 위학(爲學)을 지양하고 날마다 덜어내는 위도(爲道)에 힘쓰라고 한 것은(『노자 도덕경』, 48장) 수행의 **"인간성 회복 원리"**를 대변한다. 爲道日損해야 본연의 모습을 볼 수 있다. 쌓인 무지, 편견, 욕심, 인식의 장벽을 걷어내어야 본연의 모습을 보며, 본래 모습을 보아야 自性을 보며, 自性을 보아야 佛性을 보며, 佛性을 보아야 하나님을 볼 수 있다. 수행 없는 깨달음 없고, 깨달음 없는 성불은 가당찮다. 걷어내고 제거해야 성불하고, 성불은 곧 본성을 회복한 증과 경지이다. 왜 대다수 인류가 성불하지 못하고 하나님을 알지 못했는가? 그 이유는 분명하다. 無明과 번뇌를 걷어낼 수 있는 수행의 원리가 보편적으로 확대 적용되지 못해서이다. 걷어내면 되는데, 그것이 어려웠다. **"인간성 회복 원리"**는 무형의 원리성이기는 하지만, 원리인 만큼이나 어디에도 적용 가능한 객관적 원리이다.

맹자는 "인간의 본성이 惡으로 흐르는 것을 막기 위한 실천 방법으로 구방심(求放心)과 과욕과 浩然之氣를 말하였다. 또한, 수양의 극치를 天道와 人道가 합치되는 것이라고 하여, 인간성 회복의 근간 원리를 잃어버린 마음을 찾는 데 두었다."[12][13] 덜어낼 것을 덜어내고 본래 본성으로 돌아가면, 天道와 人道가 하나 된다. 창조 본성을 회복하는 것과 무엇이 다른가? 그런 원리로 本然之性을 회복한 사람이 다름 아닌 聖人이고 君子이다. "주자는 인간의 본성은 善한 것이지만, 타고난 기질이 맑고 가지런하지 않아서 인성(성품)

---

12) 「맹자에 나타난 인성 교육의 고찰」, 앞의 논문, p.40.
13) 求放心 : "학문의 길은 다른 것이 아니다. 그 잃어버린 마음을 찾는 것일 뿐이다."-『맹자』, 「고자상」.

이 완전할 수 없으므로, 후천적인 교육(수양)으로 기질(기품)을 정화해야 한다고 믿었다."14) 수행으로 본래 본성을 정화할 수 있다고 하는 것이 원리 적용의 기본 기조이다. 인간은 선천적으로 창조 본성을 인지할 수 있는 "양지(良知)를 지녔지만, 이것이 사욕에 피폐(被蔽)되어 惡한 행위를 한다."15) 사욕을 제거하면 본연으로 돌아갈 수 있다. 고려 말의 성리학자 목은(牧隱) 이색(1328~1396)의 수양론을 살펴보아도 본연의 도덕성을 회복하고자 한 접근 인식은 같다. "본래 인간의 본성은 하늘로부터 얻은 뭇 理를 갖추고 있으므로 모든 행위는 본연의 善에 따른다. 혹 기질이 이것을 구속하거나, 물욕이 혹 이것을 가리거나 하니, 여기서 이것을 잃게 되었다. 이것을 얻음은 하늘에 있고, 이것을 잃음은 자기에게 있다. 본연의 體는 사라지지 않는 법이다. 그래서 敬에 의지해 부단히 수양하면 本然之體, 혹은 本然之善을 회복할 수 있다"16)라고 하였다. 이런 인식 패턴은 인심도심설(人心道心說)을 통해서도 적용된다. 즉, "人心은 위태하고 道心은 은미(隱微)하다"17)라고 하였다. 원래 道心은 정려한 데, 이것이 흐트러진 것이 人心이다. 道心을 지키기 위해서는 수양이 필요하다. 道心은 본래 존재한 근본이고, 人心은 말단이다. 人心은 가변 된 상태이므로, 마음을 가다듬을진대 얼마든지 道心으로 돌아가고, 道心을 회복할 수 있다는 사실이다. 조금씩 차이는 있지만, 원리는 간단하다. "인간의 타고난 본성은 善하기 때문에 그것을 가리고 있는 요소만 제거하면 본성을 다시 회복할 수 있다."18)

---

14) 『동양 교육고전의 이해』, 앞의 책, p.117.
15) 『학문과 예술』, 앞의 책, p.166.
16) 『교육사 신강』, 앞의 책, p.49.
17) 『율곡의 사상』, 이준호 편역, 현암사, 1975, p.254.

이런 본성 회복 원리를 좀 더 깊이 있게 파고든 것이 불교가 쌓은 수행 전통이다. 모든 중생은 佛性을 가지고 있고, 성불할 잠재 가능성을 지녔다는 것은 유교가 타고난 善性을 지녔고, 뜻을 세워 노력하면 聖人이 될 수 있다는 말과 같다. 佛性은 바탕이 된 창조 본성이고, 본래 본성을 회복해서 見性하면 부처가 되고, 하나님과 동질 본성을 가진다는 뜻이다. "사람은 누구나 마음속에 창조 본성[佛性]을 가진 탓에, 본성은 언제나 맑고 깨끗해 마치 해와 달처럼 빛난다. 그런데 망념(妄念)이라는 구름에 가려져 그릇된 번뇌의 마음이 일어난다. 어떻게 구름을 걷어내어 청정한 마음속의 佛性이 드러날 수 있게 할 것인가? 곧, 佛性을 회복할 것인가 하는 것이 불교 수행의 대전제이고 과제였다. 이에, 혜능은 수행을 통해 번뇌의 고리를 온전하게 도려낸 무념(無念)의 상태에 이르면, 가려진 구름이 걷히면서 본래 청정한 佛性이 단박에 드러나 見性한다고 하였다."19) 번뇌를 없애면 절로 본성이 회복되거나 본래 본성으로 돌아가는 것이 아니고, 수행의 증과로서 깨달음, 곧 본래 본성을 見性해야 한다는 조건을 덧붙였다. 그래서 본연의 청정함, 또는 밝음을 회복한 성지 상태를 覺, 혹은 각성(覺醒)이라고 했다."20) 유교에서 말한 인간성 회복 원리와 다른 점이 있는가? 다시 확인하건대, 9세기 당나라 승려인 규봉 종밀(圭峰 宗密)은 "本覺之心을 가진 탓에 인간은 도덕적으로 완전한 존재인데, 無明에 가려져 미혹한 탓에 無明을 걷고 미혹을 없애기 위해서 수행을 쌓아야 한다고 하였다. 즉, 인간의 미혹 과정을 밝힘으로써 근원으로 회귀할 수 있다고 한 것

---

18) 『국역 율곡전서(Ⅴ)』, 한국학중앙연구원, 2006, p.103.
19) 『동양 윤리 사상의 이해』, 앞의 책, p.334.
20) 「법화경의 교육 철학적 연구」, 이한성 저, 동국대학교 교육대학원, 철학교육, 석사, 1992, p.44.

이므로"21) 결국은 같다.

그러므로 인류 사회가 직면한 인간성의 타락과 근절되지 않는 죄악 문제를 불교식으로 다시 묻노니, 본래 청정한 佛性의 소유자인 인간이 어떻게 지옥·아귀·축생·아수라란 저열하고 惡한 중생으로 전락하게 되는가? 처음 창조주의 손에서는 善하게 태어난 인류가 어떻게 종말을 맞이할 만큼 타락하였는가? 그 회복 가능성과 해결 묘책은? 인류 사회에 만연한 죄악의 근본적인 해결을 覺이 열쇠를 움켜쥐었다. 깨달음으로 해결할 수 있다. 어떻게? 覺해야 본래 모습을 보고, 창조 본성을 견성하면 개과천선(改過遷善)한다. 반대로 깨닫지 못하면 영원히 어둠 속에 파묻힌다. 인간은 정말 본래부터 청정한 佛性의 소유자이지만, 깨치지 못하면 끝내 알 수 없고, 알지 못하면 존재하지 않은 것과 같다. 수행의 방법과 원리도 알고 보면 부차적인 조건일 뿐이라, 깨닫고 見性한 증과를 이루어야 하고, 이 같은 수행의 **"인간성 회복 원리"** 요체를 인간 교육 원리에 확대 적용해야 인류의 인간성을 회복하고 죄악을 근절하는 **"교육의 위대한 실행"**력을 발휘할 수 있다. 손 마주 잡고 하나님의 나라로 인도하리라.

2. 인간성 완성 원리

일찍이 공자께서 말씀하길, "옛날 학자들은 자기 자신의 내면적 성취를 위한 학문을 하였는데, 지금 학자들은 남의 눈을 의식한 학

---

21) 「종밀의 인간론 연구」, 김미라 저, 이화여자대학교 대학원, 철학, 석사, 1996, p.21.

문을 한다"22)라고 하였다. 전자를 줄여서 위기지학(爲己之學)이라고 하고, 후자를 위인지학(爲人之學)이라고 하는데, 古今을 통틀어 불후의 통찰이다. "주자학(朱子學)을 집대성한 남송의 유학자 주자(1130~1200)도 유교 경서와 관련해서 혁신적인 업적을 남겼다. 『대학』, 『논어』, 『맹자』, 『중용』을 1190년에 四書라는 이름으로 한데 모아 새롭게 간행한 일이다. 漢·唐 시대 유학을 五經 중심의 유학, 宋代 이후 유학을 四書 중심의 유학이라 하는데, 이는 주자의 업적에 따른 것이다. 주자는 四書를 집주하면서 자연적인 올바른 이치[理]와, 그것이 인간 본성으로 내면화된 性을 중심으로 재해석함으로써, 이른 바 性理學의 기반을 다졌다. 1313년부터 1912년까지 四書는 중국의 학교 교육과 관료 선발 시험에서 공식적인 기본 교재였다."23) 이런 추세를 공자가 예견해서일까? 중국뿐만 아니고, 조선 시대에도 학문하는 목적을 爲己之學, 즉 인격을 수양하고 완성하는 데 두기보다는 爲人之學, 즉 과거에 합격해서 가문의 명예와 지위를 드높이고자 하는 자들이 늘어났다. 그렇다면 현대인이 공부하는 목적과 현대 학문은? 아니 현대 교육은? 爲己之學적 학문 추구 목적은 선현들이 한때 추구한 이상으로 남고 말았다. 현대 교육은 전체 시스템이 爲己之學과 동떨어져 버렸다. 현대는 서양 문명이 지배적인 만큼, 이런 추세 역시 서양 교육의 영향이 크다. 서양에서도 칸트 같은 철학자는, "인간을 자유롭게 행위하는 존재를 형성시키는 것, 즉 인격성을 형성시키는 것을 교육이라고 하면서, 이런 목표에 도달하기 위해서는 인간의 타고난 자연 소질을 합목적적이고 균형 있게 전개해야 한다고 하였다."24) 하지만 '인격성'에

---

22) 子曰, "古之學者爲己 今之學者爲人." 『논어』, 헌문 편.
23) 다음 카페-한울 빛 수련원, 주자와 백록동서원.

초점을 둔 듯하면서도 정작 제시한 교육 단계를 보면, 인격을 육성하고 완성하고자 한 구체적 방안 제시가 아니고, 잠재된 소질과 재능을 어떻게 조화롭게 전개할 것인가에 관심을 두었다. 그 이유는, "서양 철학 자체가 기능주의적인 인간 계발은 알아도 수양을 통해 인간성을 완성하고자 한"[25] 전통적 역사와 지혜를 축적하지 못해서이다. 그러니까 오늘날은 서양 교육, 아니 현대 교육 전체가 인간성을 육성하고 완성하고자 한 원래의 목적 방향과 거리가 멀어져 버렸다. 이것은 서양 교육으로부터 야기된 현대 교육의 심대한 문제이다.

그 주된 원인이 인격 형성과 인간성 완성에 직접적인 영향을 끼치는 수행이란 메커니즘 작용과 체제를 배제한 데 있다. 수행의 다양한 가치 역할에 대해서는 언급한 바 있거니와, 수행의 가치 추구는 주로 불교적 전통이 담당하여 깨달음(성불)을 구한 방향으로 나아갔고, 수양적 가치는 유교적 전통이 담당하여 인격을 완성[聖人]하는 방향으로 나아갔다. 자칫 갈래지어진 듯도 하지만, 결국 추구한 도달 목표는 같다. 지혜를 구한 불교적 수행과 가치를 추구한 유교적 수행은 본질적 차원 안에서 통합된다. 지혜를 통해서나 가치를 통해서나 추구 수단과 방법은 본질 형성과 생성과 축적과 충일성에 영향을 미치고, 그렇게 해서 주어질 증과도 본성의 완전한 발현, 곧 창조 본성의 완성이고, 인격의 완성 경지 도달이다. 그런 의미에서 본다면, 見性적 의미에서의 깨달음도 그런 과정을 거쳐서 창조 본성에 대한 정보, 곧 지혜를 각성한 탓에, 엄밀한 의미에서

---

24) 「철학적 관점에서 본 인간 교육의 의미」, 신황식 저, 대구가톨릭대학교 교육대학원, 철학, 석사, 2011, p.16.
25) 「퇴계의 교학관 연구」, 앞의 논문, p. i.

道(지혜)를 구하고 깨달음을 얻으며 영안을 틔워 본래의 自性을 見性한 것 자체로 본성을 완벽하게 완성한 것이라고는 할 수 없다. 각성한 진리대로 본질이 생성해야 그때 비로소 확신할 수 있고, 의지를 분열시킨 대로 본성을 완성한다. 見性까지는 자력으로 도달하더라도 보다 상위 차원은 인간성을 완성하는 데 있다.

그렇다면 인간성을 완성하는 것이 수행의 궁극적인 도달점인가 하면, 인간으로서는 끝에 맞닿은 과정인 것이 맞지만, 수행과 수양으로 도달한 추구 가치를 도덕적으로 결정 짓는 것은 영혼의 구원이다. 하나님의 구원이 인간 추구의 가치와 방법과 증과를 결정한다. 그것이 인간성 완성의 본질이다. 부여된 바탕 본성이 그러하듯, 구원되어야 본성이 최종적으로 완성된다. 그 완성은 인간의 뜻과 의지로 되는 것이 아니다. 하나님의 의지와 뜻에 의지한다. 끊임없는 수행으로 고난의 과정을 거친 최종 단계에 하나님의 뜻에 의한 구원이란 마지막 절차가 놓여 있다. 감히 도전할 엄두를 내기 어려운 높은 단계인 것처럼 보이지만, 하나님이 인류를 창조한 본의에 근거한다면 그처럼 수월하고 쉬운 과정도 없다. 모든 어려운 질차는 하나님이 짊어졌고, 인간은 오직 하나님의 사랑하는 마음만을 선물로 받아 창조되었다. 마찬가지로 구원 절차도 하나님이 그렇게 결정하고 하나님이 은혜를 베푸는 것이다. 그렇다면? 하나님의 구원 역사는 지극히 초월적이다. 그것을 몰라 수행자가 어렵게 어렵게 최고 단계까지 밟아야 했지만(부처를 포함한 선천의 覺者들), 본의를 자각하고 하나님의 살아 역사한 뜻을 알면 과정과 절차가 모두 생략된다. 다시 말해, 창조 본의를 깨닫고 믿고 뜻대로 추구하면, 한순간도 놓치지 않는 하나님이 손을 굳게 잡고 사랑으로 인도

하리라. 이것은 이 연구가 애써 세운 인간 본성의 완성 길을 허무는 것이 아니다. 본래 주어진 본성이 그러하므로, 그렇게 주어진 길을 따르는 데 본성을 완성하는 정당한 길이 있다. 온갖 수행적 과정과 절차는 생략해도 오직 마음을 다하고 뜻을 다하고 삶을 다하여 하나님을 향해, 하나님을 위해 배우고, 알고, 믿고, 추구하고, 생각하고, 기도하고, 바치고, 헌신하라. 그리하면 거쳐야 할 모든 수행의 단계적 절차를 초월해 하나님이 구원하여 영원한 나라에 안좌시키리라.

그런데도 현실적으로는 여러 가지 측면에서 불미한 조건이 가로놓인 탓에, 절차적인 과정을 거쳐 수행의 **"인간성 완성 원리"**를 체계 지을 필요가 있다. 인간으로서 노력을 다해야 하나님이 손을 내밀 것인 만큼, 인간성을 완성할 수 있는 수행의 추구 원리성을 교육을 통해 확대 적용할 수 있도록 기초를 다져야 한다. 만연된 爲人之學의 거센 물결을 爲己之學 방향으로 되돌려야 한다. 배우고 익혀서 지식을 얻고 자격을 얻고 지위와 명예를 얻었는가가 아니고, 수행을 인생의 과업으로 삼아 길을 완수했는가? 곧, 인간으로서 얼마나 정열을 바친 수행적 과업을 닦았고, 인격을 쌓았는가에 초점을 두고, 그것이 삶의 가치를 결정하는 척도가 될 수 있게 해야 한다. 배운 학습이 아닌, 닦은 수행을 기준으로 삼아야 하므로, 마땅히 서양 중심의 교육관을 살펴 동양의 수행 전통이 어떻게 학문을 추구하는 목적과 인격을 완성하는 데 적용될 수 있는지를 모색해야 한다. 누차에 걸쳐 비교하고 지적하였듯, "서양 교육은 자연과 사물 현상에 대해 진리를 탐구하는 데 초점을 두었다면, 동양 교육은 무엇보다 자기 몸을 수양하고 깨닫게 하여 치인(治人)으로 나가는 데 초점을 두었다."26) 당연히 학문 추구도 修己治人 하려는 방법이다. 안으로는 내면의 인격을 완성하고, 修身을 바탕으로 외면으로 濟家→治國→平天下의 길로 나아가고자 했다. 治人(인간성 완성)하기 위한 修己의 방법으로서는 존양(存養)과,27) 성찰로서 끊임없이 사유하고 실천하였던 바,28) 조식 선생은, "학문하는 중요한 방법은 심득(心得=마음에 깨달아 터득함)이라는 것보다 더 존귀한 것이 없다. 得於心이 되면 천하의 이치를 궁구하여 사물의 변화에도 대응할 수 있다"29)라고 하였다. 修己로서 治人한 도달 기준이 바로 聖人으로 완성되는 것이라,30) 학문하는 자는 聖人의 德을 흠모해서 가치 있는 덕성을 추구하는 방법으로 인간성을 완성하려고 하였다. 여기서 비로소 수행의 **"인간성 완성 원리"**, 곧 어떻게 修己하는 것이 治人할 수 있는 것인지에 대한 핵심 작용 원리를 가닥잡을 수 있다. 그것이 무엇인가? 가치 있는 덕성과 진리를 추구하는 것이 인간성에 변화를 일으켜, 그렇게 한 진리적 신념과 의지대로 본성이 분열하여 종국에 완성된다. 이것이 수행과는 또 다른 수행의 **"인간성 완성 원리"**이자 작용 메커니즘이다. 自性을 見性함도 본성을 차원적으로 업그레이드시키지만, 진리를 깨닫고 가치 있는 덕성을 삶의 과정을 통하여 구현하고자 하는 것도 인간성을 완성할 수 있는 적효 방법이다.

인간은 진리를 깨달아 그것을 자신의 인격과 인성과 인생 삶의 과정에서 완성하는 것이다. 본연의 삶을 완성하는 것이기도 하다.

---

26) 『교육의 이해』, 앞의 책, p.90.
27) 존양 : 본마음을 잃지 않도록 착한 성품을 기름.
28) 『남명 조식의 교육 사상』, 앞의 책, p.127.
29) 『남명 철학과 교학 사상』, 앞의 책, p.120.
30) 「진덕수 심경의 수양론적 분석과 동유의 심경 이해」, 박지현 저, 한국정신문화연구원 한국학대학원, 철학·종교, 석사, 1993, p.34.

그래서 유교에서 기치로 내세운 학문하는 내용과 방법이라는 것도 仁·義·禮·智란 가치 덕목을 修己로써 갈고 닦아 완전하게 품성화하는 데 두었고, 그런 가치 목표와 추구 과정을 완수한 정도를 보고 聖人, 혹은 君子라고 칭하였다. 왜 동양 학문이 수양을 기반으로 인격을 완성하는 데 목적을 두었는가에 대한 이유이다. 수단과 방법이 모두 인간의 본성을 완성하는 데 집중해 있다. 그런 진리를 배우고 그런 방법으로 추구하면, 증과로 드러날 결과는 본성밖에 없다. 이것이 동양에서 학문을 추구하여 인간성을 완성하고자 한 수행 원리의 핵심 된 작용이다. 지식을 탐구하여 가치 실현 방향을 외부에 둔 서양 학문과, 그 영향 아래 있는 현대 교육은 주목해야 한다. "조식 선생은 교학(敎學)의 궁극적 목적을 誠·敬·義를 통한 가치 실현에 두었다."31) 修己와 극기로서 추구하는 삶을 살면, 그렇게 했기 때문에 인간 됨을 성취하는 것이라기보다는, 그런 가치를 추구한 진리가 인간 본성을 그런 방향과 목표대로 생성하고 형성한 변화 작용을 일으켰다는 뜻이다. 인간은 결코 그냥 머물러 있어서는 안 되는 존재이다. 우주의 생성 질서에 동참해야 하고, 그를 통해 가치 있는 사명을 일구어야 하나니, 그 같은 본무를 깨닫는 데 수행만 한 추구 방법이 없고, 추구한 삶을 완수하는 데 인간 본성의 거룩한 승화가 있다.

그렇다면 그렇게 해서 추구한 삶의 완성 기준은 무엇이고, 어떤 경지에 도달해야 궁극적인 가치를 구현한 인간성을 완성했다고 할 것인가? 수행적 본성은 본질적 상태가 혁신된 차원 상태라면, 수양적 본성은 진리, 가치, 덕목, 인격을 추구한 만큼, 일정한 시기에 도

_____
31) 위의 책, p.120.

달한 인생 과정과 정신적 과업의 완수를 통해 가능한다. 즉, 추구 과정에 대한 결과적 통찰인 신념의 획득, 믿음의 이룸, 道의 얻음 등이 그러하다. 그런 획득 경지는 의지 수행의 완수 결론이기도 하다. 추구한 신념대로 가치가 실현된 것이고, 믿은 진리대로 본성을 완성한 것이다. 본성의 완성은 지극히 본질적이라, 실체적으로 확인할 수는 없지만, 무형의 원리 작용 결과인 신념적, 의지적, 진리적 증과를 통해 확인한다. 이런 진리적, 法적, 지혜적 증과는 모두 정신이 확보한 차원적인 세계성으로부터 각성한 것이다. 부처의 설법, 예수그리스도의 설교는 바로 이 같은 정신 경지 획득 상태에서 인류를 향해 교설되었다. 그 세계성의 작용 경지를 인류가 깨달아야 한다. 이 연구가 수행의 **"인간성 완성 원리"**를 애써 밝히는 또 다른 이유이기도 하다. 진리 각성의 세계적 작용 원리를 알았기 때문에 主 예수는 "그 열매(실과)로 나무를 아느니라(마, 12: 33)"라고 하였다. 그런데도 이전에는 즉각적인 앎이 이루어지지 못한 상태이므로, 이 연구가 즉각적으로 통찰할 수 있는 안목을 밝혔다.

재차 확인해 인격, 덕성, 품성이란 인간 본성의 완성은 삶을 통해 가치를 추구한 의지를 완수함으로써 이루어진다. 그런 완성성을 수행과 수양적인 삶의 추구가 원리적으로 뒷받침한다. 수행 결과로 진리를 얻고, 인간성을 완성하나니, **진리를 추구한 수행적 삶은 가치로서 열매를 거두고, 인격으로 완성된다.** 참된 진리를 추구하고, 참된 가치를 염원하고, 참된 덕목으로 수행하라. 그리하면 만인은 이 현생의 삶 가운데서 참된 구원을 얻으리라. 진리와 가치로서 도달할 인간성의 완성 증과는 현생 가운데서도 확인할 수 있는 목표이다. 땀 흘려 높은 산을 정복해서 '만세'를 부르는 것처럼…… 그런데 그 가치와 진리가 어디에서 주어진 것인가? 창조 본성이 아닌 가? 가치를 실현한 인간 본성의 완성 상태란 바로 창조 본원으로 돌아간 상태이다. 여태껏 작용한 수행 원리가 바로 가치의 본질을 분열시켜 본원인 본래 바탕을 완성한 것이다. 本覺之心을 달성해서 회복시켰다. 완성, 그것이 본래 자리이고, 본래 모습이며, 완성의 도달 기준치이다.

하지만 수행으로 본성을 분열시키기 이전과 완전하게 분열시킨 이후의 본성 상태는 차원이 다르다. 어떻게? 분열된 추구 과정과 가치성을 통섭, 통합, 관통한다. "心이 至善하면 天에 이른다."[32] 이르면 완수되고, 완수하면 완성된다. 마음과 인격을 갈고닦으면(수양) 본성을 회복하고, 본성을 회복하면 추구한 마음과 의지와 뜻이 天에 이른다(天人合一). 수양으로 궁극 처에 도달한 본성 완성의 대극치이다. 육상산이 일갈했듯, "우주는 내 마음이고, 나의 마음은 곧 우주이다(『상산잡설』)." 인간성을 완성한 도달 경지이다. 목적 의지를 분열시킨 결과로써 획득한 수행의 증과 경지 자체이다. "氣質之性을 순화시켜 本然之性의 善함을 실현해야 함에",[33] 이것이 바로 수양의 완성 상태이다. 여기에 인간성의 개혁과 인격적 혁신이 있다. 새로운 인류 문명 창달은 제도적 개혁에 앞선 인격적 혁신이 우선이다. 그렇게 해서 인격성과 인간성을 완성하였다면? 德을 쌓고 가치를 실현한 증과를 획득했을진대, 그다음은? 쌓은 德과 가치를 이웃을 위해 베풀고 획득한 진리를 인류 사회를 향해 교설해야 한다. 그런 실행 노력이 교육을 통해 이루어져야 하고, 그렇게 하는 것이 만 인류를 聖化하는 길이다. **인간이 세상에 태어났으면**

---

32) 『왕양명과 양명학』, 앞의 책, p.126.
33) 「주자의 교육사상에 관한 고찰」, 앞의 논문, p.24.

원대한 진리와 가치를 실현하기 위해 추구하고 정진해야 하는 것이 인생 앞에 가로 놓인 본질적 과제이다. 배우는 삶과 수행하는 자세가 그러하다. 물론 모두가 완수할 수 있다면 바랄 것이 없겠지만, 분명히 확인하건대, 완수하는 그것이 인류의 최종 도달 목표는 아니다. 완수하지 못해도 좋다. 정말 중요한 것은 인생을 추구하고 수행하면 증과를 이루고, 하나님에게로 나아갈 수 있다는 믿음 어린 삶의 자세 그 자체이다. 그런 자세만 갖출 수 있다면, 나머지 부족한 것은 부족한 가운데서도 애써 노력한 이유를 알고 있는 하나님이 부족한 모든 것을 채워서 완성하리라. 그런 증과 사실을 확인시키는 것이 곧 하나님이 아버지로서 인류를 창조한 사랑의 자비로움이고, 구원의 은혜이다. 장담하건대, 모든 인류는 한 영혼도 놓침 없이 구원될 수 있나니, 그렇게 되도록 교육이 현실적 기반을 마련하고, 위대한 실행력을 발휘해야 하리라.

제7편

통합 교육론

인류 사회가 하나로 통합되고, 인류 영혼이 하나로 구원되며, 천지 세계가 하나님을 중심으로 통합할 가능성 근거와 원리는 본래 천지 만물이 하나인 하나님의 몸 된 본체로부터 창조되어 분파되고 구분된 탓이다. 그래서 때가 되어 천지 만물과 인류 사회를 다시 하나로 통합해야 하는 것은 창조 이래 최대의 진리적 과제이고, 세계 본질이 분열을 완료한 시점에서의 필연적인 역사 도래 조건이다. 이런 역사적 사명을 어떻게 이룰 것인가? 다른 영역은 지적한 바대로 이미 자격 상실이다. 오직 교육만이 인류 사회를 통합할 에너지를 잠재해 왔다고 보기 때문에, 교육은 바야흐로 축적한 통합력을 본격적으로 일깨워야 한다. 이것은 하나님이 만세 전부터 뜻으로 섭리하고 예비한 바의 대명령이고, 반드시 받들어 실행해야 할 부름받은 소명 의식, 곧 **"교육의 인류 통합 사명"**이다.

교육의 인류 통합 사명

시대를 막론하고, 제 영역을 불문하고, 인류 사회를 소통하고 융화하고 일체화하고자 한 통합적 노력은 어디서도 있었다. 정치 권력, 종교 세력, 사상적인 이데올로기 등등. 하지만 선천 하늘에서의 이 같은 시도는 아이러니하게도 통합 방향과는 반대로, 내세우고 주장하고 지배력을 발휘할수록 대립한 세계의 분열성만 조장하였다. 문화와 신앙과 이념 등이 부분적으로 조화와 통일성을 이룬 적은 있지만 결국은 한정적이고, 또 다른 거대 대립과 핵분열의 폭발 에너지를 비축한 결과만 낳았다. 기독교가 굳게 믿은 유일신 신앙 역시 그러하다. 일정 영역에 걸쳐 문화와 역사와 난립한 다신 사상을 통일한 역량은 발휘하였지만, 결과적으로는 더 큰 세계적 분열을 초래하였다. 세계적인 제국을 건설하고자 했던 자들의 야망이 그러하고, 사상적으로 세계를 발현시키고자 했던 카를 마르크스 등등. 그들이 의도한 방향은 한결같이 통합에 있었지만, 드러난 결과는 세계적 본질을 분열시키는 데 이바지한 특등 공신들이다. 왜 그러한가? 창조 이래의 선천 하늘이 하나인 통합성 본체 바탕으로부터 분열한 것이다. 하나님의 창조 목적과 바탕과 섭리 의지가 생성으로 분열한 대세 흐름은 그 무엇도, 그 누구도 거스를 수 없다. 선천 하늘이 분열을 본질로 한 상황 안에서 사실상의 통합은 불가능했다. 그것을 선천 역사는 증거한다. 통일 에너지는 통합이 아니며,

세계 본질의 분열을 촉진한 힘이다.

또 한 가지 이유로, 통합 역사는 통합을 가능하게 하는 통합 본체, 곧 천지 만물을 있게 한 창조 본체에 근거해야 하는데, 그런 본체가 선천에서는 드러날 수도 역할을 할 수도 없었다. 통합할 잠재에너지와 자격과 조건을 갖추지 못한 상태인데 통합을 시도하니까 상대적인 대립을 피할 수 없었다. 유물론 대 관념론, 유신론 대 무신론 등등. 일체의 대립 상이 이런 원인 탓에 발생하였다. 그렇다면 정말 만화된 천지 역사를 하나로 통합할 자격과 권능을 가진 분은 누구인가? 창조주 하나님이다. 하지만 그분의 모습을 유사 이래 직접 본 사람이 있는가? 하나님이 본체를 드러내지 않고 모습을 완성하지 않은 상태인데, 어떻게 통합 역사가 발현될 수 있었겠는가? 알고 보면, 선천의 분열 역사는 바탕이 된 본체자가 자체 본체를 드러내고 모습을 완성하기 위한 대역설의 역사였다고 할 수 있다. 세계 전체가 하나님의 몸 된 본체로부터 말미암은 탓에 현상화된 세계 전체는 그대로 하나님의 몸 된 神的 본질이라, 세계 본질이 통합성으로부터 분열 중인 과정에서는 하나님이 인류의 역사 위에 직접 등단할 수 없었다. 창조 세계의 섭리적 완성과 창조 역사의 목적 실현이 웬 말인가? 하나님의 나라가 도래하리란 약속은 천명되었지만, 때가 이르지 못했다. 그러니까 진리 세계도 인류 사회도 그 어떤 대상 영역도 추구는 하였지만 세계적인 완성은 기하지 못했다. 이런 도정 위에서 인류는 하나님에 대한 믿음을 끝까지 지키지 못해 죽음을 선언하였고(니체), 본체의 실재성 근거를 진리 세계로부터 추방한 근본적인 잘못을 저질렀다. 이런 행위들이 제 영역에 걸쳐 인류 사회를 통합이 아닌 종말 상황으로 이끈 주된 원인이다. 이것을 어떻게 할 것인가? 당면한 위기 상황에서 보혜사 하나님이 우주의 대생성 주기를 전환한 선천의 분열 역사를 완수하고, 보혜사 진리의 성령으로서 강림하였다. 그래서 주창할 수 있게 된 것이 곧 **"통합 교육론"**이다.

통합은 그만한 자격과 권능을 갖춘 분이 역사 위에 등단하였기 때문에 가능한 것이고, 시도할 수 있다. 밝혀진 바 인류 사회가 하나로 통합되고, 인류 영혼이 하나로 구원되며, 천지 세계가 하나님을 중심으로 통합할 가능성 근거와 원리는, 본래 천지 만물이 하나인 하나님의 몸 된 본체로부터 창조되고 분파되고 구분된 탓이다. 그래서 때가 되어 천지 만물과 인류 사회를 다시 하나로 통합해야 하는 것은 창조 이래 최대의 진리적 과제이고, 세계 본질이 분열을 완료한 시점에서의 필연적인 역사 도래 조건이다. 이런 역사적 사명을 어떻게 이룰 것인가? 다른 영역은 지적한 바대로 이미 자격 상실이다. 오직 교육만이 인류 사회를 통합할 에너지를 잠재해 왔다고 보기 때문에, 교육은 바야흐로 축적한 통합력을 본격적으로 일깨워야 한다. 이것은 하나님이 만세 전부터 뜻으로 섭리하고 예비한 바의 대명령이고, 반드시 받들어 실행해야 할 부름받은 소명 의식, 곧 **"교육의 인류 통합 사명"**이다. 그 사명은 숭고하고 위대하고 절대적이다. 온 인류가 본래의 창조적 본성인 神性을 발현할 수 있도록 이끌어야 한다. 그래서 미래를 이끌 교육은 어느 한 갈래의 주장과 관점으로 정복하고자 한 지난날의 잘못을 지적하고, 제 갈래의 시대적, 문화적 요구와 특성을 이해할 수 있는 관점을 확보해야 한다. 지금도 여전히 서양 문명은 무엇을 크게 오판하고 있는가? 창조 본체를 모르고, 인류 역사의 시작이 어디에서 비롯된 것인지 몰라, 현재 인류가 도달한 문명 상태를 최고조로 발달한 상태로 보고, 그렇게 한 지적 추구의 정점에 과학이 있다고 판단했다. 정신 발달에 있어 최고, 그리고 최후의 단계라고 하지만, 그처럼 세계의 본질 역사를 거꾸로 판단한 탓에 오히려 종말을 맞이하였다.[1] 서양 철학이 종합이 아닌 분석으로 나아간 것은 形而上學적 추구가 근원 된 뿌리를 향한 것이 아니고, 가지로 나아갔다는 뜻이다. 인류 문명이 온통 세계의 본질을 분열시키는 데 앞장 서 참 통합 방향을 거슬렀다. 『문명의 충돌』을 쓴 미국의 정치학자 새뮤얼 P. 헌팅턴(1876~1947)은, "세계사는 국가 간의 대립과 이데올로기 간의 대립을 마치고 이제 '문명' 간 대립 단계에 들어섰다. 갈등 단위가 국가 간에서 문명 간으로 옮겨졌다."[2] 예측건대, 문명 간의 충돌이 불가피하다는 판단이 나온다. 이것은 서양 문명이 낳은 지식인의 한계성 인식이다. 그가 충돌을 우려한 것은 세계 역사의 방향과 흐름을 잘못 진단한 것이다. 바로잡지 못할진대, 정말 충돌로 멸망의 날을 앞당기리라. 이런 길을 막기 위해 일부 깨어 있는 선각들이 때가 되면 싹이 틀 통합을 위한 사상적 씨앗을 함께 심어 놓았다.

동양의 장자는 "인간이 생산한 인위적 가치관을 벗어나 절대 무차별의 세계인 道의 입장에서 세상을 바라볼 때 인간 세계에 존재하는 선악, 大小, 是非, 得失, 生死 등의 차별과 대립이 없어지고, 모든 것이 평등함을 발견하게 된다고 한 만물제동(萬物齊同) 이상을 말했다."[3] 본체적인 모습과 특성을 엿본 상태이지만, 그런 道적 본체를 통해 제 영역에 걸쳐 통합의 불씨를 지펴내기까지는 시기상

---

1) 『인간이란 무엇인가(문화철학 서설)』, 에른스트 캇시러 저, 최명관 역, 서광사, 1988.
2) 『문명의 공존』, 하랄트 뮐러 저, 이영희 역, 푸른 숲, 2007, p.16.
3) 『동양 교육고전의 이해』, 앞의 책, p.97.

조적인 문제가 있었다. 비슷한 인식으로, 미국 하버드 대학의 에드
워드 윌슨 교수는 『통섭(Consilience)』이란 책에서, "인간 지성의
흐름은 결국 과학과 인문학을 융합하는 방향으로 흘러갈 것이라고
진단했다."[4] 말 그대로 흐르는 지성의 방향을 그렇게 판단한 것이
다. 그러나 직접 지성의 방향을 융합할 수 있도록 하는 힘에 대해
서는 말하지 못했다. 본체를 확보하지 못한 탓이다. 통섭은 직시해
서 꿰뚫는 것인데, 그러기 위해서는 본체가 지닌 통합적 구조와 작
용 메커니즘을 함께 밝혀야 한다. 교육 영역에서는 아주 드물게 유
치원의 창시자로서 독일의 교육자인 프뢰벨(1782~1852)이 교육적
인 측면에서 통합 사상을 내세웠다. 근본적인 사상 근거는 기독교
의 창조론에 있다. 그것은 일종의 만유재신론(萬有在神論)적이라고
할까? 그가 말한 "철학의 핵심은 만물이 神 안에서 합일을 이루고
있다는 생각이다. 즉, 『인간의 교육』을 통해, 모든 사물은 神 안에
서 영원한 법칙에 군림하면서 지배하고 있다. 모든 사물은 神 안에
서 神을 통하여 존재하며, 살아가고 있다. 神은 곧 합일성(合一性)
이다"[5]라고 하였다. 마치 장자의 만물제동 사상처럼 하나님이 통합
적 권능을 가졌다는 주장이지만, 직접적인 본체 모습과 작용 메커
니즘은 제시하지 못했다. 여전히 세계를 하나의 통일체로 파악한
관념론의 한계를 벗어나지 못했다. 그러니까 "만물은 모순, 분열,
투쟁이 아니고 오히려 조화, 통일, 융합이라고 하는 분명한 목적을
가졌고, 인간 교육도 전일적인 구조로서의 인격을 발전시켜 '神性'
을 발현시키는 것을 목적으로 삼아야 한다"[6]라고 했지만, 정작 수

---

4) 『지식의 통섭(학문의 경계를 넘다)』, 최재천·주일우 엮음, 이음, 2008, p.300.
5) 『교육 철학 및 교육사의 이해』, 앞의 책, p.305.
6) 『서양 교육 사상사』, 앞의 책, pp. 336~337.

단으로 삼은 세부적인 교육 목적 실현 원리를 살펴보면 생명 통일 원리, 자기 활동 원리, 노작 원리, 사회 원리 등이다.[7] 인류 사회를 교육으로 하나 되게 할 수 있는 만인 통합 교육론으로서 조건을 갖추지 못했고, 근거도 부족하다. 충족하기 위해서는 하나님의 창조 본체, 곧 통합성 바탕에 기반을 두어, 교육 영역은 물론이고 제반 영역까지 교육을 중심으로 하나 될 수 있는 통합 원리 메커니즘을 마련해야 한다.

모든 가능성 근거는 정말 어디에서 발현할 수 있는가? 하나님의 창조 본체 안이다. 지식과 문화와 역사와 의지는 天과 통하고, 天의 뜻 안에서 일체 될 수 있다. 이것을 교육이 여태까지 담당하였으므로, 그런 앎과 뜻과 문화와 역사를 天을 향해, 하나님을 향해 집결하고 추구 방향을 설정하면 된다. 다양성은 생성하는 세계의 모습이므로, 만화된 퍼즐 조각을 맞추어 모습을 완성하는 데 교육의 세계통합 역할이 있다. 교육을 중심으로 분열할 대로 분열한 제반 영역을 통합하기 위해서는 교육 역시 지난날은 분열이란 대류를 탈 수밖에 없었지만, 이제는 앞장 서 **"통합 교육론"**을 통해 모티브를 마련하고 제기된 교육 목적, 교육 방법, 교육 원리, 교육 제도 등을 오직 하나인 구원의 길, 하나님의 길로 향할 수 있도록 일관해야 한다. 하나님의 본체 안에서, 하나님의 창조 목적 안에서, 하나님의 구원 목표 안에서 통합해야 한다. "코메니우스는 이미 교육의 목적을 하나님의 형상을 회복하는 데 두어야 한다고 했고, 그를 위해 범 지혜, 곧 인류에게 모든 것을 포괄적으로 가르쳐야 한다고 역설한 바 있다."[8] 어느 한 교육 영역만으로서는 안 된다. 이 연구가

---

7) 『교육사 신강』, 앞의 책, pp. 263~264.
8) 「코메니우스의 교사론 연구」, 앞의 논문, p.89.

앞서 논거를 둔 인간 교육론, 전인 교육론, 체육 교육론, 학문 교육론, 발달 교육론, 도덕 교육론, 요소 교육론, 수행 교육론 등을 종합해야 한다. 인류가 지금까지 살아온 일체의 문화, 역사, 사상, 진리, 가치의 진액을 추출하여 인간 교육에 적용하고 활용해야 한다. 그리하면 교육이 인류의 지혜, 신앙, 인격적 역량을 집약해서 통합할 수 있다. 이것이 교육이 지닌 위대한 인류 통합 역량이다. 인생의 목적, 가르침의 목적, 인류 역사의 추진 목적을 보편적인 구원 역사에 두고 하나님을 향하게 하는 데 **"교육의 위대한 인류 통합 사명"**이 있다. 교육의 궁극 목표는 인생의 궁극 목표, 진리의 궁극 목표, 배움의 궁극 목표와 일치하는 그 무엇이어야 하나니, 만 영혼이 돌아가야 할 근원 자리, 一心 자리, 곧 창조 자리를 아는 것이다(歸一心源). 그 통합성 바탕 자리가 오직 한 몸으로 존재한 창조주 하나님이다. 나아갈 인류 역사의 통합 목표 방향을 지침할 수 있어야 하므로, 이어서 저술할 세계교육론 제4권 『교육의 위대한 지침』에서는 교육의 핵심 된 구성 주제인 배움론, 가르침론, 스승론, 배움과 가르침의 진리적 근거, 신인 관계론 등을 세부 각론으로써 펼치리라.

세계교육론 총서 목차

제5편 요소 교육론
제6편 수행 교육론
제7편 통합 교육론(교육의 인류 통합 사명)

제4권 : 교육의 위대한 지침(세계교육론 세부 각론)

제1편 지침 개설
제2편 패러다임 전환론
제3편 배움론
제4편 가르침론
제5편 스승론
제6편 신인 관계론

제5권 : 교육의 위대한 말씀(전편 1)(세계교육론 결론)

제1편 말씀 개설
제2편 선지 세움론
제3편 지상 강림론
제4편 말씀 증거론
제5편 본체 신학론

제6권 : 교육의 위대한 말씀(전편 2)(세계교육론 결론)

제6편 신인 교감론
제7편 종교 섭리론
제8편 문명 통합론

제7권 : 교육의 위대한 말씀(후편 1)(세계교육론 결론)

제9편 선천 우주론
제10편 창조 본의론
제11편 궁극 실재론